SCRIPTORVM CLASSICORVM

BIBLIOTHECA OXONIENSIS

OXONII

E TYPOGRAPHEO CLARENDONIANO

APOLLONII RHODII

ARGONAVTICA

RECOGNOVIT
BREVIQVE ADNOTATIONE CRITICA INSTRVXIT

HERMANN FRÄNKEL

OXONII

E TYPOGRAPHEO CLARENDONIANO

*This book has been printed digitally and produced in a standard specification
in order to ensure its continuing availability*

OXFORD
UNIVERSITY PRESS

Great Clarendon Street, Oxford OX2 6DP

Oxford University Press is a department of the University of Oxford.
It furthers the University's objective of excellence in research, scholarship,
and education by publishing worldwide in

Oxford New York

Auckland Cape Town Dar es Salaam Hong Kong Karachi
Kuala Lumpur Madrid Melbourne Mexico City Nairobi
New Delhi Shanghai Taipei Toronto
With offices in
Argentina Austria Brazil Chile Czech Republic France Greece
Guatemala Hungary Italy Japan South Korea Poland Portugal
Singapore Switzerland Thailand Turkey Ukraine Vietnam

Oxford is a registered trade mark of Oxford University Press
in the UK and in certain other countries

Published in the United States
by Oxford University Press Inc., New York

ISBN 978-0-19-814559-2

PRAEFATIO CRITICA

Quibus et qualibus tamquam fundamentis nitatur nostra editio docebimus in hac praefatione verbis, sicut harum editionum lex postulat, paucis. Plenius autem et accuratius fore speramus ut de traditione textus Apolloniani agamus in dissertatione alibi publici iuris facienda.

Caput I. De textus traditione antiquissima. (1) De proecdosi, (2) de fragmentis papyraceis, (2a) de genere quodam mendorum, (3) de codicum vetustorum fragmentis.

Caput II. Quomodo textus ad nos pervenerit. (4) De codicibus universis, (5) (cum stemmate) de archetypo librorum LA, SG, et de hyparchetypis m (= LA) et w (= SG), (6) de familia m et de libris L et V et A, (7) de familia w et de libris S et G, (8) de familia k et de libris P et E horumque gemellis, (9) de reliquo codicum grege et de libro D.

Caput III. De textus testimoniis praecipuis. (10) De scholiis Laurentianis et Parisinis, (11) de Etymologicis Magno et Genuino.

Caput IV (12) De praecipuis textus editionibus et criticis dissertationibus.

Caput V (13) De hac editione.

1. *De proecdosi*. Ad Libri Primi locos sex (285, 516, 543, 726, 788, 801) citant scholiastae lectiones quasdam a vulgato textu admodum diversas easque dicunt ferri in editione priore (ἐν τῇ προεκδόσει κεῖται, sim.). Alibi vero in scholiis quae supersunt mentio fit illius editionis nulla, ita ut quaerentibus nobis de eius natura atque origine confugiendum sit ad coniecturas male certas. Uno autem horum sex locorum differebat prioris editionis textus a posteriore ita ut deessent hexametri duo necessarii (v. ad i. 726-7), scilicet casu omissi per librarii alicuius socordiam; reliquis vero locis utraque

lectio, et prioris et vulgatae editionis, potest esse vere Apolloniana. Unde multi concludebant bis editum esse ab Apollonio carmen, freti iis quae in Vitis Apollonii (pp. 1 sqq. Wendel) narrantur. Dicitur enim Apollonius primum recitasse Argonautica adulescentulus, et ita improbata esse quae recitasset ut ille non ferret ignominiam civium et poetarum convicia, sed linqueret patriam et Rhodum migraret; ibi autem elimasse quae scripsisset et, cum recitasset carmen castigatum, iam magnam cepisse gloriam. Quis autem credat Apollonium, eo tempore quo male cesserat prior recitatio et magnopere pudebat eum operis sui, nihilo minus id statim publici iuris fecisse? Contra vero haud absurdum nobis videtur suspicari poetam ne semel quidem edidisse Argonautica, sed continenter limasse versus suos; facta autem esse interim apographa a studiosis ad usum proprium, non simul omnia sed variis temporibus et, prout ipse textum suum immutabat, perinde in singulis rebus paulo diversa; postea autem bis editionem iustam esse factam ab aliis hominibus de exemplaribus diversis. Similia enim accidisse constat in Ovidii carmine Metamorphoseon; et ea cuius in scholiis Homericis mentio fit Iliadis 'proecdosis' non ab Homero facta erat sed ab Aristarcho. Quae si omnia haud procul absint a vero, non est cur credamus prius scripsisse Apollonium quae erant in priore editione et serius quae in vulgata editione nunc leguntur diversa. Nobis certe non nunquam arrident et elimatiora videntur quae de Proecdosi citantur quam quae in nostro textu traduntur, e.gr. vs. i. 804* magis placet quam 802 sq., cll. eis quae de Homero disseruit Uvo Jörgensen, *Hermes* 39 (1904), 362–7. Sed fortasse nimis urgemus meram coniecturam. Praeterea duobus aliis locis iure quodam suspicati sunt viri docti exstare in traditione nostra versus ex Proecdosi petitos (v. ad ii. 963*–4* et 1116*).

2. *De fragmentis papyraceis*. Papyracea fragmenta Argonauticorum enotuerunt adhuc tredecim numero, de quibus vide ad: (1) i. 583–5 (de hac papyro benevole certiorem me fecit v.d. Manfredo Man-

fredi), (2) i. 699–719 (de hac papyro benevole quaedam mecum communicavit v.d. Ignazio Cazzaniga), (3) i. 775–94, (4) i. 1195–1209, 1212–21, (5) ii. 101–10, (6) ii. 1099, 1103, 1127, (7) iii. 263–71, (8) iii. 727–45, (9) iii. 908–13, (10) iii. 1055–63, (11) iii. 1358–64, 1398–1406, (12) iv. 77–90, (13) iv. 675–96, 724–44. Quibus in papyris inveniuntur loci quinque ubi sine dubio meliores lectiones ferant papyri quam codices nostri omnes (i. 781, 789, ii. 1127, iii. 745, 909), et accedunt tres alii ubi minus certum sit num rectiora sint quae in papyris feruntur (i. 777, iii. 264, iv. 86). Hinc progrediamur ad calculum qui dicitur statisticus faciendum. Certo quinque, et fortasse tres aliae, librorum nostrorum corruptelae corriguntur papyrorum testimoniis; fac itaque totum numerum ad sex vel septem correcturas. Ambitus autem earum syllabarum quae in papyris legi possunt universarum est ad metra dactylica vel spondiaca 363, quae metra aequant hexametros integros 60–61; iamque apparet ratio quaedam proportionis, quae est undecies fere in versibus centenis. Vel potius (potest enim in tali calculo fortuita rerum varietas vel duplicare vel dimidiare veram proportionem) hoc pone pro veri simili: novis id genus corruptelis inquinabatur textus Apollonianus inde a primis nostri aevi saeculis usque ad codicum aetatem haud rarius fere quam quinquies vel sexies in centenis versibus, neque saepius fere quam bis et vicies. Quibus tot mendis adde ea quibus inde ab ipsius poetae aetate usque ad papyrorum aevum iam infectus erat idem textus, sicut in papyris nonnulla eundem in modum corrupta apparent atque in libris sive omnibus (ii. 101 sq., iii. 737–40, 1060?) sive quibusdam (iii. 733, iv. 80, et fort. 90). [Haec postquam scripta sunt et textus totus apparatusque criticus per typos compositi, v.d. E. G. Turner benigne communicavit mecum quattuor has lectiones inventas a se in papyris quibusdam: i. 235 ἐπήρεες—recte sane; i. 462 ἐπιφρα-σθείς—quod fort. in textum est recipiendum, cl. Od. 8. 94 = 533; iv. 450 ἐδάμασσας—quod perperam accommodatum est ad 449 ἔμβαλες; iv. 452 νήσῳ—sicut est in codicibus nostris.]

2a. De genere quodam mendorum. Possunt deprehendi in textu nostro omnia genera mendorum. Quorum unum id est, ut scriba, ad finem vergente hexametro et evanescente iam memoria eorum quae ille modo legerat in exemplari suo, non quae debebat verba extrema exraverit sed prorsus diversa (e.gr. iii. 775), et talia potissimum qualia paulo ante ipse posuerat in alio versu, e.gr. i. (40) 179, ii. (574) 575, iii. (872) 882, iv. (330) 333, 336, iv. (1761) 1765.

3. *De codicum vetustorum fragmentis.* Ad fragmenta papyracea accedunt codicum vetustorum fragmenta duo, v. ad ii. 727-34, 754-61 (saec. 6), et ad iii. 145-61, 173-80 (saec. 8/9).

4. *De codicibus universis.* Codices Apolloniani noti sunt quinquaginta duo. Hos olim examinabamus et in genera sua digerebamus et traditionis ambages investigabamus non omnes sed eas quae maximi momenti esse viderentur, in dissertatione quae inscripta est *Die Hss. der Argon. des Apoll.* (Nachr. Gött. Ges. d. Wiss. 1929, 164-94). De toto autem numero multi recentiores libri textum ferunt ex variis generibus commixtum; reliquorum vero et puriorum turba est omnis divisa in familias tres, quarum auctores, codices nunc deperditos, appellare placuit m et w et k. Ita e.gr. in vs. ii. 31 λεπτάον ferunt L et A = m, λεπταλέον S et G = w, λεπτόμιτον libri P et E = k.

5. *De archetypo librorum LA SG et de hyparchetypis m et w.* Et de familia k infra agetur; textus vero librorum m et w totus deductus erat de uno eodemque communi archetypo. Qui archetypus non nudum exhibebat textum sed instructum tribus adminiculorum generibus. Additae enim erant (*a*) variae lectiones multae, quas docti scribae olim petierant ex aliis codicibus cum suo libro collatis; ascriptae erant (*b*) vel supra lineam vel ad marginem glossae ad explicandas voces difficiliores idoneae; denique (*c*) scholiis amplis et doctrinae vel reconditae plenis enarrabantur carminis verba atque

res. Ac ne multa de his rebus, en tabula ex qua summa rerum una obtutu perspiciatur.

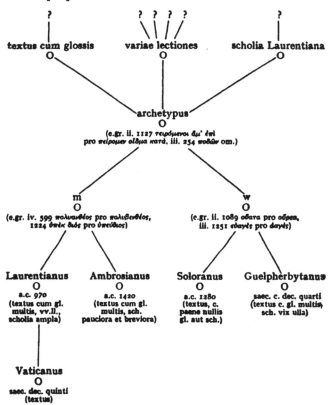

Quod attinet ad varias lectiones, quae olim erant in archetypo multae, hae ad posteros codices diversis modis aut tradebantur aut non tradebantur. Nam Laurentianus saepe fert utramque lectionem, alteram exaratam ab L¹ in textu, alteram ab L² iuxta textum;

Ambrosiani textus eadem solet ferre quae L¹, nonnunquam vero eadem quae L²; libri w textus saepe, neque vero semper, eadem ferebat quae L²; accidit quoque ut alteram lectionem ferat Soloranus, alteram Guelpherbytanus; raro utramque fert vel S vel G. Eiusdem varietatis vestigia etiam in familia k apparent (v. sub 8).

Nunc ut videamus quam bene vel secus archetypi textus redditus sit in hyparchetypis m vel w, recenseamus ea menda quae accesserunt in his ad illa quae iam in archetypo erant errata.

(a) Menda libri m (= LA) propria de quater ducenis versibus.

i. 41 ὅς om., 71 et 73 εὐρυβώτης (: ἐρυ- vel ἐρι- archet.), 82 κακῶν (: κακὸν ?), 94 διασθεὶς (: λι-, corr. L²), 169 ἔντε (: ἔντεα), 170 καλειῆι (: καλίη), 185 δύω (: δύο).

ii. 6 ἀποστίχειν (: -στείχειν), 17 ἂν (: αὖ), 31 λεπτάον (: λεπταλέον), 57 βοῶν τε (: βοῶν), 78 τῇ (: στῇ), 97 ἀθρόως (: ἀθρόος), 102 ἀρυσσάμενοι (: ἐρυσ-), 126 ὅττι (: ὅτι), 183 δηνεὸν (: δηναιὸν), 200 τε (: δὲ).

iii. 5 οἱ (: τοι), 26 ὀτρύνωμεν (: -νομεν), 27 αἰήταο (: τεω, corr. L²), error frequens, 79 τί τοι (: τοί τι, corr. L²), 81 τ'ἔργον (: τε ἔρ- ? archet.), 109 ἐρίδηνε (: -δαινε), 163 ἐρεύγεται (: ἐρεύθεται), 194 ἐπήνυσαν (: -ήνησαν ? archet.).

iv. 33 χαλκίδα (: κολχίδα), 68 λεύσουσαν (: λεύσσουσα), 70 δ' ἔπειτα (: δῆπ-), 80 ἐπ' (: ἀπ'), 86 τῶνδε (: τόνδε), 108 τε ἔπεσσι (: τ' ἐπέεσσι ?), 113 ἐνισκίψασα (: -σκίμψασα), 170 δερκομένη (: -νης, corr. L²), 171 ἐναείρατο (: ἀναείρετο).

(b) Menda libri w (= SG) peculiaria de quater ducenis versibus iisdem.

i. 5 πελίας (-λίης), 62 ἐγκλῖναι (: ἀγ-), 96 εὐμελίης (: ἐυμμε-), 119 πειρώ S, πυρώ G (: πηρώ).

ii. 1 αὔλεις (: αὖλις), fort. recte, 61 πὰρ (: παρὰ), 77 ἄατος (: ἀάα-), 83 ὑπέτελλεν (: -τέλλετ'), 87 φυσιόωντες (: -τε), 111 βιαντίδαο (: -τιάδαο), 137 σφιν (: σφισιν), 140 μαρυαν- (: μαριαν-),

145 ἀναλκίῃσιν (: -κείῃσιν), 151 τόνδε (: τόνγε ?), 160 ἀνῆπτον (: -πτο), 170 δίσσοντι (: ἐπαίξ-), 180 εἵνεκε G, οὕνεκε S (: εἵνεκα).

iii. 32 βουλάων (: τοῖο βολάων), 47 πάροιθεν (: προπάρ-), 68 ἀντεβόλησα (: -σεν), 194 ἐπήνεσ(σ)αν (: -ήνησαν ? archet.).

iv. 57 οὖρος (: ἄντρον), 97 ἐνιστήσασθαι (: -σεσθαι).

Hos duos indices (in quibus conficiendis nullam rationem habebamus eorum quae in libro k tradebantur) si comparaveris, intelleges haud multo sed paulo praestare codicem w codici m. Utrique igitur hyparchetypo, et m et w, aequaliter fere erit confidendum et aequaliter diffidendum, neque verum est quod pridem credebatur, codicem Laurentianum (cui nempe plures insunt corruptelae quam quot modo attribuebamus hyparchetypo m) esse longe optimum textus testem vel unice sincerum. Contra his e.gr. locis vera praebent libri SG (= w), corrupta ceteri: i. 749, 874, 917, ii. 78, 878, iii. 647, 847 (bis), iv. 403, 586, 627, 738, 1209, 1224, 1712, 1749.—Nunc de singulis harum familiarum (m et w) codicibus pauca addamus ad ea quae iam supra (p. ix) in tabula illa enotabantur.

6. De familia m.

(a) L(aurentianus) 32. 9 dicitur confectus esse circa annos 960-980; continet autem praeter Argon. septenas Aeschyli Sophoclisque tragoedias. Qui textum Apollonianum exaravit librarius a nobis nominabitur L¹, et qui glossas, varias lectiones, scholia addidit, L². In correcturis vero hae manus haud semper possunt dinosci. Laurentianum non contulimus ipsi, sed usi sumus collatione Henrici Keil, quam publici iuris fecit in editione sua R. Merkel. Quae collatio quamquam accuratissima est, tamen propter communem hominum imbecillitatem non est libera ab erroribus. Itaque quibus locis nos, examinatis ceteris libris et praesertim Vaticano Laurentiani apographo, dubitabamus de Laurentiani lectionibus, eos locos nostro rogatu inspiciebat in ipso Laurentiano vir doctus Manfredo **Manfredi** civis Florentinus, aequae benignitatis vir et peritiae. Ubicumque autem huius ope correcta sunt quae de Laurentiano perperam referebantur in editione Merkeliana, in Appar. Critico notam addidimus '(sic)'.

(*b*) **V**(aticanus) Palat. Gr. 186, charta pergamena. Insunt sola Argon. sine variis lectionibus aut glossis aut scholiis, descripta de Laurentiano saeculo decimo quinto, sed (et consulto hoc a scriba factum esse videtur) scriptura ea ut speciem praeberet codex multo antiquiorem. Contulimus codicem usi imaginibus photographicis Donald L. Layman (v. infra sub 13) et ego. Huius libri raro mentionem facimus in Apparatu Critico.

(*c*) **A**(mbrosianus) 120 (B 26 sup.). Continet praeter Argon. multa alia et hymnos Homericos Callimacheosque. Et hymnos quidem illos arbitratur Rudolf Pfeiffer (*Callim.* ii, p. lvi, sub siglo F) scriptos esse manu Georgii Chrysococcae Constantinopoli circa annos 1420–8, et ab eodem exarata esse Apolloniana inde a versu fere iii. 1185. Glossae ascriptae sunt permultae, scholia eadem fere quae in Laurentiano sed pauciora et breviora. Contulimus codicis imagines D. L. Layman et ego.

7. De familia w.

(*a*) **S**(oloranus). Laurentianus Gr.·32. 16, quondam inter bona Iohannis Chrysolorae, unde finximus nomen. Liber hic, circa annum 1280 exaratus in Maximi Planudis grammatici usum, continet etiam Nonnum ('L'), Theocritum ('S'), Hesiodum, alios. Argonauticorum textum de hoc codice contulimus D. L. Layman et ipse, usi imaginibus.

(*b*) **G**(uelpherbytanus). Aug. 10.2, 4°, a quodam Petro exaratus saec. circiter decimo quarto, cum mendis multis et foedis. Nihil continet nisi Argon., descripta de textu lacunoso (v. e.gr. ad i. 561; minores vero lacunas in Apparatu indicare supersedimus). Plenissi-

mam huius libri collationem invenies in editione Merkeliana; eundem
denuo contulimus D. L. Layman et ipse, imaginibus usi.

8. De familia k. Erat quondam in Creta codex Argonauticorum
quidam, a nobis 'k' nominatus de insula, cuius apographa exstant
complura, confecta saeculis decimo quinto et sexto. Qui liber ferebat
textum cum glossis, ferebat varias lectiones quarum multae eo
devenerant de archetypo librorum LA SG, denique ferebat scholia
a Laurentianis admodum diversa (v. infra sub 10). Huius autem
traditionis origo non simplex erat sed multiplex. Qui enim vir
exstitit auctor huius familiae ('Protocretensem' hunc appellabi-
mus), primitus fortasse textum habebat simillimum eius quem L^1
exaravit in Laurentiano. Hoc inde apparere videtur quod quaedam
graviores corruptelae his solis, L^1 et k, inerant eaedem, sicut vs.
i. 848 omissus, ii. 556 ἀρωγῇ (: ἀνωγῇ), iii. 1166 ἔκαστα (: ὅμιλον),
iv. 203 φίλοι (: φίλην), 591 πέρρης (: πέρσης), 1105 κεύθω
(: κεύσω). Et confirmatur haec inter k et L^1 cognatio eo quod multi
errores iidem insunt et in LA et in apographis codicis k, sicut
vs. ii. 807 omissus, obscuratur vero eo quod errorum peculiarium
societate quadam copulantur interdum etiam k et A, k et SG, k et
aut solus S aut solus G; neque video qui omnia illa simul potuerint
accidere. Praeterea autem vir Protocretensis adhibebat exemplaria
alia, unde promebat et in textum suum recipiebat ille lectiones non
nullas veriores quam quas earum loco ferunt codices LA SG, et eum
quidem in modum diversas ab illis ut nequeant omnes natae esse ex
meris coniecturis; cf. e.gr. i. 61, 179, 239, 575, 786 (ubi k concinit
cum pap); ii. 8 (cf. sch^r), 67, 1188; iii. 190/92, 218, 531, 867, 1043,
1307; iv. 271, 321, 331, 366, 499 (τ'), 689, 1482. Sunt vero in hoc
Cretensi textu lectiones quoque natae ex coniecturis, sicut Proto-
cretensis in uno ex scholiis suis (iii. 375 sq.) disertim proponebat
quattuor coniecturas, quarum tres leguntur etiam in textu PE
(h.e. k); similiter in iii. 1166 et iv. 513 auctor familiae manifeste
conatus est sanare coniecturis propriis quae corrupta tradebantur

in exemplari suo. Ex his omnibus evenit textus multifariam contaminatus et interpolatus, neque possunt a nobis singula dinosci unde quidque pervenerit in textum. Accedit quod ille textus quem olim constituebat Protocretensis a posteris descriptus est summa cum socordia; itaque scatebat mendis liber k. Cuius libri ex apographis contulimus D. L. Layman et ipse, usi imaginibus, duos codices qui maxime idonei videbantur, Parisinum et Escorialensem.

(a) P(arisinus). Gr. 2727, saec. decimi quinti. Continet Argon. cum glossis multis et scholiis quae Parisina appellantur.

(b) E(scorialensis). Σ iii. 3, saec. decimi sexti (?). Continet Nicandrum, Aratum ('S' Martin), Argon. Orphica et Apolloniana. Subscriptio Ἀντώνιος Μεδιολανεὺς καὶ ταύτην τὴν βύβλον ἐν Κρήτῃ ἐξέγραψα. Nota etiam quae in huius codicis margine apposita sunt ad ii. 1260, iii. 1360.

9. *De reliquo codicum grege et de libro D.* Ceteros autem codices neglEximus ideo quod eorum textus totus fere pendere videbatur ex aliis quos nos possidemus codicibus, vel ex singulis vel ex pluribus contaminatis; sed de uno codice recentiore, D (Paris. Gr. 2729, saec. xv), pauca verba sunt facienda. Hoc libro usus est Brunck toto, nos autem haud amplius cccc vss. contulimus (ii. 1–300, iv. 1682–1781); cetera quae de eo afferimus in Appar. Crit. petebamus ex notis Brunckianis. Inter illa autem sunt tres lectiones quae feruntur in reliquorum librorum quos contulimus nullo, sed exstant in Etymologico Genuino (ii. 705, iii. 201, 278), unde concludas inesse in hoc libro quaedam prompta de traditione aliqua ceteroquin ignota atque antiqua; sicut alia quoque inveniuntur in D sive valde notabilia sive vel meliora quam quae in ceteris libris feruntur (i. 805; ii. 34, 116, 177, 399, 474, 874, 1015; iii. 119, 276, 404, 553, 606, 1086, 1155; iv. 94, 182, 1361, 1570). Operae itaque pretium erit si quis totum hunc codicem velit excutere (nam Brunck erat neglegentior

in conferendis libris), vel inter contaminatorum librorum gregem invenerit alium quem cui insint lectiones de eadem origine ductae.

10. *De scholiis Laurentianis et Parisinis.* Ultra autem ea quae in codicibus nostris traduntur progredi nonnunquam licet nobis ope testimoniorum et praecipue scholiorum (sch). Nam illa cum conficiebantur, carminis textus paucioribus corruptelis erat infestatus quam nunc est; accedit quod textus ille quem scholiastae ante oculos habebant non eiusdem originis fuisse videtur atque textus nostri archetypi. Et unius scholiorum fragmenti antiquissimi papyracei, cuius ope vs. ii. 1127 sanatur, iam supra mentionem fecimus (sub 2 nr. 6); hoc vero loco de scholiorum corpore nobis servato agemus. Id corpus traditur nobis per recensionem duplicem, Laurentianam (sch^L) et Parisinam. Feruntur autem sch^L non solum in Laurentiano sed etiam in marginibus Ambrosiani (sch^A), sed in hoc breviora fere et pauciora, descripta (mea quidem opinione) non ex L sed ex m. Parisina vero scholia (sch^P) feruntur praecipue in libro P (v. supra sub 8a), non in margine posita iuxta eos carminis locos ad quos pertinent sed in fine voluminis deinceps omnia exarata secundum ordinem suum; non igitur premebatur scriba umquam angustiis spatii neque hac re ad omittenda quaedam aut brevianda commovebatur. Et in universum meliora sunt et pleniora sch^L quam sch^P, in singulis vero, ut fere fit, nonnumquam sch^P quam sch^L. Et cum videatur scholiorum editor doctissimus et optime meritus Carolus Wendel nimis sprevisse Parisinam recensionem, in huius viri editione (*Sch. in Ap. Rh. vetera* rec. Carolus Wendel, Berolini 1935) non omnia inveniuntur quae opus sunt, sed adhibenda est etiam Godofredi Henrici Schaeferi editio scholiorum Parisinorum (= *Ap. Rh. Argon.* ex recensione Brunckii, ed. nova, tomus ii, Lipsiae 1813); quae editio facta est de apographo quodam quod fieri iusserat Ruhnken. De his igitur duabus editionibus fere ea prompsimus quae ex scholiis citamus et perraro ipsos codices adhibebamus.

11. *De Etymologicis Magno et Genuino.* Deinde saepe magnae utilitatis sunt ad sincerum textum Apollonianum restituendum et ad menda codicum nostrorum refutanda ea quae ex Argonauticis citantur, sive nuda sive cum scholiis antiquis, in Etymologicis Magno et Genuino (Et^M et Et^G); cf. de Primo Libro vss. 211, 372, 745, 883, 929, 967, 987, 1036, 1117, 1135, 1184, 1213; et de ceteris libris e.gr. ii. 217, 662, 908; iii. 201, 832; iv. 167, 511). Quamquam enim laborat multo pluribus mendis Etymologicorum textus quam Argonauticorum, tamen, cum non in eosdem locos inciderint corruptelae per utrumque textum, fieri potest ut hic illic veriora sint quae in Etymologicis traduntur. Nos autem ideo quod Etym. Gen. nondum erat editum, olim cum ad hanc editionem praeparandam aggrederemur, inspeximus schedas in quibus v.d. Richard Reitzenstein contulerat Genuini Etymologici codices; et cum illae notae difficiliores visae essent intellectu, satis habebamus in praesens obiter eas excerpere. Nam confidebamus fore ut aut tempori prodiret editio Etymologicorum unde iam promeremus quae nobis opus essent perite digesta, aut, si minus, denuo liceret nobis schedas inspicere et eodem negotio perfungi accuratius. Utraque vero nos fefellit spes. Itaque quae de Etym. Magno citantur, sumpta sunt de editione Gaisfordiana, quae autem de Genuino, de notis nostris minus quam desiderabamus accuratis minusque plenis. Et si cui obtigerit ut eius materiae habeat copiam, inde fructum percipere ei certo licebit maiorem quam ipsi percepimus.

12. *De praecipuis textus editionibus et criticis dissertationibus.* Iamque de Argonauticorum editionibus quae prelo expressae sunt pauca verba faciamus, non de omnibus sed praecipuis. Quarum princeps ('**Flor.**') prodiit a. 1496 apud Laurentium Franciscum de Alopa Florentinum, curante Iano Lascari. Nititur autem illa codice Solorano, qui etiam in eadem bibliotheca asservatur cui olim praefecit Laurentius de Medicis Ianum Lascarim. Solorani vero textum Lascaris hic illic, et praesertim in priore carminis parte, mutabat

alios libros secutus, inter quos erant unus de Ambrosiano derivatus et unus familiae k codex; pauca etiam ex suis coniecturis hic editor correxit. Plura suo Marte bene emendavit Henricus **Stephanus** in Annotationibus editiönis suae (a. 1574). Deinde nominandi esse videntur carminis editores Ieremias **Hoelzlin** (cuius editio prodiit a. 1641, ex officina Elzevirana, cum versione Latina et commentario), et Ioannes **Shaw**, S.T.B., Coll. Beatae Mariae Magdalenae apud Oxonienses socius (a. 1777 et denuo 1779, e typographeo Clarendoniano, cum versione Latina, notis variorum, verborum indice). Statimque post illum edidit Argonautica is qui inde a Stephano primus 'iusti editoris munere fungi et vellet et posset' (verba transscripsi de praefatione Augusti Wellauer), Richard François Philippe **Brunck**, civis Argentoratensis (Argentor. a. 1780, cum notis; iterumque, post ipsius mortem, auctius a. 1813, curante Godofredo H. Schaefer). Nisus autem est Brunck in edendo textu cum editionibus prioribus tum codicibus quinque familiae k Parisinis, quos primus contulerat adamaveratque ita ut nimis saepe horum lectiones in textum reciperet; deinde vero, cum 'e sex illis codicibus [nam accedebat Vindob. unus] emendati Apollonii tres circiter partes, et in eas notae, iam prelum subierant' (praef.), transmissae sunt ad eum Gottinga a Chr. G. Heyne collationes Laurentiani et Guelpherbytani, quibus serius iam ille et obiter usus est. Et ut multa sunt quae Brunck male administraverit in editionis suae textu notisve, ita is multos locos qui ante eum perperam edebantur feliciter restituit ex codicibus, multos vel contra codices de suo ingenio egregie correxit, multa etiam deprehendit menda quae effugerant hebetioris mentis viros. Nam hercle Graece Brunck sciebat, callebat artem legendi, experientiam habebat codicum multorum, ingenio fruebatur sollerti, neque umquam deficiebat animus. Deinde a. 1828 Lipsiae prodiit editio Augusti **Wellauer**, magna laude digna et nobis quoque ipsis perutilis. Is enim primus et solus fuit editor qui lectionum et coniecturarum varietatem, quoad ipsius temporibus innotuerat, universam proponeret lecturis, promptam de tredecim codicum collationibus et de omnibus editionibus prioribus, quique idem de universa hac varietate docte et strenue dissereret in notis suis. Indicem quoque Wellauer addidit verborum, quo assidue usus sum, mancum vero et errorum plenum. Itaque monendus est lector, quaecumque de vocum frequentia vel de aliis id genus rebus asserimus in Appar. Crit., ea iisdem erroribus esse obnoxia quibus index unde petebantur.

Hunc qui· secutus est Rudolf **Merkel**, non quam plurimos adhibere studebat codices sed quam paucissimos, vel potius unum praeter ceteros. Quae enim prior prodiit eius editio minor a. 1852 Teubneriana, 'ad codicem ms. Laurentianum' praedicatur esse confecta. Maior mox (a. 1854 Lipsiae) secuta est editio, cum *Prolegomenis* praelongis. In cuius Appar. Crit. loco primo et secundo exhibentur accuratae et plenissimae collationes duorum codicum, Laurentiani (quem contulerat Henricus Keil totum, partemque etiam Franciscus de Furia) et Guelpherbytani (quem ipse editor contulerat); tertio loco testimonia grammaticorum; quarto breviter agitur de doctorum virorum coniecturis selectis vel de dubiis lectionibus. Ipse quoque Merkel nonnullos locos feliciter emendavit. Proximus Argonautica edidit in hac Scriptorum Classicorum Bibliotheca a. 1900 R. C. **Seaton**. Qui in Appar. Crit. suo afferebat varias lectiones selectas de priorum editionum copia, et cum intellexerit plus aequo contemptos esse a R. Merkel libros Parisinos, ex horum uno vel altero quasdam lectiones recepit. Ultimus deinde Georgius W. **Mooney** a. 1912 hoc carmen universum critice edidit (London, Dublin), eadem lectionum materia usus qua priores, addiditque commentarium perpetuum, cui multum debemus quicumque in his studiis versamur. Tertium autem librum solum, cum Appar. Crit. et commentario, ediderunt Marshall M. **Gillies** (1928, Cambridge) et Anthos **Ardizzoni** (1958, Bari), qui contulerat Solorani per illum librum lectiones.

Restat ut mentio fiat nonnullorum qui, quamquam non edebant textum, tamen de locis multis cum critica arte egerunt sagaciter vel

corruptelas sanaverunt ingeniose. In hoc numero erant David
Ruhnken (*Epist. Crit. ad Ernestum*, 1751) et Johannes **Pierson**
(*Verisimilia*, 1752), quorum notae Apollonianae iterum impressae
sunt ad calcem editionis Shavianae. Inter ceteros primum locum
obtinent hi viri: Arminius **Koechly** (*Emendationes Apollonianae*,
Oratio in Univ. Turicensi habita a. 1850), Arthur **Platt** (*Journ. of
Philol.* 33. 1–53, 34. 129–41, 35. 72–85, a. 1914–19), Udalricus de
Wilamowitz-Moellendorff (*Hellenist. Dichtung*, vol. ii. 165–
256 passim, a. 1924), Albert **Wifstrand** (*Kritische u. exeget.
Bemerkungen zu Ap. Rh.*, Lund, 1929). Nuper vero magnum in-
crementum attulit his studiis Hans **Herter**, cum recenseret
quaecumque inde ab a. 1921 multi viri de Apollonio disseruerant
(*Bursians Jahresber.* 285, a. 1955).

13. *De hac editione.* In Appar. Critico citantur non omnes omnium
nostrorum librorum (LA SG PE) lectiones sed eae solae quae
aliquam visae sint habere utilitatem. Itaque silentio transimus hos,
e.gr., errores: i. 1217 ἤγαγε LA (: ἤνωγε), ii. 1207 σθένος S (: δέρος)
ex 1200, iii. 195 ὅπις cum gl. ἐπιστροφὴ G (: ὅτις)—saepe enim non
solum factum est ut volgares voces vel formae scriberentur epicarum
loco, sed etiam ut volgarium et usitatiorum loco epicae et rariores—
iii. 1209 σαῖνε G (: δαῖε), iv. 1024 (v. locum totum) μήτρα PE
(: μίτρη). Neque curamus nisi raro orthographiae varietatem talem
qualis est haec: consonantes vel singulae vel binae, sicut νίσ(σ)εται
(vel νείσεται), ἔασ(σ)ιν, ἐριν(ν)ύς, ἔβαλ(λ)ον, ὅ ῥα vel ὅρρα, al.; aut
quae in vocalibus scribendis peccata sunt propter recentioris linguae
sonos a pristinae diversos, e.gr. iii. 888 νειὸν LAG (: νηὸν), iii. 1331
νηὸς G (: νειὸς); ἴκελοι vel εἴκελοι; ii. 1128 ἡμέας L (: ὑμ-); saepe
τι (: τοι); iii. 167 ἑοῖς (ἐπὶ σέλμασι) G (: ἑῆς); ii. 1163 οἰωνὸς S
(: υἰωνὸς); saepe -σθαι (: -σθε) vel -σθε (: -σθαι); i. 1208 καί LA pro
κέ (: κέν SGPE); ii. 97 ἀθρόως LA (: ἀθρόος). Et iota subscriptum
q.v. in recentioribus libris (ASGPE) perraro additur. Ny autem
epagogicum cum quadam levitate vel additur vel omittitur in

codicibus; qua in re ad extremos hexametros Laurentianum fere
sequi malebamus quam legem aliquam ipsi instituere. Quaecumque
autem lectionis adminicula in scribendo nondum usurpari solebant
ipsius Apollonii aetate sed addebantur a posteris vel diorthotis vel
scribis vel editoribus—spiritus dico utrosque et accentus constanter
ponendos et apostrophos et elidendarum vocalium omissiones
accuratas et q.v. interpunctiones, et praesertim rationem dirimendi
verbum a verbo insequenti—ea omnia nostro iudicio quam optime
administrare vel contra codices non solum licet sed etiam oportet,
neque quicquam interest utrum libri exhibeant, e.gr., οὐδ' ἔτι an
οὐδέ τι, δῆθ' ἅμα (iii. 1243) an δὴ θαμὰ (v. etiam ad ii. 458, 1127,
iv. 312).

In textu Apolloniano constituendo permulta novavi, temere quod
sciam nihil. Nam cum intellexissem paucos adhuc fuisse qui operam
darent Argonauticis ad criticam artem edendis, et eorum plerosque,
auctoritati codicum sive omnium sive unius Laurentiani plus quam
par erat confisos, hos codices secutos esse duces vel per avia locorum
et praecipitia, studebam denuo cum cetera quae opus erant pro
viribus aggredi tum quae potissimum scrupulum movebant notare
et male sana (si modo di favebant) corrigere. Quod autem negotium
criticum iacebat per longum aevum nimis neglectum ab omnibus
fere, ei nunc repente unum hominem satis facturum haud exspe-
ctaveris, sed multa me fugisse consentaneum est inque aliis me errasse.
Malui tamen periclitari quam declinare officium aut quae viderentur
ferri non posse, ea aequo animo tolerare. Atque velim haec editio,
qualiscumque est, utilis videatur iis qui inde profecti ad meliora
sunt progressuri. Praeterea spero mox fore ut prodeat notarum ad
Ap. Rh. Argon. volumen, quo cum de aliis rebus tum de criticis
fusius quam poterat fieri in hoc Appar. Critico agere in animo habeo.

Ceterum cum per hos sex annos continuo huc illuc peregrina-
verim de urbe in urbem et de continente in continentem, non
numquam inter librorum inopiam versatus, veniam fortasse im-
petrabo quod multa minus accurate persecutus sum quam debebam,

neque semper optimas auctorum editiones consulebam, et interdum non ipsos eos libros inspiciebam de quibus aliquid erat citandum sed citata ab aliis ipse quoque transscribebam, neque quae ab aliis viris erant inventa et exposita respiciebam omnia. Temporis quoque angustiis premebar, cum ad finem tandem perducere constituissem senex opus quod suscepturum me esse promiseram iuvenis Udalrico de Wilamowitz-Moellendorff, viro venerabili.

Restat ut grato laetoque animo profitear quam valenti quot hominum auxilio uti mihi licuerit in hoc negotio transigendo. Adiuvabant enim opus crescens plus semel et Academia Scientiarum Gottingensis et Universitas Stanfordiana. Et inde ab initio Carolus Wendel cum alia mecum communicabat tum catalogum a se confectum donaverat omnium codicum et editionum. Donald L. Layman, qui apud Universitatem Stanfordianam lauream meritus est doctoralem, maiorem partem collationum suscepit et accuratissime absolvit; sed cum ego variis de causis multa iterum inspexerim et omnia deinde transscripserim, non illi sed mihi crimini erit dandum si quid inveniatur erratum. Viri docti Manfredo Manfredi de hac editione meritum supra (sub nr. 6) iam demonstravimus. Plagulas vero benigne examinaverunt viri docti Rudolf **Keydell**, Hugh **Lloyd-Jones**, Paul **Maas**. Qui quot novas res et quam bonas excogitaverint sollertes, facile cognoscitur ex Appar. Critico. Latet vero aliud genus beneficiorum quae in me contulerunt; quaedam enim eorum quae ipse transegeram vel in textu vel inter notas hi viri dissuadebant, atque ego plerumque assensus eorum iudicio illas res omisi. Perlegit autem omnes huius libri paginas et errores vel scripturae vel typorum vel verborum multos correxit Kläre Mylius. Sicut illis universis ita officinae Clarendonianae secretario et correctoribus et artificibus gratias persolvo.

BREVIATA

Hominum nomina vel librorum tituli

Ap(ollonius Rhodius).

Ardizzoni: v. Praef. nr. (12), a. 1958.

Arg(onautica) Orph(ica) (ed. Georges Dottin, Paris, 1930) ; ubicumque citantur in notis Arg. Orph. (vel Val. Fl.), intellege ibi de eadem re verba fieri de qua in Apollonii quoque textu, nisi forte addidimus 'de alia re', sim.

Brunck: v. Praef. nr. (12), a. 1780/1813.

(Luigi) Castiglioni (per litteras a. 1927 benigne missas).

(Onno) Damsté (*Adversaria ad Ap. Rh. Argon.*, Diss. Utrecht, Rotterdam, 1922).

(Hartmut) Erbse (*Hermes* 81, 1953, 163–96).

Et(ymologicum), Et ᴳ(ᵉⁿᵘⁱⁿᵘᵐ), Et ᴹ(ᵃᵍⁿᵘᵐ): v. Praef. nr. (11).

(Horst) Faerber (*Zur dichterischen Kunst in Ap. Rh.' Argon.*, Diss. Berlin, 1932).

Flor(entina) = ed. princeps, v. Praef. nr. (12), a. 1496.

(Hermann) Fr(änkel).

G-EL = *Greek-English Lexicon*, by H. G. Liddell, R. Scott, H. S. Jones, Oxford, 1940.

(Eduardus) Gerhard(ius) (*Lectiones Apollonianae*, Lipsiae, 1816).

Gillies: v. Praef. nr. (12), a. 1928.

Hoelzlin: v. Praef. nr. (12), a. 1641.

Keydell: v. Praef. nr. (13).

(Ludwig) Klein (*Die Göttertechnik in den Argon. des Ap. Rh.*, Diss. Freiburg i. Br., 1931 = *Philol.* 86. 18–51, 215–57).

Koechly: v. Praef. nr. (12), a. 1850.

Lloyd-Jones: v. Praef. nr. (13).

Maas: v. Praef. nr. (13).

Manfredi: v. Praef. nr. (6).

(Gertrud) Marxer (*Die Sprache des Ap. Rh. in ihren Beziehungen zu Homer*, Diss. Zürich, 1935).

Merkel: v. Praef. nr. (12), a. 1852/4.

Mooney: v. Praef. nr. (12), a. 1912.

Nonnus (Dionysiaca).

Pierson: v. Praef. nr. (12), a. 1752.

Platt: v. Praef. nr. (12) ; ubicumque neque voluminis neque paginae numerus additur, intellege notam inveniri suo loco in vol. 33; a. 1914–19.

Ruhnken: v. Praef. nr. (12), a. 1751.

BREVIATA

(Alois) Rzach (*Grammat. Studien zu Ap. Rh.*, Wien, 1878, pp. 1–173 = *Wiener Sitz.-Ber.*, vol. 89, pp. 427–599); Rzach (*Hiat*) = id., *Der Hiatus bei Ap. Rh.*, Wiener Studien 3 (1881), 43–67.

(J.) Samuelsson (*Ad Ap. Rh. adversaria*, Uppsala, 1902).

(Otto) Schneider: huius viri coniecturae inveniuntur in editione Rudolphi Merkel maiore, a. 1854.

Seaton: v. Praef. nr. (12), a. 1900.

Steph(anus), v. Praef. nr. (12), a. 1574.

(Arnold) Svensson (*Der Gebrauch des best. Artikels in der nachklass. gr. Epik*, Lund, 1937).

Val(erius) Fl(accus, Argonautica): v. etiam ad 'Arg. Orph.'.

(D. A.) van Krevelen (*Eranos* 47, 1949, 138–47; *Studi Ital.* 25, 1951, 95–103; *Mnemos.* S. iv, vol. vi, 1953, pp. 46–55).

Wellauer: v. Praef. nr. (12), a. 1828.

(Carolus) Wendel (in ed. scholiorum, v. Praef. nr. (10), a. 1935); Wendel (*Überl.*) = id., *Die Überlieferung der Scholien zu Ap. Rh.*, Berlin, 1932 = *Abhandl. der Ges. der Wiss. zu Göttingen*, 3. Folge, Nr. 1.

Wifstrand: v. Praef. nr. (12), a. 1929.

Wilamowitz: v. Praef. nr. (12), a. 1924.

CETERA BREVIATA

al(ibi).

a(nte) corr(ecturam).

archet(ypus), v. Praef. nr. (5).

cett. = ceteri.

cl. = collato, cll. = collatis.

coni(ectura); et coni(ecerat).

dist. = distinxit (dictum de interpunctione).

ex: e.gr. 'ex 542' = falso hic scriptum ex memoria vs. 542.

explic(atio), vel: explic(at).

exspect(averis).

fort(asse).

gl(ossa).

lac(una).

pap(yrus).

par(aphrasis).

p(ost) corr(ecturam).

recc = recentiores.

resp(icit).

sch(olion) vel sch(oliasta); sch^A(mbrosiana), sch^L(aurentiana), sch^P(arisina); v. Praef. nr. (10).

scr(iptum) vel scr(ipsit).

sim. = vel similiter.

s(ub) v(oce).

susp(ectum).

v(aria) l(ectio): vv.ll. vel in sch enotatae inveniuntur vel iuxta
textum ascriptae vel inter lineas, cum nota γρ(άφεται) vel intra
᾿
puncta (e.gr. iii. 738 οἴσομαι) vel sine signo ullo.

vid(etur).

vs. vel vss. = versus unus vel plures.

CODICUM SIGLA

A ('Ambrosianus') = Ambros. 120 (B 26 sup.), a. circiter 1420;
v. Praef. nrr. (4), (5), (6 c), (10).

D = Paris. Gr. 2729, saec. decimi quinti; v. Praef. nr. (9).

E = Escorial. Σ΄iii. 3, saec. decimi sexti(?), v. Praef. nrr. (4) et (8).

G ('Guelpherbytanus') = Guelph. (Wolfenbüttel) Aug. 10.2, 4°
(2996), saec. circiter decimi quarti, v. Praef. nrr. (4), (5), (7 b).

L ('Laûrentianus') = Laur. Gr. 32. 9, a. circiter 960–980;
v. Praef. nrr. (4), (5), (6 a), (10); Lʳ vel Lᵃ = Laurentiani
manus prior vel altera, v. Praef. nr. (6 a).

P = Paris. Gr. 2727, saec. decimi quinti; v. Praef. nrr. (4),
(8), (10).

S ('Soloranus') = Laurentianus Gr. 32. 16, a. circiter 1280; v.
Praef. nrr. (4), (5), (7 a).

V ('Vaticanus') = (Vatic.) Palat, Gr. 186, Laurentiani apo-
graphon, saec. decimi quinti; v. Praef. nr. (6 a et b).

De codicibus recentioribus v. Praef. nrr. (4) et (9).

Codicum familiae tres, v. Praef. hr. (4):

k = PE, v. Praef. nr. (8).

m = .LA, v. Praef. nr. (5).

w = SG, v. Praef. nr. (5).

Ubicumque de 'libris' vel 'omnibus' vel 'nostris' vel 'ceteris'
verba facimus, respiciuntur libri LA SG PE.

Commatis usus: e.gr. 'a. corr. L, ASG' = verba 'ante corre-
cturam' pertinent ad L solum.

Asteriscus: e.gr. '516*' = vs. editionis prioris (v. Praef. nr. (1)) 516;
'ex *gl.' = ex glossa quae non exstat, sed quam suspicamur olim
ascriptam fuisse.

Numerorum Romanorum usus: e.gr. 'iii. 529' = Apoll. Argon.
iii. 529.

ΑΠΟΛΛΩΝΙΟΥ ΡΟΔΙΟΥ

ΑΡΓΟΝΑΥΤΙΚΩΝ Α

Ἀρχόμενος σέο Φοῖβε παλαιγενέων κλέα φωτῶν
μνήσομαι οἳ Πόντοιο κατὰ στόμα καὶ διὰ πέτρας
Κυανέας βασιλῆος ἐφημοσύνῃ Πελίαο
χρύσειον μετὰ κῶας ἐύζυγον ἤλασαν Ἀργώ.
Τοίην γὰρ Πελίης φάτιν ἔκλυεν, ὥς μιν ὀπίσσω   5
μοῖρα μένει στυγερή, τοῦδ᾿ ἀνέρος ὅντιν᾿ ἴδοιτο
δημόθεν οἰοπέδιλον ὑπ᾿ ἐννεσίῃσι δαμῆναι·
δηρὸν δ᾿ οὐ μετέπειτα τεὴν κατὰ βάξιν Ἰήσων,
χειμερίοιο ῥέεθρα κιὼν διὰ ποσσὶν Ἀναύρου,
ἄλλο μὲν ἐξεσάωσεν ὑπ᾿ ἰλύος ἄλλο δ᾿ ἔνερθεν   10
κάλλιπεν αὖθι πέδιλον ἐνισχόμενον προχοῇσιν·
ἵκετο δ᾿ ἐς Πελίην αὐτοσχεδόν, ἀντιβολήσων
εἰλαπίνης ἣν πατρὶ Ποσειδάωνι καὶ ἄλλοις
ῥέζε θεοῖς, Ἥρης δὲ Πελασγίδος οὐκ ἀλέγιζεν·
αἶψα δὲ τόνγ᾿ ἐσιδὼν ἐφράσσατο, καί οἱ ἄεθλον   15
ἔντυε ναυτιλίης πολυκηδέος, ὄφρ᾿ ἐνὶ πόντῳ
ἠὲ καὶ ἀλλοδαποῖσι μετ᾿ ἀνδράσι νόστον ὀλέσσῃ.
Νῆα μὲν οὖν οἱ πρόσθεν ἔτι κλείουσιν ἀοιδοί

1-4 ex his vss. quaedam citat Fronto, Epist. de orat., p. 158 Naber
1 Choerob. in Theodosii Can. i, p. 360. 2 Hilgard (= Herodian. ii. 776. 3
Lentz); (παλ. —) idem i, p. 343. 1 (= Herodian. ii, p. 766. 28; cf. etiam
Herod. ii, p. 246. 3)   (— Φ.) Achilles in Aratum p. 84. 5 Maass
  10–11 Tzetzes ad Lycophr. 175 (p. 81. 23 Scheer), sch Pind. Py. 4. 133 c;
(— πέδ.) Tzetzes ad Lyc. 1310 (p. 369. 10 Sch)

5 exspectaveris ἐκ σέο γὰρ, sim. (cll. 1, 8, 414); fort. Πτοίην (ad diphthongum
cf. Callim. fg. 558)   18 cf. ad 59 ἐπικλεί- Brunck (cl. Oppiano, Cyn.
3. 78, adde Od. 1. 351); cf. ii. 296, 717, 'per carmina quae etiam exstant'

ΑΠΟΛΛΩΝΙΟΥ ΡΟΔΙΟΥ

Ἄργον Ἀθηναίης καμέειν ὑποθημοσύνῃσι·
νῦν δ' ἂν ἐγὼ γενεήν τε καὶ οὔνομα μυθησαίμην   20
ἡρώων, δολιχῆς τε πόρους ἁλός, ὅσσα τ' ἔρεξαν
πλαζόμενοι· Μοῦσαι δ' ὑποφήτορες εἶεν ἀοιδῆς.

Πρῶτά νυν Ὀρφῆος μνησώμεθα, τόν ῥά ποτ' αὐτή
Καλλιόπη Θρήικι φατίζεται εὐνηθεῖσα
Οἰάγρῳ σκοπιῆς Πιμπληίδος ἄγχι τεκέσθαι.   25
αὐτὰρ τόνγ' ἐνέπουσιν ἀτειρέας οὔρεσι πέτρας
θέλξαι ἀοιδάων ἐνοπῇ ποταμῶν τε ῥέεθρα·
φηγοὶ δ' ἀγριάδες κείνης ἔτι σήματα μολπῆς
ἀκτῇ Θρηικίῃ Ζώνης ἔπι τηλεθόωσαι
ἑξείης στιχόωσιν ἐπήτριμοι, ἃς ὅγ' ἐπιπρό   30
θελγομένας φόρμιγγι κατήγαγε Πιερίηθεν.
Ὀρφέα μὲν δὴ τοῖον ἑῶν ἐπαρωγὸν ἀέθλων
Αἰσονίδης Χείρωνος ἐφημοσύνῃσι πιθήσας
δέξατο, Πιερίῃ Βιστωνίδι κοιρανέοντα·

ἤλυθε δ' Ἀστερίων αὐτοσχεδόν, ὅν ῥα Κομήτης   35
γείνατο, διηέντος ἐφ' ὕδασιν Ἀπιδανοῖο
Πειρεσιὰς ὄρεος Φυλληίου ἀγχόθι ναίων,
ἔνθα μὲν Ἀπιδανός τε μέγας καὶ δῖος Ἐνιπεύς
ἄμφω συμφορέονται, ἀπόπροθεν εἰς ἓν ἰόντες.

Λάρισαν δ' ἐπὶ τοῖσι λιπὼν Πολύφημος ἵκανεν   40
Εἰλατίδης, ὃς πρὶν μὲν ἐρισθενέων Λαπιθάων,
ὁππότε Κενταύροις Λαπίθαι ἐπὶ θωρήσσοντο,
ὁπλότερος προμάχιζε· τότ' αὖ βαρύθεσκέ οἱ ἤδη
γυῖα, μένεν δ' ἔτι θυμὸς ἀρήιος ὡς τὸ πάρος περ·

οὐδὲ μὲν Ἴφικλος Φυλάκῃ ἔνι δηρὸν ἔλειπτο,   45
μήτρως Αἰσονίδαο, κασιγνήτην γὰρ ὄπυιεν

22 (M. —) sch Dion. Perieg. 651   29 sch Nic. Ther. 460

---

19 καμέειν S (ex coni.): καμεῖν cett.   20 τε del. Wernicke (ad Tryph. p.
225); v. ad ii. 762   29 ἀκτῆς θρηικίης ζώνης libri: ἐν τῇ (v.l. τῷ)
θρηικίη ζώνη sch^Nic   34 v.l. βιστῶνι τε (-νίτας sch^P) sch^LP   43 προ-
μάχιζε Meineke: πολέμιζε libri

2

ΑΡΓΟΝΑΥΤΙΚΩΝ Α

Αἴσων Ἀλκιμέδην Φυλακηίδα· τῆς μιν ἀνώγει
πηοσύνη καὶ κῆδος ἐνικρινθῆναι ὁμίλῳ·
οὐδὲ Φεραῖς Ἄδμητος ἐυρρήνεσσιν ἀνάσσων
μίμνεν ὑπὸ σκοπιὴν ὄρεος Χαλκωδονίοιο·   50
οὐδ' Ἀλόπῃ μίμνον πολυλήιοι Ἑρμείαο
υἱέες εὖ δεδαῶτε δόλους, Ἔρυτος καὶ Ἐχίων·
τοῖσι δ' ἐπὶ τρίτατος γνωτὸς κίε νισσομένοισιν
Αἰθαλίδης· καὶ τὸν μὲν ἐπ' Ἀμφρυσσοῖο ῥοῇσιν
Μυρμιδόνος κούρη Φθιὰς τέκεν Εὐπολέμεια,   55
τὼ δ' αὖτ' ἐκγεγάτην Μενετηίδος Ἀντιανείρης.
Ἦλυθε δ' ἀφνειὴν προλιπὼν Γυρτῶνα Κόρωνος
Καινείδης, ἐσθλὸς μέν, ἑοῦ δ' οὐ πατρὸς ἀμείνων.
Καινέα γὰρ ζωόν †περ ἔτι κλείουσιν ἀοιδοί†
Κενταύροισιν ὀλέσθαι, ὅτε σφέας οἶος ἀπ' ἄλλων   60
ἤλασ' ἀριστεύων, οἱ δ' ἔμπαλιν ὁρμηθέντες
οὔτε μιν ἀγκλῖναι προτέρω σθένον οὔτε δαΐξαι,
ἀλλ' ἄρρηκτος ἄκαμπτος ἐδύσετο νειόθι γαίης,
θεινόμενος στιβαρῇσι καταΐγδην ἐλάτῃσιν.
Ἦλυθε δ' αὖ Μόψος Τιταρήσιος, ὃν περὶ πάντων   65
Λητοΐδης ἐδίδαξε θεοπροπίας οἰωνῶν·
βῆ δὲ καὶ Εὐρυδάμας Κτιμένου πάις, ἄγχι δὲ λίμνης
Ξυνιάδος Κτιμένην Δολοπηίδα ναιετάασκεν·
καὶ μὴν Ἄκτωρ υἷα Μενοίτιον ἐξ Ὀπόεντος
ὦρσεν, ἀριστήεσσι σὺν ἀνδράσιν ὄφρα νέοιτο.   70

59–64 sch Il. 1. 264 (AD)   63–64 fere citantur ab Eust. ad Il. 1. 264
68 Κτ. Δολ. citat Steph. Byz. s.v. Κτ. (= Herodian. i. 329. 26 L)

59 ζωόν περ libri: δὴ πρόσθεν sch^II; utrumque confictum esse videtur ex ζωόν πρόσθεν, ut eveniret versus iustus; nam per errorem post Κ. γὰρ ζωόν repetita erant ex vs. 18 πρόσθεν ἔτι κλ. ά. E.gr. Καινέα γὰρ ζωόν ⟨προσιδεῖν ζόφον, οὐδ' ὑπό φασι⟩ vel ⟨χθόν' ἔχειν φάτις, οὐδ' ὑπ' ἀπείροις⟩, cll. Arg. Orph. 170–4 (174 ζωόν τ' ἐν φθιμένοισι μολεῖν), al.   61 ἀριστεύων PE: -τήων LASG sch^II   62 ἀγκλῖναι LA sch^II: ἐγ- SGPE   63 ἐδύσετο libri: -σατο sch^II (cf. iv. 865)   67 βῆ δὲ καὶ Fr (cl. 172): ἠδὲ καὶ LAGPE: ἤλυθεν S (ex coni., cll. 57, 65)

3

ΑΠΟΛΛΩΝΙΟΥ ΡΟΔΙΟΥ

Εἵπετο δ' Εὐρυτίων τε καὶ ἀλκήεις Ἐριβώτης,
υἷες ὁ μὲν Τελέοντος, ὁ δ' Ἴρου Ἀκτορίδαο·
ἤτοι ὁ μὲν Τελέοντος ἐυκλειὴς Ἐριβώτης,
Ἴρου δ' Εὐρυτίων. σὺν καὶ τρίτος ἦεν Ὀιλεύς,
ἔξοχος ἠνορέην καὶ ἐπαῖξαι μετόπισθεν   75
εὖ δεδαὼς δήοισιν, ὅτε κλίνειε φάλαγγας.

Αὐτὰρ ἀπ' Εὐβοίης Κάνθος κίε, τόν ῥα Κάνηθος
πέμπεν Ἀβαντιάδης λελιημένον· οὐ μὲν ἔμελλε
νοστήσειν Κήρινθον ὑπότροπος, αἶσα γὰρ ἦεν
αὐτὸν ὁμῶς Μόψον τε δαήμονα μαντοσυνάων   80
πλαγχθέντας Λιβύης ἐπὶ πείρασι δῃωθῆναι.
ὡς οὐκ ἀνθρώποισι κακὸν μὴ πιστὸν ἐπαυρεῖν,
ὁππότε καὶ κείνους Λιβύη ἔνι ταρχύσαντο,
τόσσον ἑκὰς Κόλχων ὅσσον τέ περ ἠελίοιο
μεσσηγὺς δύσιές τε καὶ ἀντολαὶ εἰσορόωνται.   85

Τῷ δ' ἄρ' ἐπὶ Κλυτίος τε καὶ Ἴφιτος ἠγερέθοντο,
Οἰχαλίης ἐπίουροι, ἀπηνέος Εὐρύτου υἷες,
Εὐρύτου ᾧ πόρε τόξον Ἑκηβόλος, οὐδ' ἀπόνητο
δωτίνης· αὐτῷ γὰρ ἑκὼν ἐρίδηνε δοτῆρι.

87 sch Q ad Od. 8. 226

71 et 73 ἐριβώτης S: ἐρι- G: εὐρυ- LAPE; contra ii. 1039 ἐρι- PE: ἐρυ- LSG: εὐρυ- A; sch i. 95-96 ἐρυ- L: εὐρυ- AP; Catalogus Argon. (p. 5. 12 Wendel) εὐρυ-; Val. Fl. *Eri-* (bis); Hyg. fab. 14 *Eribotes* 6, *Euribates* 28; Paus. 5. 17. 10 Εὐρυβώτας   74 ἦεν V (et coni. Platt): ἦεν L: ἦεν ASG (qui omnes omittere solent iota subscr.): ἦκεν PE 76 κλίνειε (: κλίνει P) citat sch^{LP}, cum par. εἰς φυγὴν τρέψειεν: κλίνωσι libri (cum par. ε. φ. τρέψωσι sch^A)   81 ἐπὶ Fr: ἐνὶ libri; cf. iv. 1227, ii. 365, iii. 679, iv. 1175, 1597; v. ad iv. 1567   82 κακὸν S, a. corr. G, PE sch: -κῶν LA, p. corr. G   μὴ πιστὸν Fr: μήκιστον (cum par. μέγιστον) libri et sch; 'incredibile', cf. Simon. Ceum, fg. 11 Diehl, Archilochum, fg. 74. 1-5 Diehl: νήκουστον, sim. praefert Maas   83 (sicut etiam 972, 996, iv. 1441, 1731) καὶ κ(είνους) Fr: κἀκ- vel κακ- vel κάκ- vel κακ- libri (v. ad iv. 1441); nunquam enim Ap. utitur formis ἐκεῖν(ος), ἐκεῖθεν, ἐκεῖσε; cf. etiam schol. AT ad Il. 12. 348   86 κλυτίος hic VL, i. 1044 G, ii. 1043 V, et in catal. Argon. (p. 5. 15 Wendel) L: κλύτιος ceterum; cf. Herodian. i. 119. 31 L, al. (Κλυτίος δὲ τὸ κύριον παροξύνεται)

4

Τοῖσι δ' ἐπ' Αἰακίδαι μετεκίαθον, οὐ μὲν ἅμ' ἄμφω　　　90
οὐδ' ὁμόθεν, νόσφιν γὰρ ἀλευάμενοι κατένασθεν
Αἰγίνης, ὅτε Φῶκιν ἀδελφεὸν ἐξενάριξαν
ἀφραδίῃ· Τελαμὼν μὲν ἐν Ἀτθίδι νάσσατο νήσῳ,
Πηλεὺς δ' ἐν Φθίῃ ἐριβώλακι ναῖε λιασθείς.

Τοῖς δ' ἐπὶ Κεκροπίηθεν ἀρήιος ἤλυθε Βούτης,　　　95
παῖς ἀγαθοῦ Τελέοντος, ἐυμμελίης τε Φάληρος·
Ἄλκων μιν προέηκε πατὴρ ἑός· οὐ μὲν ἔτ' ἄλλους
γήραος υἷας ἔχεν βιότοιό τε κηδεμονῆας,
ἀλλά ἑ τηλύγετόν περ ὁμῶς καὶ μοῦνον ἐόντα
πέμπεν, ἵνα θρασέεσσι μεταπρέποι ἡρώεσσι.　　　100
Θησέα δ', ὃς περὶ πάντας Ἐρεχθεΐδας ἐκέκαστο,
Ταιναρίην ἀίδηλος ὑπὸ χθόνα δεσμὸς ἔρυκε,
Πειρίθῳ ἑσπόμενον κοινὴν ὁδόν· ἦ τέ κεν ἄμφω
ῥηίτερον καμάτοιο τέλος πάντεσσιν ἔθεντο.

Τῖφυς δ' Ἁγνιάδης Σιφαιέα κάλλιπε δῆμον　　　105
Θεσπιέων, ἐσθλὸς μὲν ὀρινόμενον προδαῆναι
κῦμ' ἁλὸς εὐρείης, ἐσθλὸς δ' ἀνέμοιο θυέλλας,
καὶ πλόον ἠελίῳ τε καὶ ἀστέρι τεκμήρασθαι.
αὐτή μιν Τριτωνὶς ἀριστήων ἐς ὅμιλον
ὦρσεν Ἀθηναίη, μέγα δ' ἤλυθεν ἐλδομένοισιν·　　　110
αὐτὴ γὰρ καὶ νῆα θοὴν κάμε, σὺν δέ οἱ Ἄργος
τεῦξεν Ἀρεστορίδης κείνης ὑποθημοσύνῃσι·
τῷ καὶ πασάων προφερεστάτη ἔπλετο νηῶν

93 (Τελ.)—94 ich Pind. Nem. 5. 25 a

94 δ' ἐν φθίῃ ἐριβώλακι sch^Pind (cf. Arg. Orph. 131, Il. 1. 155): δὲ
φθίῃ ἐν δώματα libri (cf. Od. 4. 517, 20. 288)　　103 κοινὴν S: supra
κείνην (sic) scr. οι G: καινὴν L (?: κείνην V), APE: et κείνην et καινὴν (κανήν,
ματαίαν) in libris tradi docent sch^LP　　105 σιφαέα libri sch, sed
supra scr. αιέα S (ex coni.?); cf. Steph. Byz. s.v. Σίφαι (Σιφαιεύς)
106–8 sententiarum nexus obscurior　　109 Τρ., v. ad 551　　110 μέγα
Platt: μετὰ libri (quod requirit accus.); cf. 174 et Qu. Sm. 2. 639, 8.
410, 14. 220 (ἐελδόμενοι μέγα)　　112 v.l. ἀλεκτορίδης testatur Tzetzes
ad Lycophr. 883 p. 286. 2 Scheer (Wendel, Überl. 67)

5

ὅσσαι ὑπ' εἰρεσίῃσιν ἐπειρήσαντο θαλάσσης.

Φλείας δ' αὖτ' ἐπὶ τοῖσιν Ἀραιθυρέηθεν ἵκανεν,   115
ἔνθ' ἀφνειὸς ἔναιε, Διωνύσοιο ἕκητι
πατρὸς ἑοῦ, πηγῇσιν ἐφέστιος Ἀσωποῖο.

Ἀργόθεν αὖ Ταλαὸς καὶ Ἄρηιος, υἷε Βίαντος,
ἤλυθον ἴφθιμός τε Λεώδοκος, οὓς τέκε Πηρώ
Νηληίς, τῆς ἀμφὶ δύην ἐμόγησε βαρεῖαν   120
Αἰολίδης σταθμοῖσιν ἐν Ἰφίκλοιο Μελάμπους.

Οὐδὲ μὲν οὐδὲ βίην κρατερόφρονος Ἡρακλῆος
πευθόμεθ' Αἰσονίδαο λιλαιομένου ἀθερίξαι·
ἀλλ' ἐπεὶ ἄιε βάξιν ἀγειρομένων ἡρώων
νεῖον ἀπ' Ἀρκαδίης Λυρκήιον Ἄργος ἀμείψας,   125
τὴν ὁδὸν ᾗ ζωὸν φέρε κάπριον ὅς ῥ' ἐνὶ βήσσῃς
φέρβετο Λαμπείης Ἐρυμάνθιον ἂμ μέγα τῖφος,
τὸν μὲν ἐνὶ πρώτοισι Μυκηνάων †ἀγορῇσι
δεσμοῖς ἰλλόμενον μεγάλων ἀπεσείσατο νώτων,
αὐτὸς δ' ᾗ ἰότητι παρὲκ νόον Εὐρυσθῆος   130
ὡρμήθη· σὺν καί οἱ Ὕλας κίεν, ἐσθλὸς ὀπάων
πρωθήβης, ἰῶν τε φορεὺς φύλακός τε βιοῖο.

Τῷ δ' ἐπὶ δὴ θείοιο κίεν Δαναοῖο γενέθλη,
Ναύπλιος· ἦ γὰρ ἔην Κλυτονήου Ναυβολίδαο,
Ναύβολος αὖ Λέρνου, Λέρνον γε μὲν ἴδμεν ἐόντα   135
Προίτου Ναυπλιάδαο, Ποσειδάωνι δὲ κούρη

115–17 Paus. 2. 12. 6   129 Simpl. in Aristot. De Caelo p. 517. 15
Heiberg·   134–8 Latine vertit Varro Atac. fg. 1 Morel

---

120 τῆς Fr : τῆς δ' (τήνδ' PE) libri   125 v.l. λυρκήιον sch : λυγκ- libri ;
Lyrc- Val. Fl. 4. 355, Ovid. Met. 1. 598   128 πρώτοισι LAPE: -ῃσι
SG   Μυκηνάων Fr : -ναίων libri   ἀόροισιν Merkel (cl. Hesych. a 5682) :
explic. περὶ δὲ τοῦ κάπρου καί(!) Ἡρόδωρός φησιν ὅτι ἐπὶ τὰς πύλας(!)
τῶν Μυκηνῶν(!) κομίσας αὐτὸν ἀπέθετο sch·   129 ἀπεσείσατο Simpl.,
idemque lectum esse a sch· visum est Schaefero (praef. ad sch pp. 13 sqq.) :
ἀπεθήκατο libri; cf. Nonn. 11. 217 ἀπεσείσατο νώτων (scil. taurus iuvenem
tergo insidentem)   134 ᾗ LASG : ὃς PE   Κλυτίου τοῦ legisse videtur
Varro, cum scriberet namque satus Clytio, Laerni quem Naubolus ex se . . .
edit (ita enim est distinguendum)   136 ναυπλιάδαο S : -πλιδαο cett.

πρίν ποτ' Ἀμυμώνη Δαναῒς τέκεν εὐνηθεῖσα
Ναύπλιον, ὃς περὶ πάντας ἐκαίνυτο ναυτιλίῃσιν.
Ἴδμων δ' ὑστάτιος μετεκίαθεν ὅσσοι ἔναιον
Ἄργος, ἐπεὶ δεδαὼς τὸν ἐὸν μόρον οἰωνοῖσιν   140
ἦιε, μή οἱ δῆμος ἐυκλείης ἀγάσαιτο·
οὐ μὲν ὅγ' ἦεν Ἄβαντος ἐτήτυμον, ἀλλά μιν αὐτός
γείνατο κυδαλίμοις ἐναρίθμιον Αἰολίδῃσιν
Λητοίδης, αὐτὸς δὲ θεοπροπίας ἐδίδαξεν
οἰωνούς τ' ἀλέγειν ἠδ' ἔμπυρα σήματ' ἰδέσθαι.   145
Καὶ μὴν Αἰτωλὶς κρατερὸν Πολυδεύκεα Λήδη
Κάστορά τ' ὠκυπόδων ὦρσεν δεδαημένον ἵππων
Σπάρτηθεν, τοὺς ἦγε δόμοις ἔνι Τυνδαρέοιο
τηλυγέτους ὠδῖνι μιῇ τέκεν· οὐδ' ἀπίθησεν
λισσομένοις, Ζηνὸς γὰρ ἐπάξια μήδετο λέκτρων.   150
Οἱ δ' Ἀφαρητιάδαι Λυγκεὺς καὶ ὑπέρβιος Ἴδας
Ἀρήνηθεν ἔβαν, μεγάλῃ περιθαρσέες ἀλκῇ
ἀμφότεροι· Λυγκεὺς δὲ καὶ ὀξυτάτοις ἐκέκαστο
ὄμμασιν, εἰ ἐτεόν γε πέλει κλέος ἀνέρα κεῖνον
ῥηιδίως καὶ νέρθεν ὑπὸ χθονὸς αὐγάζεσθαι.   155
Σὺν δὲ Περικλύμενος Νηλήιος ὦρτο νέεσθαι,
πρεσβύτατος παίδων ὅσσοι Πύλῳ ἐξεγένοντο
Νηλῆος θείοιο· Ποσειδάων δέ οἱ ἀλκήν
δῶκεν ἀπειρεσίην, ἠδ' ὅττι κεν ἀρήσαιτο

151 formam Ἀφ. explicat Etᴹ s.v. Ἀφαρεύς (= Herodian. ii. 850. 18 L)
152 Etᴼ, et (— ἔβαν) Etᴹ, s.v. Ἀρήνη   154 (εἰ)–155 Suda iii. 292. 4
Adler et (ex eodem fonte) sch Aristoph. Plu. 210

148 τοὺς δ' libri: δ' del. Fr; cf. 23, 35, 119, 180, 212   150 λισσο-
μένοις Meineke: νεισσ- (νοσσ- S) libri (ex 53); cf. ii. 917   151 οἱ δ'
Beck: οἱ τ' libri; vide Svensson, pp. 11–13   152 περιθαρσέες LASG:
περιθαλπέες PE (ex Nic. Ther. 40, quae idem librarius antea exaraverat)
155 fort. ῥ. κε τὰ νέρθεν   νέρθεν (ἔν- Suda) ὑπὸ Suda schᴬˢ: νέρθε κατὰ
libri (ex gl. ὑποκάτω vel κάτω ad νέρθεν in GP servata): sub terra latentia
Hygin. 14. 12

μαρνάμενος, τὸ πέλεσθαι ἐνὶ ξυνοχῇ πολέμοιο.　　　　　160

Καὶ μὴν Ἀμφιδάμας Κηφεύς τ' ἴσαν Ἀρκαδίηθεν,
οἳ Τεγέην καὶ κλῆρον Ἀφειδάντειον ἔναιον,
υἷε δύω Ἀλεοῦ· τρίτατός γε μὲν ἕσπετ' ἰοῦσιν
Ἀγκαῖος· τὸν μέν ῥα πατὴρ Λυκόοργος ἔπεμπε,
τῶν ἄμφω γνωτὸς προγενέστερος, ἀλλ' ὁ μὲν ἤδη　　　165
γηράσκοντ' Ἀλεὸν λίπετ' ἂμ πόλιν ὄφρα κομίζοι,
παῖδα δ' ἑὸν σφετέροισι κασιγνήτοισιν ὄπασσε·
βῆ δ' ὅγε Μαιναλίης ἄρκτου δέρος　　　　　　　168
　　　　　　　　　　ἀμφίτομόν τε　　　　　　168
δεξιτερῇ πάλλων πέλεκυν μέγαν· ἔντεα γάρ οἱ
πατροπάτωρ Ἀλεὸς μυχάτῃ ἐνέκρυψε καλιῇ,　　　　170
αἴ κέν πως ἔτι καὶ τὸν ἐρητύσειε νέεσθαι.

Βῆ δὲ καὶ Αὐγείης, ὃν δὴ φάτις Ἠελίοιο
ἔμμεναι, Ἠλείοισι δ' ὅγ' ἀνδράσιν ἐμβασίλευεν
ὄλβῳ κυδιόων· μέγα δ' ἵετο Κολχίδα γαῖαν
αὐτόν τ' Αἰήτην ἰδέειν σημάντορα Κόλχων.　　　　175

Ἀστέριος δὲ καὶ Ἀμφίων Ὑπερασίου υἷες
Πελλήνης ἄφ' ἵκανον Ἀχαιίδος, ἥν ποτε Πέλλης
πατροπάτωρ ἐπόλισσεν ἐπ' ὀφρύσιν Αἰγιαλοῖο.

Ταίναρον αὖτ' ἐπὶ τοῖσι λιπὼν Εὔφημος ἵκανε,
τόν ῥα Ποσειδάωνι ποδωκηέστατον ἄλλων　　　　180
Εὐρώπη Τιτυοῖο μεγασθενέος τέκε κούρη·
κεῖνος ἀνὴρ καὶ πόντου ἐπὶ γλαυκοῖο θέεσκεν
οἴδματος, οὐδὲ θοοὺς βάπτεν πόδας, ἀλλ' ὅσον ἄκροις
ἴχνεσι τεγγόμενος διερῇ πεφόρητο κελεύθῳ·
καὶ δ' ἄλλω δύο παῖδε Ποσειδάωνος ἵκοντο,　　　185

162 Ἀφ. κλ. citat ex 'poetis' Paus. 8. 4. 3

166 γηράσκων Schneider (cl. Arg. Orph. 199), fort. recte, sed cf. Il. 24. 541　　168 e.gr. (ἀσπίδος ἀντί | ἀμφὶς ἔχων λαίης λάσιον χερός,); cf. ii. 119 sq., Arg. Orph. 200 sq.　　ἀμφίτομόν τε LASG: ἀμφεῖτό τε PE (cum gl. περιεδέδυτο P)　　170 ἔγκρυψε G solus　　179 αὖτ' LASG: αὖ PE　　εὔφημος PE: πολύφ- LASG (ex 40); cf. iv. 1465 sq., Val. Fl. 1. 365

ἤτοι ὁ μὲν πτολίεθρον ἀγανοῦ Μιλήτοιο
νοσφισθεὶς Ἐργῖνος, ὁ δ' Ἰμβρασίης ἕδος Ἥρης
Παρθενίην Ἀγκαῖος ὑπέρβιος· ἴστορε δ' ἄμφω
ἠμὲν ναυτιλίης ἠδ' ἄρεος εὐχετόωντο.

Οἰνείδης δ' ἐπὶ τοῖσιν ἀφορμηθεὶς Καλυδῶνος   190
ἀλκήεις Μελέαγρος ἀνήλυθε, Λαοκόων τε—
Λαοκόων Οἰνῆος ἀδελφεός, οὐ μὲν ἰῆς γε
μητέρος, ἀλλά ἑ θῆσσα γυνὴ τέκε. τὸν μὲν ἄρ' Οἰνεύς
ἤδη γηραλέον κοσμήτορα παιδὸς ἴαλλεν,
ὧδ' ἔτι κουρίζων περιθαρσέα δῦνεν ὅμιλον   195
ἡρώων· τοῦ δ' οὔ τιν' ὑπέρτερον ἄλλον ὀίω
νόσφιν γ' Ἡρακλῆος ἐπελθέμεν, εἴ κ' ἔτι μοῦνον
αὖθι μένων λυκάβαντα μετετράφη Αἰτωλοῖσιν·
καὶ μὴν οἱ μήτρως αὐτὴν ὁδόν, εὖ μὲν ἄκοντι
εὖ δὲ καὶ ἐν σταδίῃ δεδαημένος ἀντιφέρεσθαι,   200
Θεστιάδης Ἴφικλος ἐφωμάρτησε κιόντι,
σὺν δὲ Παλαιμόνιος Λέρνου πάις Ὠλενίοιο—
Λέρνου ἐπίκλησιν, γενεήν γε μὲν Ἡφαίστοιο·
τούνεκ' ἔην πόδε σιφλός, ἀτὰρ χέρας οὔ κέ τις ἔτλη
ἠνορέην τ' ὀνόσασθαι, ὃ καὶ μεταρίθμιος ἦεν   205
πᾶσιν ἀριστήεσσιν Ἰήσονι κῦδος ἀέξων.

Ἐκ δ' ἄρα Φωκήων κίεν Ἴφιτος, Ὀρνυτίδαο
Ναυβόλου ἐκγεγαώς· ξεῖνος δέ οἱ ἔσκε πάροιθεν,
ἦμος ἔβη Πυθώδε θεοπροπίας ἐρεείνων
ναυτιλίης, τόθι γάρ μιν ἑοῖς ὑπέδεκτο δόμοισι.   210

Ζήτης αὖ Κάλαΐς τε Βορήιοι υἷες ἱκέσθην,
οὕς ποτ' Ἐρεχθηὶς Βορέῃ τέκεν Ὠρείθυια

211 Et^{GM} s.v. Ζήτης

188 Παρθενίην Brunck, cl. ii. 872: -νίης libri; cf. sch 185–8 b, Callim. Del.
49 sq.   204 πόδε PE: -δας LA: -δα SG; cf. Arg. Orph. 211 et ἀμφι-
γυήας (Platt)   χέρας (vel μένος, v. ad iii. 847) Fr: δέμας libri: cf. Il.
13. 287   205 ἦεν libri   211 ἱκέσθην Et^{GM}: ἵκοντο libri; cf. ii. 273/5

ἐσχατιῇ Θρήκης δυσχειμέρου· ἔνθ' ἄρα τήνγε
Θρηίκιος Βορέης ἀνερείψατο Κεκροπίηθεν,
Ἰλισσοῦ προπάροιθε χορῷ ἔνι δινεύουσαν,   215
καί μιν ἄγων ἔκαθεν, Σαρπηδονίην ὅθι πέτρην
κλείουσιν ποταμοῖο παρὰ ῥόον Ἐργίνοιο,
λυγαίοις ἐδάμασσε περὶ νεφέεσσι καλύψας.
τὼ μὲν ἐπ' ἀστραγάλοισι ποδῶν ἑκάτερθεν ἐρεμνάς
σεῖον ἀειρομένω πτέρυγας, μέγα θάμβος ἰδέσθαι,   220
χρυσείαις φολίδεσσι διαυγέας· ἀμφὶ δὲ νώτοις
κράατος ἐξ ὑπάτοιο καὶ αὐχένος ἔνθα καὶ ἔνθα
κυάνεαι δονέοντο μετὰ πνοιῇσιν ἔθειραι.

Οὐδὲ μὲν οὐδ' αὐτοῖο πάις μενέαινεν Ἄκαστος
ἰφθίμου Πελίαο δόμοις ἔνι πατρὸς ἑῆος   225
μιμνάζειν, Ἄργος τε θεᾶς ὑποεργὸς Ἀθήνης,
ἀλλ' ἄρα καὶ τὼ μέλλον ἐνικριθῆναι ὁμίλῳ.

Τόσσοι ἄρ' Αἰσονίδῃ συμμήστορες ἠγερέθοντο.
τοὺς μὲν ἀριστῆας Μινύας περιναιετάοντες
κίκλησκον μάλα πάντας, ἐπεὶ Μινύαο θυγατρῶν   230
οἱ πλεῖστοι καὶ ἄριστοι ἀφ' αἵματος εὐχετόωντο
ἔμμεναι, ὧς δὲ καὶ αὐτὸν Ἰήσονα γείνατο μήτηρ
Ἀλκιμέδη Κλυμένης Μινυηίδος ἐκγεγαυῖα.

Αὐτὰρ ἐπεὶ δμώεσσιν ἐπαρτέα πάντ' ἐτέτυκτο
ὅσσα περ ἐντύνονται †ἐπαρτέα ἔνδοθι νῆες,   235
εὖτ' ἂν ἄγῃ χρέος ἄνδρας ὑπεὶρ ἅλα ναυτίλλεσθαι,
δὴ τότ' ἴσαν μετὰ νῆα δι' ἄστεος, ἔνθα περ ἀκταί

213 neque ἔνθα neque ἄρα satis aptum   214 ἀνερείψατο LAPE:
-ερέψ- (-εθρέψ- G) SG; cf. ii. 503, ubi ἀνερεψάμενος omnes, contra iv.
918 ἀνερέψατο L²ASG: -ρύσ- PE (ex 861 ?); Ap. vel altera vel altera vel
utraque forma usus esse potest (v. Platt 33. 30)   215 marg. ἄλλοι
κιφισοῦ γράφουσι PE (cf. schc, lin. 16), male   217 παρά(ρ) LSGPE:
παραὶ p. corr. V, A   219 ἀστραγάλοισι Fr: ἀκροτάτοισι libri (ex 183):
gl. ἐπ' ἀκρ. π.· τοῖς σφυροῖς ἢ τοῖς ἀστραγάλοις sch^LP   ἐρεμνὰς APE sch:
ἐρυμνὰς SG: utrumque (ε supra υ scr.) L   220 θάμβος LASG: θαῦμα
PE; cf. 1307   225 ἑῆος LAPE: ἑοῖο SG (cf. 667, ii. 656, al.)   235 ἐπ-
αρτέα PE: -τέες LASG; ex 234

ΑΡΓΟΝΑΥΤΙΚΩΝ Α

κλείονται Παγασαὶ Μαγνήτιδες· ἀμφὶ δὲ λαῶν
πληθὺς σπερχομένων ἄμυδις θέον, οἱ δὲ φαεινοί
ἀστέρες ὡς νεφέεσσι μετέπρεπον. ὧδε δ᾽ ἕκαστος   240
ἔννεπεν εἰσορόων σὺν τεύχεσιν ἀίσσοντας·
"Ζεῦ ἄνα, τίς Πελίαο νόος; πόθι τόσσον ὅμιλον
ἡρώων γαίης Παναχαιίδος ἔκτοθι βάλλει;
αὐτῆμάρ κε δόμους ὀλοῷ πυρὶ δηώσειαν
Αἰήτεω, ὅτε μή σφιν ἑκὼν δέρος ἐγγυαλίξῃ·   245
ἀλλ᾽ οὐ φυκτὰ κέλευθα, πόνος δ᾽ ἄπρηκτος ἰοῦσιν."
Ὣς φάσαν ἔνθα καὶ ἔνθα κατὰ πτόλιν· αἱ δὲ γυναῖκες
πολλὰ μάλ᾽ ἀθανάτοισιν ἐς αἰθέρα χεῖρας ἄειρον,
εὐχόμεναι νόστοιο τέλος θυμηδὲς ὀπάσσαι.
ἄλλη δ᾽ εἰς ἑτέρην ὀλοφύρετο δακρυχέουσα·   250
"Δειλὴ Ἀλκιμέδη, καὶ σοὶ κακὸν ὀψέ περ ἔμπης
ἤλυθεν, οὐδ᾽ ἐτέλεσσας ἐπ᾽ ἀγλαΐῃ βιότοιο.
Αἴσων αὖ μέγα δή τι δυσάμμορος· ἦ τέ οἱ ἦεν
βέλτερον, εἰ τὸ πάροιθεν ἐνὶ κτερέεσσιν ἐλυσθεὶς
νειόθι γαίης κεῖτο, κακῶν ἔτι νῆις ἀέθλων.   255
ὡς ὄφελεν καὶ Φρίξον, ὅτ᾽ ὤλετο παρθένος Ἕλλη,
κῦμα μέλαν κριῷ ἅμ᾽ ἐπικλύσαι· ἀλλὰ καὶ αὐδήν
ἀνδρομέην προέηκε κακὸν τέρας, ὥς κεν ἀνίας
Ἀλκιμέδῃ μετόπισθε καὶ ἄλγεα μυρία θείη."
Αἱ μὲν ἄρ᾽ ὣς ἀγόρευον ἐπὶ προμολῇσι κιόντων·   260
ἔνδον δὲ δμῶές τε πολεῖς δμωαί τ᾽ ἀγέροντο

255 νῆις d. Et^M s.v. νῆις

239 σπερχομένων Meineke (ad Theocr. 21. 49): ἐπερχ- libri   θέον PE: θέεν
LASG; v. ad iv. 689   246 οὐ φ. κέλ., 'non poterunt illi emetiri iter
tantum et tale incolumes'; ad hunc sensum verbi φυγεῖν cf. ii. 770, 345,
420, 616, i. 623, iii. 1116, et ad iv. 585   fort. πόρος, cf. ad iv. 586 et
Ap. fg. 5. 3 Powell νηυσὶ πρηκτὰ κέλευθα κτλ.   251 fort. Ἀλκιμέδη
δειλή   253 ἦ κέ Naber, sed cf. Il. 10. 450   258 supra ἀνδρ.
scr. γρ ἀντιόπην ἥτις ἦν μήτηρ τοῦ αἰήτου P (leg. ἀντιόπη et ad Ἀλκ. 259
referendum)   261 sq. textus incertus   261 ἔνδον Fr (cl. Il. 20.
13): ᾖθη libri: lac. post 261 Wifstrand

ΑΠΟΛΛΩΝΙΟΥ ΡΟΔΙΟΥ

μήτηρ τ' ἀμφασίῃ βεβολημένη, ὀξὺ δ' †ἑκάστην
δῦνεν ἄχος· σὺν δέ σφι πατὴρ ὀλοῷ ὑπὸ γήραι
ἐντυπὰς ἐν λεχέεσσι καλυψάμενος γοάασκεν.
αὐτὰρ ὁ τῶν μὲν ἔπειτα κατεπρήυνεν ἀνίας,   265
θαρσύνων· δμώεσσι δ' ἀρήια τεύχε' ἀείρειν
πέφραδεν, οἱ δέ τε σῖγα κατηφέες ἠείροντο.
μήτηρ δ' ὡς τὰ πρῶτ' ἐπεχεύατο πήχεε παιδί,
ὣς ἔχετο κλαίουσ' ἀδινώτερον, ἠύτε κούρη
οἰόθεν ἀσπασίως πολιὴν τροφὸν ἀμφιπεσοῦσα   270
μύρεται, ᾗ οὔκ εἰσιν ἔτ' ἄλλοι κηδεμονῆες,
ἀλλ' ὑπὸ μητρυιῇ βίοτον βαρὺν ἡγηλάζει·
καί ἑ νέον πολέεσσιν ὀνείδεσιν ἐστυφέλιξεν,
τῇ δέ τ' ὀδυρομένῃ δέδεται κέαρ ἔνδοθεν ἄτῃ,
οὐδ' ἔχει ἐκφλύξαι τόσσον γόον ὅσσον ὀρεχθεῖ—   275
ὣς ἀδινὸν κλαίεσκεν ἑὸν πάιν ἀγκὰς ἔχουσα
Ἀλκιμέδη· καὶ τοῖον ἔπος φάτο κηδοσύνῃσιν·
    "Αἴθ' ὄφελον κεῖν' ἦμαρ, ὅτ' ἐξειπόντος ἄκουσα
δειλὴ ἐγὼ Πελίαο κακὴν βασιλῆος ἐφετμήν,
αὐτίκ' †ἀπὸ ψυχὴν μεθέμεν κηδέων τε λαθέσθαι,   280
ὄφρ' αὐτός με τεῇσι φίλαις ταρχύσαο χερσίν,
τέκνον ἐμόν· τὸ γὰρ οἶον ἔην ἔτι λοιπὸν ἐέλδωρ
ἐκ σέθεν, ἄλλα δὲ πάντα πάλαι θρεπτήρια πέσσω.
νῦν γε μὲν ἡ τὸ πάροιθεν Ἀχαιιάδεσσιν ἀγητή
δμωὶς ὅπως κενεοῖσι λελείψομαι ἐν μεγάροισιν,   285

262 τ' Fr: δ' libri   ἀμφασίῃ Herwerden (*Mnemos.* 11, 1883, 408,
cl. ii. 409), cf. gl. λύπῃ βλαβεῖσα ἢ δυσθυμοῦσα schᴸa: ἀμφ' αὐτὸν libri
δ' ἑκάστην libri (ex 240): e.gr. δ' ἐν ἦτορ (cll. Il. 19. 366 sq.)   267 δέ
τε La Roche: δὲ libri: δ' ἄρα Bernhardy: δὲ τὰ Merkel   270 fort.
οἰόθι θεσπεσίως (cll. iii. 1064 sq.)   273 ἤ ἑ Koechly (p. 5, pronom.
relat.), Platt (34. 130, pron. demonstr.)   274 δέδ., cf. Eurip. Hippol.
160, sed fort. ἔδεται scrib., cll. i. 1286–9   276 πάιν Rzach (pp. 82 sq.,
cl. iv. 697): παῖδ' libri   280 e.gr. αὐτίκα πως, vel αὐτίχ' ἅπαξ (cl. Od.
12. 350), nullum enim verbum incipit ab ἀπομετα-   281 ταρχύσαο
L²: τάρχυσας L¹AS: -σα G: -χύσῃς P: -χύσαις E   285 κεν ἐοῖσι libri
285* sq. in priore editione legi haec: (285*) βείομαι οὐλομένοισιν (ita L:

12

σεῖο πόθῳ μινύθουσα δυσάμμορος, ᾦ ἔπι πολλήν
ἀγλαΐην καὶ κῦδος ἔχον πάρος, ᾦ ἔπι μούνῳ
μίτρην πρῶτον ἔλυσα καὶ ὕστατον, ἔξοχα γάρ μοι
Εἰλείθυια θεὰ πολέος ἐμέγηρε τόκοιο.
ᾦ μοι ἐμῆς ἄτης· τὸ μὲν οὐδ' ὅσον οὐδ' ἐν ὀνείρῳ   290
ὠισάμην, εἰ Φρίξος ἐμοὶ κακὸν ἔσσετ' ἀλύξας."
Ὡς ἦγε στενάχουσα κινύρετο, ταὶ δὲ γυναῖκες
ἀμφίπολοι γοάασκον ἐπισταδόν· αὐτὰρ ὁ τήνγε
μειλιχίοις ἐπέεσσι παρηγορέων προσέειπεν·
"Μή μοι λευγαλέας ἐνιβάλλεο μῆτερ ἀνίας   295
ᾦδε λίην, ἐπεὶ οὐ μὲν ἐρωήσεις κακότητος
δάκρυσιν, ἀλλ' ἔτι κεν καὶ ἐπ' ἄλγεσιν ἄλγος ἄροιο.
πήματα γάρ τ' ἀίδηλα θεοὶ θνητοῖσι νέμουσιν·
τῶν μοῖραν κατὰ θυμὸν ἀνιάζουσά περ ἔμπης
τλῆθι φέρειν. θάρσει δὲ συνημοσύνῃσιν Ἀθήνης,   300
ἠδὲ θεοπροπίῃσιν, ἐπεὶ μάλα δεξιὰ Φοῖβος
ἔχρη, ἀτὰρ μετέπειτά γ' ἀριστήων ἐπαρωγῇ.
ἀλλὰ σὺ μὲν νῦν αὖθι μετ' ἀμφιπόλοισιν ἔκηλος
μίμνε δόμοις, μηδ' ὄρνις ἀεικελίη πέλε νηί·
κεῖσε δ' ὁμαρτήσουσιν ἔται δμῶές τε κιόντι."   305
Ἦ, καὶ ὁ μὲν προτέρωσε δόμων ἐξ ὦρτο νέεσθαι.
οἷος δ' ἐκ νηοῖο θυώδεος εἶσιν Ἀπόλλων
Δῆλον ἀν' ἠγαθέην ἠὲ Κλάρον, ἢ ὅγε Πυθώ
ἢ Λυκίην εὐρεῖαν ἐπὶ Ξάνθοιο ῥοῇσι—
τοῖος ἀνὰ πληθὺν δήμου κίεν, ὦρτο δ' ἀυτή   310
κεκλομένων ἄμυδις. τῷ δὲ ξύμβλητο γεραιή
304 (μηδ' —) sch Aristoph. Plu. 63

β. ἐν μεγάροισιν P) διζυρὴ ἀχέεσσιν (286*) σεῖο πόθῳ, φίλε κούρε, δυσάμ-
μορος schL et (confusius) schr, unde marg. ad 286 alia m. γρ. σεῖο π.
φίλε κούρε δυσ. P   292 τῇ (δὲ γυν.) Wellauer   296 ἐρωήσεις Fr:
ἐρητύσεις (-σης PE: ἐρυτήσεις S) libri (ex 171); cf. (ad genet.) hy. Hom.
Cer. 301, al., (ad sensum et dat. instr.) Nic. Ther. 117 ('escape harm'
G-EL)   301 θεοπροπίῃσιν LASG, sch 302 c: -ίοισιν PE

13

Ἰφιὰς Ἀρτέμιδος πολιηόχου ἀρήτειρα,
καί μιν δεξιτερῆς χειρὸς κύσεν· οὐδέ τι φάσθαι
ἔμπης ἱεμένη δύνατο προθέοντος ὁμίλου,
ἀλλ' ἡ μὲν λίπετ' αὖθι παρακλιδόν, οἷα γεραιή   315
ὁπλοτέρων, ὁ δὲ πολλὸν ἀποπλαγχθεὶς ἐλιάσθη.

Αὐτὰρ ἐπεί ῥα πόληος ἐυδμήτους λίπ' ἀγυιάς,
ἀκτήνδ' ἵκανεν Παγασηίδα, τῇ μιν ἑταῖροι
δειδέχατ' Ἀργώῃ ἄμυδις παρὰ νηὶ μένοντες.
στῆ δ' ἄρ' ἐπιπρομολών, οἱ δ' ἀντίοι ἠγερέθοντο·   320
ἐς δ' ἐνόησαν Ἄκαστον ὁμῶς Ἄργον τε πόληος
νόσφι καταβλώσκοντας, ἐθάμβησαν δ' ἐσιδόντες
πασσυδίῃ Πελίαο παρὲκ νόον ἰθύοντας·
δέρμα δ' ὁ μὲν ταύροιο ποδηνεκὲς ἀμφέχετ' ὤμους
Ἄργος Ἀρεστορίδης λάχνῃ μέλαν, αὐτὰρ ὁ καλήν   325
δίπλακα, τήν οἱ ὄπασσε κασιγνήτη Πελόπεια·
ἀλλ' ἔμπης τὼ μέν τε διεξερέεσθαι ἕκαστα
ἔσχετο, τοὺς δ' ἀγορήνδε συνεδριάασθαι ἄνωγεν.
αὐτοῦ δ' ἰλλομένοις ἐπὶ λαίφεσιν ἠδὲ καὶ ἱστῷ
κεκλιμένῳ μάλα πάντες ἐπισχερὼ ἑδριόωντο.   330
τοῖσιν δ' Αἴσονος υἱὸς ἐυφρονέων μετέειπεν·

" Ἄλλα μέν, ὅσσα τε νηὶ ἐφοπλίσσασθαι ἔοικεν,
πάντα μάλ' εὖ κατὰ κόσμον ἐπαρτέα κεῖται ἰοῦσιν,

320 sch i. 1174 a   323–400 deerat in quodam antiquo libro folium unum, unde factum est ut per hos versus neque scholia servata sint ulla neque variae lect. adnotatae sint in L (cf. Wendel, Überl. 60)

312 vs. om. L¹, inseruit L²   313 κύρεν (par. ἔθιγεν) sch^L (sive pro v.l. sive pro coni.)   318 ἀκτήνδ' SG: -ὴν δ' LAPE   320 v.l. (vel coni. ?) προμολὼν (ἀντὶ τοῦ· προελθὼν ἐπέστη) sch^L: ἐπὶ προμολῇσιν hinc citat et expl. sch 1174a (ex 260): ἐπὶ προμολῆς (vel -λῇς) libri (ex 260, numeris adaptatum), cum gll. προεξόδου G, ἀκρωρείας P (cf. Callim. hy. 3. 99), ταῖς προόδοις A; cf. iii. 665, Od. 4. 22   ἠερέθοντο sch 1174a   323 πασσυδίῃ LASPE hic et ceteris locis: πασσ- G solus semper, nisi quod iv. 859 πασσ- L²ASG   ἰθύοντας Brunck: ἰθύνοντας libri; cf. ii. 327   324 ἀμπέχετ' Hoelzlin (cl. Od. 6. 225)   333 μάλ' Huet: γὰρ libri: πάρ' O. Schneider; vel potest ordo versuum inverti (332 post 333, cf. vs. 771/70), cll. γὰρ—τῶ 630/3, iv. 1165/8

τῷ οὐκ ἂν δηναιὸν ἐχοίμεθα τοῖο ἔκητι
ναυτιλίης, ὅτε μοῦνον ἐπιπνεύσουσιν ἀῆται·   335
ἀλλὰ φίλοι, ξυνὸς γὰρ ἐς Ἑλλάδα νόστος ὀπίσσω,
ξυναὶ δ' ἄμμι πέλονται ἐς Αἰήταο κέλευθοι,
τούνεκα νῦν τὸν ἄριστον ἀφειδήσαντες ἕλεσθε
ὄρχαμον ἡμείων, ᾧ κεν τὰ ἕκαστα μέλοιτο,
νείκεα συνθεσίας τε μετὰ ξείνοισι βαλέσθαι."   340
Ὣς φάτο. πάπτηναν δὲ νέοι θρασὺν Ἡρακλῆα
ἥμενον ἐν μέσσοισι, μιῇ δέ ἑ πάντες ἀυτῇ
σημαίνειν ἐπέτελλον· ὁ δ' αὐτόθεν ἔνθα περ ἧστο
δεξιτερὴν ἀνὰ χεῖρα τανύσσατο, φώνησέν τε·
" Μή τις ἐμοὶ τόδε κῦδος ὀπαζέτω· οὐ γὰρ ἔγωγε   345
πείσομαι, ὣς δὲ καὶ ἄλλον ἀναστήσεσθαι ἐρύξω.
αὐτὸς ὅτις ξυνάγειρε καὶ ἀρχεύοι ὁμάδοιο."
Ἦ ῥα μέγα φρονέων· ἐπὶ δ' ἤνεον ὡς ἐκέλευεν
Ἡρακλέης. ἀνὰ δ' αὐτὸς ἀρήιος ὤρνυτ' Ἰήσων
γηθόσυνος, καὶ τοῖα λιλαιομένοις ἀγόρευεν·   350
" Εἰ μὲν δή μοι κῦδος ἐπιτρωπᾶτε μέλεσθαι,
μηκέτ' ἔπειθ', ὡς καὶ πρίν, ἐρητύοιτο κέλευθα.
νῦν γε μὲν ἤδη Φοῖβον ἀρεσσάμενοι θυέεσσιν
δαῖτ' ἐντυνώμεσθα παρασχεδόν. ὄφρα δ' ἴωσιν
δμῶες ἐμοὶ σταθμῶν σημάντορες οἷσι μέμηλεν   355
δεῦρο βόας ἀγέληθεν ἐὺ κρίναντας ἐλάσσαι,
τόφρα κε νῆ' ἐρύσαιμεν ἔσω ἁλός, ὅπλα δὲ πάντα
ἐνθέμενοι πεπάλαχθε κατὰ κληῖδας ἐρετμά·
τείως δ' αὖ καὶ βωμὸν ἐπάκτιον Ἐμβασίοιο
θείομεν Ἀπόλλωνος, ὅ μοι χρείων ὑπέδεκτο   360
σημανέειν δείξειν τε πόρους ἁλός, εἴ κε θυηλαῖς
οὗ ἕθεν ἐξάρχωμαι ἀεθλεύων βασιλῆι."

339 ἡμείων PE: ὑμ- LASG   340 fort. ταμέσθαι (cl. iv. 340)   346 ὡς
δὲ Brunck: ὥστε LA: ὅς τε PE: ὅς γε SG   350 ἀγόρευεν LAPE:
-ρευσεν SG   354 ἴασιν L solus   356 κρίναντας LAPE: -νοντας SG
357 δὲ Merkel: τε libri

15

᾽Η ῥα, καὶ εἰς ἔργον πρῶτος τράπεθ᾽. οἱ δ᾽ ἐπανέσταν
πειθόμενοι· ἀπὸ δ᾽ εἵματ᾽ ἐπήτριμα νηήσαντο
λείῳ ἐπὶ πλαταμῶνι, τὸν οὐκ ἐπέβαλλε θάλασσα   365
κύμασι, χειμερίῃ δὲ πάλαι ἀποέκλυσεν ἅλμη.
νῆα δ᾽ ἐπικρατέως Ἄργου ὑποθημοσύνῃσιν
ἔζωσαν πάμπρωτον ἐυστρεφεῖ ἔνδοθεν ὅπλῳ
τεινάμενοι ἑκάτερθεν, ἵν᾽ εὖ ἀραροίατο γόμφοις
δούρατα καὶ ῥοθίοιο βίην ἔχοι ἀντιόωσαν.   370
σκάπτον δ᾽ αἶψα κατ᾽ εὖρος ὅσον †περιβάλλεται χῶρος†,
†ἠδὲ κατὰ πρώειραν ἔσω ἁλὸς ὁσσάτιόν περ
ἑλκομένη χείρεσσιν ἐπιδραμέεσθαι ἔμελλεν,
αἰεὶ δὲ προτέρω χθαμαλώτερον ἐξελάχαινον
στείρης· ἐν δ᾽ ὁλκῷ ξεστὰς στορέσαντο φάλαγγας·   375
τὴν δὲ κατάντη κλῖναν ἐπὶ πρώτῃσι φάλαγξιν,
ὥς κεν ὀλισθαίνουσα δι᾽ αὐτάων φορέοιτο.
ὕψι δ᾽ ἄρ᾽ ἔνθα καὶ ἔνθα μεταστρέψαντες ἐρετμά
πήχυιον προύχοντα περὶ σκαλμοῖσιν ἔδησαν,
τῶν δ᾽ ἐπαμοιβαδὶς αὐτοὶ ἐνέσταθεν ἀμφοτέρωθεν   380
στέρνα θ᾽ ὁμοῦ καὶ χεῖρας ἐπήλασαν. ἐν δ᾽ ἄρα Τῖφυς
βήσαθ᾽, ἵν᾽ ὀτρύνειε νέους κατὰ καιρὸν ἐρύσσαι.
κεκλόμενος δ᾽ ἤυσε μάλα μέγα, τοὶ δὲ παράσσον
ᾧ κράτεϊ βρίσαντες ἰῇ στυφέλιξαν ἐρωῇ

364 (εἵμ.)-366 sch Arati 988   372 (— ἁλὸς) Et° s.v. πρώειρα (cf.
etiam Et^M s.v. πρώρα = Herodian. ii p. 410. 26 L); ad 372–89 cf. ac-
curatam imit. Qu. Sm. 12. 426–32   379 Et°, et πη. πρ. sola Et^M, s.v. πήχ.

368 ἔκτοθεν Sanctamandus: ἔνθετον Naber; sed v. Assmann, *Seewesen*
(Baumeister, *Denkmäler*), p. 1594   371 sq. textus incertissimus,
e.gr. ὅσον περιβαλλέμεν οὐρόν | νῆα κατὰ πρ., ἔσω δ᾽ ἁλὸς   371 περι-
βάλλεται LAPE: -το SG (imit. Nicander, Ther. 169 sq. περιβάλλεται εὖρος |
ὅσσον) χῶρος LASPE: -ρον G   372 ἠδὲ LA, p. corr. G, PE: οἱ δὲ
S, a. corr. G, Et°   πρώειραν Et° disertim (et coni. Bergk): πρώραν
libri   εἴσω S solus (metri causa; cf. 357, 390)   377 αὖτ. susp.
380 ἐπαμοιβαδὶς Fr: ἐναμ- libri; propter τῶν, et cll. Od. 5. 481, voce
ἐπαμοιβή (G-EL); v. ad iv. 1030   381 exspect. ἐπήραρον, sim.   384 ἰῇ
Brunck: (-τε L: -τες cett.) μῇ libri

νειόθεν ἐξ ἕδρης, ἐπὶ δ' ἐρρώσαντο πόδεσσιν   **385**
προπροβιαζόμενοι· ἡ δ' ἕσπετο Πηλιὰς Ἀργώ
ῥίμφα μάλ', οἱ δ' ἐκάτερθεν ἐπίαχον ἀίσσοντες·
αἱ δ' ἄρ' ὑπὸ τρόπιδι στιβαραὶ στενάχοντο φάλαγγες
τριβόμεναι, περὶ δέ σφιν ἀιδνὴ κήκιε λιγνύς
βριθοσύνῃ· κατόλισθε δ' ἔσω ἁλός. οἱ δέ μιν αὖθι   **390**
ἂψ ἀνασειράζοντες ἔχον προτέρωσε κιοῦσαν·
σκαλμοῖς δ' ἀμφὶς ἐρετμὰ κατήρτυον, ἐν δέ οἱ ἱστόν
λαίφεά τ' εὐποίητα καὶ ἁρμαλιὴν ἐβάλοντο.
Αὐτὰρ ἐπεὶ τὰ ἕκαστα περιφραδέως ἀλέγυναν,
κληῖδας μὲν πρῶτα πάλῳ διεμοιρήσαντο,   **395**
ἄνδρ' ἐντυναμένω δοιὼ μίαν· ἐκ δ' ἄρα μέσσην
ᾕρεον Ἡρακλῆι καὶ ἡρώων ἄτερ ἄλλων
Ἀγκαίῳ, Τεγέης ὃς ῥα πτολίεθρον ἔναιεν·
τοῖς μέσσην οἴοισιν ἀπὸ κληῖδα λίποντο
αὕτως, οὔτι πάλῳ· ἐπὶ δ' ἔτρεπον αἰνήσαντες   **400**
Τῖφυν ἐυστείρης οἰήια νηὸς ἔρυσθαι.
Ἔνθεν δ' αὖ λάιγγας ἁλὸς σχεδὸν ὀχλίζοντες,
νήεον αὐτόθι βωμὸν ἐπάκτιον, Ἀπόλλωνος
Ἀκτίου Ἐμβασίοιό τ' ἐπώνυμον· ὦκα δὲ τοίγε
φιτροὺς ἀζαλέης στόρεσαν καθύπερθεν ἐλαίης.   **405**
τείως δ' αὖτ' ἀγέληθεν ἐπιπροέηκαν ἄγοντες
βουκόλοι Αἰσονίδαο δύω βόε· τοὺς δ' ἐρύσαντο
κουρότεροι ἑτάρων βωμοῦ σχεδόν, οἱ δ' ἄρ' ἔπειτα
χέρνιβά τ' οὐλοχύτας τε παρέσχεθον. αὐτὰρ Ἰήσων
εὔχετο κεκλόμενος πατρώιον Ἀπόλλωνα·   **410**
    " Κλῦθι ἄναξ Παγασάς τε πόλιν τ' Αἰσωνίδα ναίων

401 latine Varro Atac. fg. 2 Morel

---

388 στιβαραὶ Wernicke (ad Tryph. p. 287), cll. Qu. Sm. 12. 430 sq.:
-ρῇ (-ραὶ? a. corr. S) libri   401 Τῖφυν, exspect. dativum (cll. 641 sq.
695, ii. 898), sed cf. dat. trisyllabum ii. 819, al.; v. etiam ad iv. 828
403 βωμὸν LASPE: νηὸν (et supra scr. γράφεται βωμὸν) G (ex νήεον);
cf: 359   ἐπάκτιον Brunck (cll. 359, ii. 689): -τίου libri

ἡμετέροιο τοκῆος ἐπώνυμον, ὅς μοι ὑπέστης
Πυθοῖ χρειομένῳ ἄνυσιν καὶ πείραθ' ὁδοῖο
σημανέειν, αὐτὸς γὰρ ἐπαίτιος ἔπλευ ἀέθλων·
αὐτὸς νῦν ἄγε νῆα σὺν ἀρτεμέεσσιν ἑταίροις   415
κεῖσέ τε καὶ παλίνορσον ἐς Ἑλλάδα. σοὶ δ' ἂν ὀπίσσω
τόσσων ὅσσοι κεν νοστήσομεν ἀγλαὰ ταύρων
ἱρὰ πάλιν βωμῷ ἐπιθήσομεν, ἄλλα δὲ Πυθοῖ,
ἄλλα δ' ἐς Ὀρτυγίην ἀπερείσια δῶρα κομίσσω·
νῦν δ' ἴθι, καὶ τήνδ' ἧμιν, Ἑκηβόλε, δέξο θυηλήν,   420
ἥν τοι τῆσδ' ἐπίβαθρα χάριν προτιθείμεθα νηός
πρωτίστην· λύσαιμι δ', ἄναξ, ἐπ' ἀπήμονι μοίρῃ
πείσματα σὴν διὰ μῆτιν· ἐπιπνεύσειε δ' ἀήτης
μείλιχος, ᾧ κ' ἐπὶ πόντον ἐλευσόμεθ' εὐδιόωντες."

Ἦ, καὶ ἅμ' εὐχωλῇ προχύτας βάλε. τὼ δ' ἐπὶ βουσίν   425
ζωσάσθην, Ἀγκαῖος ὑπέρβιος Ἡρακλέης τε·
ἤτοι ὁ μὲν ῥοπάλῳ μέσσον κάρη ἀμφὶ μέτωπα
πλῆξεν, ὁ δ' ἀθρόος αὖθι πεσὼν ἐνερείσατο γαίῃ·
Ἀγκαῖος δ' ἑτέροιο κατὰ πλατὺν αὐχένα κόψας
χαλκείῳ πελέκει κρατεροὺς διέκερσε τένοντας,   430
ἤριπε δ' ἀμφοτέροισι περιρρηδὴς κεράεσσιν.
τοὺς δ' ἕταροι σφάξαν τε θοῶς δεῖράν τε βοείας,
κόπτον δαίτρευόν τε καὶ ἱερὰ μῆρ' ἐτάμοντο,
κὰδ δ' ἄμυδις τάγε πάντα καλύψαντες πύκα δημῷ
καῖον ἐπὶ σχίζῃσιν· ὁ δ' ἀκρήτους χέε λοιβάς   435
Αἰσονίδης. γήθει δὲ σέλας θηεύμενος Ἴδμων
πάντοσε λαμπόμενον θυέων ἄπο, τοῖό τε λιγνύν
πορφυρέαις ἑλίκεσσιν ἐναίσιμον ἀίσσουσαν·
αἶψα δ' ἀπηλεγέως νόον ἔκφατο Λητοΐδαο·

431 Et^{om} s.v. ἐρείπω

---

421 προτιθείμεθα Fr : προτεθείμ- libri (cum gl. ποιοθμεν APE, sicut etiam
sch^L); ad formam cf. Il. 10. 34 τιθήμενον cum v.l. τιθείμ-, i. 360 θείομεν
427 μέτωπα LASG : -ώπω PE; ad accus. cf. Od. 18. 335, ad plur. iv. 44
437 fort. τοῖσί (scil. ἐναίσιμον, cf. iv. 861)

" Ὑμῖν μὲν δὴ μοῖρα θεῶν χρειώ τε περῆσαι   440
ἐνθάδε κῶας ἄγοντας, ἀπειρέσιοι δ' ἐνὶ μέσσῳ
κεῖσέ τε δεῦρό τ' ἔασιν ἀνερχομένοισιν ἄεθλοι·
αὐτὰρ ἐμοὶ θανέειν στυγερῇ ὑπὸ δαίμονος αἴσῃ
τηλόθι που πέπρωται ἐπ' Ἀσίδος ἠπείροιο.
ὧδε κακοῖς δεδαὼς ἔτι καὶ πάρος οἰωνοῖσιν   445
πότμον ἐμόν, πάτρης ἐξήιον, ὄφρ' ἐπιβαίην
νηός, ἐυκλείη δὲ δόμοις ἐπιβάντι λίπηται."
Ὡς ἄρ ἔφη· κοῦροι δὲ θεοπροπίης ἀίοντες
νόστῳ μὲν γήθησαν, ἄχος δ' ἕλεν Ἴδμονος αἴσῃ.
ἦμος δ' ἠέλιος σταθερὸν παραμείβεται ἦμαρ,   450
αἱ δὲ νέον σκοπέλοισιν ὑπὸ σκιόωνται ἄρουραι,
δειελινὸν κλίνοντος ὑπὸ ζόφον ἠελίοιο,
τῆμος ἄρ' ἤδη πάντες ἐπὶ ψαμάθοισι βαθεῖαν
φυλλάδα χευάμενοι πολιοῦ πρόπαρ αἰγιαλοῖο
κέκλινθ' ἑξείης· παρὰ δέ σφισι μυρί' ἔκειτο   455
εἴδατα καὶ μέθυ λαρόν, ἀφυσσαμένων προχόοισιν
οἰνοχόων. μετέπειτα δ' ἀμοιβαδὶς ἀλλήλοισιν
μυθεῦνθ' οἷά τε πολλὰ νέοι παρὰ δαιτὶ καὶ οἴνῳ
τερπνῶς ἐψιόωνται, ὅτ' ἄατος ὕβρις ἀπείη.
ἔνθ' αὖτ' Αἰσονίδης μὲν ἀμήχανος εἰν ἑοῖ αὐτῷ   460
πορφύρεσκεν ἕκαστα, κατηφιόωντι ἐοικώς·
τὸν δ' ἄρ' ὑποφρασθεὶς μεγάλῃ ὀπὶ νείκεσεν Ἴδας·
"Αἰσονίδη, τίνα τήνδε μετὰ φρεσὶ μῆτιν ἐλίσσεις;
αὖδα ἐνὶ μέσσοισι τεὸν νόον. ἦέ σε δαμνᾷ
τάρβος ἐπιπλόμενον, τό τ' ἀνάλκιδας ἄνδρας ἀτύζει;   465
ἴστω νῦν δόρυ θοῦρον, ὅτῳ περιώσιον ἄλλων

450 στ. ἦ. Et^{GM} s.v.   452 Et^{GM} s.v. δειελινόν vel δείελος (= Herodian. ii. 227. 17 et 490. 10 L)

452 ἐπὶ Platt, cll. ps.-Theocr. 25. 85 sq. (ποτὶ ζ.)   456 ἀφυσσαμένων LASG: -σσομ- PE   προχόοισιν Paris. 2845 et Steph.: -χοῆσιν (sed -χόησιν cum gl. σκεύεσι P) nostri; cf. Od. 18. 397, al.   464 ἐνὶ LA: ἐν SGPE; cf. Od. 5. 89 (αὖδα ὅτι)   465 fort. ἐπιπλομένων (= τῶν ἐπιόντων)

ΑΠΟΛΛΩΝΙΟΥ ΡΟΔΙΟΥ

κῦδος ἐνὶ πτολέμοισιν ἀείρομαι, οὐδέ μ' ὀφέλλει
Ζεὺς τόσον ὁσσάτιόν περ ἐμὸν δόρυ, μή νύ τι πῆμα
λοίγιον ἔσσεσθαι μηδ' ἀκράαντον ἄεθλον
Ἰδέω γ' ἐσπομένοιο, καὶ εἰ θεὸς ἀντιόῳτο·   470
τοῖόν μ' Ἀρήνηθεν ἀοσσητῆρα κομίζεις."

Ἦ, καὶ ἐπισχόμενος πλεῖον δέπας ἀμφοτέρῃσι
πῖνε χαλίκρητον λαρὸν μέθυ, δεύετο δ' οἴνῳ
χείλεα κυάνεαί τε γενειάδες. οἱ δ' ὁμάδησαν
πάντες ὁμῶς, Ἴδμων δὲ καὶ ἀμφαδίην ἀγόρευσεν·   475
"Δαιμόνιε, φρονέεις ὀλοφώια καὶ πάρος αὐτῷ,
ἠέ τοι εἰς ἄτην ζωρὸν μέθυ θαρσαλέον κῆρ
οἰδάνει ἐν στήθεσσι, θεοὺς δ' ἀνέηκεν ἀτίζειν;
ἄλλοι μῦθοι ἔασι παρήγοροι οἷσί περ ἀνήρ
θαρσύνοι ἕταρον· σὺ δ' ἀτάσθαλα πάμπαν ἔειπας.   480
τοῖα φάτις καὶ τοὺς πρὶν ἐπιφλύειν μακάρεσσιν
υἷας Ἀλωιάδας, οἷς οὐδ' ὅσον ἰσοφαρίζεις
ἠνορέην, ἔμπης δὲ θοοῖς ἐδάμησαν ὀιστοῖς
ἄμφω Λητοΐδαο, καὶ ἴφθιμοί περ ἐόντες."

Ὡς ἔφατ'· ἐκ δ' ἐγέλασσεν ἄδην Ἀφαρήιος Ἴδας,   485
καί μιν ἐπιλλίζων ἠμείβετο κερτομίοισιν·
"Ἄγρει νυν τόδε σῇσι θεοπροπίῃσιν ἐνίσπες,
εἰ καὶ ἐμοὶ τοιόνδε θεοὶ τελέουσιν ὄλεθρον
οἷον Ἀλωιάδῃσι πατὴρ τεὸς ἐγγυάλιξε·
φράζεο δ' ὅππως χεῖρας ἐμὰς σόος ἐξαλέαιο,   490

471 Et^G s.v. Ἀρήνη

---

470 γ' Spitzner (de vs. heroico 109): om. libri; cf. Il. 10. 246 et (ad prosodiam) 9. 558   474 χ. susp.; e.gr. εἵματα (cl. Antip. Sid., Anth. Pal. 7. 27. 7)   476 'utrum iam pridem solitus es (cf. Il. 12. 346 sq., al.)—an—?' (cf. Hoelzlin)   479 οἷοί κεν Par. 2846   480 θαρσύνοι LA: vel -οι vel -ει S: -ει cett.   487 ἐνίσπες AG (sic): ἐνίσπευ S: ἔνισπες L: ἔνισπε PE; cf. 832 ἐνίσπες LAS: ἔνισπε PE; iii. 1 ἔνισπες A: ἔνισπε cett. libri et test. utrumque; iv. 1565 ἔνισπε omnes; quid ipse scripserit incertum   490 ἐξαλέαιο Fr: -έοιο libri; cf. Il. 20. 147, iv. 797, al. (aliter, de conatu, iv. 474)

20

χρειὼ θεσπίζων μεταμώνιον εἴ κεν ἀλώῃς."

Χώετ' ἐνιπτάζων· προτέρω δέ κε νεῖκος ἐτύχθη,
εἰ μὴ δηριόωντας ὁμοκλήσαντες ἑταῖροι
αὐτός τ' Αἰσονίδης κατερήτυεν· τὰν δὲ καὶ† Ὀρφεύς,
λαιῇ ἀνασχόμενος κίθαριν, πείραζεν ἀοιδῆς.　　495
Ἥειδεν δ' ὡς γαῖα καὶ οὐρανὸς ἠδὲ θάλασσα,
τὸ πρὶν ἔτ' ἀλλήλοισι μιῇ συναρηρότα μορφῇ,
νείκεος ἐξ ὀλοοῖο διέκριθεν ἀμφὶς ἕκαστα·
ἠδ' ὡς ἔμπεδον αἰὲν ἐν αἰθέρι τέκμαρ ἔχουσιν
ἄστρα, σεληναίης τε καὶ ἠελίοιο κέλευθοι·　　500
οὔρεά θ' ὡς ἀνέτειλε, καὶ ὡς ποταμοὶ κελάδοντες
αὐτῇσιν νύμφῃσι καὶ ἑρπετὰ πάντ' ἐγένοντο.
ἤειδεν δ' ὡς πρῶτον Ὀφίων Εὐρυνόμη τε
Ὠκεανὶς νιφόεντος ἔχον κράτος Οὐλύμποιο·
ὥς τε βίῃ καὶ χερσὶν ὁ μὲν Κρόνῳ εἴκαθε τιμῆς,　　505
ἡ δὲ Ῥέῃ, ἔπεσον δ' ἐνὶ κύμασιν Ὠκεανοῖο·
οἱ δὲ τέως μακάρεσσι θεοῖς Τιτῆσιν ἄνασσον,
ὄφρα Ζεὺς ἔτι κοῦρος, ἔτι φρεσὶ νήπια εἰδώς,
Δικταῖον ναίεσκεν ὑπὸ σπέος, οἱ δέ μιν οὔπω
γηγενέες Κύκλωπες ἐκαρτύναντο κεραυνῷ,　　510
βροντῇ τε στεροπῇ τε· τὰ γὰρ Διὶ κῦδος ὀπάζει.
Ἦ, καὶ ὁ μὲν φόρμιγγα σὺν ἀμβροσίῃ σχέθεν αὐδῇ·
τοὶ δ' ἄμοτον λήξαντος ἔτι προύχοντο κάρηνα,
πάντες ὁμῶς ὀρθοῖσιν ἐπ' οὔασιν ἠρεμέοντες

496-8 Ach. ad Arat. p. 31. 21 Maass　　509 (— σπέος) Et^{GM} s.v. Δίκτη

---

491 μεταμώνιον LAGPE : -μώλιον S : -μών- cum v.l. -μώλ- sch^P : -μώλ-
cum v.l. -μών- sch^Lc　　492 κε PE : om. LAG : γε (ex coni.) S; cf. Il.
23. 490　　494 ἂν SGPE (ex ii. 928 ?): ἀνὰ LA: ἂν Brunck　　496 οὐρανὸς
εὐρὺς ὕπερθε Ach. (ex Il. 15. 36, al.)　　497 ἔτ' Fr: ἀπ' libri, Ach.
499 ἔχουσιν susp., exspect. ἔτυχθεν, uim.　　500 σεληναίης K. Ziegler (R-E
18. 2, col. 1366. 55, s.v. Orphische Dichtung): -ναίαι(?), et supra scr. η(?)
S: -ναίη LAGPE; cf., e.gr., Parmenides B 10. 2-4 Diels

21

κηληθμῷ· τοῖόν σφιν ἐνέλλιπε θέλκτρον ἀοιδῆς. 515
οὐδ᾽ †ἐπὶ δὴν μετέπειτα κερασσάμενοι Διὶ λοιβάς,
ᾗ θέμις, ἑστηῶτες ἐπὶ γλώσσῃσι χέοντο
αἰθομέναις, ὕπνου δὲ διὰ κνέφας ἐμνώοντο.

Αὐτὰρ ὅτ᾽ αἰγλήεσσα φαεινοῖς ὄμμασιν Ἠώς
Πηλίου αἰπεινὰς ἴδεν ἄκριας, ἐκ δ᾽ ἀνέμοιο 520
εὔδιοι ἐκλύζοντο τινασσομένης ἁλὸς ἀκταί,
δὴ τότ᾽ ἀνέγρετο Τῖφυς, ἄφαρ δ᾽ ὀρόθυνεν ἑταίρους
βαινέμεναί τ᾽ ἐπὶ νῆα καὶ ἀρτύνασθαι ἐρετμά.
σμερδαλέον δὲ λιμὴν Παγασήιος ἠδὲ καὶ αὐτή
Πηλιὰς ἴαχεν Ἀργὼ ἐπισπέρχουσα νέεσθαι· 525
ἐν γάρ οἱ δόρυ θεῖον ἐλήλατο, τό ῥ᾽ ἀνὰ μέσσην
στεῖραν Ἀθηναίη Δωδωνίδος ἥρμοσε φηγοῦ.
οἱ δ᾽ ἀνὰ σέλματα βάντες ἐπισχερὼ ἀλλήλοισιν,
ὡς ἐδάσαντο πάροιθεν ἐρεσσέμεν, ᾧ ἐνὶ χώρῳ
εὐκόσμως σφετέροισι παρ᾽ ἔντεσιν ἑδριόωντο· 530
μέσσῳ δ᾽ Ἀγκαῖος μέγα τε σθένος Ἡρακλῆος
ἷζανον, ἄγχι δέ οἱ ῥόπαλον θέτο· καί οἱ ἔνερθε

527 (vel iv. 583) Steph. Byz. s.v. Δωδώνη (= Herodian. i. 96. 11 L)

515 τοῖόν LAG: τοίην SPE   θέλκτρον Meineke et Koechly: -την LAG: -τυν SPE   ἀοιδῆς cett.: -δὴν S   516 ἐπὶ libri sch (Nonn. 23. 11 confert Keydell): ἔτι coni. aliquis in Urb. Gr. 146; v. ad iv. 740   διὶ idem vir in libro Urb.: δὴ libri   516°-20° pro versibus 516-23 in editione priore fuisse sch^LP dicunt haec: ⟨516°⟩ ἦμος δὲ τριτάτῃ φάνη ἠὼς τῇδ᾽ ἐπὶ νυκτί ⟨517°⟩ βουθυσίην Ἑκάτοιο καταυτόθι δαινυμένοισι, ⟨518°⟩ τῆμος ἄρ᾽ ἐκ Διόθεν πνοιὴ πέσεν· ὦρτο δὲ Τῖφυς ⟨519°⟩ κεκλόμενος βαίνειν ἐπὶ σέλμασι. τοὶ δ᾽ ἀίοντες ⟨520°⟩ ⟨. . .⟩ ἰθὺς ἔβαινον, et deinde ⟨524⟩ σμερδ. δὲ λιμὴν κτλ. Varietas lectionum: 516° τρ. LP (ex 53, 163, 589?): rectius e.gr. δ᾽ ἀκροτάτῃ vel δ᾽ ἐκ περάτης (cl. 1281)   ἠὼς L: ὁδὸς P   νυκτί P: νύκτα L   517° βουθυσίην P: -θύσιον L   519° σέλμασι· τοὶ L: -σιν οἱ P   520° om. L, e.gr. ⟨σμερδαλέον βοόων, ἐνὶ δ᾽ ὕδασιν⟩ (cf. iv. 1391 sq.)⟩ ἰθὺς ἔβαινον   517 ἑστηῶτες ἐπὶ Mooney (cll. Od. 3. 332-4, 341): ἐστὶ τέως ἐπί τε libri   521 ἀκταὶ Damsté: ἄκραι libri (ex 520)   523^A fort. lacuna, e.gr. ⟨σμερδαλέον δ᾽ αὔοντες ἐπήισαν αὐτίκα πάντες,⟩, cf. iv. 129 sq., Il. 2. 333 sq., Od. 9. 395   527 = iv. 583   531 ἡρακλῆος LAPE: -κλῆος SG

ποσσὶν ὑπεκλύσθη νηὸς τρόπις. εἵλκετο δ' ἤδη
πείσματα καὶ μέθυ λεῖβον ὕπερθ' ἁλός, αὐτὰρ Ἰήσων
δακρυόεις γαίης ἀπὸ πατρίδος ὄμματ' ἔνεικεν.   535
οἱ δ', ὥστ' ἠίθεοι Φοίβῳ χορὸν ἢ ἐνὶ Πυθοῖ
ἤ που ἐν Ὀρτυγίῃ ἢ ἐφ' ὕδασιν Ἰσμηνοῖο
στησάμενοι, φόρμιγγος ὑπαὶ περὶ βωμὸν ὁμαρτῇ
ἐμμελέως κραιπνοῖσι πέδον ῥήσσωσι πόδεσσιν—
ὣς οἱ ὑπ' Ὀρφῆος κιθάρῃ πέπληγον ἐρετμοῖς   540
πόντου λάβρον ὕδωρ, ἐπὶ δὲ ῥόθια κλύζοντο·
ἀφρῷ δ' ἔνθα καὶ ἔνθα κελαινὴ κήκιεν ἅλμη
δεινὸν μορμύρουσα περισθενέων μένει ἀνδρῶν,
στράπτε δ' ὑπ' ἠελίῳ φλογὶ εἴκελα νηὸς ἰούσης
τεύχεα· μακραὶ δ' αἰὲν ἐλευκαίνοντο κέλευθοι,   545
ἀτραπὸς ὣς χλοεροῖο διειδομένη πεδίοιο.
πάντες δ' οὐρανόθεν λεῦσσον θεοὶ ἤματι κείνῳ
νῆα καὶ ἡμιθέων ἀνδρῶν γένος, οἳ τότ' ἄριστοι
πόντον ἐπιπλώεσκον· ἐπ' ἀκροτάτῃσι δὲ νύμφαι
Πηλιάδες σκοπιῇσιν ἐθάμβεον, εἰσορόωσαι   550
ἔργον Ἀθηναίης Ἰτωνίδος ἠδὲ καὶ αὐτούς
ἥρωας χείρεσσιν ἐπικραδάοντας ἐρετμά·
αὐτὰρ ὅγ' ἐξ ὑπάτου ὄρεος κίεν ἄγχι θαλάσσης
Χείρων Φιλλυρίδης, πολιῇ δ' ἐπὶ κύματος ἀγῇ
τέγγε πόδας, καὶ πολλὰ βαρείῃ χειρὶ κελεύων   555

550-2 Et^σ, et 550-1 (— Ἰτω.) Et^M, s.v. Ἰωνίς; 550-2 Tzetzes ad
Lycophr. 355 (p. 138. 1 Scheer)   554 (πολ.)-555 (πόδ.) Et^M s.v. τέγγω

533 ὑπεκλύσθη LASG schᴸ: -κλάσθη PE schᴾ   534 ὑπ. d. suspectum
(aliter 573, 622); e.gr. ὑπὲρ στόλου   542 κήκιεν AP: ἐκή- LSGE
543 περισθενέων Hermann (Orph. 731): ἐρι- libri (ex sch ?)   543° schᴸ
ἐν δὲ τῇ προεκδόσει· μορμύρουσα τυπῇσιν ἐρισθενέων μένει ἀνδρῶν (μί. d.
falso ex 543; e.gr. ἡρώων)   548 γένος SGPE: μένος LA (ex 543);
'suam prolem (cf. iii. 365 sq., al.) spectabant'   550 σκοπιῇσιν Et: κορυ-
φῇσιν libri Tz.; cf. 1226, iii. 883   551 ἰτωνίδος A, v.l. schᴸᴬ⁵ et schᴾ,
ἰτω- et exhibent et explicant schᴸᵃ, Et^{ΟΜ}, Tz.: τριτω- LSGPE; cf. 109
(τριτω-), 721 (ἰτω- PE et disertim schᴸ: τριτω- LAS), 768 (τριτω- libri,
perperam)   553 ὁ Wellauer, cll. iii. 1317, 1346, iv. 127; v. ad iv. 873

νόστον ἐπευφήμησεν ἀπηρέα νισσομένοισιν·
σὺν καί οἱ παράκοιτις, ἐπωλένιον φορέουσα
Πηλείδην Ἀχιλῆα, φίλῳ δειδίσκετο πατρί.

Οἱ δ' ὅτε δὴ λιμένος περιηγέα κάλλιπον ἀκτήν
φραδμοσύνῃ μήτι τε δαΐφρονος Ἁγνιάδαο   560
Τίφυος, ὅς ῥ' ἐνὶ χερσὶν ἐύξοα τεχνηέντως
πηδάλι' ἀμφιέπεσκ', ὄφρ' ἔμπεδον ἐξιθύνοι,
δή ῥα τότε μέγαν ἱστὸν ἐνεστήσαντο μεσόδμῃ,
δῆσαν δὲ προτόνοισι, τανυσσάμενοι ἑκάτερθεν·
κὰδ δ' αὐτοῦ λίνα χεῦαν, ἐπ' ἠλακάτην ἐρύσαντες,   565
ἐν δὲ λιγὺς πέσεν οὖρος· ἐπ' ἰκριόφιν δὲ κάλωας
ξεστῇσιν περόνῃσι διακριδὸν ἀμφιβαλόντες
Τισαίην εὔκηλοι ὑπὲρ δολιχὴν θέον ἄκρην.
τοῖσι δὲ φορμίζων εὐθήμονι μέλπεν ἀοιδῇ
Οἰάγροιο πάις Νηοσσόον εὐπατέρειαν   570
Ἄρτεμιν, ἥ κείνας σκοπιὰς ἁλὸς ἀμφιέπεσκεν
ῥυομένη καὶ γαῖαν Ἰωλκίδα. τοὶ δὲ βαθείης
ἰχθύες ἀίσσοντες ὕπερθ' ἁλός, ἄμμιγα παύροις
ἄπλετοι, ὑγρὰ κέλευθα διασκαίροντες ἕποντο·
ὡς δ' ὁπότ' ἀγραύλοιο μετ' ἴχνια σημαντῆρος   575
μυρία μῆλ' ἐφέπονται ἄδην κεκορημένα ποίης
εἰς αὖλιν, ὁ δέ τ' εἶσι πάρος, σύριγγι λιγείῃ
καλὰ μελιζόμενος νόμιον μέλος—ὣς ἄρα τοίγε
ὡμάρτευν· τὴν δ' αἰὲν ἐπασσύτερος φέρεν οὖρος.

556 Epimer. Homer. (Cramer, Anecd. Oxon. i. 847) s.v. ἀπηρής (= Herodian. i. 72. 1 L)   565 Et⁰ᴹ s.v. ἠλακάτη, sch A ad Il. 16. 183 569 (εὐθ.—) Et⁰ᴹ s.v. εὐθήμονι

556 ἀπηρέα Epimer. (divertim): ἀκηδέα libri (cf. iv. 822); cf. ad 888 559 ἄκρην Wellauer (cl. ii. 994)   561–860 (ἀοιδ.) et 861 om. G 565 χεῦαν Brunck: χεῦον libri et test. utrumque; res incerta, cf. 454 χευάμενοι, 1067 χεῦαν LASG: χεῦεν PE (leg. χεύατ'), ii. 926 χεύαντο Et: χεύοντο libri, iii. 291 χεύετο libri; cf. sch A ad Il. 3. 270 (ἔχευον Aristarch.), Od. 1. 146 v.l. ἔχευον   575 μετ' PE: κατ' LAS; cf. iii. 447, Od. 3. 30

Αὐτίκα δ' ἠερίη πολυλήιος αἶα Πελασγῶν   580
δύετο, Πηλιάδας δὲ παρεξήμειβον ἐρίπνας,
αἰὲν ἐπιπροθέοντες, ἔδυνε δὲ Σηπιὰς ἄκρη·
φαίνετο δ' εἰναλίη Σκίαθος, φαίνοντο δ' ἄπωθεν
Πειρεσιαὶ Μάγνησσά θ' ὑπεύδιος ἠπείροιο
ἀκτὴ καὶ τύμβος Δολοπήιος. ἔνθ' ἄρα τοίγε   585
ἑσπέριοι ἀνέμοιο παλιμπνοίησιν ἔκελσαν·
καί μιν κυδαίνοντες ὑπὸ κνέφας ἔντομα μήλων
κεῖαν ὀρινομένης ἁλὸς οἴδματι, διπλόα δ' ἀκταῖς
ἤματ' ἐλινύεσκον. ἀτὰρ τριτάτῳ προέηκαν
νῆα, τανυσσάμενοι περιώσιον ὑψόθι λαῖφος·   590
τὴν δ' ἀκτὴν Ἀφέτας Ἀργοῦς ἔτι κικλήσκουσιν.
Ἔνθεν δὲ προτέρωσε παρεξέθεον Μελίβοιαν,
ἀκτήν τ' αἰγιαλόν τε δυσήνεμον †εἰσορόωντες·
ἠῶθεν δ' Ὁμόλην αὐτοσχεδὸν εἰσορόωντες
πόντῳ κεκλιμένην παρεμέτρεον. οὐδ' ἔτι δηρόν   595
μέλλον ὑπὲκ ποταμοῖο βαλεῖν Ἀμύροιο ῥέεθρα·
κεῖθεν δ' Εὐρυμένας τε πολυκλύστους τε φάραγγας
Ὄσσης Οὐλύμποιό τ' ἐσέδρακον, αὐτὰρ ἔπειτα
κλίτεα Παλλήναια, Καναστραίην ὑπὲρ ἄκρην,
ἤνυσαν, ἐννύχιοι πνοιῇ ἀνέμοιο θέοντες.   600
ἦρι δὲ νισσομένοισιν Ἄθω ἀνέτειλε κολώνη
Θρηικίη, ἣ τόσσον ἀπόπροθι Λῆμνον ἐοῦσαν

583 Et^{GM} s.v. ἄπωθεν   583–5 litt. 11–13 de mediis vss. exstant in
pap. PSI (invent. no. 142) inedita, saec. 2/3 p.C.n.   587 Et^{GM} s.v. ἔντομα
592–3 (ἀκ.) Et^G s.v. προτέρωσε   598 Et^G s.v. Ὄσσα   601 Et^{GM}
s.v. Ἄθως

585 δολοπήιος pap AS: supra -πιης scr. o L: -πείης PE   588 κεῖαν
LSPE: κῆαν A   ὀρινομένης libri, sed sch videntur legisse στρευγόμενοι,
idque conieceris in -νης corruptum et deinde in ὀρινομένης mutatum esse
secundum 106; cf. Od. 12. (325 sq. et) 351   593 ἀκνεύσαντες Brunck
(cl. Arg. Orph. 458): ἐκπερόωντες Meineke: ὀρρωδοῦντες Jacobs: e.gr. Ὁρ-
μενίοιο vel Ἀστερίοιο Platt; fort. 593 post 596 transponendus   601 ἀν-
έτειλε P Et (et par. ἀνεφάνη sch^L): -έτελλε LAS, v.l. P, E

ὅσσον ἐς ἔνδιόν κεν ἐύστολος ὁλκὰς ἀνύσσαι,
ἀκροτάτῃ κορυφῇ σκιάει καὶ ἐσάχρι Μυρίνης.
τοῖσιν δ' αὐτῆμαρ μὲν ἄεν καὶ ἐπὶ κνέφας οὖρος   605
πάγχυ μάλ' ἀκραής, τετάνυστο δὲ λαίφεα νηός·
αὐτὰρ ἅμ' ἠελίοιο βολαῖς ἀνέμοιο λιπόντος,
εἰρεσίῃ κραναὴν Σιντηίδα νῆσον ἵκοντο.
  Ἔνθ' ἄμυδις πᾶς δῆμος ὑπερβασίῃσι γυναικῶν
νηλειῶς δέδμητο παροιχομένῳ λυκάβαντι.   610
δὴ γὰρ κουριδίας μὲν ἀπηνήναντο γυναῖκας
ἀνέρες ἐχθήραντες, ἔχον δ' ἐπὶ ληιάδεσσι
τρηχὺν ἔρον, ἃς αὐτοὶ ἀγίνεον ἀντιπέρηθεν
Θρηικίην δῃοῦντες· ἐπεὶ χόλος αἰνὸς ὄπαζε
Κύπριδος, οὕνεκά μιν γεράων ἐπὶ δηρὸν ἄτισσαν.   615
ὦ μέλεαι ζήλοιό τ' ἐπισμυγερῶς ἀκόρητοι·
οὐκ οἶον σὺν τῇσιν ἑοὺς ἔρραισαν ἀκοίτας
ἀμφ' εὐνῇ, πᾶν δ' ἄρσεν ὁμοῦ γένος, ὥς κεν ὀπίσσω
μή τινα λευγαλέοιο φόνου τείσειαν ἀμοιβήν.
  οἴη δ' ἐκ πασέων γεραροῦ περιφείσατο πατρός   620
Ὑψιπύλεια Θόαντος, ὃ δὴ κατὰ δῆμον ἄνασσε,
λάρνακι δ' ἐν κοίλῃ μιν ὕπερθ' ἁλὸς ἧκε φέρεσθαι,
αἴ κε φύγῃ. καὶ τὸν μὲν ἐς Οἰνοίην ἐρύσαντο
(πρόσθεν, ἀτὰρ Σίκινόν γε μεθύστερον αὐδηθεῖσαν)
νῆσον ἐπακτῆρες (Σίκινου ἄπο, τόν ῥα Θόαντι   625
νηιὰς Οἰνοίη νύμφη τέκεν εὐνηθεῖσα)·
τῇσι δὲ βουκόλιαί τε βοῶν χάλκειά τε δύνειν
τεύχεα πυροφόρους τε διατμήξασθαι ἀρούρας

608 (Σιν. —) Et^{GM} s.v. Σιντ.   620-4 sch Pind. Oly. 4. 31 *b*   623
(καὶ)–624 Et^M s.v. Σίκινος

_____

608 νῆσον Fr: λῆμνον libri Et (ex *gl.): expl. ἐπιθετικῶς Σιντηίς ἡ
Λῆμνος, h.e. 'nomine proprio (scil. Λῆμνος) omisso per attributum (scil.
Σιντηίς) indicatur Lemnos', sch   614 fort. ἀποζε (vel ἀπώζε)
619 τίσωσιν S   621 δῆμον libri: Λῆμνον sch^{Pind}   627 τῇσι
Brunck: ταῖσι libri

ῥηίτερον πάσῃσιν Ἀθηναίης πέλεν ἔργων,
οἷς αἰεὶ τὸ πάροιθεν ὁμίλεον. ἀλλὰ γὰρ ἔμπης   630
ἢ θαμὰ δὴ πάπταινον ἐπὶ πλατὺν ὄμμασι πόντον
δείματι λευγαλέῳ ὁπότε Θρήικες ἴασι·
τῷ καὶ ὅτ' ἐγγύθι νήσου ἐρεσσομένην ἴδον Ἀργώ,
αὐτίκα πασσυδίῃ πυλέων ἔκτοσθε Μυρίνης
δήμα τεύχεα δῦσαι ἐς αἰγιαλὸν προχέοντο,   635
Θυιάσιν ὠμοβόροις ἴκελαι, φὰν γάρ που ἱκάνειν
Θρήικας· ἡ δ' ἅμα τῇσι Θοαντιὰς Ὑψιπύλεια
δῦν' ἐνὶ τεύχεσι πατρός. ἀμηχανίῃ δ' ἔσχοντο
ἄφθογγοι, τοῖόν σφιν ἐπὶ δέος ᾐωρεῖτο.

Τείως δ' αὖτ' ἐκ νηὸς ἀριστῆες προέηκαν   640
Αἰθαλίδην κήρυκα θοόν, τῷπέρ τε μέλεσθαι
ἀγγελίας καὶ σκῆπτρον ἐπέτραπον Ἑρμείαο
σφωιτέροιο τοκῆος, ὅ οἱ μνῆστιν πόρε πάντων
ἄφθιτον· οὐδ' ἔτι νῦν περ ἀποιχομένου Ἀχέροντος
δίνας ἀποφάτους ψυχὴν ἐπιδέδρομε λήθη·   645
ἀλλ' ἥγ' ἔμπεδον αἰὲν ἀμειβομένη μεμόρηται,
ἄλλοθ' ὑποχθονίοις ἐναρίθμιος, ἄλλοτ' ἐς αὐγάς
ἠελίου ζωοῖσι μετ' ἀνδράσιν—ἀλλὰ τί μύθους
Αἰθαλίδεω χρειώ με διηνεκέως ἀγορεύειν;
ὅς ῥα τόθ' Ὑψιπύλην μειλίξατο δέχθαι ἰόντας   650
ἤματος ἀνομένοιο.διὰ κνέφας. οὐδὲ μὲν ἠοῖ
πείσματα νηὸς ἔλυσαν ἐπὶ πνοιῇ βορέαο.

636 (— ἴκελοι) Et^M s.v. θυάδες   641–2 Et^{GM} s.v. Αἰθαλίδην   651 (vel
ii. 494 vel iii. 1340) ἦμ. ἀν. citant Et^{GM} s.v. ἀν.

---

638 fort. δῦσ'(α); de structura v. ad iii. 256   ἔσχοντο Fr: ἐχέοντο libri
sch (ex 635): ἐνέχοντο Platt: -ησι (cl. 1286) δ' ἔχοντο Wilamowitz (249);
cf. iii. 811, Callim. hy. 5. 84, et ad numeros ii. 553, 568, 592, al.
642 ἐπέτραπον AD Et: -έτρεπον LSPE   643 ὅ Wellauer: ὅς libri
644 ἀποιχομένου Koechly; fort. -μένην   645 ἀπρ. (cum gl. σκοτεινός S)
quid sibi velit ignoratur   646–8 quomodo haec cum 643–5 cohae-
reant obscurum est, exspect. enim non μεμόρηται sed μέμνηται

Λημνιάδες δὲ γυναῖκες ἀνὰ πτόλιν ἷζον ἰοῦσαι
εἰς ἀγορήν, αὐτὴ γὰρ ἐπέφραδεν Ὑψιπύλεια.
καί ῥ' ὅτε δὴ μάλα πᾶσαι ὁμιλαδὸν ἠγερέθοντο,   655
αὐτίκ' ἄρ' ἥγ' ἐνὶ τῇσιν ἐποτρύνουσ' ἀγόρευεν·
" Ὦ φίλαι, εἰ δ' ἄγε δὴ μενοεικέα δῶρα πόρωμεν
ἀνδράσιν, οἷά τ' ἔοικεν ἄγειν ἐπὶ νηὸς ἔχοντας,
ἤια καὶ μέθυ λαρόν, ἵν' ἔμπεδον ἔκτοθι πύργων
μίμνοιεν, μηδ' ἄμμε κατὰ χρειὼ μεθέποντες   660
ἀτρεκέως γνώωσι, κακὴ δ' ἐπὶ πολλὸν ἵκηται
βάξις, ἐπεὶ μέγα ἔργον ἐρέξαμεν· οὐδέ τι πάμπαν
θυμηδὲς καὶ τοῖσι τόγ' ἔσσεται εἴ κε δαεῖεν.
ἡμετέρη μὲν νῦν τοίη παρενήνοθε μῆτις·
ὑμέων δ' εἴ τις ἄρειον ἔπος μητίσεται ἄλλη,   665
εἰρέσθω· τοῦ γάρ τε καὶ εἵνεκα δεῦρο κάλεσσα."
Ὣς ἄρ' ἔφη, καὶ θῶκον ἐφίζανε πατρὸς ἑοῖο
λάινον. αὐτὰρ ἔπειτα φίλη τροφὸς ὦρτο Πολυξώ,
γήραϊ δὴ ῥικνοῖσιν ἐπισκάζουσα πόδεσσιν,
βάκτρῳ ἐρειδομένη, πέρι δὲ μενέαιν' ἀγορεῦσαι·   670
τῇ καὶ παρθενικαὶ πίσυρες σχεδὸν ἑδριόωντο
ἀδμῆτες, λευκῇσιν ἐπιχνοάουσαι ἐθείραις.
στῆ δ' ἄρ' ἐνὶ μέσσῃ ἀγορῇ, ἀνὰ δ' ἔσχεθε δειρήν
ἦκα μόλις κυφοῖο μεταφρένου, ὧδέ τ' ἔειπεν·
" Δῶρα μέν, ὡς αὐτῇ περ ἐφανδάνει Ὑψιπυλείῃ,   675
πέμπωμεν ξείνοισιν, ἐπεὶ καὶ ἄρειον ὀπάσσαι·
ὕμμι γε μὴν τίς μῆτις ἐπαυρέσθαι βιότοιο,
αἴ κεν ἐπιβρίσῃ Θρήιξ στρατὸς ἠέ τις ἄλλος
δυσμενέων, ἅ τε πολλὰ μετ' ἀνθρώποισι πέλονται,

669 (ῥικ.—) Et^{OM} s.v. ῥικνός

---

658 fort. ἰόντας   660 ἄμμε S sch^L: -μι(ν) LAPE   662 ἐρέξαμεν
SPE: ὀρέ- LA   664 παρ. obscurum   665 ὑμέων S: ὑμείων LAPE
666 εἰρέσθω Maas: ἐγρ- libri   677 et 1275 ἐπαυρέσθαι S (1275 SG):
ἐπαύρε- LAPE: utrumque sch 677

ὡς καὶ νῦν ὅδ' ὅμιλος ἀνωίστως ἐφικάνει;   680
εἰ δὲ τὸ μὲν μακάρων τις ἀποτρέποι, ἄλλα δ' ὀπίσσω
μυρία δηιοτῆτος ὑπέρτερα πήματα μίμνει.
εὖτ' ἂν δὴ γεραραὶ μὲν ἀποφθινύθωσι γυναῖκες,
κουρότεραι δ' ἄγονοι στυγερὸν ποτὶ γῆρας ἵκησθε,
πῶς τῆμος βώσεσθε, δυσάμμοροι; ἦε βαθείαις   685
αὐτόματοι βόες ὕμμιν ἐνιζευχθέντες ἀρούραις
γειοτόμον νειοῖο διειρύσσουσιν ἄροτρον,
καὶ πρόκα τελλομένου ἔτεος στάχυν ἀμήσονται;
ἦ μὲν ἐγών, εἰ καί με τὰ νῦν ἔτι πεφρίκασιν
Κῆρες, ἐπερχόμενόν που ὀίομαι εἰς ἔτος ἤδη   690
γαῖαν ἐφέσσεσθαι, κτερέων ἀπὸ μοῖραν ἑλοῦσα
αὔτως ᾗ θέμις ἐστί, πάρος κακότητι πελάσσαι·
ὁπλοτέρῃσι δὲ πάγχυ τάδε φράζεσθαι ἄνωγα.
νῦν γὰρ δὴ παρὰ ποσσὶν ἐπήβολός ἐστ' ἀλεωρή,
εἴ κεν ἐπιτρέψητε δόμους καὶ ληίδα πᾶσαν   695
ὑμετέρην ξείνοισι καὶ ἀγλαὸν ἄστυ μέλεσθαι."
Ὣς ἔφατ'· ἐν δ' ἀγορὴ πλῆτο θρόου, εὔαδε γάρ σφιν
μῦθος· ἀτὰρ μετὰ τήνγε παρασχεδὸν αὖτις ἀνῶρτο
Ὑψιπύλη, καὶ τοῖον ὑποβλήδην ἔπος ηὔδα·
" Εἰ μὲν δὴ πάσῃσιν ἐφανδάνει ἥδε μενοινή,   700
ἤδη κεν μετὰ νῆα καὶ ἄγγελον ὀτρύναιμι."

---

680 Et^{GM}(ὅδ' —) s.v. ἄνω.   685 (— δυσ.) Et^{GM} s.v. βώσεσθε   687 Et^G
s.v. γειό.   699–719 de his versibus litt. 3–23 servatae sunt in
pap. saec. p.C.n. primi, cum glossis plerumque laceris et obscuris; v. I.
Cazzaniga, *Pap. r. Univ. di Milano*, i (1937), 8 sqq. (num. 6)

---

680 ἀφικάνει cum v.l. ἐφ- archet., scil. supra ἀφ- scr. ἐ L: ἐσαφ- A:
ἀφ- PE Et: ἐφ- S   -ικάνει libri: -ίκανε(ν) Et   681 ἀποτρέποι LA:
-πει SPE   683 ἀποφθινύθωσι recc.: -ουσι nostri   688 πρόκα
τελ- LPE sch^P: κατατελ- S: περιτελ- v.l. L, A par^L   691 ἑλοῦσα
Platt (34. 131 sq.): -σαν libri   692 ᾗ (h.e. ᾗ) ASPE: ᾗ L; cf. 890
κακότητι SPE: -τα LA; cf. iv. 637   700 πασῃσιν cum v.l. -σαισιν pap

Ἢ ῥα, καὶ ἀμφίπολον μετεφώνεεν ἇσσον ἰοῦσαν·
" Ὄρσο μοι, Ἰφινόη, τοῦδ' ἀνέρος ἀντιόωσα
ἡμέτερόνδε μολεῖν ὅστις στόλου ἡγεμονεύει,
ὄφρα τί οἱ δήμοιο ἔπος θυμηδὲς ἐνίσπω·   705
καὶ δ' αὐτοὺς γαίης τε καὶ ἄστεος, αἴ κ' ἐθέλωσι,
κέκλεο θαρσαλέως ἐπιβαινέμεν εὐμενέοντας."
Ἢ, καὶ ἔλυσ' ἀγορήν· μετὰ δ' εἰς ἑὸν ὦρτο νέεσθαι.
ὣς δὲ καὶ Ἰφινόη Μινύας ἵκεθ'· οἱ δ' ἐρέεινον
χρεῖος ὅ τι φρονέουσα μετήλυθεν. ὦκα δὲ τούσγε   710
πασσυδίῃ μύθοισι προσέννεπεν ἐξερέοντας·
" Κούρη τοί μ' ἐφέηκε Θοαντιὰς ἐνθάδ' ἰοῦσαν
Ὑψιπύλη καλέειν νηὸς πρόμον ὅστις ὄρωρεν,
ὄφρα τί οἱ δήμοιο ἔπος θυμηδὲς ἐνίσπῃ·
καὶ δ' αὐτοὺς γαίης τε καὶ ἄστεος, αἴ κ' ἐθέλητε,   715
κέκλεται αὐτίκα νῦν ἐπιβαινέμεν εὐμενέοντας."
Ὣς ἄρ' ἔφη, πάντεσσι δ' ἐναίσιμος ἥνδανε μῦθος·
Ὑψιπύλην δ' εἴσαντο καταφθιμένοιο Θόαντος
τηλυγέτην γεγαυῖαν ἀνασσέμεν. ὦκα δὲ τόνγε
πέμπον ἴμεν, καὶ δ' αὐτοὶ ἐπεντύνοντο νέεσθαι.   720
Αὐτὰρ ὅγ' ἀμφ' ὤμοισι, θεᾶς Ἰτωνίδος ἔργον,
δίπλακα πορφυρέην περονήσατο, τήν οἱ ὄπασσε
Παλλάς, ὅτε πρῶτον δρυόχους ἐπεβάλλετο νηός
Ἀργοῦς, καὶ κανόνεσσι δάε ζυγὰ μετρήσασθαι.
τῆς μὲν ῥηίτερόν κεν ἐς ἠέλιον ἀνιόντα   725
ὄσσε βάλοις ἢ κεῖνο μεταβλέψειας ἔρευθος·
δὴ γάρ τοι μέσσῃ μὲν ἐρευθήεσσα τέτυκτο·

709 Et⁰ s.v. Μινύας

702 ἀμφίπολον Maas (cl. 781): ἰφινόην libri (ex 703)   μετεφώνεεν
libri: προσε- pap; utraque praepos. trad. etiam 864, ii. 437; cf. ii. 54 (τόνγε
—μετηύδα), Mosch. 4. 61 (νυὸν—μετηύδα)   705 θυμηδὲς Fr⁽ᵖ⁾ θυμῆρες libri
(in pap haec pars deest); v. ad 714   714 θυμηδὲς pap LAS: θυμῆρες
PE; cf. 249 ad θυμηδές gl. θυμῆρες sch^L-b   721 Ἰτωνίδος PE, lemma et
disertim sch^L: τριτω- LAS, v.l. P; v. ad 551   723 fort. δρυόχους
724 fort. Ἄργος, τὸν καν.   726-7 deesse in ed. priore docet sch 725 ita
ut post 725 sequatur 728

30

ἄκρα δὲ πορφυρέη πάντη πέλεν, ἐν δ' ἄρ' ἑκάστῳ
τέρματι δαίδαλα πολλὰ διακριδὸν εὖ ἐπέπαστο.

'Εν μὲν ἔσαν Κύκλωπες ἐπ' ἀφθίτῳ ἡμμένοι ἔργῳ,   730
Ζηνὶ κεραυνὸν ἄνακτι πονεύμενοι· ὃς τόσον ἤδη
παμφαίνων ἐτέτυκτο, μιῆς δ' ἔτι δεύετο μοῦνον
ἀκτῖνος· τὴν οἵγε σιδηρείης ἐλάασκον
σφύρῃσιν, μαλεροῖο πυρὸς ζείουσαν ἀυτμήν.

'Εν δ' ἔσαν Ἀντιόπης Ἀσωπίδος υἱέε δοιώ,   735
Ἀμφίων καὶ Ζῆθος, ἀπύργωτος δ' ἔτι Θήβη
κεῖτο πέλας· τῆς οἵγε νέον βάλλοντο δομαίους
ἱέμενοι· Ζῆθος μὲν ἐπωμαδὸν ἠέρταζεν
οὔρεος ἠλιβάτοιο κάρη, μογέοντι ἐοικώς·
Ἀμφίων δ' ἐπὶ οἱ χρυσέῃ φόρμιγγι λιγαίνων   740
ἤιε, δὶς τόσση δὲ μετ' ἴχνια νίσσετο πέτρη.

'Εξείης δ' ἤσκητο βαθυπλόκαμος Κυθέρεια
Ἄρεος ὀχμάζουσα θοὸν σάκος, ἐκ δέ οἱ ὤμου
πῆχυν ἔπι σκαιὸν ξυνοχὴ κεχάλαστο χιτῶνος
νέρθε παρὲκ μαζοῖο· τὸ δ' ἀντίον ἀτρεκὲς αὔτως   745
χαλκείῃ δείκηλον ἐν ἀσπίδι φαίνετ' ἰδέσθαι.

'Εν δὲ βοῶν ἔσκεν λάσιος νομός, ἀμφὶ δὲ τῆσιν
Τηλεβόαι μάρναντο καὶ υἱέες Ἠλεκτρύωνος,
οἱ μὲν ἀμυνόμενοι, ἀτὰρ οἵγ' ἐθέλοντες ἀμέρσαι,
λῃσταὶ Τάφιοι· τῶν δ' αἵματι δεύετο λειμών   750

735-8 (— ἰᾰμ.) Et^OM s.v. Ζῆθος   738 (Z.)–741 Et^M s.v. ἐπωμαδόν
743-6 Et^O, et 743 (— σάκος) Et^M, s.v. ὀχμάζω

729 ἐπέπαστο Ruhnken (Epist. Crit. 284, cll. Il. 3. 126, 22. 441): ἐκέκαστο
libri (ex ἑκάστῳ 728): gl. ἐκεκόσμητο, ἐπέκειτο L; cf. Nonn. 28. 6
(Keydell)   730 ἡμμένοι Fr: ἤμενοι libri; cf. Pind. Py. 8. 60, Oly. 1.
86, Nem. 8. 36   743 ὀχμάζουσα libri et disertim Et^O: ὀχμ- Et^M:
de vv.ll. ὀχμ- et αἰχμ- videtur disputare sch^LP   745 παρὲκ Et
(cum expl. ἕως τοῦ μαζοῦ κάτω—ὡς φαίνεσθαι τοῦτον): -ν ὑπὲρ libri:
ὑπὲκ coni. Ziegler   747 τῆσιν Fr: βουσὶν libri; cf., e.gr., ii. 731
749 ἀμυνόμενοι S (et coni. Hoelzlin cl. Hes. Sc. 240): ἀμειβό- LAPE; cf.
Il. 9. 531, 18. 173

ΑΠΟΛΛΩΝΙΟΥ ΡΟΔΙΟΥ

ἐρσήεις, πολέες δ' ὀλίγους βιόωντο νομῆας.

ʼΕν δὲ δύω δίφροι πεπονήατο δηριόωντε·
καὶ τοῦ μὲν προπάροιθε Πέλοψ ἴθυνε τινάσσων
ἡνία, σὺν δέ οἱ ἔσκε παραιβάτις Ἱπποδάμεια·
τοῦ δὲ μεταδρομάδην ἐπὶ Μυρτίλος ἤλαεν ἵππους,   755
σὺν τῷ δ' Οἰνόμαος, προτενὲς δόρυ χειρὶ μεμαρπώς,
ἄξονος ἐν πλήμνῃσι παρακλιδὸν ἀγνυμένοιο
πῖπτεν, ἐπεσσύμενος Πελοπήια νῶτα δαΐξαι.

ʼΕν καὶ Ἀπόλλων Φοῖβος ὀιστεύων ἐτέτυκτο,
βούπαις, οὔπω πολλός, ἑὴν ἐρύοντα καλύπτρης   760
μητέρα θαρσαλέως Τιτυὸν μέγαν, ὅν ῥ' ἔτεκέν γε
δι' Ἐλάρη, θρέψεν δὲ καὶ ἂψ ἐλοχεύσατο Γαῖα.

ʼΕν καὶ Φρίξος ἔην Μινυήιος, ὡς ἐτεόν περ
εἰσαΐων κριοῦ, ὁ δ' ἄρ' ἐξενέποντι ἐοικώς.
κείνους κ' εἰσορόων ἀκέοις ψεύδοιό τε θυμόν,   765
ἐλπόμενος πυκινήν τιν' ἀπὸ σφείων ἐσακοῦσαι
βάξιν, ὃ καὶ δηρὸν περιπορπίδα θηήσαιο.

Τοῖ' ἄρα δῶρα θεᾶς ʼΙτωνίδος ἦεν Ἀθήνης·
δεξιτερῇ δ' ἔλεν ἔγχος ἐκηβόλον, ὅ ῥ' Ἀταλάντη
Μαινάλῳ ἔν ποτέ οἱ ξεινήιον ἐγγυάλιξε,   770
πρόφρων ἀντομένη, πέρι γὰρ μενέαινεν ἕπεσθαι

752–8 Tzetzes ad Lycophr. 157 (p. 74. 23 Scheer), sch Pind. Oly. 1. 122 b
757 sch Soph. El. 737   761–2 Etᴳ s.v. ʼΕλάρα   769–70 Etᴳ s.v.
Μαίναλον, sch Theocr. 1. 124 b

752 δηριόωντε sch^Pind.: -τες libri Tz.   753 τοῦ Maas (ne iusto gravior
caesura incideret post ἴθυνε): τὸν libri   755 τοῦ Maas: τὸν libri sch^Pind
(ex 753): τῷ Tz. (cf. Il. 23. 514)   ἤλαεν (cl. iii. 872) Platt (35. 74):
ἤλασεν libri et test.   767 περιπορπίδα Fr (dubitanter): περ ἐπ' ἐλπίδι
S; ἐπ' ἐλπίδι LA: νυν (ita E: νῦν P) ἐπ' ἐλπίδι PE; vocem περιπ. conflavi-
mus ex Callimachea voce (hy. 2. 32) ἐπιπορπίς, e vocibus περιπορπᾶσθαι,
περιπόρπημα, et cll. 721 sq. (ἀμφὶ—περονήσατο)   768 ʼΙτωνίδος Brunck:
τριτω- libri; v. ad 551   771 om. in textu, add. in marg., archet.;
scil. 771 om. in textu et deinde prima manu insertus inter 769 et 770 L;
771 in textu ante 770 APE: ita S quoque, additis tamen ad corrigendum
errorem numeris β' et α': rectus ordo 769, 770 test.

τὴν ὁδόν· ἀλλ', ὅσον αὐτὸς ἑκών, ἀπερήτυε κούρην,
δεῖσε γὰρ ἀργαλέας ἔριδας φιλότητος ἕκητι.

Βῆ δ' ἴμεναι προτὶ ἄστυ, φαεινῷ ἀστέρι ἶσος,
ὅν ῥά τε νηγατέῃσιν ἐεργόμεναι καλύβῃσιν   775
νύμφαι θηήσαντο δόμων ὕπερ ἀντέλλοντα,
καί σφισι κυανέοιο δι' αἰθέρος ὄμματα θέλγει
καλὸν ἐρευθόμενος, γάνυται δέ τε ἠιθέοιο
παρθένος ἱμείρουσα μετ' ἀλλοδαποῖσιν ἐόντος
ἀνδράσιν, ᾧ κέν μιν μνηστὴν κομέωσι τοκῆες—   780
τῷ ἴκελος προπόλοιο κατὰ στίβον ἤιεν ἥρως·
καί ῥ' ὅτε δὴ πυλέων τε καὶ ἄστεος ἐντὸς ἔβησαν,
δημότεραι μὲν ὄπισθεν ἐπεκλονέοντο γυναῖκες
γηθόσυναι ξείνῳ· ὁ δ' ἐπὶ χθονὸς ὄμματ' ἐρείσας
νίσσετ' ἀπηλεγέως, ὄφρ' ἀγλαὰ δώμαθ' ἵκανεν   785
'Υψιπύλης. ἄνεσαν δὲ θύρας προφανέντι θεράπναι
δικλίδας, εὐτύκτοισιν ἀρηρεμένας σανίδεσσιν·
ἔνθα μιν 'Ιφινόη κλισμῷ ἔνι παμφανόωντι
ἐσσυμένως καλῆς διὰ παστάδος εἶσεν ἄγουσα

775–94 de mediis versibus exstant litterae paucae (haud amplius denis)
in Pap. Amherst 16 (vol. 2, London, 1901, pp. 7 sq.), saec. p.C.n. secundi
vel tertii; quam huc pertinere intellexit Georg Schmidt (*Journ. Russ.
Ministry of Instruction* 1902, 246 sq.), v. etiam A. Dain, *Revue de
Philol.* vol. 69 (= iii, vol. 17), 1943, 56 sqq.   789 (καλῆς —) Et^G
(cf. etiam Et^M) s.v. παστάδα

772 ἀλλ' ὅσον Fr: ἀλλὰ (ἀνὰ S) γὰρ libri; γὰρ falsum, et ἑκών annuentis
est, non renuentis   773 δεῖσε γὰρ S: δεῖσε δ' LA: δεῖσεν δ' PE:
δεῖσεν lemma scholiiᴸ   777 αιθερος pap: ηρερος L: ἠέρος ASPE
778 fort. δέ τις (Maas)   780 κεν et κομέωσι PE: καὶ et κομέουσι LAS;
ad κεν cum coni. cf. Il. 3. 25 sq.   781]πολοιο κατ[pap: πρὸ πόληος
(: π. πόλιος A) ἀνὰ στίβον (ἀνασστείβων LA, cum gl. ἀνερχόμενος A) ἤιεν
(: κίεν L ?) ἤ. libri; vocem προπόλοιο agnovit Wilamowitz (*Hermes* 58. 73)
785 ἀπηλεγέως Herodian. (i. 79. 23 L) apud sch ad hunc locum et apud sch
ii. 17–18   786 θύρας pap PE: πύλας LAS (ex 782)   787 ἀρηρεμένας
LAS: ἀρηραμ- PE   788* sq. ἐν τῇ προεκδόσει· (788*) ἔνθα μιν 'Ιφινόη
προδόμου διὰ ποιητοῖο (789*) ἐσσυμένως καλῆς ἐπὶ δίφρακος εἶσεν ἄγουσα
sch^{Lιs}   789 διὰ παστάδος pap, et disertim Et sch: δι' ἀναστ- libri

33

ἀντία δεσποίνης. ἡ δ' ἐγκλιδὸν ὄσσε βαλοῦσα   790
παρθενικὴ ἐρύθηνε παρηίδας· ἔμπα δὲ τόνγε
αἰδομένη μύθοισι προσέννεπεν αἱμυλίοισιν·
  " Ξεῖνε, τίη μίμνοντες ἐπὶ χρόνον ἔκτοθι πύργων
ἧσθ' αὔτως; ἐπεὶ οὐ μὲν ὑπ' ἀνδράσι ναίεται ἄστυ,
ἀλλὰ Θρηικίης ἐπινάστιοι ἠπείροιο   795
πυροφόρους ἀρόωσι γύας. κακότητα δὲ πᾶσαν
ἐξερέω νημερτές, ἵν' εὖ γνοίητε καὶ αὐτοί.
εὖτε Θόας ἀστοῖσι πατὴρ ἐμὸς ἐμβασίλευε,
τηνίκα Θρηικίους οἵ τ' ἀντία ναιετάουσι
Λήμνου ἀπορνύμενοι λαοὶ πέρθεσκον ἐναύλους   800
ἐκ νηῶν, αὐτῇσι δ' ἀπείρονα ληίδα κούραις
δεῦρ' ἄγον. οὐλομένη δὲ θεᾶς πορσύνετο μῆνις
Κύπριδος, ἥ τέ σφιν θυμοφθόρον ἔμβαλεν ἄτην·
δὴ γὰρ κουριδίας μὲν ἀπέστυγον ἔκ τε μελάθρων
ᾗ ματίῃ εἴξαντες ἀπεσσεύοντο γυναῖκας,   805
αὐτὰρ ληιάδεσσι δορικτήταις παρίαυον,
σχέτλιοι. ἦ μὲν δηρὸν ἐτέτλαμεν, εἴ κέ ποτ' αὖτις
ὀψὲ μεταστρέψωσι νόον· τὸ δὲ διπλόον αἰεὶ
πῆμα κακὸν προύβαινεν. ἀτιμάζοντο δὲ τέκνα
γνῆσι' ἐνὶ μεγάροις, σκοτίη δ' ἄρα θάλλε γενέθλη·   810

801 Et⁰ s.v. ληίδα   806 Et⁰ᴹ s.v. ληιάδες (Et⁰) vel λεῖα (Etᴹ)

791 παρθενικὴ (potius quam -νίας; non enim in Apollonii more foret 'virginales genas') Fr (post ἡ δὲ sicut iii. 829): -νικὰς libri; v. ad iv. 909 παρηίδας, v. ad iv. 172   799 Θρηικίους Fr: -κίην libri (ex 795, 614): par. τὰς ἐπαύλεις—τῶν Θρᾳκῶν ἐπόρθουν sch 800 b: Θρηικίων Hoelzlin; cf. Aesch. Pers. 870   800 Λήμνου Pierson: δήμου libri; cf. ad 621 ἐναύλους LAPE: ἐπαύλεις S: ἐπαύλους Pierson   801°-4° ἐν δὲ τῇ προεκδόσει (801°) ἐκ νηῶν, ἄμυδις δὲ βόας καὶ μῆλα κόμιζον (802°) αὐτῇσιν κούρῃσιν ἀπείρονα ληίδα δεῦρο. (803°) καὶ τότ' ἔπειτ' ἀνὰ δῆμον ἀδάτος ἔμπεσε λύσσα, (804°) οὐκ οἶδ' ἢ θεόθεν ἢ αὐτῶν ἀφροσύνῃσι schᴸᵇ 802 οὐλομένη Fr: -ης libri sch   μῆνις Fr: μῆτις (ν supra s scr L¹) libri (ex 664, 677)   804 ἔκ τε Fr: ἐκ δὲ libri   805 ἀπεσσεύοντο D: ἐπ- nostri (ex 758): par. τῆς οἰκίας ἐκβαλεῖν schᴾ 834   810 ἄρα θάλλε Fr: ἀνέτελλε libri (ex 776): par. τοὺς μὲν γνησίους παῖδας ἀτιμάζεσθαι,

αὔτως δ' ἀδμῆτες κοῦραι, χῆραί τ' ἐπὶ τῇσι
μητέρες, ἂμ πτολίεθρον ἀτημελέες ἀλάληντο·
οὐδὲ πατὴρ ὀλίγον περ ἑῆς ἀλέγιζε θυγατρός,
εἰ καὶ ἐν ὀφθαλμοῖσι δαϊζομένην ὁρόωτο
μητρυιῆς ὑπὸ χερσὶν ἀτασθάλου· οὐδ' ἀπὸ μητρός   815
λώβην ὡς τὸ πάροιθεν ἀεικέα παῖδες ἄμυνον,
οὐδὲ κασιγνήτοισι κασιγνήτη μέλε θυμῷ·
ἀλλ' οἷαι κοῦραι ληΐτιδες ἔν τε δόμοισιν
ἔν τε χοροῖς ἀγορῇ τε καὶ εἰλαπίνῃσι μέλοντο,
εἰσόκε τις θεὸς ἄμμιν ὑπέρβιον ἔμβαλε θάρσος,   820
ἂψ ἀναερχομένους Θρῃκῶν ἄπο μηκέτι πύργοις
δέχθαι, ἵν' ἢ φρονέοιεν ἅπερ θέμις, ἠέ πῃ ἄλλῃ
αὐταῖς ληϊάδεσσιν ἀφορμηθέντες ἵκοιντο.
οἱ δ' ἄρα θεσσάμενοι παίδων γένος ὅσσον ἔλειπτο
ἄρσεν ἀνὰ πτολίεθρον, ἔβαν πάλιν ἔνθ' ἔτι νῦν περ·   825
Θρηικίης ἄροσιν χιονώδεα †ναιετάουσιν.
τῶ ὑμεῖς στρωφᾶσθ' ἐπιδήμιοι· εἰ δέ κεν αὖθι
ναιετάειν ἐθέλοις καί τοι ἅδοι, ἦ τ' ἂν ἔπειτα
πατρὸς ἐμεῖο Θόαντος ἔχοις γέρας· οὐδέ σ' ὀίω
γαῖαν ὀνόσσεσθαι, περὶ γὰρ βαθυλήϊος ἄλλων   830

818–19 Etᵃ s.v. ληιάδες   819(?) et 826 Etᵃ s.v. ἄροσιν   826 Etᵃ
s.v. ἄροσιν, Etᴹ s.v. ἀροτρεύς   829 (οὐδέ)–830 Etᵃ s.v. βαθυλ.

τοὺς δὲ νόθους θάλλειν schᴾ 834; tradita lectio haec facit dicere
virginem: 'virorum furor non finitus est mora sed ingravescebat in dies;
quod inde quoque perspicias, quod mulieres cum quibus illi concubuerant
filios pepererunt nothos'   811 κοῦραι Rzach (pp. 28 sq.): τε κόραι
(τε κόροι LA) libri   812 ἀτημελέες PE: -λέως LAS (et par. ἀτημελήτως
schᴾ 834): -λέες τ' D   821 ἀναερχομένους S: ἀνερχ- LA: ἐπανερχ- PE;
cf. Il. 4. 392 cum v.l.   826 ναιετάουσιν libri Et ex 799 (828, 831), cf.
Val. Fl. 2. 177 habitare pruinas; e.gr. γατομάουσιν (cl. 868) vel ποιμνύουσιν
829 ἐμεῖο LPE: ἐμοῖο AS; cf. 891 ἐμεῖο LASG: ἐμοῖο PE, ii. 776 ἐμεῖο
a. corr. S, G: ἐμοῖο LA, p. corr. S¹, PE, iii. 1076 ἐμεῖο LA, a. corr. S, GE:
ἐμοῖο p. corr. S, P; v. Rzach p. 107   σ' ὀίω S: τι (sic) σ' ὀίω (sic)
LAPE; cf. Il. 1. 170, 5. 284

νήσων Αἰγαίῃ ὅσαι εἰν ἁλὶ ναιετάουσιν.
ἀλλ' ἄγε νῦν ἐπὶ νῆα κιὼν ἑτάροισιν ἐνίσπες
μύθους ἡμετέρους, μηδ' ἔκτοθι μίμνε πόληος."
Ἴσκεν, ἀμαλδύνουσα φόνου τέλος οἷον ἐτύχθη
ἀνδράσιν· αὐτὰρ ὁ τήνγε παραβλήδην προσέειπεν·   835
" Ὑψιπύλη, μάλα κεν θυμηδέος ἀντιάσαιμεν
χρησμοσύνης ἣν ἄμμι σέθεν χατέουσιν ὀπάζεις.
εἶμι δ' ὑπότροπος αὖτις ἀνὰ πτόλιν, εὖτ' ἂν ἕκαστα
ἐξείπω κατὰ κόσμον. ἀνακτορίη δὲ μελέσθω
σοίγ' αὐτῇ καὶ νῆσος· ἔγωγε μὲν οὐκ ἀθερίζων   840
χάζομαι, ἀλλά με λυγροὶ ἐπισπέρχουσιν ἄεθλοι."
Ἦ, καὶ δεξιτερῆς χειρὸς θίγεν, αἶψα δ' ὀπίσσω
βῆ ῥ' ἴμεν· ἀμφὶ δὲ τόνγε νεήνιδες ἄλλοθεν ἄλλαι
μυρίαι εἱλίσσοντο κεχαρμέναι, ὄφρα πυλάων
ἐξέμολεν. μετέπειτα δ' ἐυτροχάλοισιν ἀμάξαις   845
ἀκτὴν εἰσανέβαν ξεινήια πολλὰ φέρουσαι,
μῦθον ὅτ' ἤδη πάντα διηνεκέως ἀγόρευσε
τόν ῥα καλεσσαμένη διεπέφραδεν Ὑψιπύλεια·
καὶ δ' αὐτοὺς ξεινοῦσθαι ἐπὶ σφέα δώματ' ἄγεσκον,
ῥηιδίως· Κύπρις γὰρ ἐπὶ γλυκὺν ἵμερον ὦρσεν,   850
Ἡφαίστοιο χάριν πολυμήτιος, ὄφρα κεν αὖτις
ναίηται μετόπισθεν ἀκήρατος ἀνδράσι Λῆμνος.
ἔνθ' ὁ μὲν Ὑψιπύλης βασιλήιον ἐς δόμον ὦρτο
Αἰσονίδης· οἱ δ' ἄλλοι ὅπῃ καὶ ἔκυρσαν ἕκαστος,
Ἡρακλῆος ἄνευθεν, ὁ γὰρ παρὰ νηὶ λέλειπτο   855
αὐτὸς ἑκὼν παῦροί τε διακρινθέντες ἑταῖροι.
αὐτίκα δ' ἄστυ χοροῖσι καὶ εἰλαπίνῃσι γεγήθει
καπνῷ κνισήεντι περίπλεον· ἔξοχα δ' ἄλλων
ἀθανάτων Ἥρης υἷα κλυτὸν ἠδὲ καὶ αὐτήν

831 Αἰγαίη nescio quis: -ης libri; cf. Statium Theb. 5. 49   ὅσαι εἰν
PE: ὅσαι LA: ὁπόσαι S   832 ἐν., v. ad 487   838 et ἕκαστα (LS) et
ἑκάστω(ι) (APE) archet.; cf. iii. 1165   840 σοίγ' Schneider: σοί τ' libri
846 εἰσανέβαν Schneider, vix recte   848 vs. fertur in AS, om. L¹PE,
sed in marg. add. L² (vel L¹)   849 et 872 σφέα libri

Κύπριν ἀοιδῇσιν θυέεσσί τε μειλίσσοντο.   860
Ἀμβολίη δ' εἰς ἦμαρ ἀεὶ ἐξ ἤματος ἦεν
ναυτιλίης. δηρὸν δ' ἂν ἐλίνυον αὖθι μένοντες,
εἰ μὴ ἀολλίσσας ἑτάρους ἀπάνευθε γυναικῶν
Ἡρακλέης τοίοισιν ἐνιπτάζων μετέειπεν·
" Δαιμόνιοι, πάτρης ἐμφύλιον αἶμ' ἀποέργει   865
ἡμέας, ἦε γάμων ἐπιδευέες ἐνθάδ' ἔβημεν
κεῖθεν, ὀνοσσάμενοι πολιήτιδας, αὖθι δ' ἔαδεν
ναίοντας λιπαρὴν ἄροσιν Λήμνοιο ταμέσθαι;
οὐ μάλ' εὐκλειεῖς γε σὺν ὀθνείῃσι γυναιξίν
ἐσσόμεθ' ὧδ' ἐπὶ δηρὸν ἐελμένοι, οὐδὲ τὸ κῶας 870
αὐτόματον δώσει τις ἑλεῖν θεὸς εὐξαμένοισιν.
ἴομεν αὖτις ἕκαστοι ἐπὶ σφέα· τὸν δ' ἐνὶ λέκτροις
Ὑψιπύλης εἰᾶτε πανήμερον, εἰσόκε Λῆμνον
παισὶν ἐπανδρώσῃ, μεγάλη τέ ἑ βάξις ἔχῃσιν."
Ὥς νείκεσσεν ὅμιλον· ἐναντία δ' οὔ νύ τις ἔτλη 875
ὄμματ' ἀνασχεθέειν οὐδὲ προτιμυθήσασθαι,
ἀλλ' αὔτως ἀγορῆθεν ἐπαρτίζοντο νέεσθαι
σπερχόμενοι. ταὶ δέ σφιν ἐπέδραμον, εὖτ' ἐδάησαν·
ὡς δ' ὅτε λείρια καλὰ περιβρομέουσι μέλισσαι
πέτρης ἐκχύμεναι σιμβληΐδος, ἀμφὶ δὲ λειμών 880
ἐρσήεις γάνυται, ταὶ δὲ γλυκὺν ἄλλοτ' ἐπ' ἄλλον
καρπὸν ἀμέργουσιν πεποτημέναι—ὣς ἄρα ταίγε

862 (δη.—) Et^G s.v. ἐλινύω, Et^M s.v. ἀνελίννον

860/2 denuo inc. G (v. ad 561-860)   860 λοιβῇσιν Pierson
864 μετέειπεν LASG: προσέ- PE; v. ad 702   867 (-δας,) εὖαδε δ'
αὖθις S   869 μάλ' ἐν- Fr: μὰν εὐ- libri: μὲν ἐν- Hoelzlin; cf.
iv. 379   870 οὐδὲ τὸ Fr (cl. iii. 1060): οὐδέ τι libri   871 αὐτόματος
G   ἑλεῖν Fr: ἑλὼν LASG: ἑκὼν P: om. E; cf. iv. 1050, al.   872 verba
ἕκαστοι (ita LASG: -τος PE) ἐπὶ σφέα (ex 849?) suspecta   873 fort.
πονήμεναι, sim.   874 ἐπανδρώσῃ SG: ἔσαν- LAPE; v. Platt 35. 74
ἔχῃσιν Fr (cl. Od. 1. 95): ἵκηται libri (ex 661); ἵκ. foret 'fama perveniat ad
aures Iasonis' (cf. 1244, iii. 904, iv. 968)   881 ἄλλοτ' ἐπ' S: ἄλλοτέ τ'
LG sch^L: ἄλλοτε (-τ' A) APE sch^P (cf. Od. 4. 236, cum eadem varietate
lectionum); fort. ἄλλη ἐπ'   882 ἀμέλγουσιν G solus (cum gl. ἐπισπῶνται)

ἐνδυκὲς ἀνέρας ἀμφὶ κινυρόμεναι προχέοντο,
χερσὶ δὲ καὶ μύθοισιν ἐδεικανόωντο ἕκαστον,
εὐχόμεναι μακάρεσσιν ἀπήμονα νόστον ὀπάσσαι.   885
ὡς δὲ καὶ Ὑψιπύλη ἠρήσατο, χεῖρας ἑλοῦσα
Αἰσονίδεω, τὰ δέ οἱ ῥέε δάκρυα χήτει ἰόντος·

" Νίσσεο, καί σε θεοὶ σὺν ἀπηρέσιν αὖτις ἑταίροις
χρύσειον βασιλῆι δέρος κομίσειαν ἄγοντα,
αὔτως ὡς ἐθέλεις καί τοι φίλον. ἤδε δὲ νῆσος   890
σκῆπτρά τε πατρὸς ἐμεῖο παρέσσεται, ἢν καὶ ὀπίσσω
δή ποτε νοστήσας ἐθέλῃς ἄψορρον ἱκέσθαι·
ῥηιδίως δ' ἂν ἑοῖ καὶ ἀπείρονα λαὸν ἀγείραις
ἄλλων ἐκ πολίων. ἀλλ' οὔ σύγε τήνδε μενοινήν
σχήσεις, οὔτ' αὐτὴ προτιόσσομαι ὧδε τελεῖσθαι·   895
μνώεο μήν, ἀπεών περ ὁμῶς καὶ νόστιμος ἤδη,
Ὑψιπύλης· λίπε δ' ἧμιν ἔπος, τό κεν ἐξανύσαιμι
πρόφρων, ἢν ἄρα δή με θεοὶ δώωσι τεκέσθαι."

Τὴν δ' αὖτ' Αἴσονος υἱὸς ἀγαιόμενος προσέειπεν·
" Ὑψιπύλη, τὰ μὲν οὕτω ἐναίσιμα πάντα γένοιτο   900
ἐκ μακάρων· τύνη δ' ἐμέθεν πέρι θυμὸν ἀρείω
ἴσχαν', ἐπεὶ πάτρην μοι ἅλις Πελίαο ἕκητι
ναιετάειν· μοῦνόν με θεοὶ λύσειαν ἀέθλων.
εἰ δ' οὔ μοι πέπρωται ἐς Ἑλλάδα γαῖαν ἱκέσθαι
τηλοῦ ἀναπλώοντι, σὺ δ' ἄρσενα παῖδα τέκηαι,   905
πέμπε μιν ἡβήσαντα Πελασγίδος ἔνδον Ἰωλκοῦ
πατρί τ' ἐμῷ καὶ μητρὶ δύης ἄκος, ἢν ἄρα τούσγε
τέτμῃ ἔτι ζώοντας, ἵν' ἄνδιχα τοῖο ἄνακτος

883–4 Et^G s.v. ἀμφικιν., et hanc solam vocem Et^M s.v. ἀμφικιν.   888
(καί—) Et^{GM} s.v. ἀπηρής

883 ἐνδυκὲς Et^G (et coni. Rutgers): -κέως libri; cf. sch i. 907   χερσὶ
δὲ Keydell: -σί τε libri   888 ἀπηρέσιν Et: ἀπήμοσιν libri (ex 885);
cf. ad 556   889 ἄγοντα LASG: ἔχοντα PE   891 ἐμ., v. ad 829
893 ἑοῖ (ἑοῖο G) L^{1}ASG: v.l. τοι L^2, τι PE (cf. οὐκ εὖ — τὸ ἑοῖ, ἐστι γὰρ
τρίτου προσώπου δηλωτικόν sch^L)   895 οὐδ' Platt (35. 84)   901 fort.
ἀράκτων   905 τὺ S

σφοῖσιν πορσύνωνται ἐφέστιοι ἐν μεγάροισιν."
Ἦ, καὶ ἔβαιν' ἐπὶ νῆα παροίτατος. ὡς δὲ καὶ ἄλλοι   910
βαῖνον ἀριστῆες, λάζοντο δὲ χερσὶν ἐρετμά
ἐνσχερὼ ἑζόμενοι· πρυμνήσια δέ σφισιν Ἄργος
λῦσεν ὑπὲκ πέτρης ἁλιμυρέος· ἔνθ' ἄρα τοίγε
κόπτον ὕδωρ δολιχῆσιν ἐπικρατέως ἐλάτῃσι.
ἑσπέριοι δ' Ὀρφῆος ἐφημοσύνῃσιν ἔκελσαν   915
νῆσον ἐς Ἠλέκτρης Ἀτλαντίδος, ὄφρα δαέντες
ἀρρήτους ἀγανῇσι τελεσφορίῃσι θέμιστας
σωότεροι κρυόεσσαν ὑπεὶρ ἅλα ναυτίλλοιντο.
τῶν μὲν ἔτ' οὐ προτέρω μυθήσομαι, ἀλλὰ καὶ αὐτή
νῆσος ὁμῶς κεχάροιτο καὶ οἱ λάχον ὄργια κεῖνα   920
δαίμονες ἐνναέται, τὰ μὲν οὐ θέμις ἄμμιν ἀείδειν·
κεῖθεν δ' εἰρεσίῃ Μέλανος διὰ βένθεα Πόντου
ἱέμενοι, τῇ μὲν Θρηκῶν χθόνα τῇ δὲ περαίην
Ἴμβρον ἔχον καθύπερθε· νέον γε μὲν ἠελίοιο
δυομένου Χέρνησον ἐπὶ προύχουσαν ἵκοντο.   925
ἔνθα σφιν λαιψηρὸς ἄη νότος, ἱστία δ' οὔρῳ
στησάμενοι κούρης Ἀθαμαντίδος αἰπὰ ῥέεθρα
εἰσέβαλον. πέλαγος δὲ τὸ μὲν καθύπερθε λέλειπτο
ἦρι, τὸ δ' ἐννύχιοι Ῥοιτειάδος ἔνδοθεν ἄκρης
μέτρεον, Ἰδαίην ἐπὶ δεξιὰ γαῖαν ἔχοντες.   930
Δαρδανίην δὲ λιπόντες ἐπιπροσέβαλλον Ἀβύδῳ,
Περκώτην δ' ἐπὶ τῇ καὶ Ἀβαρνίδος ἠμαθόεσσαν
ἠιόνα ζαθέην τε παρήμειβον Πιτύειαν.
καὶ δὴ τοίγ' ἐπὶ νυκτὶ διάνδιχα νηὸς ἰούσης

929 (Ῥοιτ. —) Et^G s.v. Ῥοίτειον   932–3 (ἤ.) Steph. Byz. s.v.
Ἄβαρνος (= Herodian. i. 96. 30 L)   932 Et ^GM s.v. Ἀβ.   933 Et^G,
et (nomen solum) Et^M, s.v. Πι.

917 ἀρρήτους SG: -ρήκτους LAPE   918 θαρσύτεροι G   921 fort.
τὰ γάρ, cl. par.   925 χέρνησον LAS, et disertim de hoc quoque loco
sch iv. 1175: χερόν- GPE; inde novavit Val. Fl. 3. 34 Procnesos   929
ἄκρης Et^G: ἀκτῆς libri; cf. ἀκρωτήρια (scil. Ῥοίτειον καὶ Σίγειον) sch^L,
Ὧρος δὲ ἄκραν εἶναί φησι καὶ πόλιν Τρωάδος (scil. Ῥοίτειον) sch^P marginale

δίνη πορφύροντα διήνυσαν Ἑλλήσποντον·   935
ἔστι δέ τις αἰπεῖα Προποντίδος ἔνδοθι νῆσος
τυτθὸν ἀπὸ Φρυγίης πολυληίου ἠπείροιο
εἰς ἅλα κεκλιμένη, ὅσσον τ᾽ ἐπιμύρεται ἰσθμός
χέρσῳ ἔπι πρηνὴς καταειμένος· ἐν δέ οἱ ἀκταί
ἀμφίδυμοι, κεῖται δ᾽ ὑπὲρ ὕδατος Αἰσήποιο·   940
Ἄρκτων μιν καλέουσιν Ὄρος περιναιετάοντες.
καὶ τὸ μὲν ὑβρισταί τε καὶ ἄγριοι †ναιετάουσιν
Γηγενέες, μέγα θαῦμα περικτιόνεσσιν ἰδέσθαι·
ἐξ γὰρ ἑκάστῳ χεῖρες ὑπέρβιοι ἠερέθοντο,
αἱ μὲν ἀπὸ στιβαρῶν ὤμων δύο, ταὶ δ᾽ ὑπένερθεν   945
τέσσαρες αἰνοτάτῃσιν ἐπὶ πλευρῇς ἀραρυῖαι·
ἰσθμὸν δ᾽ αὖ πεδίον τε Δολίονες ἀμφενέμοντο
ἀνέρες· ἐν δ᾽ ἥρως Αἰνήιος υἱὸς ἄνασσε
Κύζικος, ὃν κούρη δίου τέκεν Εὐσώροιο
Αἰνήτῃ. τοὺς δ᾽ οὔτι, καὶ ἔκπαγλοί περ ἐόντες,   950
Γηγενέες σίνοντο, Ποσειδάωνος ἀρωγῇ,
τοῦ γὰρ ἔσαν τὰ πρῶτα Δολίονες ἐκγεγαῶτες.
Ἔνθ᾽ Ἀργὼ προύτυψεν ἐπειγομένη ἀνέμοισιν
Θρηικίοις· Καλὸς δὲ Λιμὴν ὑπέδεκτο θέουσαν.
κεῖθι καὶ εὐναίης ὀλίγον λίθον εἰρύσσαντες   955

936–40 Etᴳ s.v. μύρω   936–8 Etᴳ s.v. ἰσθμός   938 (ὅσσον)–939
(χόρτῳ, sic) Etᴹ s.v. μύρεσθαι   939–40 Etᴳ, et ἐν δέ οἱ d. ἀμφ. Etᴹ,
s.v. ἀμφίδυμοι   955 Heliod. in Dion. Thr. p. 99. 24 Hilgard

939–40 textus incertus; cf. Val. Fl. 2. 629–35   939 ἐπιπρηνὴς libri
καταειμένη vid. legisse scha   ἄκραι Wifstrand (cl. sch 985)   940 κεῖται
Platt (cl. scha): κεῖνται libri Et   941 Ἄρκτων schᴸa (et coni. Hoelzlin,
cl. 1150): -τον libri   942 ναιετάουσιν ex 799, 826, 831, 941: par. ᾤκουν
scha: ἐνναίουσιν Koechly; melius (cl. 947) ἐνναίεσκον Merkel, ἀμφενέμοντο
Platt (35. 74)   944 ἠερέθοντο Ziegler: -ται libri (permanavit huc
temporis error ex 942; v. etiam ad 947)   947 αὖ LASG: ἀμ PE
ἀμφινέμονται S   955 κεῖθι Hel. disertim: κεῖσε libri; cf. κεῖσε vel falsum
vel dubium 1224, ii. 718, iv. 1217, 1239   εἰρύσαντες Hel.: ἐκλύσ- libri
(ex *gl. ἑλκύσ-), cum par. ἀπολύσαντες scha : ἑλκύσ- Flor.

Τίφυος ἐννεσίῃσιν ὑπὸ κρήνῃ ἐλίποντο,
κρήνῃ ὑπ' Ἀρτακίῃ· ἕτερον δ' ἕλον, ὅστις ἀρήρει,
βριθύν· ἀτὰρ κεῖνόν γε θεοπροπίαις Ἑκάτοιο
Νηλεῖδαι μετόπισθεν Ἰάονες ἱδρύσαντο
ἱερόν, ἢ θέμις ἦεν, Ἰησονίης ἐν Ἀθήνης.   960
τοὺς δ' ἄμυδις φιλότητι Δολίονες ἠδὲ καὶ αὐτός
Κύζικος ἀντήσαντες, ὅτε στόλον ἠδὲ γενέθλην
ἔκλυον οἵτινες εἶεν, ἐυξείνως ἀρέσαντο·
καί σφεας εἰρεσίῃ πέπιθον προτέρωσε κιόντας
ἄστεος ἐν λιμένι πρυμνήσια νηὸς ἀνάψαι.   965
ἔνθ' οἵγ' Ἐκβασίῳ βωμὸν θέσαν Ἀπόλλωνι,
εἰσάμενοι παρὰ θῖνα, θυηπολίης τ' ἐμέλοντο.
δῶκεν δ' αὐτὸς ἄναξ λαρὸν μέθυ δευομένοισιν
μῆλά θ' ὁμοῦ. δὴ γάρ οἱ ἔην φάτις, εὖτ' ἂν ἵκωνται
ἀνδρῶν ἡρώων θεῖος στόλος, αὐτίκα τοῖσγε   970
μείλιχον ἀντιάαν μηδὲ πτολέμοιο μέλεσθαι.
νειὸν πού καὶ κείνῳ ὑποσταχύεσκον ἴουλοι·
οὐδέ νύ πω παίδεσσιν ἀγαλλόμενος μεμόρητο,
ἀλλ' ἔτι οἱ κατὰ δώματ' ἀκήρατος ἦεν ἄκοιτις
ὠδίνων, Μέροπος Περκωσίου ἐκγεγαυῖα   975
Κλείτη ἐυπλόκαμος. τὴν μὲν νέον ἐξέτι πατρός
θεσπεσίοις ἕδνοισιν ἀνήγαγεν ἀντιπέρηθεν·
ἀλλὰ καὶ ὣς θάλαμόν τε λιπὼν καὶ δέμνια νύμφης,

967 Et^{ΑΜ} s.v. εἰσάμενοι   976 Et^Ο s.v. Κλείτη

956 fort. ἐπὶ κρημνῷ, vel (cl. scha) ἀλὶ βρωτῆς, ὑπεκτρώκτου, aim.   958 θεο-
προπίαις ASG: -ας LPE   960 vs. om. in textu L¹, add. in marg. L¹
vel L²   967 εἰσάμενοι Et: στησ- libri   τ' Brunck: om. libri Et   970 τοῖσ-
γε Brunck: τόνγε libri (propter μείλ.)   972 νειὸν Ruhnken, cl. scha
(ἀντὶ τοῦ νεωστί, sicut sch i. 125 νειὸν—ἀντὶ τοῦ νεωστί) et ii. 779: ἰσόν libri
(ex sch^v ἐπίσης νέος ἦν τῷ Ἰάσον, scil. ad explicandum κἀκείνῳ): v.l. ὁρμοί
sch^L (ex Callim. fg. 274?)   καὶ κείνῳ Fr: κἀκ- libri; v. ad i. 83   v.l.
ὑποσταχύεσκον (cum gl. ὑπηύξανον, ὑπήνθουν) sch^L: ἐπιστ- (cum gl. ἐπήνθουν
LA) libri (cf. iii. 519 et Callim.)   976 (ad Κλ.:) διχῶς δὲ ὁ τόνος, οἱ δὲ
πλείους ὀξύνουσι Et   ἐξ ἔτι Merkel; fort. ἔκτοθι, cl. 1291

41   E

τοῖς μέτα δαῖτ᾽ ἀλέγυνε, βάλεν δ᾽ ἀπὸ δείματα θυμοῦ.
ἀλλήλους δ᾽ ἐρέεινον ἀμοιβαδίς· ἤτοι ὁ μέν σφεων   980
πεύθετο ναυτιλίης ἄνυσιν Πελίαό τ᾽ ἐφετμάς,
οἱ δὲ περικτιόνων πόλιας καὶ κόλπον ἅπαντα
εὐρείης πεύθοντο Προποντίδος· οὐ μὲν ἐπιπρό
ἠείδει καταλέξαι ἐελδομένοισι δαῆναι.

   Ἠοῖ δ᾽ εἰσανέβαν μέγα Δίνδυμον, ὄφρα κεν αὐτοί   985
θηήσαιντο πόρους κείνης ἁλός· ἐν δ᾽ ἄρα τοίγε
νῆα Χυτῷ Λιμένι προτέρου ἐξήλασαν ὅρμου·
ἥδε δ᾽ Ἰησονίη πέφαται Ὁδός, ἥνπερ ἔβησαν.
Γηγενέες δ᾽ ἑτέρωθεν ἀπ᾽ οὔρεος ἀίξαντες
φράξαν ἀπειρεσίῃσι Χυτοῦ στόμα νειόθι πέτρης,   990
πόντιον οἷά τε θῆρα λοχώμενοι ἔνδον ἐόντα·
ἀλλὰ γὰρ αὖθι λέλειπτο σὺν ἀνδράσιν ὁπλοτέροισιν
Ἡρακλέης, ὃς δή σφι παλίντονον αἶψα τανύσσας
τόξον, ἐπασσυτέρους πέλασε χθονί. τοὶ δὲ καὶ αὐτοί
πέτρας ἀμφιρρῶγας ἀερτάζοντες ἔβαλλον·   995
δὴ γάρ που καὶ κεῖνα θεὰ τρέφεν αἰνὰ πέλωρα
Ἥρη, Ζηνὸς ἄκοιτις, ἀέθλιον Ἡρακλῆι·
σὺν δὲ καὶ ὧλλοι δῆθεν, ὑπότροποι ἀντιόωντες
πρίν περ ἀνελθέμεναι σκοπιήν, ἥπτοντο φόνοιο
Γηγενέων ἥρωες ἀρήιοι, ἠμὲν ὀιστοῖς   1000
ἠδὲ καὶ ἐγχείῃσι δεδεγμένοι, εἰσόκε πάντας
ἀντιβίην ἀσπερχὲς ὀρινομένους ἐδάιξαν.
ὡς δ᾽ ὅτε δούρατα μακρὰ νέον πελέκεσσι τυπέντα
ὑλοτόμοι στοιχηδὸν ἐπὶ ῥηγμῖνι βάλωσιν,

985–6 (ἁλός) Et^{aM} s.v. Δίνδ.   987 Χυτῷ Λιμήν (add. παρὰ Ἀπολλωνίῳ
Et^M) Et^{aM}   998 Et^a s.vv. δῆθεν et ὧλλοι

985 κεν Brunck: καὶ libri   986 ἐν L (sic) ASG: ἐκ PE᾽   987 χυ-
τῷ λιμένι Et^a (liber A) et Et^M: -τοῦ et -νος libri (et Et^a liber B?)
(ex προτέρου)   990 fort. φράσσον (potius quam φράξαι ἀπειρήσαντο) vel
ἀπειρεσίαις κε   ἀπειρεσίῃσι Platt: -ίοιο libri   996 κἀκεῖνα libri, v. ad
i. 83   998 δῆθεν obscurum   1004 στοιχηδὸν LASG: στελεχ- (cum
gl. κατὰ στελέχη) PE

ὄφρα νοτισθέντα κρατεροὺς ἀνεχοίατο γόμφους—   1005
ὣς οἱ ἐνὶ ξυνοχῇ λιμένος πολιοῖο τέταντο
ἑξείης, ἄλλοι μὲν ἐς ἁλμυρὸν ἀθρόοι ὕδωρ
δύπτοντες κεφαλὰς καὶ στήθεα, γυῖα δ' ὕπερθεν
χέρσῳ τεινάμενοι· τοὶ δ' ἔμπαλιν, αἰγιαλοῖο
κράατα μὲν ψαμάθοισι, πόδας δ' εἰς βένθος ἔρειδον,   1010
ἄμφω ἄμ' οἰωνοῖσι καὶ ἰχθύσι κύρμα γενέσθαι.
  Ἥρωες δ', ὅτε δή σφιν ἀταρβὴς ἔπλε κέλευθος,
δὴ τότε πείσματα νηὸς ἐπὶ πνοιῆς ἀνέμοιο
λυσάμενοι, προτέρωσε διὲξ ἁλὸς οἶδμα νέοντο·
ἡ δ' ἔθεεν λαίφεσσι πανήμερος. οὐ μὲν ἰούσης   1015
νυκτὸς ἔτι ῥιπὴ μένεν ἔμπεδον, ἀλλὰ θύελλαι
ἀντίαι ἁρπάγδην ὀπίσω φέρον, ὄφρ' ἐπέλασσαν
αὖτις ἐυξείνοισι Δολίοσιν. ἐκ δ' ἄρ' ἔβησαν
αὐτονυχί ('Ιερὴ δὲ φατίζεται ἤδ' ἔτι Πέτρη
ᾗ πέρι πείσματα νηὸς ἐπεσσύμενοι ἐβάλοντο),   1020
οὐδέ τις αὐτὴν νῆσον ἐπιφραδέως ἐνόησεν
ἔμμεναι. οὐδ' ὑπὸ νυκτὶ Δολίονες ἂψ ἀνιόντας
ἥρωας νημερτὲς ἐπήισαν, ἀλλά που ἀνδρῶν
Μακριέων εἴσαντο Πελασγικὸν ἄρεα κέλσαι·
τῶ καὶ τεύχεα δύντες ἐπὶ σφίσι χεῖρας ἄειραν.   1025
σὺν δ' ἔλασαν μελίας τε καὶ ἀσπίδας ἀλλήλοισιν,
ὀξείῃ ἴκελοι ῥιπῇ πυρός, ἥ τ' ἐνὶ θάμνοις
αὐαλέοισι πεσοῦσα κορύσσεται· ἐν δὲ κυδοιμός
δεινός τε ζαμενής τε Δολιονίῳ πέσε δήμῳ.
  οὐδ' ὅγε δηιοτῆτος ὑπὲρ μόρον αὖτις ἔμελλεν   1030
οἴκαδε νυμφιδίους θαλάμους καὶ λέκτρον ἱκέσθαι,

1007 ἁλμυρός· οὕτως Ἀπ. ὁ τὰ Ἀργ. Et^M   1024 Et^GM s.v. Μάκρωνες

1012 ἔπλε κέλευθος Fr : ἔπλετ' ἄεθλος libri (ex 997, 903, al.); cf. sch 1012,
sch 1003-5 a extr., iv. 522 sq.   1019 εἰσέτι sch^F 1109 (sed ἤδ'
ἔτι sch^L 1109)   1028-9 prius om., deinde inter lineas ins. G
.1029 ^Λ lac. statuit Heyne; e.gr. (αὐτὸς δ' ἐν πρώτοισι φέρ' ἀσπίδα Κύζικος
ἥρως·); cf. Val. Fl. 3. 58-73, 220-38

ἀλλά μιν Αἰσονίδης, τετραμμένον ἰθὺς ἑοῖο,
πλῆξεν ἐπαΐξας στῆθος μέσον, ἀμφὶ δὲ δουρί
ὀστέον ἐρραίσθη· ὁ δ᾽ ἐνὶ ψαμάθοισιν ἐλυσθεὶς
μοῖραν ἀνέπλησεν. τὴν γὰρ θέμις οὔποτ᾽ ἀλύξαι   1035
θνητοῖσιν, πάντη δὲ περὶ μέγα πέπταται ἕρκος·
ὣς τόν, διόμενόν που ἀδευκέος ἔκτοθεν ἄτης
εἶναι ἀριστήων, αὐτῇ ὑπὸ νυκτὶ πέδησεν
μαρνάμενον κείνοισι. πολεῖς δ᾽ ἐπαρηγόνες ἄλλοι
ἔκταθεν· Ἡρακλέης μὲν ἐνήρατο Τηλεκλῆα   1040
ἠδὲ Μεγαβρόντην, Σφόδριν δ᾽ ἐνάριξεν Ἄκαστος,
Πηλεὺς δὲ Ζέλυν εἷλεν ἀρηΐθοόν τε Γέφυρον,
αὐτὰρ ἐυμμελίης Τελαμὼν Βασιλῆα κατέκτα·
Ἴδας δ᾽ αὖ Προμέα, Κλυτίος δ᾽ Ὑάκινθον ἔπεφνεν,
Τυνδαρίδαι δ᾽ ἄμφω Μεγαλοσσάκεα Φλογίον τε,   1045
Οἰνεΐδης δ᾽ ἐπὶ τοῖσιν ἕλε θρασὺν Ἰτυμονῆα
ἠδὲ καὶ Ἀρτακέα, πρόμον ἀνδρῶν· οὓς ἔτι πάντας
ἐνναέται τιμαῖς ἡρώσι κυδαίνουσιν.
οἱ δ᾽ ἄλλοι εἴξαντες ὑπέτρεσαν, ἠΰτε κίρκους
ὠκυπέτας ἀγεληδὸν ὑποτρέσσωσι πέλειαι,   1050
ἐς δὲ πύλας ὁμάδῳ πέσον ἀθρόοι· αἶψα δ᾽ ἀυτῆς
πλῆτο πόλις στονόεντος ὑποτροπίῃ πολέμοιο.
ἠῶθεν δ᾽ ὀλοὴν καὶ ἀμήχανον εἰσενόησαν
ἀμπλακίην ἄμφω· στυγερὸν δ᾽ ἄχος εἷλεν ἰδόντας
ἥρωας Μινύας Αἰνήιον υἷα πάροιθεν   1055
Κύζικον ἐν κονίῃσι καὶ αἵματι πεπτηῶτα.
ἤματα δὲ τρία πάντα γόων τίλλοντό τε χαίτας

1034 (ὁ δ᾽)–1037 Et^M, et unam vocem δδ. Et^G, s.v. ἀδευκέος   1049-
50 Et^G s.v. κίρκος   1056 Et^GM s.v. πεπτηῶτα

1032 ἑοῖο LASG: δεῖο PE (cf. ii. 6 δεῖο Et^G)   1036 δὲ περὶ Et: γὰρ
περὶ LASG: γὰρ τοι PE; cf. ii. 567   1037 που libri: περ Et: περ supra
που scr. G   1044 Κλ., de accentu v. ad i. 86   1046 ἕλε ASGPE:
-εν L   1047 Ἄρτ., de accentu (-τά- vel -κέ-) dubitabatur, v. sch
(= Herodian. i. 68. 28 L)

αὐτοὶ ὁμῶς λαοί τε Δολίονες· αὐτὰρ ἔπειτα,
τρὶς περὶ χαλκείοις σὺν τεύχεσι δινηθέντες,
τύμβῳ ἐνεκτερέιξαν, ἐπειρήσαντό τ᾽ ἀέθλων,   1060
ἣ θέμις, ἂμ πεδίον Λειμώνιον· ἔνθ᾽ ἔτι νῦν περ
ἀγκέχυται τόδε σῆμα καὶ ὀψιγόνοισιν ἰδέσθαι.
οὐδὲ μὲν οὐδ᾽ ἄλοχος Κλείτη φθιμένοιο λέλειπτο
οὗ πόσιος μετόπισθε, κακῷ δ᾽ ἔπι κύντερον ἄλλο
ἤνυσεν, ἀψαμένη βρόχον αὐχένι. τὴν δὲ καὶ αὐταί   1065
νύμφαι ἀποφθιμένην ἀλσηίδες ὠδύραντο·
καί οἱ ἀπὸ βλεφάρων ὅσα δάκρυα χεῦατ᾽ ἔραζε,
πάντα τάγε κρήνην τεῦξαν θεαί, ἣν καλέουσιν
Κλείτην, δυστήνοιο περικλεὲς οὔνομα νύμφης.
αἰνότατον δὴ κεῖνο Δολιονίῃσι γυναιξίν   1070
ἀνδράσι τ᾽ ἐκ Διὸς ἦμαρ ἐπήλυθεν· οὐδὲ †γὰρ αὐτῶν†
ἔτλη τις πάσσασθαι ἐδητύος οὐδ᾽ ἐπὶ δηρόν
ἐξ ἀχέων ἔργοιο μυληφάτου ἐμνώοντο,
ἀλλ᾽ αὔτως ἄφλεκτα διαζώεσκον ἔδοντες.
ἔνθεν νῦν, εὖτ᾽ ἄν σφιν ἐτήσια χύτλα χέωνται   1075
Κύζικον ἐνναίοντες Ἰάονες, ἔμπεδον αἰεί
πανδήμοιο μύλης πελανοὺς ἐπαλετρεύουσιν.

Ἐκ δὲ τόθεν τρηχεῖαι ἀνηέρθησαν ἄελλαι
ἤμαθ᾽ ὁμοῦ νύκτας τε δυώδεκα, τοὺς δὲ καταῦθι
ναυτίλλεσθαι ἔρυκον. ἐπιπλομένη δ᾽ ἐνὶ νυκτί   1080
ὦλλοι μέν ῥα πάρος δεδμημένοι εὐνάζοντο

1077 Et^{GM} s.v. πελανός   1081 Et^G s.v. ὦλλοι

1059 χαλκείοισ(ι) σὺν ἔντεσι bis sch, sive pro v.l. sive ex iv. 1535 huc
illatum; cf. ad iii. 499   1067 χεῦατ᾽ Fr (cll. iii. 705, Od. 4. 523, Qu.
Sm. 13. 324, al.): χεῦαν LASG: χεῦεν PE; fontem enim illum qui Clitae
nomine notetur e lacrimis non nympharum sed Clitae (cf. οἱ, sicut e.gr.
887) ortum esse ceteri quoque narrant auctores (Arg. Orph. 598–600,
Deiochus et Neanthes apud sch^P)   1069 περικλεὲς (-καλὲς PE) libri
sch (cf. 1322, iii. 330); fort. περικτίται, cll. Arg. Orph. 600 (Κλείτην δὲ
περικτίονες καλέουσι) et iii. 1090, i. 1149, al.   1071 sq. non omni cibo illi
se abstinebant sed cocto (cf. 1074)   1075 ἔνθεν Fr: ἔνθ᾽ ἔτι libri (ex
1061); cf. 1138, ii. 713; dissentit Maas, cl. iv. 1770

ΑΠΟΛΛΩΝΙΟΥ ΡΟΔΙΟΥ

ὕπνῳ ἀριστῆες πύματον λάχος, αὐτὰρ Ἄκαστος
Μόψος τ' Ἀμπυκίδης ἀδινὰ κνώσσοντας ἔρυντο·
ἡ δ' ἄρ' ὑπὲρ ξανθοῖο καρήατος Αἰσονίδαο
πωτᾶτ' ἀλκυονίς, λιγυρῇ ὀπὶ θεσπίζουσα   1085
λῆξιν ὀρινομένων ἀνέμων· συνέηκε δὲ Μόψος
ἀκταίης ὄρνιθος ἐναίσιμον ὄσσαν ἀκούσας.
καὶ τὴν μὲν θεὸς αὖτις ἀπέτραπεν, ἷζε δ' ὕπερθεν
νηίου ἀφλάστοιο μετήορος ἀίξασα·
τὸν δ' ὅγε, κεκλιμένον μαλακοῖς ἐνὶ κώεσιν οἰῶν,   1090
κινήσας ἀνέγειρε παρασχεδόν, ὧδέ τ' ἔειπεν·
  " Αἰσονίδη, χρειώ σε τόδε ῥίον εἰσανιόντα
Δινδύμου ὀκριόεντος ἐΰθρονον ἱλάξασθαι
μητέρα συμπάντων μακάρων, λήξουσι δ' ἄελλαι
ζαχρηεῖς· τοίην γὰρ ἐγὼ νέον ὄσσαν ἄκουσα   1095
ἀλκυόνος ἁλίης, ἥ τε κνώσσοντος ὕπερθεν
σεῖο πέριξ τὰ ἔκαστα πιφαυσκομένη πεπότητο.
ἐκ γὰρ τῆς ἄνεμοί τε θάλασσά τε νειόθι τε χθών
πᾶσα πεπείρηται νιφόεν θ' ἕδος Οὐλύμποιο·
καί οἱ, ὅτ' ἐξ ὀρέων μέγαν οὐρανὸν εἰσαναβαίνῃ,   1100
Ζεὺς αὐτὸς Κρονίδης ὑποχάζεται, ὣς δὲ καὶ ὧλλοι
ἀθάνατοι μάκαρες δεινὴν θεὸν ἀμφιέπουσιν."
  Ὣς φάτο, τῷ δ' ἀσπαστὸν ἔπος γένετ' εἰσαΐοντι·
ὤρνυτο δ' ἐξ εὐνῆς κεχαρημένος, ὦρσε δ' ἑταίρους
πάντας ἐπισπέρχων, καί τέ σφισιν ἐγρομένοισιν   1105
Ἀμπυκίδεω Μόψοιο θεοπροπίας ἀγόρευσεν.

1082 λάχος SGPE sch: λάχος LA   1088 ἀπέτραπεν LASG: -τρεπεν
PE   1092 τόδε ῥίον Wifstrand (pp. 5 sq.): τόδ' ἱερὸν libri; v. ad 1165
1097 πεπότητο S (coni. ?), D: -ται LAGPE   1099 πεπείρηται obscurum;
πεπείρανται Koechly   1100 εἰσαναβαίνῃ LAG: -νει S: -νοι PE   1101 ὧλ-
λοι LASG: ἄλλοι PE; cf. ὦ- LASG: ἄ- PE iii. 176, 365; ὦ- LSG:
ἄ- APE iii. 992; ὦ- libri et Εtᵃ i. 998, 1081; ὦ- libri iii. 356, iv. 253;
ὦ- libri falso ii. 874; ἄ- libri i. 910, iii. 58, iv. 785; v. Svensson pp. 45-47,
Erbse p. 164   1105 ἐγρομένοισιν LSG: εἰρ- P, p. corr. E (cf. iv. 730,
iii. 494 ?): ἀγρ- A, a. corr. E(?), v.l. Pᵃ (cf. iv. 1345 sq. ?)   1106 ἀγό-
ρευσεν (σ postmodo add. L¹) L, SG: -ρευεν APE

46

αἶψα δὲ κουρότεροι μὲν ἀπὸ σταθμῶν ἐλάσαντες
ἔνθεν ἐς αἰπεινὴν ἄναγον βόας οὔρεος ἄκρην·
οἱ δ' ἄρα, λυσάμενοι Ἱερῆς ἐκ πείσματα Πέτρης,
ἤρεσαν ἐς λιμένα Θρηίκιον, ἂν δὲ καὶ αὐτοί   1110
βαῖνον, παυροτέρους ἑτάρων ἐν νηὶ λιπόντες.
τοῖσι δὲ Μακριάδες σκοπιαὶ καὶ πᾶσα περαίη
Θρηικίης ἐνὶ χερσὶν ἑαῖς προυφαίνετ' ἰδέσθαι·
φαίνετο δ' ἠερόεν στόμα Βοσπόρου ἠδὲ κολῶναι
Μύσιαι· ἐκ δ' ἑτέρης ποταμοῦ ῥόος Αἰσήποιο   1115
ἄστυ τε καὶ πεδίον Νηπήιον Ἀδρηστείης.
ἔσκε δέ τι βριαρὸν στύπος ἀμπέλου ἔντροφον ὕλῃ,
πρόχνυ γεράνδρυον· τὸ μὲν ἔκταμον, ὄφρα πέλοιτο
δαίμονος οὐρείης ἱερὸν βρέτας, ἔξεσε δ' Ἄργος
εὐκόσμως· καὶ δή μιν ἐπ' ὀκριόεντι κολωνῷ   1120
ἵδρυσαν, φηγοῖσιν ἐπηρεφὲς ἀκροτάτῃσιν
αἵ ῥά τε πασάων πανυπέρταται ἐρρίζωντο·
βωμὸν δ' αὖ χέραδος παρενήνεον. ἀμφὶ δὲ φύλλοις
στεψάμενοι δρυίνοισι θυηπολίης ἐμέλοντο,
Μητέρα Δινδυμίην πολυπότνιαν ἀγκαλέοντες,   1125
ἐνναέτιν Φρυγίης, Τιτίην θ' ἅμα Κύλληνόν τε,
οἳ μοῦνοι πλεόνων μοιρηγέται ἠδὲ πάρεδροι
Μητέρος Ἰδαίης κεκλήαται, ὅσσοι ἔασιν
Δάκτυλοι Ἰδαῖοι Κρηταιέες, οὕς ποτε νύμφη

1114 Et^G s.v. κολώνη   1116–18 (γερ.) Et^G s.v. στύπος   1117–
18 (ἔκτ.) Et^{GM} s.v. γερ.   1120 Et^G s.v. κολώνη   1127–31 Et^G,
et 1129–31 Et^M, s.v. Ἰδαῖοι Δάκτ.   1129–31 respicit sch Arati 33 (p.
347. 11 Maass); perperam latine vertit Varro Atac. (fg. 3 Morel), scholio
e in errorem inductus (E. Hofmann, *Wiener Studien* 46, 1928, 160 sq.);
rectius quam sche interpretantur locum scha et Et

1108 ἐς LASG: ἐπ' PE   1110 imperf. desiderari recte monet sch; fort.
ἤρεσον (v. ad 1171)   1113 προυφαίνετ' GPE: προφ- LA: ποτιφ- S
1115 μύσειαι PE: μυσίαι LASG   1117 βριαρὸν Et s.v. γερ.: στιβαρὸν
libri et Et s.v. στύπος   1122 ῥ' ἔτι (et ἐρρίζωνται) Samuelsson (p. 17,
n. 1), cl. i. 28; cf. ad ii. 843   ἐρρίζωντο Paris. 2845 (ex coni.): -νται nostri
1127 πλεόνων Et: πολέων libri; cf. Od. 22. 13   1129 κρηταιέες libri

Ἀγχιάλη Δικταῖον ἀνὰ σπέος, ἀμφοτέρῃσιν   1130
δραξαμένη γαίης Οἰαξίδος, ἐβλάστησε.
πολλὰ δὲ τήνγε λιτῇσιν ἀποστρέψαι ἐριώλας
Αἰσονίδης γουνάζετ', ἐπιλλείβων ἱεροῖσιν
αἰθομένοις· ἄμυδις δὲ νέοι 'Ορφῆος ἀνωγῇ
σκαίροντες βηταρμὸν ἐνόπλιον εἱλίσσοντο,   1135
καὶ σάκεα ξιφέεσσιν ἐπέκτυπον, ὥς κεν ἰωή
δύσφημος πλάζοιτο δι' ἠέρος ἣν ἔτι λαοί
κηδείῃ βασιλῆος ἀνέστενον. ἔνθεν ἐσαιεί
ῥόμβῳ καὶ τυπάνῳ 'Ρείην Φρύγες ἱλάσκονται.

ἡ δέ που εὐαγέεσσιν ἐπὶ φρένα θῆκε θυηλαῖς   1140
ἀνταίη δαίμων, τὰ δ' ἐοικότα σήματ' ἔγεντο·
δένδρεα μὲν καρπὸν χέον ἄσπετον, ἀμφὶ δὲ ποσσίν
αὐτομάτη φύε γαῖα τερείνης ἄνθεα ποίης·
θῆρες δ' εἰλυούς τε κατὰ ξυλόχους τε λιπόντες
οὐρῇσιν σαίνοντες ἐπήλυθον. ἡ δὲ καὶ ἄλλο   1145
θῆκε τέρας, ἐπεὶ οὔτι παροίτερον ὕδατι νᾶεν
Δίνδυμον, ἀλλά σφιν τότ' ἀνέβραχε διψάδος αὔτως
ἐκ κορυφῆς, ἄλληκτον· 'Ιησονίην δ' ἐνέπουσιν
κεῖνο ποτὸν Κρήνην περιναιέται ἄνδρες ὀπίσσω.
καὶ τότε μὲν δαῖτ' ἀμφὶ θεᾶς ἔσαν οὔρεσιν Ἄρκτων,   1150
μέλποντες 'Ρείην πολυπότνιαν· αὐτὰρ ἐς ἠῶ
ληξάντων ἀνέμων νῆσον λίπον εἰρεσίῃσιν.

1131 (— Oἰ.) Et^{GM} s.v. Οἰαξίς   1135 Et^{GM} s.v. βητ.   1139 Et^{GM} s.v. ῥύμβῳ, Eust. ad Dion. Perieg. 1134   1143 vel iii. 898 (τερ. δ. γαίης) Et^M s.v. τέρ. (= Herodian. ii. 589. 27)   1144 Et^G s.v. εἰλυός

1131 Οἰαξ. diphthongum disertim testantur sch_e et Et   1132 ἐρι-ώλας (de accentu dubitatur, v. sch) Steph., cl. iv. 1778: ἐργώλας LAPE sch: ἐργωλὰς S: ἐωργὰς cum gl. ὀργάς (sic) G   1135 εἰλίσσοντο Et: ὠρχήσαντο libri (ex *gl.): par. ὠρχοῦντο sch; cf. Tryph. 342 (Platt 33. 12), iv. 937, iii. 1220, al., et imperf. temp. 1124, 1133, 1136   1139 ῥύμβῳ Et   1146 νᾶει PE (ex coni.): ναίει LASG; v. sch^{LP}   1150 ἔσαν (vel ἔπον) Fr: θέσαν libri (ex θεᾶς); cf. (ad δαῖτα θεᾶς) Od. 3. 420, al.; (ad τότε μὲν δ. ἀμφὶ — αὐτὰρ ἐς ἠῶ) ii. 761, 811 sq.

Ἔνθ᾽ ἔρις ἄνδρα ἕκαστον ἀριστήων ὀρόθυνεν,
ὅστις ἀπολλήξειε πανύστατος· ἀμφὶ γὰρ αἰθήρ
νήνεμος ἐστόρεσεν δίνας, κατὰ δ᾽ εὔνασε πόντον.   1155
οἱ δὲ γαληναίῃ πίσυνοι ἐλάασκον ἐπιπρό
νῆα βίῃ, τὴν δ᾽ οὔ κε διὲξ ἁλὸς ἀίσσουσαν
οὐδὲ Ποσειδάωνος ἀελλόποδες κίχον ἵπποι·
ἔμπης δ᾽, ἐγρομένοιο σάλου ζαχρηέσιν αὔραις,
αἳ νέον ἐκ ποταμῶν ὑπὸ δείελον ἠερέθοντο,   1160
τειρόμενοι καμάτῳ μετελώφεον· αὐτὰρ ὁ τούσγε
πασσυδίῃ μογέοντας ἐφέλκετο κάρτεϊ χειρῶν
Ἡρακλέης, ἐτίνασσε δ᾽ ἀρηρότα δούρατα νηός.
ἀλλ᾽ ὅτε δή, Μυσῶν λελιημένοι ἠπείροιο,
Ῥυνδακίδας προχοὰς μέγα τ᾽ ἠρίον Αἰγαίωνος   1165
τυτθὸν ὑπὲκ Φρυγίης παρεμέτρεον εἰσορόωντες,
δὴ τότ᾽, ἀνοχλίζων τετρηχότος οἴδματος ὁλκούς,
μεσσόθεν ἆξεν ἐρετμόν· ἀτὰρ τρύφος ἄλλο μὲν αὐτός
ἄμφω χερσὶν ἔχων πέσε δόχμιος, ἄλλο δὲ πόντος
κλύζε παλιρροθίοισι φέρων. ἀνὰ δ᾽ ἕζετο σιγῇ   1170
παπταίνων, χεῖρες γὰρ ἀήθεσον ἠρεμέουσαι.

Ἦμος δ᾽ ἀγρόθεν εἶσι φυτοσκάφος ἤ τις ἀροτρεύς
ἀσπασίως εἰς αὖλιν ἑήν, δόρποιο χατίζων,
αὐτοῦ δ᾽ ἐν προμολῇ τετρυμένα γούνατ᾽ ἔκαμψεν
αὐσταλέος κονίῃσι, περιτριβέας δέ τε χεῖρας   1175
εἰσορόων κακὰ πολλὰ ἑῇ ἠρήσατο γαστρί—
τῆμος ἄρ᾽ οἵγ᾽ ἀφίκοντο Κιανίδος ἤθεα γαίης
ἀμφ᾽ Ἀργανθώνειον ὄρος προχοάς τε Κίοιο·

1159 Etᴳ s.v. ζαχρειής   1161 (—μετ.) Etᴳᴹ s.v. λωφῶ   1167-8
(—ἐρ.) sch Pind. Py. 4. 303b   1167 Etᴳ s.v. ἀνοχλ.   1174 Etᴳ s.v.
προμολῇ   1177 (ἀφ.—) Etᴳᴹ s.v. Κιανίς   1178 Etᴳᴹ s.v. Ἀργανθώνειον

1153 ἔνθ᾽ SG: ἔνθεν LAPE   1155 om. L¹   1160 ἠερέθοντο PE:
-ται LASG   1161 καμάτῳ Et: καὶ δὴ libri; cf. Il. 17. 745   1162 ἐφ-
είλκετο Rzach (p. 127)   1165 τε ῥίον pro v.l. schᴸd (ex 1092)
1171 ἀήθεσον LASG: -σαν PE; cf. Wackernagel, Sprachl. Unters. 236

τοὺς μὲν ἐυξείνως Μυσοὶ φιλότητι κιόντας
δειδέχατ' ἐνναέται κείνης χθονός, ἠιά τέ σφι   1180
μῆλά τε δευομένοις μέθυ τ' ἄσπετον ἐγγυάλιξαν·
ἔνθα δ' ἔπειθ' οἱ μὲν ξύλα κάγκανα, τοὶ δὲ λεχαίην
φυλλάδα λειμώνων φέρον ἄσπετον ἀμήσαντες
στόρνυσθαι, τοὶ δ' αὖτε πυρήια δινεύεσκον,
οἱ δ' οἶνον κρητῆρσι κέρων πονέοντό τε δαῖτα,   1185
Ἐκβασίῳ ῥέξαντες ὑπὸ κνέφας Ἀπόλλωνι.

Αὐτὰρ ὁ, εὖ δαίνυσθαι ἑοῖς ἑτάροις ἐπιτείλας,
βῆ ῥ' ἴμεν εἰς ὕλην υἱὸς Διός, ὥς κεν ἐρετμόν
οἱ αὐτῷ φθαίη καταχείριον ἐντύνασθαι.
εὗρεν ἔπειτ' ἐλάτην ἀλαλήμενος οὔτε τι πολλοῖς   1190
ἀχθομένην ὄζοις οὐδὲ μέγα τηλεθόωσαν,
ἀλλ' οἶον ταναῆς ἔρνος πέλει αἰγείροιο·
τόσση ὁμῶς μῆκός τε καὶ ἐς πάχος ἦεν ἰδέσθαι.
ῥίμφα δ' οἰστοδόκην μὲν ἐπὶ χθονὶ θῆκε φαρέτρην
αὐτοῖσιν τόξοισιν, ἔδυ δ' ἀπὸ δέρμα λέοντος·   1195
τὴν δ' ὅγε, χαλκοβαρεῖ ῥοπάλῳ δαπέδοιο τινάξας
νειόθεν, ἀμφοτέρῃσι περὶ στύπος ἔλλαβε χερσίν
ἠνορέῃ πίσυνος, ἐν δὲ πλατὺν ὦμον ἔρεισεν
εὖ διαβάς· πεδόθεν δὲ βαθύρριζόν περ ἐοῦσαν
προσφὺς ἐξήειρε σὺν αὐτοῖς ἔχμασι γαίης.   1200
ὡς δ' ὅταν ἀπροφάτως ἱστὸν νεός, εὖτε μάλιστα
χειμερίη ὀλοοῖο δύσις πέλει Ὠρίωνος,
ὑψόθεν ἐμπλήξασα θοὴ ἀνέμοιο καταὶξ

1182 Et⁰ s.v. κάγκανα   1184 Et⁰ (τοὶ—), et Etᴹ (πυρ.—), s.v. πυρήια
1195–1209 et 1212–21 de his vss. litterae 5–23 servatae sunt in pap.
PSI 1172 (vol. 10), saec. p.C.n. primi   1196 (—ῥοπ.) Et⁰ s.v. ῥόπαλον
1200 (ἐξ.—) Et⁰ᴹ s.v. ἔχμα

1184 αὖτε Et⁰: ἀμφὶ libri   1187 ut supra Samuelsson: αὐ. ὁ δαίν.
ἑτάροις (-οισιν G) εὖ (εὖ LASG: οἷς PE) ἐπ. libri; cf. ii. 496, Od. 18. 408
1190 accentum -λήμενος LA: -λημένος SGPE   1191 οὐδ' αὖ D
1197 περίσσυτος pap, male   1198 πλατὺ νῶτον pap (cf. Theocr. 22.
46); male, cf. iv. 957, ps.-Theocr. 25. 148   1202 καλει pap

αὐτοῖσι σφήνεσσιν ὑπὲκ προτόνων ἐρύσηται—
ὡς ὅγε τὴν ἤειρεν· ὁμοῦ δ' ἀνὰ τόξα καὶ ἰούς   1205
δέρμα θ' ἑλὼν ῥόπαλόν τε, παλίσσυτος ὦρτο νέεσθαι.

Τόφρα δ' Ὕλας χαλκέῃ σὺν κάλπιδι νόσφιν ὁμίλου
δίζητο κρήνης ἱερὸν ῥόον, ὥς κέ οἱ ὕδωρ
φθαίη ἀφυσσάμενος ποτιδόρπιον, ἄλλα τε πάντα
ὀτραλέως κατὰ κόσμον ἐπαρτίσσειεν ἰόντι.   1210
δὴ γάρ μιν τοίοισιν ἐν ἤθεσιν αὐτὸς ἔφερβε,
νηπίαχον τὰ πρῶτα δόμων ἐκ πατρὸς ἀπούρας,
δήου Θειοδάμαντος, ὃν ἐν Δρυόπεσσιν ἔπεφνεν
νηλειῇ, βοὸς ἀμφὶ γεωμόρου ἀντιόωντα.
ἤτοι ὁ μὲν νειοῖο γύας τέμνεσκεν ἀρότρῳ   1215
Θειοδάμας †ἀνίῃ βεβολημένος· αὐτὰρ ὁ τόνγε
βοῦν ἀρότην ἤνωγε παρασχέμεν, οὐκ ἐθέλοντα

ἵετο γὰρ πρόφασιν πολέμου Δρυόπεσσι βαλέσθαι
λευγαλέην, ἐπεὶ οὔ τι δίκης ἀλέγοντες ἔναιον.
ἀλλὰ τὰ μὲν τηλοῦ κεν ἀποπλάγξειεν ἀοιδῆς·   1220
αἶψα δ' ὅγε κρήνην μετεκίαθεν ἣν καλέουσιν
Πηγὰς ἀγχίγυοι περιναιέται. οἱ δέ που ἄρτι
νυμφάων ἵσταντο χοροί· μέλε γάρ σφισι πάσαις
ὅσσαι κεῖν' ἐρατὸν νύμφαι ῥίον ἀμφενέμοντο
Ἄρτεμιν ἐννυχίῃσιν ἀεὶ μέλπεσθαι ἀοιδαῖς.   1225
αἱ μέν, ὅσαι σκοπιὰς ὀρέων λάχον ἢ καὶ ἐναύλους

1213 Et⁰ s.v. Δρύοψ, Tzetza ad Lycophr. 480 (p. 173. 5 Scheer)
1221 (—μετ.) Et⁰ s.v. μετ.

1208 δίζετο (sequitur τε κρήνης G: κρηναίης PE) libri   1213 δηίου
Et: δίου libri Tz.   1214 νηλειῇ Fr: -ῶς libri   1216 ἀνίῃ
libri (deest pap): ἄτῃ Merkel, μανίῃ Platt (35. 74), πενίῃ Wilamowitz,
ἀίῃ Pfeiffer (Class. Qu. 37. 25)   1217ᴬ lac. Fr (contra pap), e.gr.
⟨πείνῃ τειρομένῳ παύρην δόμεν Ὕλλῳ ἐδωδήν⟩, cll. sch et Callim. fg. 24
1219 fort. λευγαλέου (cl. Il. 13. 97), vel -οις (cl. δειλαιοῖς Callim. fg. 25)
1220 vs. om. pap   1222 et ἀγχίγυοι et ἀμφί- archet., scil. ἀγχί- AP,
schᴸ𝖺 et schᴾ, v.l. schᴸ𝖻: ἀμφί- LSGE   1224 κεῖσ' libri cett., sed κεῖν',
et supra ν scr. σ, S (vel ex coni. vel ex v.l.); scil. Arganth. (1178, Prop. 1.
20. 33); cf. iii. 1219 κείνην, et v. ad i. 995 de falso κεῖσε

ΑΠΟΛΛΩΝΙΟΥ ΡΟΔΙΟΥ

αἵ γε μὲν ὑλήωροι, ἀπόπροθεν ἐστιχόωντο·
ἡ δὲ νέον κρήνης ἀνεδύετο καλλινάοιο
νύμφη ἐφυδατίη. τὸν δὲ σχεδὸν εἰσενόησεν
κάλλεΐ καὶ γλυκερῆσιν ἐρευθόμενον χαρίτεσσιν,   1230
πρὸς γάρ οἱ διχόμηνις ἀπ' αἰθέρος αὐγάζουσα
βάλλε σεληναίη· τῆς δὲ φρένας ἐπτοίησεν
Κύπρις, ἀμηχανίῃ δὲ μόλις συναγείρατο θυμόν.
αὐτὰρ ὅγ' ὡς τὰ πρῶτα ῥόῳ ἔνι κάλπιν ἔρεισε
λέχρις ἐπιχριμφθείς, περὶ δ' ἄσπετον ἔβραχεν ὕδωρ   1235
χαλκὸν ἐς ἠχήεντα φορεύμενον, αὐτίκα δ' ἧγε
λαιὸν μὲν καθύπερθεν ἐπ' αὐχένος ἄνθετο πῆχυν,
κύσσαι ἐπιθύουσα τέρεν στόμα, δεξιτερῇ δὲ
ἀγκῶν' ἔσπασε χειρί· μέσῃ δ' ἐνὶ κάββαλε δίνῃ.

Τοῦ δ' ἥρως ἰάχοντος ἐπέκλυεν οἷος ἑταίρων   1240
Εἰλατίδης Πολύφημος, ἰὼν προτέρωσε κελεύθου,
δέκτο γὰρ Ἡρακλῆα πελώριον ὁππόθ' ἵκοιτο.   1242
αἶψα δ' ἐρυσσάμενος μέγα φάσγανον ὦρτο δίεσθαι,   [1250]
μή πως ἢ θήρεσσιν ἕλωρ πέλοι, ἠέ μιν ἄνδρες   [1251]
μοῦνον ἐόντ' ἐλόχησαν, ἄγουσι δὲ ληϊδ' ἑτοίμην·   [1252]
βῆ δὲ μεταΐξας Πηγέων σχεδόν, ἠΰτε τις θήρ   1243
ἄγριος, ὅν ῥά τε γῆρυς ἀπόπροθεν ἵκετο μήλων,
λιμῷ δ' αἰθόμενος μετανίσσεται, οὐδ' ἐπέκυρσε   1245
ποίμνῃσιν, πρὸ γὰρ αὐτοὶ ἐνὶ σταθμοῖσι νομῆες
ἔλσαν· ὁ δὲ στενάχων βρέμει ἄσπετον, ὄφρα κάμῃσιν—

1227 Et^Q s.v. ὑλή   1231 Herodian. i. 413. 17 = ii. 215. 28 L
1237 Et^Q s.v. λαιόν

1227 αἵ γε (αἵδε S) μὲν (μὴν A) libri: αἱ δὲ καὶ Et; ad γε μὲν sine verbo
proprio cf. iv. 1466; ad 1226–9 cf. iii. 881–3   1232 τῆς LASG: τὴν
PE; cf. Ap. fg. 12. 6 Powell, Od. 22. 298   1233 μόγις libri (sicut
plerique libri in Il. 21. 417), sed ceterum sexies μόλις libri (praeter G
in iii. 634), et μόλις Argentor. quoque in iii. 188, disertim sch i. 674
1237 ἄνθετο LASG: ἔν- PE Et   1241 v.l. Εἰλασίδης sch   [1250–2] huc
transp. Fr   [1250] δίεσθαι (disertim) Et: νέεσθαι libri (ex 1206, al.)
[1251] πέλοι LASG: -εν PE

ὡς τότ' ἄρ' Εἰλατίδης μεγάλ' ἔστενεν, ἀμφὶ δὲ χῶρον
φοίτα κεκληγώς, μελέη δέ οἱ ἔπλετ' ἀυτή.　　　　　　　　　1249
ἔνθ' αὐτῷ ξύμβλητο κατὰ στίβον Ἡρακλῆι　　　　　　　　1253
γυμνὸν ἐπισσείων παλάμῃ ξίφος, εὖ δέ μιν ἔγνω
σπερχόμενον μετὰ νῆα διὰ κνέφας· αὐτίκα δ' ἄτην　　　　1255
ἔκφατο λευγαλέην, βεβαρημένος ἄσθματι θυμόν·
  " Δαιμόνιε, στυγερόν τοι ἄχος πάμπρωτος ἐνίψω.
οὐ γὰρ Ὕλας, κρήνηνδε κιών, σόος αὖτις ἱκάνει,
ἀλλά ἑ ληιστῆρες ἐνιχρίμψαντες ἄγουσιν
ἢ θῆρες σίνονται· ἐγὼ δ' ἰάχοντος ἄκουσα."　　　　　　1260
  Ὣς φάτο· τῷ δ' ἀίοντι κατὰ κροτάφων ἅλις ἱδρώς
κήκιεν, ἂν δὲ κελαινὸν ὑπὸ σπλάγχνοις ζέεν αἷμα.
χωόμενος δ' ἐλάτην χαμάδις βάλεν, ἐς δὲ κέλευθον
τὴν θέεν ᾗ πόδες αὐτοὶ ὑπέκφερον ἀίσσοντα.
ὡς δ' ὅτε τίς τε μύωπι τετυμμένος ἔσσυτο ταῦρος　　　1265
πίσεά τε προλιπὼν καὶ ἑλεσπίδας, οὐδὲ νομήων
οὐδ' ἀγέλης ὄθεται, πρήσσει δ' ὁδὸν ἄλλοτ'. ἄπαυστος,
ἄλλοτε δ' ἱστάμενος καὶ ἀνὰ πλατὺν αὐχέν' ἀείρων
ἵησιν μύκημα, κακῷ βεβολημένος οἴστρῳ—
ὣς ὅγε μαιμώων ὁτὲ μὲν θοὰ γούνατ' ἔπαλλεν　　　　1270
συνεχέως, ὁτὲ δ' αὖτε μεταλλήγων καμάτοιο
τῆλε διαπρύσιον μεγάλῃ βοάασκεν ἀυτῇ.
  Αὐτίκα δ' ἀκροτάτας ὑπερέσχεθεν ἄκριας ἀστήρ
ἠῷος, πνοιαὶ δὲ κατήλυθον· ὦκα δὲ Τῖφυς
ἐσβαίνειν ὀρόθυνεν ἐπαυρέσθαι τ' ἀνέμοιο.　　　　　　1275

1249 (μελ.—) Et^{GM} s.v. μελεον　　　1265 (—τέτ.) Et^G s.v. μύωψ
1266　(—ἑλ.) Et^{GM} s.v. ἑλ. et Et^M s.v. πίσεα (= Herodian. ii. 570. 22 L)
1269 (μυ.—) Et^G s.v. μύκ.　　　1273 Et^{GM} s.v. ἄκριας

1249 –τ' ἀυτή Et: -το φωνή libri; res dubia, cf. 1272, Theocr. Hylan (13.)
58 sq. (ἀυσεν—φωνά)　　　1254 vs. delendum et deinde σπερχομένῳ scrib.
esse censet Maas　　ἐπισσείων Ruhnken (cl. Il. 15. 230): ἐπαΐσσων libri
1262 ἂν Fr: ἐν libri; cf. ad 1237, al.　　　1264 αὐτοὶ Fr: αὐτὸν (αὐτῶν L¹)
libri; cf. Theocr. Hylan (13.) 70, iv. 1700 sq.　　　1265 τίς τε μύ- LAS: τις
μύ- GPE et Et (cf. υ longum Nic. Ther. 417, 736)　　　1275 ἐπαυρ., v. ad 677

53

οἱ δ' εἴσβαινον ἄφαρ λελιημένοι, ὕψι δὲ νηός
εὐναίας ἐρύσαντες ἀνεκρούσαντο κάλωας·
κυρτώθη δ' ἀνέμῳ λίνα μεσσόθι, τῆλε δ' ἀπ' ἀκτῆς
γηθόσυνοι φορέοντο παραὶ Ποσιδήιον ἄκρην.
ἦμος δ' οὐρανόθεν χαροπὴ ὑπολάμπεται ἠώς   1280
ἐκ περάτης ἀνιοῦσα, διαγλαύσσουσι δ' ἀταρποί
καὶ πεδία δροσόεντα φαεινῇ λάμπεται αἴγλῃ—
τῆμος τούσγ' ἐνόησαν ἀιδρείῃσι λιπόντες.
ἐν δέ σφιν κρατερὸν νεῖκος πέσεν, ἐν δὲ κολῳός
ἄσπετος, εἰ τὸν ἄριστον ἀποπρολιπόντες ἔβησαν   1285
σφωιτέρων ἑτάρων. ὁ δ' ἀμηχανίῃσιν ἀτυχθείς
οὔτε τι τοῖον ἔπος μετεφώνεεν οὔτε τι τοῖον
Αἰσονίδης, ἀλλ' ἧστο βαρείῃ νειόθεν ἄτῃ
θυμὸν ἔδων. Τελαμῶνα δ' ἕλεν χόλος, ὧδέ τ' ἔειπεν·

" Ἧσ' αὔτως εὔκηλος, ἐπεί νύ τοι ἄρμενον ἦεν   1290
Ἡρακλῆα λιπεῖν· σέο δ' ἔκτοθι μῆτις ὄρωρεν,
ὄφρα τὸ κείνου κῦδος ἀν' Ἑλλάδα μή σε καλύψῃ,
αἴ κε θεοὶ δώωσιν ὑπότροπον οἴκαδε νόστον.
ἀλλὰ τί μύθων ἦδος; ἐπεὶ καὶ νόσφιν ἑταίρων
εἶμι τεῶν οἵ τόνδε δόλον συνετεκτήναντο."   1295

Ἧ· καὶ ἐς Ἀγνιάδην Τῖφυν θόρε, τὼ δέ οἱ ὄσσε
ὄστλιγγες μαλεροῖο πυρὸς ὣς ἰνδάλλοντο.
καί νύ κεν ἂψ ὀπίσω Μυσῶν ἐπὶ γαῖαν ἵκοντο,
λαῖτμα βιησάμενοι ἀνέμου τ' ἄλληκτον ἰωήν,
εἰ μὴ Θρηικίοιο δύω υἷες Βορέαο   1300

1277 Choerob. in Theodosii Can. p. 249. 19 Hilgard (= Herodian.
ii. 713. 25 L)   1279 (παρ.—) Et^G s.v. Ποσειδών.   1280–1 Et^G s.v.
χαρ.   1281 Et^M s.v. περ. et Et^{GM} s.v. γλαύσουσι   1297 (—πυ.)
Et^{GM} s.v. ὀστλ.

1285 exspect. 'num relinquendus (vel: repetendus) esset Hercules'
1287 οὔτε-οὔτε Merkel: οὐδέ-οὐδέ libri: par. οὔτε-οὔτε sch; cf. ii. 860–2,
Il. 24. 129 sq., al.   1292 κῦδος LAPE: κλεῖος S, κλέος G   1295 τόνδε
ASG (sic): τόνγε LPE   1297 ὀστλιγγες libri Et: ἀσ- Herodian.
(i. 44. 5 L) apud sch

ΑΡΓΟΝΑΥΤΙΚΩΝ Α

Αἰακίδην χαλεποῖσιν ἐρητύεσκον ἔπεσσιν,
σχέτλιοι· ἦ τέ σφιν στυγερὴ τίσις ἔπλετ' ὀπίσσω
χερσὶν ὑφ' Ἡρακλῆος, ὅ μιν δίζεσθαι ἔρυκον.
ἄθλων γὰρ Πελίαο δεδουπότος ἂψ ἀνιόντας
Τήνῳ ἐν ἀμφιρύτῃ πέφνεν· καὶ ἀμήσατο γαῖαν   1305
ἀμφ' αὐτοῖς στήλας τε δύω καθύπερθεν ἔτευξεν,
ὧν ἑτέρη, θάμβος περιώσιον ἀνδράσι λεύσσειν,
κίνυται ἠχήεντος ὑπὸ πνοιῇ Βορέαο.
καὶ τὰ μὲν ὣς ἤμελλε μετὰ χρόνον ἐκτελέεσθαι·
τοῖσιν δὲ Γλαῦκος βρυχίης ἁλὸς ἐξεφαάνθη,   1310
Νηρῆος θείοιο πολυφράδμων ὑποφήτης·
ὕψι δὲ λαχνῆέν τε κάρη καὶ στήθε' ἀείρας
νειόθεν ἐκ λαγόνων, στιβαρῇ ἐπορέξατο χειρὶ
νηίου ὁλκαίοιο, καὶ ἴαχεν ἐσσυμένοισιν·
" Τίπτε παρὲκ μεγάλοιο Διὸς μενεαίνετε βουλὴν   1315
Αἰήτεω πτολίεθρον ἄγειν θρασὺν Ἡρακλῆα;
Ἄργεΐ οἱ μοῖρ' ἐστὶν ἀτασθάλῳ Εὐρυσθῆι
ἐκπλῆσαι μογέοντα δυώδεκα πάντας ἀέθλους,
ναίειν δ' ἀθανάτοισι συνέστιον, εἴ κ' ἔτι παύρους
ἐξανύσῃ· τῶ μή τι ποθὴ κείνοιο πελέσθω.   1320
αὔτως δ' αὖ Πολύφημον ἐπὶ προχοῇσι Κίοιο
πέπρωται Μυσοῖσι περικλεὲς ἄστυ καμόντα
μοῖραν ἀναπλήσειν Χαλύβων ἐν ἀπείρονι γαίῃ.
αὐτὰρ Ὕλαν φιλότητι θεὰ ποιήσατο νύμφη
ὃν πόσιν, οἷό περ οὕνεκ' ἀποπλαγχθέντες ἔλειφθεν."   1325
Ἦ, καὶ κῦμ' ἀλίαστον ἐφέσσατο νειόθι δύψας·

1302 fort. σμυγερὴ, cf. iv. 380 (τίσιν 379), Od. 3. 195   1313 ἐπορέξατο
LASG: μέγ' ἀπ- (μέγ expunctum a nescio quo P) PE, h.e. ἀπ- cum v.l.
μετ-, ad quam cf. Od. 5. 325 μεθορμηθεὶς ἐνὶ κύμασιν ἐλλάβετ' αὐτῆς (scil.
σχεδίης)   1314 ὁλκαίοιο SGPE : -κέοιο LA; fort. ὁλκήοιο (cl. iv. 1609)
1322 fort. -σιν ἐπικλεὲς, scil. Κίοιο, cll. sch et 1346 et iv. 1472 cum sch;
v. etiam ad 1069   1323 ἀναπλῆσαι? Platt (35. 84), cf. 1318, par.
ἐκτελέσαι schᴾ   ἀπειρέι Ruhnken (cl. ii. 375)   1326 ἐφέσσατο LASG:
ἐδύσατο PE   fort. κῦμα λιασθὲν, cf. Il. 24. 96

ἀμφὶ δέ οἱ δίνῃσι κυκώμενον ἄφρεεν ὕδωρ
πορφύρεον, κοίλην δ' ἄιξ ἁλὸς ἔκλυσε νῆα.
γήθησαν δ' ἥρωες· ὁ δ' ἐσσυμένως ἐβεβήκει
Αἰακίδης Τελαμὼν ἐς Ἰήσονα, χεῖρα δὲ χειρί   1330
ἄκρην ἀμφιβαλὼν προσπτύξατο φώνησέν τε·
"Αἰσονίδη, μή μοί τι χολώσεαι, ἀφραδίῃσιν
εἴ τί περ ἀασάμην, πέρι γάρ μ' ἄχος †εἷλεν ἐνισπεῖν
μῦθον ὑπερφίαλόν τε καὶ ἄσχετον· ἀλλ' ἀνέμοισιν
δώομεν ἀμπλακίην, ὡς καὶ πάρος εὐμενέοντες."   1335
Τὸν δ' αὖτ' Αἴσονος υἱὸς ἐπιφραδέως προσέειπεν·
"Ὦ πέπον, ἦ μάλα δή με κακῷ ἐκυδάσσαο μύθῳ,
φὰς ἐνὶ τοισίδ' ἅπασιν ἐνηέος ἀνδρὸς ἀλείτην
ἔμμεναι. ἀλλ' οὐ θήν τοι ἀδευκέα μῆνιν ἀέξω,
πρίν περ ἀνιηθείς· ἐπεὶ οὐ περὶ πώεσι μήλων   1340
οὐδὲ περὶ κτεάτεσσι χαλεψάμενος μενέηνας,
ἀλλ' ἑτάρου περὶ φωτός, ἔολπα δὲ τώς σε καὶ ἄλλῳ
ἀμφ' ἐμεῦ, εἰ τοιόνδε πέλοι ποτέ, δηρίσασθαι."
Ἦ ῥα, καὶ ἀρθμηθέντες ὅπῃ πάρος ἑδριόωντο.
τὼ δὲ Διὸς βουλῇσιν, ὁ μὲν Μυσοῖσι βαλέσθαι   1345
μέλλεν ἐπώνυμον ἄστυ πολισσάμενος ποταμοῖο
Εἰλατίδης Πολύφημος, ὁ δ' Εὐρυσθῆος ἀέθλους
αὖτις ἰὼν πονέεσθαι· ἐπηπείλησε δὲ γαῖαν
Μυσίδ' ἀναστήσειν αὐτοσχεδόν, ὁππότε μή οἱ
ἢ ζωοῦ εὕροιεν Ὕλα μόρον ἠὲ θανόντος.   1350

1335–6 Et^{GM} s.v. δώομεν   1337 (—ἐκυδ.) Et^{GM} s.v. ἐκυδ.   1338(vel
1337?)–9 Et^O s.v. ἐνηής   1344 Et^{GM} s.v. ἀρθμός

1328 δ' ἄιξ Fr: δὲ διέξ libri (ex 1157, 1014)   1333 εἷλεν A et v.l.
L: ἧκεν LSGPE: εἷλκεν Mooney; cf. etiam sch obscurum; fort. ἐπὶ γάρ et
ἧκεν, cl. Il. 18. 108 al.   1338 τοισίδ' Platt (cl. ii. 1163): τοῖσιν libri Et
1339 fort. ἀνηκέα (ἀδ. ex 1037), cf. Il. 15. 217, Val. Fl. 4. 87 medicabile
carmen, quo—pulsus—luctus et irae   1342 δὲ τώς Lloyd-Jones: δέ τοι
(δ' ἔτι PE) libri   1343 δηρίσασθαι LASG: -σεσθαι PE, fort. rectius
1349 μυσίδ' LASG: -δα PE   ἀναστήσειν G, et sch^P (?): ἀνστ- LASPE

τοῖο δὲ ῥύσι' ὅπασσαν ἀποκρίναντες ἀρίστους
υἱέας ἐκ δήμοιο, καὶ ὅρκια ποιήσαντο
μήποτε μαστεύοντες ἀπολλήξειν καμάτοιο.
τούνεκεν εἰσέτι νῦν περ Ὕλαν ἐρέουσι Κιανοί,
κοῦρον Θειοδάμαντος, ἐυκτιμένης τε μέλονται   1355
Τρηχῖνος· δὴ γάρ ῥα καταυτόθι νάσσατο παῖδας
οὕς οἱ ῥύσια κεῖθεν ἐπιπροέηκαν ἄγεσθαι.

Νηῦν δὲ πανημερίην ἄνεμος φέρε νυκτί τε πάσῃ
λάβρος ἐπιπνείων· ἀτὰρ οὐδ' ἐπὶ τυτθὸν ἄητο
ἠοῦς τελλομένης. οἱ δὲ χθονὸς εἰσανέχουσαν   1360
ἀκτὴν ἐκ κόλποιο μάλ' †εὐρεῖαν ἐσιδέσθαι
φρασσάμενοι κώπῃσιν ἅμ' ἠελίῳ ἐπέκελσαν.

1354 Et^{OM} s.v. Κιανίς

1361 εὐρεῖαν LAG: -άν γ' SPE: par. πλαγίαν (πλατεῖαν Keil) sch^{LP}; fort. 'valde idoneam (ad appellendum et aquationem) se conspexisse rati', sim., e.gr. εὑρείτην, cll. Theocr. 22.37 sq., 62   1362 ἐπέκελσαν LASG: ἐσέ- PE sch^{P} 1363? in libris post 1362 iteratur ii. 1285, scil. per rubricatoris errorem, qui ultimos primosque cuiusque libri versus appingere solebat ornatiore scriptura (v. ad iv. 1782). Sequitur ut fort. ille alium quem versum addere omiserit

ΑΡΓΟΝΑΥΤΙΚΩΝ Β

Ἔνθα δ' ἔσαν σταθμοί τε βοῶν αὐλίς τ' Ἀμύκοιο,
Βεβρύκων βασιλῆος ἀγήνορος, ὅν ποτε νύμφη
τίκτε Ποσειδάωνι Γενεθλίῳ εὐνηθεῖσα
Βιθυνὶς Μελίη ὑπεροπληέστατον ἀνδρῶν·
ὅς τ' ἐπὶ καὶ ξείνοισιν ἀεικέα θεσμὸν ἔθηκεν,   5
μή τιν' ἀποστείχειν πρὶν πειρήσασθαι ἑοῖο
πυγμαχίης, πολέας δὲ περικτιόνων ἐδάιξεν.
καὶ δὲ τότε, προτὶ νῆα κιών, χρειὼ μὲν ἐρέσθαι
ναυτιλίης οἵ τ' εἶεν ὑπερβασίῃσιν ἄτισσε,
τοῖον δ' ἐν πάντεσσι παρασχεδὸν ἔκφατο μῦθον·   10
  " Κέκλυθ' ἁλίπλαγκτοι τάπερ ἴδμεναι ὔμμιν ἔοικεν.
οὔ τινα θέσμιόν ἐστιν ἀφορμηθέντα νέεσθαι
ἀνδρῶν ὀθνείων ὅς κεν Βέβρυξι πελάσσῃ,
πρὶν χείρεσσιν ἐμῇσιν ἑὰς ἀνὰ χεῖρας ἀεῖραι.
τῶ καί μοι τὸν ἄριστον ἀποκριδὸν οἷον ὁμίλου   15
πυγμαχίῃ στήσασθε καταυτόθι δηρινθῆναι.
εἰ δ' αὖ ἀπηλεγέοντες ἐμὰς πατέοιτε θέμιστας,
ἦ κέν τις στυγερῶς κρατερῇ ἐπιείψετ' ἀνάγκῃ."
  Ἦ ῥα μέγα φρονέων. τοὺς δ' ἄγριος εἰσαΐοντας
εἷλε χόλος, πέρι δ' αὖ Πολυδεύκεα τύψεν ὁμοκλή·   20
αἶψα δ' ἑῶν ἑτάρων πρόμος ἵστατο, φώνησέν τε·
  " Ἴσχεο νῦν, μηδ' ἄμμι κακήν, ὅτις εὔχεαι εἶναι,
φαῖνε βίην· θεσμοῖς γὰρ ὑπείξομεν, ὡς ἀγορεύεις.

2 (—ἀγ.) Choerob. in Theodos. Can. i, p. 295. 18 Hilgard   4 Et⁰ s.v.
ὑπ., et ὑπ. (unam vocem) Et^M s.v. ὑπεροπλία   5–6 Et⁰ s.v. Ἄμυκος

1 αὐλὶς LAPE sch : αὔλεις SG   5 ὅς καὶ ἐπὶ Et, fort. rectius   8 μὲν
PE, par. sch^La : μὶν LASG, v.l. sch^P, sch^Lb disertim; cf. ad iv. 1489
17 αὖ SG : ἂν LAPE; v. ad 30   18 κρατ. ἀν. dativo SG et fort. sch:
nomin. LAPE   23 οἷς Arnaldus (Lect. Gr. p. 239), cl. 149; at cf. iv.
1101, Od. 23. 62

αὐτὸς ἑκὼν ἤδη τοι ὑπίσχομαι ἀντιάασθαι."

Ὣς φάτ' ἀπηλεγέως. ὁ δ' ἐσέδρακεν ὄμμαθ' ἑλίξας,   25
ὥστε λέων ὑπ' ἄκοντι τετυμμένος, ὅν τ' ἐν ὄρεσσι
ἀνέρες ἀμφιπένονται· ὁ δ' ἰλλόμενός περ ὁμίλῳ
τῶν μὲν ἔτ' οὐκ ἀλέγει, ἐπὶ δ' ὄσσεται οἰόθεν οἷος
ἄνδρα τὸν ὅς μιν ἔτυψε παροίτατος οὐδ' ἐδάμασσεν.
ἔνθ' ἀπὸ Τυνδαρίδης μὲν ἐΰστιπτον θέτο φᾶρος   30
λεπταλέον, τό ῥά οἵ τις ἑὸν ξεινήιον εἶναι
ὤπασε Λημνιάδων· ὁ δ' ἐρεμνὴν δίπτυχα λώπην
αὐτῇσιν περόνῃσι καλαύροπά τε τρηχεῖαν
κάββαλε τὴν φορέεσκεν ὀριτρεφέος κοτίνοιο.
αὐτίκα δ' ἐγγύθι χῶρον ἑαδότα παπτήναντες,   35
ἷζον ἑοὺς δίχα πάντας ἐνὶ ψαμάθοισιν ἑταίρους,
οὐ δέμας οὐδὲ φυὴν ἐναλίγκιοι εἰσοράασθαι·
ἀλλ' ὁ μὲν ἢ ὀλοοῖο Τυφωέος ἠὲ καὶ αὐτῆς
Γαίης εἶναι ἔικτο πέλωρ τέκος οἷα πάροιθεν
χωομένη Διὶ τίκτεν· ὁ δ' οὐρανίῳ ἀτάλαντος   40
ἀστέρι Τυνδαρίδης, οὗπερ κάλλισται ἔασιν
ἑσπερίην διὰ νύκτα φαεινομένου ἀμαρυγαί·
τοῖος ἔην Διὸς υἱός, ἔτι χνοάοντας ἰούλους
ἀντέλλων, ἔτι φαιδρὸς ἐν ὄμμασιν, ἀλλά οἱ ἀλκή
καὶ μένος ἠΰτε θηρὸς ἀέξετο· πῆλε δὲ χεῖρας   45
πειράζων εἴθ' ὡς πρὶν εὐτρόχαλοι φορέονται
μηδ' ἄμυδις καμάτῳ τε καὶ εἰρεσίῃ βαρύθοιεν.
οὐ μὰν αὖτ' Ἄμυκος πειρήσατο· σῖγα δ' ἄπωθεν

26–29 Et^{GM} s.v. ἰλλόμενος   29 Et^{GM} (—παρ.) s.v. παροίτερος (sic)
30–35 Et^G s.v. καλαύροπα   30 Et^{GM} s.v. ἐΰστ.   40–43 Et^G, 43
(ἔτι—) Et^M, s.v. ἴουλος

25 ἀπηλεγέως Herodianus (i. 79. 23 L), v. sch 17–18   30 ἔνθ' ἀπὸ
Merkel: ἔνθ' αὖ libri, Et. s.v. ἐΰστ. (ex 17, 20): ἔνθα Et. s.v. καλ.: ἔνθ' αὖ
T. μὲν ἀπ' εὐτυκτον, sim., praefert Maas   31 λεπταλέον SG Et (cf.
iii. 875, iv. 169): λεπτάον LA: λεπτόμιτον PE (cf. Eur. Andr. 831)   ἑὸν
susp. (cf. iv. 427 sq., Il. 10. 269, 11. 20); fort. ἑὸ ξ. εὐνῆς vel ἑὸ μνημήιον
εἶναι, cl. iii. 1206   34 ὀρειτρεφέος D, fort. verius

ἑστηὼς εἰς αὐτὸν ἔχ' ὄμματα, καί οἱ ὀρέχθει
θυμὸς ἐελδομένῳ στηθέων ἐξ αἷμα κεδάσσαι.   50
τοῖσι δὲ μεσσηγὺς θεράπων Ἀμύκοιο Λυκωρεύς
θῆκε πάροιθε ποδῶν δοιοὺς ἑκάτερθεν ἱμάντας
ὠμούς, ἀζαλέους, πέρι δ' οἴγ' ἔσαν ἐσκληῶτες.
αὐτὰρ ὁ τόνγ' ἐπέεσσιν ὑπερφιάλοισι μετηύδα·
  " Τῶνδέ τοι ὦ κ' ἐθέλησθα πάλου ἄτερ ἐγγυαλίξω   55
αὐτὸς ἑκών, ἵνα μή μοι ἀτέμβηαι μετόπισθεν.
ἀλλὰ βάλευ περὶ χερσί, δαεὶς δέ κεν ἄλλῳ ἐνίσποις
ὅσσον ἐγὼ ῥινούς τε βοῶν περίειμι ταμέσθαι
ἀζαλέας, ἀνδρῶν τε παρηίδας αἵματι φύρσαι."
  Ὣς ἔφατ'· αὐτὰρ ὅγ' οὔ τι παραβλήδην ἐρίδηνεν,   60
ἦκα δὲ μειδήσας, οἵ οἱ παρὰ ποσσὶν ἔκειντο,
τοὺς ἕλεν ἀπροφάτως. τοῦ δ' ἀντίος ἤλυθε Κάστωρ
ἠδὲ Βιαντιάδης Ταλαὸς μέγας, ὦκα δ' ἱμάντας
ἀμφέδεον, μάλα πολλὰ παρηγορέοντες ἐς ἀλκήν·
τῷ δ' αὖτ' Ἄρητός τε καὶ Ὄρνυτος, οὐδέ τι ᾔδειν   65
νήπιοι ὕστατα κεῖνα κακῇ δήσαντες ἐπ' αἴσῃ.
  Οἱ δ' ἐπεὶ οὖν ἐν ἱμᾶσι διασταδὸν ἠρτύναντο,
αὐτίκ' ἀνασχόμενοι ῥεθέων προπάροιθε βαρείας
χεῖρας, ἐπ' ἀλλήλοισι μένος φέρον ἀντιόωντες.
ἔνθα δὲ Βεβρύκων μὲν ἄναξ, ἅτε κῦμα θαλάσσης   70
τρηχὺ θοῇ ἐπὶ νηὶ κορύσσεται, ἡ δ' ὑπὸ τυτθόν
ἰδρείῃ πυκινοῖο κυβερνητῆρος ἀλύσκει
ἱεμένου φορέεσθαι ἔσω τοίχοιο κλύδωνος—
ὣς ὅγε Τυνδαρίδην φοβέων ἕπετ' οὐδέ μιν εἴα
δηθύνειν, ὁ δ' ἄρ' αἰὲν ἀνούτατος ἦν διὰ μῆτιν   75

54 προσηύδα Hermann (ad Mosch. 4. 63); v. ad i. 702   55 ὦ Fr:
ὃν libri, sed pluralem schᴸᴾ, Val. Fl. 4. 251   57 χερσί (cl. e.gr. i. 1020)
vel χεῖρε (cll., e.gr., Il. 8. 25, 18. 45) Fr: χειρί libri   58 τε βοῶν SGPE:
τε βοῶν τε LA   περίειμι Ziegler et Koechly: περί τ' εἰμὶ libri   66 ἐπ'
Castiglioni: ἐν libri sch   67 ἐν PE: om. LASG; cf. Od. 4. 782 = 8. 53
(cetera ex Il. 12. 43, 86)   71 θοῇ et νηὶ PE: θοὴν et νῆα LASG; cf.
iv. 448   73 fort. ἱέμενον et κλύδωνα; cf. ad 107

ἀίσσοντ' ἀλέεινεν. ἀπηνέα δ' αἶψα νοήσας
πυγμαχίην, ᾗ κάρτος ἀάατος ᾖ τε χερείων,
στῆ ῥ' ἄμοτον καὶ χερσὶν ἐναντία χεῖρας ἔμειξεν.
ὡς δ' ὅτε νήια δοῦρα θοοῖς ἀντίξοα γόμφοις
ἀνέρες ὑληουργοὶ ἐπιβλήδην ἐλάοντες   80
θείνωσι σφύρῃσιν, ἐπ' ἄλλῳ δ' ἄλλος ἄηται
δοῦπος ἄδην—ὡς τοῖσι παρήιά τ' ἀμφοτέρωθεν
καὶ γένυες κτύπεον, βρυχὴ δ' ὑπετέλλετ' ὀδόντων
ἄσπετος· οὐδ' ἔλληξαν ἐπισταδὸν οὐτάζοντες
ἔστε περ οὐλοὸν ἆσθμα καὶ ἀμφοτέρους ἐδάμασσεν.   85
στάντε δὲ βαιὸν ἄπωθεν ἀπωμόρξαντο μετώπων
ἱδρῶ ἅλις, καματηρὸν ἀντμένα φυσιόωντε.
ἂψ δ' αὖτις συνόρουσαν ἐναντίω, ἠύτε ταύρω
φορβάδος ἀμφὶ βοὸς κεκοτηότε δηριάασθον.
ἔνθα δ' ἔπειτ' Ἄμυκος μὲν ἐπ' ἀκροτάτοισιν ἀερθεὶς   90
βουτύπος οἷα πόδεσσι τανύσσατο, κὰδ δὲ βαρεῖαν
χεῖρ' ἐπὶ οἷ πελέμιξεν· ὁ δ' ἀίσσοντος ὑπέστη,
κρᾶτα παρακλίνας, ὤμῳ δ' ἀνεδέξατο πῆχυν.

80–81 Etᴳ s.v. ὑληουργοί   85 Etᴳ s.v. ἆσθμα   88–89 Etᴳ s.v. κεκ.
91–92 Etᴳ, et 91 (—ταν.) Etᴹ, s.v. βουτ.

76 ἀίσσοντ' Pierson: ἀίσσων libri sch   77 ἀάατ- LA: ἀατ- SGPE
-ατος SGPE: -ατον A schᴸ¹ᵐᵐᵃ schᴾ: utrumque (supra s scr. ν) L   ᾗ τε
χερείων ASGPE schᴸᴾ (cf. iii. 465): supra ᾖτε χερείων scr. ᾖ καὶ ἀρείων L¹
(cf. Il. 19. 33): lemma (ᾗ κάρτος ἀ.) καὶ ἀρ schᴸ; Etᴳᴹ ἀρείων—οὕτως
Ταρραῖος ἐν τοῖς Ἀργ. huc (non ad iv. 1336) traxerunt Merkel (Proleg.
p. 61) et Wendel (Überl. 82)   78 στῆ SG (par. ὑποστὰς συνέμιξεν
τὰς χεῖρας schᴸᵇᶜ): τῇ (par. ταύτῃ schᴾ) LAPE (aptatum ad ᾗ 77)
86 μετώπων Wellauer: -πῳ libri; cf. Il. 5. 416, Qu. Sm. 4. 269   88 ἐν-
αντίω Et: -ίοι libri   92 ἀίσσοντος Et (par. ἐπιόντος schᴸ): δίξαντος
libri (par. ὁρμήσαντος schᴾ); cf. 76 et Qu. Sm. 4. 366 ὁ δ' ἄρ' ἔμπαλιν
ἀίσσοντος βαιὸν ὑποκλίνας κτλ.   ὑπέκδυ Matthiae (cl. Theocr. 22. 123
ὑπεξανέδυ κεφαλῇ, adde Verg. Aen. 5. 445 elapsus cessit), sed praestat
ὑπέστη, cll. Val. Fl. 4. 299 Pollux subit, et Od. 10. 323 ὑπέδραμε

τυτθὸν δ' ἄνδιχα τοῖο παρὲκ γόνυ γουνὸς ἀμείβων,
κόψε μεταΐγδην ὑπὲρ οὔατος, ὀστέα δ' εἴσω   95
ῥῆξεν· ὁ δ' ἀμφ' ὀδύνῃ γνὺξ ἤριπεν. οἱ δ' ἰάχησαν
ἥρωες Μινύαι· τοῦ δ' ἀθρόος ἔκχυτο θυμός.

Οὐδ' ἄρα Βέβρυκες ἄνδρες ἀφείδησαν βασιλῆος,
ἀλλ' ἄμυδις κορύνας ἀζηχέας ἠδὲ σιγύννους
ἰθὺς ἀνασχόμενοι Πολυδεύκεος ἀντιάασκον·   100
τοῦ δὲ πάρος κολεῶν εὐήκεα φάσγαν' ἑταῖροι
ἔσταν ἐρυσσάμενοι. πρῶτός γε μὲν ἀνέρα Κάστωρ

ἤλασ' ἐπεσσύμενον κεφαλῆς ὕπερ· ἡ δ' ἑκάτερθεν
ἔνθα καὶ ἔνθ' ὤμοισιν ἐπ' ἀμφοτέροισι κεάσθη·
αὐτὸς δ' Ἰτυμονῆα πελώριον ἠδὲ Μίμαντα,   105
τὸν μὲν ὑπὸ στέρνοιο θοῷ ποδί, λὰξ ἐπορούσας,
πλῆξε καὶ ἐν κονίῃσι βάλεν, τοῦ δ' ἆσσον ἰόντος
δεξιτερῇ σκαιῆς ὑπὲρ ὀφρύος ἤλασε χειρί,
δρύψε δέ οἱ βλέφαρον, γυμνὴ δ' ὑπελείπετ' ὀπωπή.

98 Choerob. in Theodos. Can. p. 295. 19 Hilgard   99–100 Et^G, et
σιγ. ἰθ. ἀν. Et^M, s.v. σιγ.; eadem Eust. 344. 18   101–110 ultimae fere
linearum litterae 15 vel pauciores exstant in Oxyr. Pap. nr. 1179 (vol. 9),
saec. tertii ineuntis   101 εὐ. φ. Et^M s.v. εὐήκης   109 Et^{GM} s.v.
ὀπωπή

94 τυτθὸν δ' Koechly (ad Qu. Sm. 4. 347): τυτθόν· ὁ δ' libri (ex 96);
cf. etiam Il. 11. 547, Nonn. 37. 526 (Castiglioni)   ἄνδιχα τοῖο Fr:
ἄγχ' αὐτοῖο libri sch; cf. ii. 973 παρὲξ ἔθεν ἄνδιχα   96 ἀμφ' Stephanus:
ἀμ' libri: par. ὑπὸ τῆς ἀλγηδόνος sch; cf. iii. 866, iv. 1067, Archil. 7. 4
Diehl, Opp. Cyn. 3. 426   ἰάχησαν nostri: ὁμάδησαν D   98 ἀκήδησαν
Choer.   102^A lac. Fr (contra pap quoque), nomen enim viri desideratur
(Pierson); e.gr. ⟨εἷλε γνωτοῦ ὕπερ (cl. αὐτός 105), μέγαν Ὄρνυτον (cl. 65), ὃν
β' ὄγε χαλκῷ⟩, vel 102 πρῶτος δ' ἕλεν ἁ. Κ. (cll. Il. 4. 457, 8. 256, 11. 738)
⟨γνωτῷ ἀμυνόμενος, μ. Ὄ. κτλ.⟩   104 -οισι κεάσθη (sicut supra) libri
pap: -οις ἐκεάσθη Brunck, 'aurium iudicio' fretus, qui alias quoque saepe
ultimis vocibus quaternas syllabas tribuebat   107 exspect. τὸν et ἰόντα,
cll. 105, 106, sed genet. pap quoque; cf. ad 73   108 δεξιτερῇς (cum
corr. -ρῇ?) σκαιῆς S: δεξιτερῇ σκαιῇ LAGPE

Ὠρείτης δ', Ἀμύκοιο βίην ὑπέροπλος ὀπάων,   110
οὖτα Βιαντιάδαο κατὰ λαπάρην Ταλαοῖο,
ἀλλά μιν οὐ κατέπεφνεν, ὅσον δ' ἐπὶ δέρματι μοῦνον
νηδυίων ἄψαυστος ὑπὸ ζώνην τόρε χαλκός.
αὔτως δ' Ἄρητος μενεδήιον Εὐρύτου υἷα
Ἴφιτον ἀζαλέῃ κορύνῃ στυφέλιξεν ἐλάσσας,   115
οὔπω κηρὶ κακῇ πεπρωμένον· ἦ τάχ' ἔμελλεν
αὐτὸς δῃώσεσθαι ὑπὸ ξίφεϊ Κλυτίοιο.
καὶ τότ' ἄρ' Ἀγκαῖος Λυκοόργοιο θρασὺς υἱός
αἶψα †μέλαν τεταγὼν πέλεκυν μέγαν ἠδὲ κελαινόν
ἄρκτου προσχόμενος σκαιῇ δέρος ἔνθορε μέσσῳ   120
ἐμμεμαὼς Βέβρυξιν· ὁμοῦ δέ οἱ ἐσσεύοντο
Αἰακίδαι, σὺν δέ σφιν ἀρήιος ὤρνυτ' Ἰήσων.
ὡς δ' ὅτ' ἐνὶ σταθμοῖσιν ἀπείρονα μῆλ' ἐφόβησαν
ἤματι χειμερίῳ πολιοὶ λύκοι, ὁρμηθέντες
λάθρῃ εὐρρίνων τε κυνῶν αὐτῶν τε νομήων,   125
μαίονται δ' ὅ τι πρῶτον ἐπαΐξαντες ἕλωσι,
πόλλ' ἐπιπαμφαλόωντες ὁμοῦ, τὰ δὲ πάντοθεν αὔτως
στείνονται πίπτοντα περὶ σφίσιν—ὣς ἄρα τοίγε
λευγαλέως Βέβρυκας ὑπερφιάλους ἐφόβησαν.
ὡς δὲ μελισσάων σμῆνος μέγα μηλοβοτῆρες   130

110 (—β.) Et^{GM} s.v. Ὠρείτης; cf. etiam Herodian. i. 67. 8 L (Wendel,
Überl. 69)   123-4 Et^G s.v. πολιοί   125 Et^G s.v. εὐρρίνων   127 (—όμ.)
Et^{GM} s.v. παμφαλών

110 ὠρείτης Et disertim: -είδης libri et v.l. Et.   113 ζώνην LASG:
-νῃ PE   τόρε Platt (cll. Il. 11. 236, et intrans. Il. 5. 337): θόρε libri (ex
120?): par. ἦλθεν sch^L, ἔμεινεν sch^P   116 τάχ' nostri: τ' ἄρ D; cf. Od.
24. 28, i. 1302, iv. 1524?   119 (αἰ.) μέλαν (ex °gl. marg. ad κελαινόν)
et (πέλ.) μέγαν (: πέλαν S) LASG: μέγαν et μέλαν k, scil. μέγαν et μέλαν E:
μέγαν et μέγαν P: iubet μέλαν ad δέρος referri sch^P (ubi pro μελαίνειν et
μελανόν lege κελαινόν); cf. i. 168 sq.; μάλ' ἐμπεπαλὼν Ruhnken, cll. i. 169
(πάλλων πέλεκυν μέγαν) et Od. 24. 519, 522 (αἶψα μάλ' ἀμπεπαλὼν — ἔγχος):
μάλ' ἀντεταγὼν Sanctamandus   120 fort. μέσσοις, cll. iii. 1368, ii. 595
(aliter res se habet Il. 21. 233, 4. 444)   124 v.l. πελιοί Et^G (cf. Allen
ad Il. 10. 334)   127 ἀμφαφόωντες scr. Irenaeus teste sch^{LP}

63

ἠὲ μελισσοκόμοι πέτρῃ ἔνι καπνιόωσιν,
αἱ δ' ἤτοι τείως μὲν ἀολλέες ᾧ ἐνὶ σίμβλῳ
βομβηδὸν κλονέονται, ἐπιπρὸ δὲ λιγνυόεντι
καπνῷ τυφόμεναι πέτρης ἑκὰς ἀίσσουσιν—
ὣς οἵγ' οὐκέτι δὴν μένον ἔμπεδον ἀλλὰ κέδασθεν   135
εἴσω Βεβρυκίης, Ἀμύκου μόρον ἀγγελέοντες·
νήπιοι, οὐδ' ἐνόησαν ὃ δή σφισιν ἐγγύθεν ἄλλο
πῆμ' ἀίδηλον ἔην. πέρθοντο γὰρ ἠμὲν ἀλωαί
ἠδ' οἷαι τῆμος δῄῳ ὑπὸ δουρὶ Λύκοιο
καὶ Μαριανδυνῶν ἀνδρῶν, ἀπεόντος ἄνακτος·   140
αἰεὶ γὰρ μάρναντο σιδηροφόρου περὶ γαίης.
οἱ μὲν δὴ σταθμούς τε καὶ αὔλια δῃάασκον·
ἤδη δ' ἄσπετα μῆλα περιτροπάδην ἐτάμοντο
ἥρωες· καὶ δή τις ἔπος μετὰ τοῖσιν ἔειπεν·
" Φράζεσθ' ὅττι κεν ᾗσιν ἀναλκείῃσιν ἔρεξαν,   145
εἴ πως Ἡρακλῆα θεὸς καὶ δεῦρο κόμισσεν.
ἤτοι μὲν γὰρ ἐγὼ κείνου παρεόντος ἔολπα
οὐδ' ἂν πυγμαχίῃ κρινθήμεναι· ἀλλ' ὅτε θεσμούς
ἤλυθεν ἐξερέων, αὐτοῖς ἄφαρ οἷς ἀγόρευεν
θεσμοῖσιν ῥοπάλῳ μιν ἀγηνορίης λελαθέσθαι.   150
ναὶ μὲν ἀκήδεστον γαίῃ ἔνι τόνγε λιπόντες
πόντον ἐπέπλωμεν, μάλα δ' ἡμέων αὐτὸς ἕκαστος
εἴσεται οὐλομένην ἄτην ἀπάνευθεν ἐόντος."
Ὣς ἄρ' ἔφη· τὰ δὲ πάντα Διὸς βουλῇσι τέτυκτο.
καὶ τότε μὲν μένον αὖθι διὰ κνέφας, ἕλκεά τ' ἀνδρῶν   155
οὐταμένων ἀκέοντο, καὶ ἀθανάτοισι θυηλάς
ῥέξαντες μέγα δόρπον ἐφώπλισαν, οὐδέ τιν' ὕπνος
εἷλε παρὰ κρητῆρι καὶ αἰθομένοις ἱεροῖσιν·

131 et 133 (—κλ.) Et^GM s.v. βομβηδόν   151 Et^GM s.v. ναί

142 μὲν δὴ e.gr. Fr: δ' ἤδη libri sch (ex 143)   148 κρινθήμεναι
LSG: κριθ- APE   149-50 textus suspectus   151 τόνγε LA:
τόνδε SGPE Et   155 μένον GPE: μόνον LAS

ξανθὰ δ' ἐρεψάμενοι δάφνης καθύπερθε μέτωπα
ἀγχιάλου φύλλοις, τῇ περ πρυμνῇσι' ἀνῆπτο,   160
'Ορφείῃ φόρμιγγι συνοίμιον ὕμνον ἄειδον
ἐμμελέως, περὶ δέ σφιν ἰαίνετο νήνεμος ἀκτή
μελπομένοις· κλεῖον δὲ Θεραπναῖον Διὸς υἷα.

†Ημος δ' ἠέλιος δροσερὰς ἐπέλαμψε κολώνας
ἐκ περάτων ἀνιών, ἤγειρε δὲ μηλοβοτῆρας,   165
δὴ τότε λυσάμενοι νεάτης ἐκ πείσματα δάφνης,
ληΐδα τ' εἰσβήσαντες ὅσην χρεὼ ἦεν ἄγεσθαι,
πνοιῇ διήεντ' ἀνὰ Βόσπορον ἰθύνοντο.
ἔνθα μὲν ἠλιβάτῳ ἐναλίγκιον οὔρεϊ κῦμα
ἀμφέρεται προπάροιθεν ἐπαΐσσοντι †ἐοικός,   170
αἰὲν ὑπὲρ λαιφέων ἠερμένον· οὐδέ κε φαίης
φεύξεσθαι κακὸν οἶτον, ἐπεὶ μάλα μεσσόθι νηός
λάβρον ἐπικρέμαται †ὑπὲρ νέφεος†, ἀλλὰ τόγ' ἔμπης
στόρνυται εἴ κ' ἐσθλοῖο κυβερνητῆρος ἐπαύρῃ.
τῶ καὶ Τίφυος οἴδε δαημοσύνῃσι νέοντο   175
ἀσκηθεῖς μέν, ἀτὰρ πεφοβημένοι. ἤματι δ' ἄλλῳ
ἀντιπέρην γαίῃ Θυνηΐδι πείσματ' ἀνῆψαν.

161 Et^{GM} s.v. συνοίμιον   162–3 Et^G, et 163 (κλ.—) Et^M, s.v. Θερ.

159 δάφνης Fr: -νῃ libri sch   160 ἀγχιάλου φύλλοις τῇ περ (cum v.l.
τῇ καὶ) Fr: ἀγχιάλῳ τῇ καὶ τῇ περὶ (περὶ om. PE) libri sch (ex i. 1020):
alia alii vv.dd., at non poterat eadem vox simul usurpari et de fronde
decerpta et de stante trunco; ad φύλλοις cf. i. 1123, iv. 1158, ad dat. τῇ
ii. 177, 460, iv. 1639; vs. delendum esse censet Maas   164 δροσερὰς
LASG: δνοφε- PE   171 λαιφέων Lloyd-Jones: νεφέων (νεφέλων G)
libri (cf. ad 173)   173 ὑπὲρ νέφεος LA (ex *v.l. ὑ. λαίφεος ad 171 ?):
ὑπὲρ νέφος SG: καθάπερ νέφος PE (ex coni., nam καθάπερ neque Ho-
mericum neque Apollonianum est neque reliquorum poetarum praeter
comicos): ὑπερηρεφές vel ὑπερηφερές dubitanter Merkel, cl. Hesy.
177 θυνηΐδι sch^L lemma (et coni. Meineke): βιθυνηΐδι (-νίδι G) nostri:
θυνίδι a. corr. D: Val. Fl. 4. 424 Thynea litora, sch 178–82 c ἀπὸ Θυνοῦ
Θυνηΐδα προσαγορευθῆναι, ii. 460 πείσματ' ἀνάψεσθαι μ. Θυνίδι γαίῃ, 350
(ubi βιθυνηΐδος a. corr. L, A) et 548 Θυνηΐδος, 529 Θυνοί

Ἔνθα δ' ἐπάκτιον οἶκον Ἀγηνορίδης ἔχε Φινεύς,
ὃς περὶ δὴ πάντων ὀλοώτατα πήματ' ἀνέτλη
εἵνεκα μαντοσύνης, τήν οἱ πάρος ἐγγυάλιξεν   180
Λητοΐδης, οὐδ' ὅσσον ὀπίζετο καὶ Διὸς αὐτοῦ
χρείων ἀτρεκέως ἱερὸν νόον ἀνθρώποισιν·
τῶ καί οἱ γῆρας μὲν ἐπὶ δηναιὸν ἴαλλεν,
ἐκ δ' ἕλετ' ὀφθαλμῶν γλυκερὸν φάος, οὐδὲ γάνυσθαι
εἷα ἀπειρεσίοισιν ὀνείασιν ὅσσα οἱ αἰεί   185
θέσφατα πευθόμενοι περιναιέται οἴκαδ' ἄγειρον·
ἀλλὰ διὰ νεφέων ἄφνω πέλας ἀΐσσουσαι
Ἅρπυιαι στόματος χειρῶν τ' ἀπὸ γαμφηλῇσι
συνεχέως ἥρπαζον, ἐλείπετο δ' ἄλλοτε φορβῆς
οὐδ' ὅσον· ἄλλοτε τυτθόν, ἵνα ζώων ἀκάχοιτο,   190
καὶ δ' ἐπὶ μυδαλέην ὀδμὴν χέον· οὐδέ τις ἔτλη
μὴ καὶ λευκανίηνδε φορεύμενος ἀλλ' ἀποτηλοῦ
ἑστηώς, τοῖόν οἱ ἀπέπνεε λείψανα δαιτός.
αὐτίκα δ', εἰσαΐων ἐνοπὴν καὶ δοῦπον ὁμίλου,
τούσδ' αὐτοὺς παρεόντας ἐπήϊσεν ὧν οἱ ἰόντων   195
θέσφατον ἐκ Διὸς ἦεν ἑῆς ἀπόνασθαι ἐδωδῆς.
ὀρθωθεὶς δ' εὐνῆθεν, ἀκήριον ἠΰτ' ὄνειρον,
βάκτρῳ σκηπτόμενος ῥικνοῖς ποσὶν ἦε θύραζε,
τοίχους ἀμφαφόων, τρέμε δ' ἅψεα νισσομένοιο
ἀδρανίῃ γήραι τε· πίνῳ δέ οἱ αὐσταλέος χρώς   200
ἐσκλήκει, ῥινοὶ δὲ σὺν ὀστέα μοῦνον ἔεργον.
ἐκ δ' ἐλθὼν μεγάροιο καθέζετο γοῦνα βαρυνθείς

178–81 Etᴳ s.v. ὀπίζεσθαι, et hoc unum verbum (ὀπ.) Etᴹ   178 Etᴳ s.v.
ἐπάκτιον   192 Etᴳ s.v. λευκ.   197 Etⁿᴹ s.v. ἀκ.   200 (π.)–1
(ἐσκ.) sch Eurip. Or. 225, et 200 (π.—) schᴬᴾ ii. 301–2 b

191 fort. ψῶαν χέον, cum gl. marg. ὀδμὴν (v. ad 192), cl. Ap. fg. 5. 5 Powell
192 μὴ καὶ LASG: ὀδμὴν PE (de Etᴳ non constat): μὴ ὅτι Brunck
λευκ., cf. iv. 18 ubi λαυκ- libri praeter G   195 παρεόντας Brunck:
παριόν- libri   200 δέ (οἱ) test. utrumque: τέ libri

οὐδοῦ ἐπ' αὐλείοιο· κάρος δέ μιν ἀμφεκάλυψεν
πορφύρεος, γαῖαν δὲ πέριξ ἐδόκησε φέρεσθαι
νειόθεν, ἀβληχρῷ δ' ἐπὶ κώματι κέκλιτ' ἄναυδος.   205
οἱ δέ μιν ὡς εἴδοντο, περισταδὸν ἠγερέθοντο
καὶ τάφον. αὐτὰρ ὁ τοῖσι, μάλα μόλις ἐξ ὑπάτοιο
στήθεος ἀμπνεύσας, μετεφώνεε μαντοσύνῃσι·
"Κλῦτε Πανελλήνων προφερέστατοι, εἰ ἐτεὸν δή
οἵδ' ὑμεῖς οὓς δὴ κρυερῇ βασιλῆος ἐφετμῇ   210
Ἀργώης ἐπὶ νηὸς ἄγει μετὰ κῶας Ἰήσων—
ὑμεῖς ἀτρεκέως· ἔτι μοι νόος οἶδεν ἕκαστα
ᾗσι θεοπροπίῃσι—χάριν νύ τοι, ὦ ἄνα Λητοῦς
υἱέ, καὶ ἀργαλέοισιν ἀνάπτομαι ἐν καμάτοισιν.
Ἱκεσίου πρὸς Ζηνός, ὅτις ῥίγιστος ἀλιτροῖς   215
ἀνδράσι, Φοίβου τ' ἀμφί, καὶ αὐτῆς εἵνεκεν Ἥρης
λίσσομαι, ᾗ περίαλλα θεῶν μέμβλεσθε κιόντες·
χραίσμετέ μοι, ῥύσασθε δυσάμμορον ἀνέρα λύμης,
μηδέ μ' ἀκηδείῃσιν ἀφορμήθητε λιπόντες
αὔτως. οὐ γὰρ μοῦνον ἐπ' ὀφθαλμοῖσιν Ἐρινύς   220
λὰξ ἐπέβη, καὶ γῆρας ἀμήρυτον ἐς τέλος ἕλκω·
πρὸς δ' ἐπὶ πικρότατον κρέμαται κακὸν ἄλλο κακοῖσιν.
Ἅρπυιαι στόματός μοι ἀφαρπάζουσιν ἐδωδήν
ἔκποθεν ἀφράστοιο καταΐσσουσαι †ὀλέθρου,
ἴσχω δ' οὔτινα μῆτιν ἐπίρροθον· ἀλλά κε ῥεῖα   225
αὐτὸς ἑὸν λελάθοιμι νόον δόρποιο μεμηλώς
ἢ κείνας, ὧδ' αἶψα διηέριαι ποτέονται.

203 Et⁰ s.v. κάρος   207-8 Sorb. ad Et^M ed. Gaisford p. 777. 42
(s.v. ὑπάτη)   217 Et⁰ s.v. μέμ.   218 Et⁰ s.v. χρ.   219 Et^M
s.v. ἀκηδία (= Herodian. ii. 471. 20 L)   221 unam vocem ἀμή-
ρυτον sine auctoris nomine Et⁰ᴹ s.v.

217 ᾗ Et (et coni. Brunck): ᾗς LASG: ἠδὲ (et deinde θεῶν οἷσιν ἐμέμ-
βλησθε κ.) PE   221 v.l. ἀμήρνον (-ριον P) sch   222 ἐπὶ Wifstrand: ἔτι
libri   224 ὄλεθροι Koechly   225 ῥεῖα LASG: ῥᾶον PE   226 ἑὸν sch^L
disertim, v.l. sch^P: ἐμὸν libri

τυτθὸν δ' ἦν ἄρα δήποτ' ἐδητύος ἄμμι λίπωσιν,
πνεῖ τόδε μυδαλέον τε καὶ οὐ τλητὸν μένος ὀδμῆς.
οὔ κέ τις οὐδὲ μίνυνθα βροτῶν ἄνσχοιτο πελάσσας,   230
οὐδ' εἴ οἱ ἀδάμαντος ἐληλάμενον κέαρ εἴη·
ἀλλά με πικρὴν δαῖτα κατ' ἄατος ἴσχει ἀνάγκη
μίμνειν, †καὶ μίμνοντα κακῇ† ἐν γαστέρι θέσθαι.
τὰς μὲν θέσφατόν ἐστιν ἐρητῦσαι Βορέαο
υἱέας· οὐδ' ὀθνεῖοι ἀλαλκήσουσιν ἐόντες,   235
εἰ δὴ ἐγὼν ὁ πρίν ποτ' ἐπικλυτὸς ἀνδράσι Φινεύς
ὄλβῳ μαντοσύνῃ τε, πατὴρ δέ με γείνατ' Ἀγήνωρ,
τῶν δὲ κασιγνήτην, ὅτ' ἐνὶ Θρήκεσσιν ἄνασσον,
Κλειοπάτρην ἕδνοισιν ἐμὸν δόμον ἦγον ἄκοιτιν."
Ἴσκεν Ἀγηνορίδης. ἀδινὸν δ' ἕλε κῆδος ἕκαστον   240
ἡρώων, πέρι δ' αὖτε δύω υἷας Βορέαο·
δάκρυ δ' ὀμορξαμένω σχεδὸν ἤλυθον, ὧδέ τ' ἔειπεν
Ζήτης, ἀσχαλόωντος ἑλὼν χερὶ χεῖρα γέροντος·
" Ἆ δείλ', οὔ τινά φημι σέθεν σμυγερώτερον ἄλλον
ἔμμεναι ἀνθρώπων. τί νύ τοι τόσα κήδε' ἀνῆπται;   245
ἦ ῥα θεοὺς ὀλοῇσι παρήλιτες ἀφραδίῃσιν,
μαντοσύνας δεδαώς; τῶ τοι μέγα μηνιόωσιν;
ἄμμι γε μὴν νόος ἔνδον ἀτύζεται, ἱεμένοισιν
χραισμεῖν εἰ δὴ πρόχνυ γέρας τόδε πάρθετο δαίμων
νῶιν· ἀρίζηλοι γὰρ ἐπιχθονίοισιν ἐνιπαί   250
ἀθανάτων· οὐδ' ἂν πρὶν ἐρητύσαιμεν ἰούσας

---

232 fort. ἀλλ' ἐμὲ   πικρὴ δῆτα (vel δαίτη) καὶ δατός (vel δαιτός) ἴσχει
libri, scil. δῆτα LASG: δαίτη PE, dein καὶ LAPE: κε SG, dein δατός LPE
(sed a in ras. L): δαιτός ASG (idemque in L fuisse potest ante ras. teste
Manfredi), dein ἴσχει cet.: ἐπίσχει S (ex coni.); ἄατος Koechly, cll. schᴸ
(ἡ πολυβλαβής) et sch i. 459 (ἄατος· ἡ ἄγαν βλαπτική); κατ(ίσχει δαιτός
ἀν.) Brunck; reliqua, e.gr., Fr (nota δῆτα non esse epicum); πικρή τ' αἶσα
καὶ Lloyd-Jones   238–9 κασιγνήτην (sed -τη G) et κλειοπάτρην et
ἄκοιτιν et ἦγον SG: tres accusativos et ἦκεν LA: -τη et -τρη et -τις et ἦκεν
PE; cf. iii. 38   243 χερὶ(?) S: χειρὶ cett.   244 σμυγερώτερον
Ruhnken: στυ- libri: gl. ἐπιπονέστερον LA   246 ἀφραδίῃσιν LAPE (cf.
313): ἀτροπί- SG, v.l. L, v.l. schᴸᴾ; cf. ad iv. 1082

Ἅρπυιας, μάλα περ λελιημένοι, ἔστ' ἂν ὀμόσσῃς
μὴ μὲν τοῖο ἕκητι θεοῖς ἀπὸ θυμοῦ ἔσεσθαι."
  'Ὡς φάτο· τοῦ δ' ἰθὺς κενεὰς ὁ γεραιὸς ἀνέσχε
γλήνας ἀμπετάσας, καὶ ἀμείψατο τοῖσδ' ἐπέεσσι·   255
" Σίγα· μή μοι ταῦτα νόῳ ἔνι βάλλεο τέκνον.
ἴστω Λητοῦς υἱός, ὅ με πρόφρων ἐδίδαξε
μαντοσύνας· ἴστω δὲ δυσώνυμος ἥ μ' ἔλαχεν Κήρ,
καὶ τόδ' ἐπ' ὀφθαλμῶν ἀλαὸν νέφος, οἵ θ' ὑπένερθεν
δαίμονες, οἳ †μηδ' ὧδε θανόντι περ εὐμενέοιεν,   260
ὡς οὔ τις θεόθεν χόλος ἔσσεται εἵνεκ' ἀρωγῆς."
  Τὼ μὲν ἔπειθ' ὅρκῳ, καὶ ἀλαλκέμεναι μενέαινον·
αἶψα δὲ κουρότεροι πεπονήατο δαῖτα γέροντι,
λοίσθιον Ἁρπυίῃσιν ἑλώριον· ἐγγύθι δ' ἄμφω
στῆσαν, ἵνα ξιφέεσσιν ἐπεσσυμένας ἐλάσειαν.   265
καὶ δὴ τὰ πρώτισθ' ὁ γέρων ἔψαυεν ἐδωδῆς,
αἱ δ' ἄφαρ, ἠύτ' ἄελλαι ἀδευκέες ἢ στεροπαὶ ὥς,
ἀπρόφατοι νεφέων ἐξάλμεναι ἐσσεύοντο
κλαγγῇ μαιμώωσαι ἐδητύος. οἱ δ' ἐσιδόντες
ἥρωες μεσσηγὺς ἀνίαχον, αἱ δ' ἅμ' ἀυτῇ   270
πάντα καταβρώξασαι, ὑπὲρ πόντοιο φέροντο
τῆλε παρέξ, ὀδμὴ δὲ δυσάνσχετος αὖθι λέλειπτο.
τάων δ' αὖ κατόπισθε δύω υἷες Βορέαο

253 τοῖο schᴾ lemma : τοίο γ' libri; cf. τοῖο ἕκ. in libris nostris (ubi γ' inserere solet D) i. 334, ii. 755 (ita etiam Vindob. vetustus), iii. 621, -ο ἕκ. (D quoque, praeter iv. 1199) i. 116, 902, iv. 1087, 1199; contra in libris τοίο γ' ἕκ. ii. 297, iii. 1060 (pap quoque, sed v. ad locum), τοῖο δ' ἕκ. ii. 524; Hom. vero -ο ἕκ. Od. 15. 319, γε vel τε ἕκ. 19. 86, 20. 42   259 ἀλαὸν libri et schᴾ cum explic.: ὀλοὸν schᴸ lemma, addita v.l. ἀλαὸν   οἵ θ' LA : οἶδ' (corr. ex ἠδ' S) SGPE   260 ὧδε PE schᴾ: οἶδε LASG schᴸ (ex v.l. 259?); fort. οἵ τέ μοι ὧδε, cll. Il. 18. 463–6; οἱ μὴ τῷδε Lloyd-Jones et Maas   262 ἔπειθ' (-θε) ὅρκῳ (vel -κοις, cf. iv. 1084), καὶ Fr: ἔπειθ' (-τα) ὅρκοισιν libri: Val. Fl. 4. 486 impulit, et libri ii. argum. οἱ δὲ Βορεάδαι οὐκ ἠπείθησαν sch p. 123. 11; ad novum subiectum post καὶ cf. 361, iv. 872; ὅρκοισιν ἀλ. μεμαῶτας praefert Maas   271 καταβρόξασαι Struve, sed v. sch Od. 4. 222 (Marxer p. 10)   272 δυσάνσχετος Ernesti (cl. 230): -ἀσχ- libri; aliter Rzach p. 49

φάσγαν' ἐπισχόμενοι ἐπ' ἴσῳ θέον, ἐν γὰρ ἔηκεν
Ζεὺς μένος ἀκάματόν σφιν· ἀτὰρ Διὸς οὔ κεν ἐπέσθην   275
νόσφιν, ἐπεὶ ζεφύροιο παραΐσσεσκον ἀέλλας
αἰέν, ὅτ' ἐς Φινῆα καὶ ἐκ Φινῆος ἴοιεν.
ὡς δ' ὅτ' ἐνὶ κνημοῖσι κύνες δεδαημένοι ἄγρης
ἢ αἶγας κεραοὺς ἠὲ πρόκας ἰχνεύοντες
θείωσιν, τυτθὸν δὲ τιταινόμενοι μετόπισθεν   280
ἄκρης ἐν γενύεσσι μάτην ἀράβησαν ὀδόντας—
ὣς Ζήτης Κάλαΐς τε μάλα σχεδὸν ἀΐσσοντες
τάων ἀκροτάτῃσιν ἐπέχραον ἤλιθα χερσίν.
καί νύ κε δή σφ' ἀέκητι θεῶν διεδηλήσαντο,
πολλὸν ἑκὰς νήσοισιν ἔπι Πλωτῇσι κιχόντες,   285
εἰ μὴ ἄρ' ὠκέα Ἶρις ἴδεν, κατὰ δ' αἰθέρος ἆλτο
οὐρανόθεν, καὶ τοῖα παραιφαμένη κατέρυκεν·
" Οὐ θέμις, ὦ υἱεῖς Βορέω, ξιφέεσσιν ἐλάσσαι
Ἁρπυίας, μεγάλοιο Διὸς κύνας· ὅρκια δ' αὐτή
δώσω ἐγών ὡς οὔ οἱ ἔτι χρίμψουσιν ἰοῦσαι."   290
Ὣς φαμένη, λοιβὴν Στυγὸς ὤμοσεν, ἥ τε θεοῖσιν
ῥιγίστη πάντεσσιν ὀπιδνοτάτη τε τέτυκται,
μὴ μὲν Ἀγηνορίδαο δόμοις ἔτι τάσδε πελάσσαι
εἰσαῦτις Φινῆος, ἐπεὶ καὶ μόρσιμον ἦεν.
οἱ δ' ὅρκῳ εἴξαντες ὑπέστρεφον ἂψ ἐπὶ νῆα   295
σώεσθαι· Στροφάδας δὲ μετακλείουσ' ἄνθρωποι
νήσους τοῖο ἕκητι, πάρος Πλωτὰς καλέοντες.

279 (—πρ.) Et^G, et πρ. solum Et^M, s.v. πρόκας   283 (ἐπ.—) Et^{GM}
s.v. ἤλιθα, sch Od. 19. 443   285 Et^G s.v. πλωταί   296 Et^G s.v.
σώω, et (—στρ.) Et^M s.v. σώεσκον

274 ἐπ' ἴσῳ (vel -σου, -σης) Fr: ὀπίσω libri: par. παραπλησίως (=
ἐπ' ἴσῳ) ἔτρεχον ὀπίσω (unde hoc in textum venit) αὐτῶν (= τάων κατ-
όπισθε) sch^L; 'pari velocitate, nam', &c.   279 fort. ἰχνεύσαντες, differt
enim Il. 22. 192   294 ἦεν ASG: εἶεν L: εἴη PE   295 ἂψ LAG:
ἀδ SPE   296 σώεσθαι Et disertim: σεύε- libri; cf. 1010 (σώοντο
libri), iii. 307 (σωομένοις LASG: σευο- PE)   297 γ' (ἐκ.) libri: del.
Wellauer; v. ad 253

Ἅρπυιαι δ' Ἶρίς τε διέτμαγον· αἱ μὲν ἔδυσαν
κευθμῶνα Κρήτης Μινωίδος, ἡ δ' ἀνόρουσεν
Οὔλυμπόνδε θοῇσι μεταχρονίη πτερύγεσσιν.　　　　　　300
Τόφρα δ' ἀριστῆες, πινόεν περὶ δέρμα γέροντος
πάντῃ φοιβήσαντες, ἐπικριδὸν ἱρεύσαντο
μῆλα τά τ' ἐξ Ἀμύκοιο λεηλασίης ἐκόμισσαν.
αὐτὰρ ἐπεὶ μέγα δόρπον ἐνὶ μεγάροισιν ἔθεντο,
δαίνυνθ' ἑζόμενοι· σὺν δέ σφισι δαίνυτο Φινεύς　　　　305
ἁρπαλέως, οἷόν τ' ἐν ὀνείρασι θυμὸν ἰαίνων.
ἔνθα δ', ἐπεὶ δόρποιο κορέσσαντ' ἠδὲ ποτῆτος,
παννύχιοι Βορέω μένον υἱέας ἐγρήσσοντες·
αὐτὸς δ' ἐν μέσσοισι παρ' ἐσχάρῃ ἧσθ' ὁ γεραιός,
πείρατα ναυτιλίης ἐνέπων ἄνυσίν τε κελεύθου·　　　　310
" Κλῦτέ νυν· οὐ μὲν πάντα πέλει θέμις ὔμμι δαῆναι
ἀτρεκές, ὅσσα δ' ὄρωρε θεοῖς φίλον, οὐκ ἐπικεύσω.
ἀασάμην καὶ πρόσθε Διὸς νόον ἀφραδίῃσιν
χρείων ἑξείης τε καὶ ἐς τέλος. ὧδε γὰρ αὐτός
βούλεται ἀνθρώποις ἐπιδευέα θέσφατα φαίνειν　　　　315
μαντοσύνης, ἵνα καί τι θεῶν χατέωσι νόοιο.
Πέτρας μὲν πάμπρωτον ἀφορμηθέντες ἐμεῖο
Κυανέας ὄψεσθε δύω ἁλὸς ἐν ξυνοχῇσι.
τάων οὔ τινά φημι διαμπερὲς ἐξαλέασθαι·
οὐ γάρ τε ῥίζῃσιν ἐρήρεινται νεάτῃσιν,　　　　　　320
ἀλλὰ θαμὰ ξυνίασιν ἐναντίαι ἀλλήλῃσιν
εἰς ἕν, ὕπερθε δὲ πολλὸν ἁλὸς κορθύεται ὕδωρ

298 δ' Platt (33. 30): τ' libri　　　διέτμαγεν (et hic et iii. 1147)
Spitzner, sed v. Platt (33. 30) et van Krevelen (1951, 97)　　　300 μεταχρονίη LAG, v.l. schᴾ: -χθονίη SPE; cf. 587, iii. 1151, iv. 952, 1269, 1385,
1568, quibus locis -χρ- nostri omnes (sic, L quoque) habent, nisi quod
iv. 952 -χθ- P, sed -χρ- E　　　309 ἧσθ' ὁ van Krevelen (1953. 52), cll. 266,
419, 453, 463, Il. 1. 35, al.: ἧστο libri　　　312 ἀτρεκές (vel -κέως, ὁ δ')
Steph.: -κέως libri　　　316 χατέωσι APE et p. corr. S: -ουσι LG et
a. corr. S　　　320 ἐρήρεινται L (sic), ASG: ἐνη- PE; cf. iii. 1398, iv. 947
322 fort. ὕπαιθα vel ἔνερθε, cl. 565-70　　　κορθύνεται Brunck (cl. Il. 9. 7),
sed cf. Nic. Ther. 426

βρασσόμενον, στρηνὲς δὲ πέρι στυφελὴ βρέμει ἀκτή.
τῶ νῦν ἡμετέρῃσι παραιφασίῃσι πίθεσθε,
εἰ ἐτεὸν πυκινῷ τε νόῳ μακάρων τ' ἀλέγοντες   325
πείρετε, μηδ' αὔτως αὐτάγρετον οἶτον ὀλέσθαι
ἀφραδέως ἰθύετ' ἐπισπόμενοι νεότητι.
οἰωνῷ δὴ πρόσθε πελειάδι πειρήσασθαι,
νηὸς ἄπο πρό μιν ἔντας, ἐφίεμαι. ἢν δὲ δι' αὐτῶν
πετράων Πόντονδε σόη πτερύγεσσι δίηται,   330
μηκέτι δὴν μηδ' αὐτοὶ ἐρητύεσθε κελεύθου,
ἀλλ' εὖ καρτύναντες ἑαῖς ἐνὶ χερσὶν ἐρετμά
τέμνεθ' ἁλὸς στεινωπόν, ἐπεὶ φάος οὔ νύ τι τόσσον
ἔσσετ' ἐν εὐχωλῇσιν ὅσον τ' ἐνὶ κάρτεϊ χειρῶν·
τῶ καὶ τἆλλα μεθέντας ὀνήιστον πονέεσθαι   335
θαρσαλέως· πρὶν δ' οὔ τι θεοὺς λίσσεσθαι ἐρύκω.
εἰ δέ κεν ἀντικρὺ πταμένη μεσσηγὺς ὄληται,
ἄψορροι στέλλεσθαι, ἐπεὶ πολὺ βέλτερον εἶξαι
ἀθανάτοις· οὐ γάρ κε κακὸν μόρον ἐξαλέαισθε
πετράων, οὐδ' εἴ κε σιδηρείη πέλοι Ἀργώ.   340
ὦ μέλεοι, μὴ τλῆτε παρὲξ ἐμὰ θέσφατα βῆναι,
εἰ καί με τρὶς τόσσον ὀίεσθ' Οὐρανίδῃσιν

323 (στρ.—) Et^M s.v. στρηνιᾶν   338 (ἄψ. στέλλεσθε) Et^GM s.v. ἄψ.
341 Et^GM s.v. μέλεον

---

323 πέρι στυφελὴ βρ. ἀκτή PE sch^P: περὶ στυφέλῃ (sic) βρ. ἀκτῇ fere
LASG; ad nomin. cf. 554, 567, ad dat. 732 et Antip., Anthol. Pal. 7.
287. 3   326 ὀλέσθαι Fr: ὄλησθε libri   327 ἰθύετ' Pierson (v. ad i.
323): ἰθύνετ' LASG, v.l. sch^P: ἢ θύνετ' PE (fort. ex coni., v. sch^P); cf. (ad
325–7) 646 sq., iv. 1254 sq., (ad 327) ii. 481   328–9 textus dubius
328 πειρήσασθε (-σθαι L) libri; exspect. τεκμήρασθαι, cll. 412, i. 108
329 πρό μιν ἔν- Fr: προμεθέν- libri (ex 335 ?); cf. 562, Il. 1. 208, al.   (προ-
μεθέν)τας ἐφίεμαι Madvig et Wilamowitz (p. 250): -τες ἐφίεμεν libri; cf.
iii. 497   332 εὖ ἀρτύναντες Schneider (cl. Od. 4. 782 = 8. 53): ὦκ' ἀρ-
Damsté; sed cf. Pind. Ol. 13. 95   335 μεθέντας Fr: -τες libri (propter
πονέεσθε); cf., e.gr., iv. 1255   πονέεσθε libri, sed -(θ)άι L, et- αι a.
corr. et S et G(?)   338 στέλλεσθε (-σθαι S, ex coni.) libri Et
339 ἐξαλέαισθε Wellauer: -ασθε vel -ασθαι (utrumque L) nostri: -οισθε D
340 πέλοι Stephanus: -λει libri   342 καί par. scholiastae: κε libri

ὅσσον ἀνάρσιός εἰμι, καὶ εἰ πλεῖον, στυγέεσθαι·
μὴ τλῆτ' οἰωνοῖο πάρεξ ἔτι νηὶ περῆσαι.
καὶ τὰ μὲν ὣς κε πέλῃ, τὼς ἔσσεται· ἢν δὲ φύγητε   345
σύνδρομα πετράων ἀσκηθέες ἔνδοθι Πόντου,
αὐτίκα Βιθυνῶν ἐπὶ δεξιὰ γαῖαν ἔχοντες
πλώετε ῥηγμῖνας πεφυλαγμένοι, εἰσόκεν αὖτε
Ῥήβαν ὠκυρόην ποταμόν, ἄκρην τε Μέλαιναν
γνάμψαντες νήσου Θυνηΐδος ὅρμον ἵκησθε.   350
κεῖθεν δ' οὐ μάλα πουλὺ διὲξ ἁλὸς ἀντιπέραιαν
γῆν Μαριανδυνῶν ἐπικέλσετε †νοστήσαντες,
ἔνθα μὲν εἰς Ἀΐδαο καταιβάτις ἐστὶ κέλευθος,
ἄκρη δὲ προβλὴς Ἀχερουσιὰς ὑψόθι τείνει,
δινήεις τ' Ἀχέρων, αὐτὴν διὰ νειόθι τέμνων   355
ἄκρην, ἐκ μεγάλης προχοὰς ἵησι φάραγγος.
ἀγχίμολον δ' ἐπὶ τῇ πολέας παρανεῖσθε κολωνοὺς
Παφλαγόνων, τοῖσίν τ' Ἐνετήιος ἐμβασίλευε
πρῶτα Πέλοψ, τοῦ περ καὶ ἀφ' αἵματος εὐχετόωνται.
ἔστι δέ τις ἄκρη Ἑλίκης κατεναντίον Ἄρκτου,   360

349 Et^{GM} s.v. μέλεον (leg. -αιναν) et Et^G s.v. Ῥήβας   353-4 Et^{GM}
s.v. Ἄχερ.   353 (κατ.—) vel iii. 160 sch. Vatic. ad Dion. Thr. p. 270.
27 Hilgard   358-9 (—Π.) Et^{GM} s.vv. Ἐνετοί, Ἐνετήιος

343 verbi ἀνάρσιος vim non intellego   344 πάρεξ βαρυτόνως sch
ἐπὶ (νηὶ) Gerhard (p. 76), ἐνὶ Herwerden   346 fort. συνδρομάδας
πέτρας, cf. 414, 770   349 ἄκρην Brunck (cl. 651): ἀκτὴν libri Et
sch (ita etiam Arg. Orph. 713 Μέλαιν' (sic)—ἀκτήν, Val. Fl. 4. 697 sq.
nigrantia litora): gl. ἄκρα οὕτως καλουμένη L, et v. R.-E. 15. 387. 9 sqq.
351-2 par. ἐκ τῆς Θυνιάδος νήσου, πλεύσαντες οὐ πολὺ ἐκ τοῦ πέραν, εἰς τὴν
M. γῆν ἥξετε sch^L; cf. etiam 722-5, 728, 750 sq.   352 fort. μετρήσαν-
τες cum accus. (γῆν), et ἐπικ. scil. τῇ τῶν M. γῇ   354 ἄκρη Pierson
(cll. 728, 740, 750, 844): ἀκτὴ libri Et; cf. ἄκρην 356, sed iterum falso
ἀκτῆς 806   δὲ Fr: τε libri (ex 355)   356 ἄκρην Brunck: ἄκρης
libri sch^P: par. τέμνων τὴν Ἀχ. ἄκραν sch^Ld, εἰς ⟨τὴν⟩ ἄκραν αὐτὴν—
ῥέων sch^La   358 et τ' ἐνετήιος et μενεδήιος archet. (ex 114), scil. μενεδ-
libri in textu: v.l. ἐνετ- LSG: τ' ἐνετ- lemma sch^L: δ' ἐνετ- Et: ἐνετ- solum
explic. sch^L Et: utrumque explic. sch^P   ἐμβασίλευε PE Et: -ευσε LASG
359 περ καὶ Fr: καί περ libri sch^P; cf. Il. 2. 861 (et alio sensu 9. 498)

πάντοθεν ἠλίβατος, καί μιν καλέουσι Κάραμβιν,
τῆς τ' αἴπει βορέαο πέρι σχίζονται ἄελλαι,
ὧδε μάλ' ἂμ πέλαγος τετραμμένη αἰθέρι κύρει·
τήνδε περιγνάμψαντι, Πολὺς παρακέκλιται ἤδη
Αἰγιαλός. Πολέος δ' ἐπὶ πείρασιν Αἰγιαλοῖο   365
ἀκτῇ ἐπὶ προβλῆτι ῥοαὶ Ἅλυος ποταμοῖο
δεινὸν ἐρεύγονται· μετὰ τὸν δ' ἀγχίρροος Ἶρις
μειότερος λευκῇσιν ἑλίσσεται εἰς ἅλα δίναις.
κεῖθεν δὲ προτέρωσε μέγας καὶ ὑπείροχος ἀγκών
ἐξανέχει γαίης· ἔπι δὲ στόμα Θερμώδοντος   370
κόλπῳ ἐν εὐδιόωντι Θεμισκύρειον ὑπ' ἄκρην
μύρεται, εὐρείης διαειμένος ἠπείροιο.
ἔνθα δὲ Δοίαντος πεδίον, σχεδόθεν δὲ πόληες
τρισσαὶ Ἀμαζονίδων· μετὰ δὲ σμιγερώτατοι ἀνδρῶν,
τρηχείην Χάλυβες καὶ ἀτειρέα γαῖαν ἔχοντες   375
ἐργατίναι, τοὶ δ' ἀμφὶ σιδήρεα ἔργα μέλονται.
ἄγχι δὲ ναιετάουσι πολύρρηνες Τιβαρηνοί
Ζηνὸς Εὐξείνοιο Γενηταίην ὑπὲρ ἄκρην.
τοῖς δ' ἐπὶ Μοσσύνοικοι ὁμούριοι ὑλήεσσαν
ἑξείης ἤπειρον ὑπωρείας τε νέμονται,   380
δουρατέοις †πύργοισιν ἐν οἰκία τεκτήναντες
κάλινα καὶ πύργους εὐπηγέας, οὓς καλέουσιν   381ᴬ
μόσσυνας, καὶ δ' αὐτοὶ ἐπώνυμοι ἔνθεν ἔασιν.   381ᴮ

364 respicit Steph. Byz. s.v. Αἰγιαλός   366–7 Etᴳᴹ s.v. Ἅλυς
370–2 Etᴳ s.v. Θεμισκύρειον   371 (Θεμ.)–72 Etᴹ s.v. Θ.   378 (Γέν.
ἄκρα) Herodian. i. 281. 29 L

362 τ' αἴπει Fr (vel κορυφῇ Lloyd-Jones): καὶ ὑπὲρ libri sch; cf. iv. 325
364 Π. nominis pr. partem esse intell. Faerber (p. 102), cll. 365, 944, Arg.
Orph. 737   365 Αἰ. nom. pr. esse intell. Schneider   371 ὑπ' schᴸa et
Et: ἐπ' libri; cf. 984   374 δὲ PE: τε LASG   375 τρηχείην LAGPE:
-εῖαν S: -ειην Hermann, -αλέην Koechly   ἔχοντες SG schᴾ: ἔχουσιν LAPE
376 δ' susp., sed displicet τοῖς ἀμ- (cl. Qu. Sm. 5. 190) propter pluralem
verbi cll. iii. 292, al.   πέλονται Fr. Solmsen, sed cf. iv. 491   379 τοῖς
PE: τοῖ G: τῇ LAS; cf. ὁμ. et 396   381 e.gr. σταυροῖσιν (Damsté) vel
στύλοισιν ἐπ'   381ᴬᴮ delebat Brunck, sed v. Platt; 381ᴮ repet. 1017

τοὺς παραμειβόμενοι, λισσῇ ἐπικέλσατε νήσῳ,　　　382
μήτι παντοίῃ μέγ' ἀναιδέας ἐξελάσαντες
οἰωνοὺς οἳ δῆθεν ἀπειρέσιοι ἐφέπουσιν
νῆσον ἐρημαίην· τῇ μέν τ' ἐνὶ νηὸν Ἄρηος　　　385
λαΐνεον ποίησαν Ἀμαζονίδων βασίλειαι
Ὀτρηρή τε καὶ Ἀντιόπη, ὁπότε στρατόωντο

ἔνθα γὰρ ὕμμιν ὄνειαρ ἀδευκέος ἐξ ἁλὸς εἶσιν
ἄρητον· τῶ καί τε φίλα φρονέων ἀγορεύω
ἰσχέμεν—ἀλλὰ τίη με πάλιν χρειὼ ἀλιτέσθαι　　　390
μαντοσύνη τὰ ἕκαστα διηνεκὲς ἐξενέποντα;
νήσου δὲ προτέρωσε καὶ ἠπείροιο περαίης
φέρβονται Φίλυρες· Φιλύρων δ' ἐφύπερθεν ἔασιν
Μάκρωνες, μετὰ δ' αὖ περιώσια φῦλα Βεχείρων·
ἐξείης δὲ Σάπειρες ἐπὶ σφίσι ναιετάουσιν,　　　395
Βύζηρες δ' ἐπὶ τοῖσιν ὁμώλακες, ὧν ὕπερ ἤδη
αὐτοὶ Κόλχοι ἔχονται ἀρήιοι. ἀλλ' ἐνὶ νηί
πείρεθ', ἕως μυχάτῃ κεν ἐνιχρίμψητε θαλάσσῃ.
ἔνθα δ' ἀπ' ἠπείροιο Κυταιίδος ἠδ' Ἀμαραντῶν
τηλόθεν ἐξ ὀρέων πεδίοιό τε Κιρκαίοιο　　　400
Φᾶσις δινήεις εὐρὺν ῥόον εἰς ἅλα βάλλει·
κείνου νῆ' ἐλάοντες ἐπὶ προχοὰς ποταμοῖο,
πύργους εἰσόψεσθε Κυταιέος Αἰήταο,

382 (λ.—) Et^OM s.v. λισσή　　　388 Et^G s.v. ἀδ.　　　394 (μετὰ)—95
(Σάπ.) Choerob. in Theodos. Can. p. 321. 11 Hilgard (= Herod. ii. 748.
11 L)　　　396-7 Et^G s.v. ὁμώλ.　　　399 Et^OM s.v. Ἀμαρ., Et^G s.v. Κυτ.
401 sch Pind. Py. 4. 376 b　　　403 Steph. Byz. s.v. Κύτα

382 ἐπικέλσατε Fr: -κέλσετε libri (ex 352 ?): -κέλλεται Et: par. κατάχθητε
sch^L; cf. etiam 389 sq., 1051 (ἐπέτελλον), 1090 cum sch　　　387^A, lac.
complurium versuum stat. Platt　　　389 ἄρητον Merkel: ἄρρ- libri; cf.
ipsius par. 1092 ἐελδομένοισιν　　　καί Brunck: κέ G, sch^L lemma, et(?) a.
ras. L: κέν in ras. L, ASPE; cf. Il. 9. 159, v.l. 14. 484　　　391 διηνεκὲς
Brunck: -κέως (om. ἐξ S) libri　　　393 ἐφύπερθεν SG: ἐξύ- LAPE
399 δ' ἀπ' Fr: δ' ἐπ' libri: δὴ (= δι' ?) Et　　　κυταιίδος D (cf. 1267,
iv. 511): κυταιδος nostri Et sch

ἄλσος τε σκιόειν Ἄρεος, τόθι κῶας ἐπ' ἄκρης
πεπτάμενον φηγοῖο δράκων, τέρας αἰνὸν ἰδέσθαι,   405
ἀμφὶς ὀπιπτεύει δεδοκημένος· οὐδέ οἱ ἦμαρ,
οὐ κνέφας ἥδυμος ὕπνος ἀναιδέε δάμναται ὄσσε."
Ὣς ἄρ' ἔφη· τοὺς δ' εἶθαρ ἕλεν δέος εἰσαΐοντας,
δὴν δ' ἔσαν ἀμφασίῃ βεβολημένοι. ὀψὲ δ' ἔειπε
ἥρως Αἴσονος υἱός, ἀμηχανέων κακότητι·   410
" Ὦ γέρον, ἤδη μέν τε διΐκεο πείρατ' †ἀέθλων
ναυτιλίης καὶ τέκμαρ ὅτῳ στυγερὰς διὰ πέτρας
πειθόμενοι Πόντονδε περήσομεν· εἰ δέ κεν αὖτις,
τάσδ' ἡμῖν προφυγοῦσιν, ἐς Ἑλλάδα νόστος ὀπίσσω
ἔσσεται, ἀσπαστῶς κε παραὶ σέο καὶ τὸ δαείην.   415
πῶς ἔρδω, πῶς αὖτε τόσην ἁλὸς εἶμι κέλευθον,
νῆις ἐὼν ἑτάροις ἅμα νήισιν—Αἶα δὲ Κολχὶς
Πόντου καὶ γαίης ἐπικέκλιται ἐσχατιῇσιν;"
Ὣς φάτο· τὸν δ' ὁ γεραιὸς ἀμειβόμενος προσέειπεν·
" Ὦ τέκος, εὖτ' ἂν πρῶτα φύγῃς ὀλοὰς διὰ πέτρας,   420
θάρσει· ἐπεὶ δαίμων ἕτερον πλόον ἡγεμονεύσει
ἐξ Αἴης, μετὰ δ' Αἶαν ἅλις πομπῆες ἔσονται.
ἀλλὰ φίλοι φράζεσθε θεᾶς δολόεσσαν ἀρωγήν
Κύπριδος, ἐν γὰρ τῇ κλυτὰ πείρατα κεῖται ἀέθλου·
καὶ δέ με μηκέτι τῶνδε περαιτέρω ἐξερέεσθε."   425

424 (ἐν γὰρ —) sch^L iii. 946 a   425 Et^M s.v. παροίτερος (sic): σημαίνει
δὲ καὶ τὸ 'περαιτέρω', οἷον ii. 425

---

404 σκιόειν (-εν G) libri et disertim sch; cf. iv. 1291   ἄρεος SPE:
-εως LAG   406 (ὀπι)ππ(εύει) libri (praeter V); cf. iii. 1137 -ππ- LGPE:
-π- AS, iv. 469 -ππ- VSGPE: -π- L(?)A, 799 -ππ- SGPE: -π- LA
407 ἀναιδέε PE: -έα LASG   411 ἀέθλων non huius loci est (cf. 310)
sed ex 424 (πείρατα ἁ.) incidit; e.gr. ἐπελθών vel -τα μύθῳ vel -τα κεῖσε
(cl. i. 416)   415 fort. ἀσπάσιος, cl. 457   παραὶ S (ex coni. ?): παρὰ
cet.; cf. iii. 38 (contra Il. 20. 434 ὅτι σὺ μὲν)   417 vel αἶα, cf. ad iii. 313
424 ἐν γὰρ τῇ sch iii: ἐκ γὰρ τῆς libri (fort. ex par. 423 τὴν ἐκ τῆς Ἀφρ.
δολίαν βοήθειαν); cf. ipsius par. iii. 549 sq., Il. 7. 102 (cum v.l. κεῖται),
Soph. O.C. 247 sq.   ἀέθλου sch iii: -λων libri   425 περαιτέρω SPE:
παροιτ- LAG, Et (disertim); cf. ad iii. 686

Ὣς φάτ᾽ Ἀγηνορίδης· ἐπὶ δὲ σχεδὸν υἷε δοιώ
Θρηικίου Βορέαο κατ᾽ αἰθέρος ἀίξαντε
οὐδῷ ἔπι κραιπνοὺς ἔβαλον πόδας· οἱ δ᾽ ἀνόρουσαν
ἐξ ἑδέων ἥρωες, ὅπως παρεόντας ἴδοντο.
Ζήτης δ᾽ ἱεμένοισιν, ἔτ᾽ ἄσπετον ἐκ καμάτοιο   430
ἄσθμ᾽ ἀναφυσιόων, μετεφώνεεν ὅσσον ἄπωθεν
ἤλασαν, ἠδ᾽ ὡς Ἶρις ἐρύκακε τάσδε δαΐξαι,
ὅρκιά τ᾽ εὐμενέουσα θεὰ πόρεν, αἱ δ᾽ ὑπέδυσαν
δείματι Δικταίης περιωσίῳ ἄντρον ἐρίπνης.
γηθόσυνοι δήπειτα δόμοις ἔνι πάντες ἑταῖροι   435
αὐτός τ᾽ ἀγγελίῃ Φινεὺς πέλεν. ὧκα δὲ τόνγε
Αἰσονίδης, περιπολλὸν εὐφρονέων, προσέειπεν·
" Ἦ ἄρα δή τις ἔην Φινεῦ θεὸς ὃς σέθεν ἄτης
κήδετο λευγαλέης, καὶ δ᾽ ἡμέας αὖθι πέλασσεν
τηλόθεν, ὄφρα τοι υἷες ἀμύνειαν Βορέαο·   440
εἰ δὲ καὶ ὀφθαλμοῖσι φόως πόροι, ἦ τ᾽ ἂν ὀίω
γηθήσειν ὅσον εἴπερ ὑπότροπος οἴκαδ᾽ ἱκοίμην."
Ὣς ἔφατ᾽· αὐτὰρ ὁ τόνγε κατηφήσας προσέειπεν·
"Αἰσονίδη, τὸ μὲν οὐ παλινάγρετον οὐδέ τι μῆχος
ἔστ᾽ ὀπίσω, κενεαὶ γὰρ ὑποσμύχονται ὀπωπαί·   445
ἀντὶ δὲ τοῦ θανάτόν μοι ἄφαρ θεὸς ἐγγυαλίξαι,
καί τε θανὼν πάσῃσι μετέσσομαι ἀγλαΐῃσιν."
Ὣς τώγ᾽ ἀλλήλοισι παραβλήδην ἀγόρευον·
αὐτίκα δ᾽ οὐ μετὰ δηρὸν †ἀμειβομένων ἐφαάνθη

445 (ὑπο.—) Et^{OM} s.v. ὑποσμ.

---

427 ἀίξαντε LAS: -τες GPE   428 fort. οὔδει   430 fort. εἰρομένοισιν
(ἱεμ. ex 248), cll. iii. 494, 1167, iv. 730, Od. 15. 263, al.   434 περιωσίῳ
Fr: -ώσιον libri; cf. 627, 865, i. 1307, iv. 1430   437 προσέειπεν
LAPE: μετέ- SG (ex 431?); v. ad i. 702   449 οὐ LASG: οὐ δὴ P,
οὐδέ E; αὐτ.—δηρὸν etiam 879   ἀμειβομένων LASG (fort. ex *gl. ἀμει-
βόμενοι ad παραβλ. 448, cf. sch iii. 107, iv. 1562-3 b παραβλ.— ἐξ ἀπο-
κρίσεως): δελδομ- PE (ex i. 1363 = ii. 1285; cf. etiam iii. 956); de colloquio
in priore versu mentio fiebat ita ut in hoc non posset iterari (cf., e.gr., Pind.
Py. 4. 93 sq., Il. 7. 464 sq., Od. 14. 409 sq.)

ἠριγενής, τὸν δ' ἀμφὶ περικτίται ἠγερέθοντο   450
ἀνέρες, οἳ καὶ πρόσθεν ἐπ' ἤματι κεῖσε θάμιζον
αἰὲν ὁμῶς φορέοντες ἑῆς ἀπὸ μοῖραν ἐδωδῆς·
τοῖς ὁ γέρων πάντεσσιν, ὅτις καὶ ἀφαυρὸς ἵκοιτο,
ἔχραεν ἐνδυκέως, πολέων δ' ἀπὸ πήματ' ἔλυσεν
μαντοσύνῃ· τῶ καί μιν ἐποιχόμενοι κομέεσκον.   455
σὺν τοῖσιν δ' ἵκανε Παραίβιος, ὅς ῥά οἱ ἦεν
φίλτατος, ἀσπάσιος δὲ δόμοις ἔνι τούσγ' ἐνόησεν·
πρὶν γὰρ δή νύ ποτ' αὐτὸς ἀριστήων στόλον ἀνδρῶν
Ἑλλάδος ἐξ ἀνιόντα μετὰ πτόλιν Αἰήταο
πείσματ' ἀνάψεσθαι μυθήσατο Θυνίδι γαίῃ,   460
οἵ τέ οἱ Ἁρπυίας Διόθεν σχήσουσιν ἰούσας.
τοὺς μὲν ἔπειτ', ἐπέεσσιν ἀρεσσάμενος πυκινοῖσιν,
πέμφ' ὁ γέρων, οἶον δὲ Παραίβιον αὐτόθι μίμνειν
κέκλετ' ἀριστήεσσι σὺν ἀνδράσιν. αἶψα δὲ τόνγε
σφωιτέρων ὀίων ὅτις ἔξοχος εἰς ἓ κομίσσαι   465
ἧκεν ἐποτρύνας· τοῦ δ' ἐκ μεγάροιο κιόντος,
μειλιχίως †ἐρέτῃσιν ὁμηγερέεσσι μετηύδα·

" Ὦ φίλοι, οὐκ ἄρα πάντες ὑπέρβιοι ἄνδρες ἔασιν,
οὐδ' εὐεργεσίης ἀμνήμονες· ὡς καὶ ὅδ' ἀνήρ
τοῖος ἐὼν δεῦρ' ἦλθεν, ἑὸν μόρον ὄφρα δαείη.   470
εὖτε γὰρ οὖν ὡς πλεῖστα κάμοι καὶ πλεῖστα μογήσαι,
δὴ τότε μιν περιπολλὸν ἐπασσυτέρη βιότοιο
χρησμοσύνη τρύχεσκεν, ἐπ' ἤματι δ' ἦμαρ ὀρώρει
κύντερον· οὐδέ τις ἦεν ἀνάπνευσις μογέοντι,
ἀλλ' ὅγε πατρὸς ἑοῖο κακὴν τίνεσκεν ἀμοιβήν   475

450 (τὸν —) Et^G, et περ. solum Et^M, s.v. περ.   475–8 Et^G s.v.
Ἁμαδρυάς, sch et Tzetzes ad Lyc. 480

458 δὴν ὑπό τ' libri: dist. Gerhard (p. 76), cl. Il. 19. 95   460 ἀνάψεσθαι
(Brunck et) Damsté: -ψασθαι libri; ad fut. med. cf. Eurip. Medea 770
467 ἀρ. recte usurpatur 540, 590, al.; vix ῥυτῆρσιν (cl. 218) vel ἐτάροισιν
471 μογήσαι Merkel: -σει (sic) L¹, et supra scr. ῃ L²: -σοι ASPE: -σῃ G;
cf. (?) Eust. ad Od. 16. 19 (ubi μογήσῃ vel -σει libri) 'μογήσοι' ἤγουν 'ἐμο-
γησεν'   474 τις Stephanus (et D): τι nostri   475 fort. κακῆς, cf. i. 619

78

ἀμπλακίης. ὁ γὰρ οἶος ἐν οὔρεσι δένδρεα τάμνων
δή ποθ' ἀμαδρυάδος νύμφης ἀθέριξε λιτάων,
ἥ μιν ὀδυρομένη ἀδινῷ μειλίσσετο μύθῳ
μὴ ταμέειν πρέμνον δρυὸς ἥλικος, ᾗ ἔπι πουλὺν
αἰῶνα τρίβεσκε διηνεκές· αὐτὰρ ὁ τήνγε 480
ἀφραδέως ἔτμηξεν ἀγηνορίῃ νεότητος.
τῷδ' ἄρα νηκερδῆ νύμφη πόρεν οἶτον ὀπίσσω
αὐτῷ καὶ τεκέεσσιν. ἔγωγε μέν, εὖτ' ἀφίκανεν,
ἀμπλακίην ἔγνων· βωμὸν δ' ἐκέλευσα καμόντα
Θυνιάδος νύμφης, λωφήια ῥέξαι ἐπ' αὐτῷ 485
ἱερά, πατρῴην αἰτεύμενον αἶσαν ἀλύξαι.
ἔνθ' ἐπεὶ ἔκφυγε κῆρα θεήλατον, οὔποτ' ἐμεῖο
ἐκλάθετ' οὐδ' ἀθέριξε· μόλις δ' ἀέκοντα θύραζε
πέμπω, ἐπεὶ μέμονέν γε παρέμμεναι ἀσχαλόωντι."
Ὣς φάτ' Ἀγηνορίδης· ὁ δ' ἐπισχεδὸν αὐτίκα δοιὼ 490
ἤλυθ' ἄγων ποίμνηθεν ὄις. ἀνὰ δ' ἵστατ' Ἰήσων,
ἂν δὲ Βορήιοι υἷες ἐφημοσύνῃσι γέροντος,
ὦκα δὲ κεκλόμενοι Μαντήιον Ἀπόλλωνα
ῥέζον ἐπ' ἐσχαρόφιν, νέον ἤματος ἀνομένοιο·
κουρότεροι δ' ἑτάρων μενοεικέα δαῖτ' ἀλέγυνον. 495
ἔνθ' εὖ δαισάμενοι, τοὶ μὲν παρὰ πείσματα νηός,
τοὶ δ' αὐτοῦ κατὰ δώματ' ἀολλέες εὐνάζοντο.
Ἦρι δ' ἐτήσιοι αὖραι ἐπέχραον, αἵ τ' ἀνὰ πᾶσαν
γαῖαν ὁμῶς τοιῇδε Διὸς πνείουσιν ἀρωγῇ.
Κυρήνη πεφάτισται ἕλος πάρα Πηνειοῖο 500

476 (ὁ γ.)—8 Et^M s.v. ἀδινός

---

476 τάμνων Et^{GM}: τέμ- libri   477 ἀθέριζε Et^G (A), Tz.(?)
482 τῷ δ' editores   488 ἀθέριζε SG (cf. 477): -ισσε LAPE   496 πεί-
σματα PE: -μασι LASG; cf. Od. 12. 32, hy. Dem. 128   498 ἐτή-
σιοι libri omnes (sic), sed 525 -σιοι SPE: -σιαι LAG (commixtis
οἱ ἐτησίαι—accentum nota—et αἱ ἐτήσιοι αὖραι)   499 ἀρωγῇ nostri:
ἀνωγῇ recentiores quidam (ex 556?); cf. i. 951   500 πεφάτισται
Schneider: πέφαται τις libri; cf. iv. 658, i. 24

79

μῆλα νέμειν προτέροισι παρ' ἀνδράσιν, εὔαδε γάρ οἱ
παρθενίη καὶ λέκτρον ἀκήρατον. αὐτὰρ Ἀπόλλων
τήνγ' ἀνερειψάμενος ποταμῷ ἔπι ποιμαίνουσαν,
τηλόθεν Αἱμονίης χθονίης παρακάτθετο νύμφαις
αἳ Λιβύην ἐνέμοντο παραὶ Μυρτώσιον αἶπος.   505
ἔνθα δ' Ἀρισταῖον Φοίβῳ τέκεν, ὃν καλέουσιν
Ἀγρέα καὶ Νόμιον πολυλήιοι Αἱμονιῆες·
τὴν μὲν γὰρ φιλότητι θεὸς ποιήσατο νύμφην
αὐτοῦ μακραίωνα καὶ ἀγρότιν, υἷα δ' ἔνεικεν
νηπίαχον Χείρωνος ὑπ' ἄντροισιν κομέεσθαι·   510
τῷ καὶ ἀεξηθέντι θεαὶ γάμον ἐμνήστευσαν
Μοῦσαι· ἀκεστορίην τε θεοπροπίας τ' ἐδίδαξαν,
καί μιν ἑῶν μήλων θέσαν ἤρανον ὅσσ' ἐνέμοντο
ἂμ πεδίον Φθίης Ἀθαμάντιον ἀμφί τ' ἐρυμνήν
Ὄθρυν καὶ ποταμοῦ ἱερὸν ῥόον Ἀπιδανοῖο.   515
ἦμος δ' οὐρανόθεν Μινωίδας ἔφλεγε νήσους
Σείριος οὐδέ τι δηρὸν ἔην ἄκος ἐνναέτῃσιν,
τῆμος τόνγ' ἐκάλεσσαν ἐφημοσύνης Ἑκάτοιο
λοιμοῦ ἀλεξητῆρα. λίπεν δ' ὅγε πατρὸς ἐφετμῇ
Φθίην, ἐν δὲ Κέῳ κατενάσσατο, λαὸν ἀγείρας   520
Παρράσιον τοίπερ τε Λυκάονός εἰσι γενέθλης·
καὶ βωμὸν ποίησε μέγαν Διὸς Ἰκμαίοιο,
ἱερά τ' εὖ ἔρρεξεν ἐν οὔρεσιν ἀστέρι κείνῳ
Σειρίῳ αὐτῷ τε Κρονίδῃ Διί. τοῖο ἕκητι
γαῖαν ἐπιψύχουσιν ἐτήσιοι ἐκ Διὸς αὖραι   525
ἤματα τεσσαράκοντα, Κέῳ δ' ἔτι νῦν ἱερῆες

513–15 Et^O, et 513–14 (Αθ.) Et^M, s.v. Ἀθαμάντιον   515 (—ρ.) Et^O
s.v. Ὄ.   516–17 (Σ.) Et^O s.v. Σείριος   521 (—εἰσι) Et^O s.v. Π.

---

503 ἀνερειψ- (sicut supra) libri; v. ad i. 214   507 πολυλήιοι LAS: -ον
GPE   510 ἄντροισι libri   517 οὐδέ τι Fr: οὐδ' ἐπὶ libri (ex i.
615, 870, 1072); cf. 474, al.   518 ἐφημοσύνης LAGPE: -αις S
521 fort. Παρρασίων, cf. iv. 549   524 δ' (ἕκητι) libri: del. Fr, v. ad
253   525 ἐτήσιοι, v. ad 498

ἀντολέων προπάροιθε Κυνὸς ῥέζουσι θυηλάς.
καὶ τὰ μὲν ὡς ὑδέονται· ἀριστῆες δὲ καταῦθι
μίμνον ἐρυκόμενοι, ξεινήια δ' ἄσπετα Θυνοί
πάνδημοι, Φινῆι χαριζόμενοι, προΐαλλον.   530
   Ἐκ δὲ τόθεν μακάρεσσι δυώδεκα δωμήσαντες
βωμὸν ἁλὸς ῥηγμῖνι πέρην καὶ ἐφ' ἱερὰ θέντες,
νῆα θοὴν εἴσβαινον ἐρεσσέμεν· οὐδὲ πελείης
τρήρωνος λήθοντο μετὰ φρεσίν, ἀλλ' ἄρα τήνγε
δείματι πεπτηυῖαν ἑῇ φέρε χειρὶ μεμαρπώς   535
Εὔφημος· γαίης δ' ἀπὸ διπλόα πείσματ' ἔλυσαν.
οὐδ' ἄρ' Ἀθηναίην προτέρω λάθον ὁρμηθέντες·
αὐτίκα δ' ἐσσυμένως, νεφέλης ἐπιβᾶσα πόδεσσι
κούφης, ἥ κε φέροι μιν ἄφαρ βριαρήν περ ἐοῦσαν,
σεύατ' ἴμεν Πόντονδε, φίλα φρονέουσ' ἐρέτῃσιν.   540
ὡς δ' ὅτε τις πάτρηθεν ἀλώμενος, οἷά τε πολλά
πλαζόμεθ' ἄνθρωποι τετληότες, | ἄλλοτε ἄλλῃ   [542/45]
ὀξέα πορφύρων ἐπιμαίεται, | οὐδέ τις αἶα   [546/42]
τηλουρός, πᾶσαι δὲ κατόψιοί εἰσι πόληες,   [543]
σφωιτέρους δ' ἐνόησε δόμους, ἄμυδις δὲ κέλευθος   [544]
ὑγρή τε τραφερή τ' ἰνδάλλεται | ὀφθαλμοῖσιν—   [545/46]
ὡς ἄρα καρπαλίμως κούρη Διὸς ἀίξασα   547
θῆκεν ἐπ' ἀξείνοιο πόδας Θυνηίδος ἀκτῆς.
   Οἱ δ' ὅτε δὴ σκολιοῖο πόρου στεινωπὸν ἵκοντο

549 EtQ s.v. σκολιὸν πόρον

527 fort. Κυνὶ, cl. sch^L^ω (θύειν αὐτῷ, p. 172. 6–9 = p. 168. 10–12)
530 πάνδημοι Fr (πανδῆμεὶ anon. apud Merkel): πανδῆμαρ (πανδ' ἦ- L : πᾶν
δ' ἦ- A) libri (ex 526?): πᾶν ἦμαρ Dorville   534 φρεσίν Fr: σφίσιν
libri; cf. i. 463, ii. 950, iii. 629 et 18, iv. 56, Od. 10. 557   535 δείματι
SGPE: δήμ- A: supra (δ)ή(μ-) scr. ει L : utrumque tradi dicit sch^P^
[542–6] in libris et scholiis verba (|542) οὐδέ τις αἶα usque ad (545|)
ἰνδάλλεται feruntur inter (542|) τετληότες et (|545) ἄλλοτε δ' (sic) ἄλλῃ
(scil. omissa olim propter -εται 546| et 545|): trai. et δ' del. Fr; ad hiatum
ἄλλοτε ἄλλῃ cf. Od. 4. 236, hy. Merc. 558 (coni.), al.   [543] πόληες
Merkel: κέλευθοι libri (ex 544): par. πόλεις sch^L^, sed ὁδοί sch^P^; cf. iii. 164
548 ἀξείνοιο LAS sch^P^: εὐξ- G: εὐ- ante et δ- p. corr. PE

τρηχείης σπιλάδεσσιν ἐεργμένον ἀμφοτέρωθεν,　　　　　550
δινήεις ὑπένερθεν ἀνακλύζεσκεν ἰοῦσαν
νῆα ῥόος, πολλὸν δὲ †φόβῳ προτέρωσε νέοντο.
ἤδη δέ σφισι δοῦπος ἀρασσομένων πετράων
νωλεμὲς οὔατ᾽ ἔβαλλε, βόων δ᾽ ἁλιμυρέες ἀκταί·
δὴ τότ᾽ ἔπειθ᾽ ὁ μὲν ὦρτο, πελειάδα χειρὶ μεμαρπώς,　　　555
Εὔφημος πρῴρης ἐπιβήμεναι, οἱ δ᾽ ὑπ᾽ ἀνωγῇ
Τίφυος Ἁγνιάδαο θελήμονα ποιήσαντο
εἰρεσίην, ἵν᾽ ἔπειτα διὲκ πέτρας ἐλάσειαν
κάρτεϊ ᾧ πίσυνοι. τὰς δ᾽ αὐτίκα λοίσθιον ἄλλων
οἰγομένας ἀγκῶνα περιγνάμψαντες ἴδοντο,　　　　　560
σὺν δέ σφιν χύτο θυμός. ὁ δ᾽ ἀίξαι πτερύγεσσιν
Εὔφημος προέηκε πελειάδα, τοὶ δ᾽ ἅμα πάντες
ἤειραν κεφαλὰς ἐσορώμενοι· ἡ δὲ δι᾽ αὐτῶν
ἔπτατο. ταὶ δ᾽ ἄμυδις πάλιν ἀντίαι ἀλλήλῃσιν
ἄμφω ὁμοῦ ξυνιοῦσαι ἐπέκτυπον· ὦρτο δὲ πολλή　　　565
ἅλμη ἀναβρασθεῖσα, νέφος ὥς· αὖε δὲ πόντος
σμερδαλέον, πάντῃ δὲ περὶ μέγας ἔβρεμεν αἰθήρ·
κοῖλαι δὲ σπήλυγγες ὑπὸ σπιλάδας τρηχείας
κλυζούσης ἁλὸς ἔνδον ἐβόμβεον, ὑψόθι δ᾽ ὄχθης
λευκὴ καχλάζοντος ἀνέπτυε κύματος ἄχνη·　　　　　570
νῆα δ᾽ ἔπειτα πέριξ εἴλει ῥόος· ἄκρα δ᾽ ἔκοψαν
οὐραῖα πτερὰ ταίγε πελειάδος, ἡ δ᾽ ἀπόρουσεν

568 et 570, cum paraphr., Et^{OM} et Gudianum et Crameri *Anecd. Paris.*
vol. 4, p. 55, s.v. καχλάζω

550–2 om. G (homoeotel.)　　551 (δινήεις) δ᾽ libri: del. Fr ἀνακλύζεσκε
LAPE: -βλύ- S: gl. ἀνέκοπτεν A, idemque par. sch^L: gl. ἀνέκαμπτε
P, idemque sch^P　　552 ῥόθῳ, σάλῳ, sim. Keydell: πολλῷ δὲ πόνῳ
dubitanter Platt　　556 ἀνωγῇ ASG: ἀρω- PE (ex 499): (ἀ)ρ(ωγῇ)
cum v.l. ν L　　559 iunge λοίσθιον ἀγκῶνα (Damsté)　　565 post
ἐπέκτ. inserere suadet Samuelsson vss. 571 (ἄκρα)—3 (ἴαχον), vix recte
570 λευκὴ LAG et testim. cum par.: λεπτὴ SPE　　ad ἀνέπτυε cf.
iv. 925

ἀσκηθής, ἐρέται δὲ μέγ' ἴαχον. ἔβραχε δ' αὐτός
Τῖφυς ἐρεσσέμεναι κρατερῶς· οἴγοντο γὰρ αὖτις
ἄνδιχα. τοὺς δ' ἐλάοντας ἔχεν τρόμος, ὄφρα †μιν αὖτις†   575
πλημυρίς, παλίνορσος ἀνερχομένη, κατένεικεν
εἴσω πετράων. τότε δ' αἰνότατον δέος εἷλεν
πάντας, ὑπὲρ κεφαλῆς γὰρ ἀμήχανος ἦεν ὄλεθρος.
ἤδη δ' ἔνθα καὶ ἔνθα διὰ πλατὺς εἴδετο Πόντος,
καί σφισιν ἀπροφάτως ἀνέδυ μέγα κῦμα πάροιθεν   580
κυρτόν, ἀποτμῆγι σκοπιῇ ἴσον· οἱ δ' ἐσιδόντες
ἤμυσαν λοξοῖσι καρήασιν, εἴσατο γάρ ῥα
νηὸς ὑπὲρ πάσης κατεπάλμενον ἀμφικαλύψειν,
ἀλλά μιν ἔφθη Τῖφυς ὑπ' εἰρεσίῃ βαρύθουσαν
ἀγχαλάσας· τὸ δὲ πολλὸν ὑπὸ τρόπιν ἐξεκυλίσθη,   585
ἐκ δ' αὐτὴν πρύμνηθεν ἀνείρυσε τηλόθι νῆα
πετράων, ὑψοῦ δὲ μεταχρονίη πεφόρητο.
Εὔφημος δ' ἀνὰ πάντας ἰὼν βόασκεν ἑταίρους
ἐμβαλέειν κώπῃσιν ὅσον σθένος. οἱ δ' ἀλαλητῷ
κόπτον ὕδωρ· ὅσσον δ' ὑποείκαθε νηῦς ἐρέτῃσιν,   590
δὶς τόσον ἂψ ἀπόρουσεν, ἐπεγνάμπτοντο δὲ κῶπαι
ἠύτε καμπύλα τόξα, βιαζομένων ἡρώων.
ἔνθεν δ' αὐτίκ' ἔπειτα καταρρεπὲς ἔσσυτο κῦμα,
ἡ δ' ἄφαρ ὥστε κυλίνδρῳ ἐπέτρεχε κύματι λάβρῳ
προπροκαταΐγδην κοίλης ἁλός. ἐν δ' ἄρα μέσσαις   595

581–2 Et⁰ s.v. ἤμύω   593 grammat. ap. Crameri *Anecd. Paris.* vol.
3, p. 55 et 67 s.v. καταρρεπές   594 (ἐπέτρ.)–5 Et⁰ᴹ s.v. καταΐγδην

---

573 αὐτοῖς Merkel   574 αὖθις libri, sicut saepe   575 versus
obscurus στρόβος Merkel   αὐτὴ Koechly   exspect. μὰψ δ' ἐλ. ἔ. στρόβος,
ὄφρα καὶ αὐτή, sim.; cf. falsum μιν (αὖθις) iii. 741   576 πλήμ., de
accentu (πλή- vel -ρίς) dubitant sch   590 δ' ὑποείκαθε Platt: δ' ἂν ὑπείκ-
nostri et schᴸ: δὲ παρείκ- D; cf. Arg. Orph. 706 βυθὸς δ' ὑποείκαθε νηί
(inter Symplegadas), ii. 1266, iv. 41, 1676 (quamquam, sicut apud Hom.,
nonnumquam etiam ὑπεικ- occurrit)   593 fort. αὖτις ὄπισθε   καταρ-
ρεπὲς test.: κατηρεφὲς libri; cf. Hesy. καταρεπές· ἑτερορεπές, ἑτεροκλινές
594 κυλίνδρῳ Fr: -δρος libri; cf. Paul. Sil., Anthol. Pal. 10. 15. 3

Πληγάσι δινήεις εἶλεν ῥόος· αἱ δ' ἑκάτερθεν
σειόμεναι βρόμεον, πεπέδητο δὲ νήια δοῦρα·
καὶ τότ' Ἀθηναίη στιβαρῇ ἀντέσπασε πέτρης
σκαιῇ, δεξιτερῇ δὲ διαμπερὲς ὧσε φέρεσθαι·
ἡ δ' ἰκέλη πτερόεντι μετήορος ἔσσυτ' ὀιστῷ,   600
ἔμπης δ' ἀφλάστοιο παρέθρισαν ἄκρα κόρυμβα
νωλεμὲς ἐμπλήξασαι ἐναντίαι. αὐτὰρ Ἀθήνη
Οὐλυμπόνδ' ἀνόρουσεν, ὅτ' ἀσκηθεῖς ὑπάλυξαν·
πέτραι δ' εἰς ἕνα χῶρον ἐπισχεδὸν ἀλλήλῃσιν
νωλεμὲς ἐρρίζωθεν· ὃ δὴ καὶ μόρσιμον ἦεν   605
ἐκ μακάρων, εὖτ' ἄν τις †ἰδὼν διὰ νηὶ περάσσῃ.

Οἱ δέ που ὀκρυόεντος ἀνέπνεον ἄρτι φόβοιο,
ἠέρα παπταίνοντες ὁμοῦ πέλαγός τε θαλάσσης
τῆλ' ἀναπεπτάμενον· δὴ γὰρ φάσαν ἐξ Ἀίδαο
σώεσθαι. Τῖφυς δὲ παροίτατος ἤρχετο μύθων·   610
" Ἔλπομαι αὐτῇ νηὶ †τόγ' ἔμπεδον ἐξαλέασθαι
ἡμέας· οὐδέ τις ἄλλος ἐπαίτιος ὅσσον Ἀθήνη,
ἥ οἱ ἐνέπνευσεν θεῖον μένος εὖτέ μιν Ἄργος
γόμφοισιν συνάρασσε, θέμις δ' οὐκ ἔστιν ἁλῶναι.
Αἰσονίδη, τύνη δὲ τεοῦ βασιλῆος ἐφετμήν,   615
εὖτε διὲκ πέτρας φυγέειν θεὸς ἦμιν ὄπασσε,
μηκέτι δείδιθι τοῖον, ἐπεὶ μετόπισθεν ἀέθλους
εὐπαλέας τελέεσθαι Ἀγηνορίδης φάτο Φινεύς."

Ἦ ῥ' ἅμα καὶ προτέρωσε παραὶ Βιθυνίδα γαῖαν

---

596 εἶλεν (potius quam ἔσχεν) Fr: εἶχεν libri: par. κατέσχεν schᴸ;
aoristo opus est   598 στιβαρῇ Damsté: -ρῆς libri; cf. i. 1313, ii. 1212
et Hom. χερσὶ στ., sim., sed vide etiam ad iv. 1638   602 νωλεμὲς (par.
vel gl. βιαίως LAP) susp., cf. 605, 554   605 νωλ. susp. (Arg. Orph. 710
βυσσόθεν)   606 ὀδὼν? Maas; vix ἰὼν (Wakefield, cf. iv. 1254) vel
ἰῇ   περάσσῃ SG: -ράσῃ LAPE: -ρήσῃ edit. (cll. 344, al.), sed cf. Od.
5. 409   614 συνάρασσε libri (cf. iii. 1318): -άρηρε (-άρηξε Gen.) Et; cf.
Od. 5. 248 cum v.l.

νῆα διὲκ πέλαγος σεῦεν μέσον· αὐτὰρ ὁ τόνγε   620
μειλιχίοις ἐπέεσσι παραβλήδην προσέειπεν·
" Τῖφυ, τίη μοι ταῦτα παρηγορέεις ἀχέοντι;
ἤμβροτον, ἀασάμην τε κακὴν καὶ ἀμήχανον ἄτην·
χρῆν γὰρ ἐφιεμένοιο καταντικρὺ Πελίαο
αὐτίκ' ἀνήνασθαι τόνδε στόλον, εἰ καὶ ἔμελλον   625
νηλειῶς μελεϊστὶ κεδαιόμενος θανέεσθαι.
νῦν δὲ περισσὸν δεῖμα καὶ ἀτλήτους μελεδῶνας
†ἄγκειμαι, στυγέων μὲν ἁλὸς κρυόεντα κέλευθα
νηὶ διαπλώειν, στυγέων δ' ὅτ' ἐπ' ἠπείροιο
βαίνωμεν, πάντη γὰρ ἀνάρσιοι ἄνδρες ἔασιν.   630
αἰεὶ δὲ στονόεσσαν ἐπ' ἤματι νύκτα φυλάσσω,
ἐξότε τὸ πρώτιστον ἐμὴν χάριν ἠγερέθεσθε,
φραζόμενος τὰ ἔκαστα. σὺ δ' εὐμαρέως ἀγορεύεις,
οἶον ἑῆς ψυχῆς ἀλέγων ὕπερ· αὐτὰρ ἔγωγε
εἷο μὲν οὐδ' ἡβαιὸν ἀτύζομαι, ἀμφὶ δὲ τοῖο   635
καὶ τοῦ ὁμῶς καὶ σεῖο καὶ ἄλλων δείδι' ἑταίρων,
εἰ μὴ ἐς Ἑλλάδα γαῖαν ἀπήμονας ὔμμε κομίσσω."
Ὣς φάτ', ἀριστήκων πειρώμενος· οἱ δ' ὁμάδησαν
θαρσαλέοις ἐπέεσσιν. ὁ δὲ φρένας ἔνδον ἰάνθη
κεκλομένων, καί ῥ' αὖτις ἐπιρρήδην μετέειπεν·   640
" Ὦ φίλοι, ὑμετέρῃ ἀρετῇ ἔπι θάρσος ἀέξω.
τοὔνεκα νῦν οὐδ' εἴ κε διὲξ Ἀίδαο βερέθρων
στελλοίμην, ἔτι τάρβος ἀνάψομαι, εὖτε πέλεσθε
ἔμπεδοι ἀργαλέοις ἐνὶ δείμασιν. ἀλλ' ὅτε πέτρας
Πληγάδας ἐξέπλωμεν, ὀίομαι οὐκ ἔτ' ὀπίσσω   645

621 Et^M s.v. ὑποβλήδην   624 Et^G s.v. χρῆν   624 et 626 Et^G
s.v. νηλειῶς   626 Et^M s.v. νηλεῆς et Et^G iterum s.v. νηλειῶς iterata

626 κεδαιόμενος libri sch Et : v.l. δαιζόμ- Et^G ad gl. iteratam   628 ἄγ-
κειμαι (ἔγ- A) libri : par. ἔχω sch^L : fort. ἀγκτέομαι vel ἔκτημαι (cll.
Soph. Aiac. 777, al.)   632 ἠγερέθεσθε SGPE : -ρέεσθε LA   633 φρα-
ζόμενος Flor. : -νοι libri   637 fort. εἰ δή, cl. iv. 1169   ὔμμε SG :
ἄμμε LAPE   641 ἔπι Fr : ἔνι libri ; cf. iii. 1255, iv. 996

ἔσσεσθαι τοιόνδ' ἔτερον φόβον, εἰ ἐτεόν γε
φραδμοσύνῃ Φινῆος ἐπισπόμενοι νεόμεσθα."
   Ὣς φάτο· καὶ τοίων μὲν ἐλώφεον αὐτίκα μύθων,
εἰρεσίῃ δ' ἀλίαστον ἔχον πόνον. αἶψα δὲ τοίγε
Ῥήβαν ὠκυρόην ποταμὸν σκόπελόν τε Κολώνης,   650
ἄκρην δ' οὐ μετὰ δηθὰ παρεξενέοντο Μέλαιναν,
τῇ δ' ἄρ' ἐπὶ προχοὰς Φυλληΐδας, ἔνθα πάροιθεν
Διψακὸς υἷ' Ἀθάμαντος ἑοῖς ὑπέδεκτο δόμοισιν,
ὁππόθ' ἅμα κριῷ φεῦγε πτόλιν Ὀρχομενοῖο·
τίκτε δέ μιν νύμφη λειμωνιάς· οὐδέ οἱ ὕβρις   655
ἤνδανεν, ἀλλ' ἐθελημὸς ἐφ' ὕδασι πατρὸς ἑοῖο
μητέρι συνναίεσκεν, ἐπάκτια πώεα φέρβων.
τοῦ μέν τ' ἠρίον αἶψα, καὶ εὐρείας ποταμοῖο
ἠιόνας πεδίον τε, βαθυρρείοντά τε Κάλπην
δερκόμενοι παράμειβον, ὁμῶς ὅτ' ἐπ' ἤματι νύκτα   660
νήνεμον ἀκαμάτῃσιν ἐπερρώοντ' ἐλάτῃσιν.
οἷοι δὲ πλαδόωσαν ἐπισχίζοντες ἄρουραν
ἐργατίναι μογέουσι βόες, πέρι δ' ἄσπετος ἱδρώς
εἴβεται ἐκ λαγόνων τε καὶ αὐχένος, ὄμματα δέ σφιν
λοξὰ παραστρωφῶνται ὑπὸ ζυγοῦ, αὐτὰρ ἀυτμή   665
αὐαλέη στομάτων ἄμοτον βρέμει· οἱ δ' ἐνὶ γαίῃ
χηλὰς σκηρίπτοντε πανημέριοι πονέονται—
τοῖς ἴκελοι ἥρωες ὑπὲξ ἁλὸς εἷλκον ἐρετμά.

650–1 (Ῥ. ὠ. ποταμὸν ἀκτήν τε Μέλαιναν) Et^G s.v. Ῥ.   655–7 et
659 Et^G s.v. Κάλπην   657 Et^G s.v. πώεα   662 Et^G, et (πλ. —) Et^M,
et πλ. solum Suda, s.v. πλαδόωσαν vel πλαδαρόν

652 Ψυλληΐδας dubitanter Brunck, fort. recte (aliter Steph. Byz. s.v. Φ.
et Amm. Marc. 22. 8. 14)   654 -ε πτόλιν SGP: -ε πό- E: -εν πό- LA;
cf. 1093   656 ἀλλὰ θελ- Et   658 τ' ἠρίον Fr: θ' ἱερὸν libri; cf. i.
1165   659 Κάλπην Brunck: -ιν libri Et   660 ὅτ' ἀπ' (potius
quam ἀπεῖ) Fr: δ' ἀπὶ libri; cf. 631, 944 sq. (cum v.l.), iv. 979,
1633–5   662 et οἷοι et οἶον Et^G (scil. in textu οἷοι A: οἶον οἱ B, cum
explic. τὸ δὲ οἷοι ἀντὶ τοῦ ὁποιοί (sic) ἐστιν, ἢ ⟨τὸ οἶον⟩ ἀντὶ τοῦ ὡς): οἶον
libri; cf. 668, Il. 5. 554/59

86

Ἦμος δ' οὔτ' ἄρ πω φάος ἄμβροτον οὔτ' ἔτι λίην
ὀρφναίη πέλεται, λεπτὸν δ' ἐπιδέδρομε νυκτί   670
φέγγος, ὅτ' ἀμφιλύκην μιν ἀνεγρόμενοι καλέουσιν,
τῆμος ἐρημαίης νήσου λιμέν' εἰσελάσαντες
Θυνιάδος καμάτῳ πολυπήμονι βαῖνον ἔραζε.
τοῖσι δὲ Λητοῦς υἱός, ἀνερχόμενος Λυκίηθεν
τῆλ' ἐπ' ἀπείρονα δῆμον Ὑπερβορέων ἀνθρώπων,   675
ἐξεφάνη· χρύσεοι δὲ παρειάων ἑκάτερθεν
πλοχμοὶ βοτρυόεντες ἐπερρώοντο κιόντι·
λαιῇ δ' ἀργύρεον νώμα βιόν, ἀμφὶ δὲ νώτοις
ἰοδόκη τετάνυστο κατωμαδόν· ἡ δ' ὑπὸ ποσσίν
σείετο νῆσος ὅλη, κλύζεν δ' ἐπὶ κύματα χέρσῳ.   680
τοὺς δ' ἕλε θάμβος ἰδόντας ἀμήχανον, οὐδέ τις ἔτλη
ἀντίον αὐγάσσασθαι ἐς ὄμματα καλὰ θεοῖο,
στὰν δὲ κάτω νεύσαντες ἐπὶ χθονός· αὐτὰρ ὁ τηλοῦ
βῆ ῥ' ἴμεναι πόντονδε δι' ἠέρος. ὀψὲ δὲ τοῖον
Ὀρφεὺς ἔκφατο μῦθον ἀριστήεσσι πιφαύσκων·   685

" Εἰ δ' ἄγε δὴ νῆσον μὲν Ἑωίου Ἀπόλλωνος
τήνδ' ἱερὴν κλείωμεν, ἐπεὶ πάντεσσι φαάνθη
ἠῷος μετιών· τὰ δὲ ῥέξομεν οἷα πάρεστιν,
βωμὸν ἀναστήσαντες ἐπάκτιον. εἰ δ' ἂν ὀπίσσω
γαῖαν ἐς Αἱμονίην ἀσκηθέα νόστον ὀπάσσῃ,   690
δὴ τότε οἱ κεραῶν ἐπὶ μηρία θήσομεν αἰγῶν·
νῦν δ' αὔτως κνίσῃ λοιβῇσί τε μειλίξασθαι

676 (χρ.)-7 Et^O, et 677 Et^M, s.v. βόστρυχες   687 (— κλ.) Et^{GM} et
Et. Gud. s.v. κλ.

---

673 θυνιάδος SGPE: -νίδος LA   682 αὐγάσ(σ)ασθαι SGPE: ἀγά- LA
683 νεύοντες Brunck (cf. Soph. Antig. 411); fort. λεύσ(σ)οντες, cf. (ad
verba) i. 784, Il. 3. 217, (ad rem) iv. 1315 sq., Od. 16. 179   686 Ἑωίου
Wellauer (cl. 700): ἐῴου L: ἑῴου cett.   690 ὀπάσσῃ LASG: -σσαι PE;
cf. iv. 1419 (ἱκώμεθα)   691 sq. textus corruptus (Fr) et lacunosus
(Maas); e.gr. 'tunc ⟨bobus illi faciemus,⟩ nunc vero feris'   691 θήσομεν
LAS: θύσο- GPE   692 κνίσ(σ)η(ι) in fine versus libri, unde post
αὔτως trai. Flor.

κέκλομαι· ἀλλ' ἵληθι ἄναξ, ἵληθι φααινθείς."

Ὣς ἄρ' ἔφη· καὶ τοὶ μὲν ἄφαρ βωμὸν τετύκοντο
χερμάσιν, οἱ δ' ἀνὰ νῆσον ἐδίνεον, ἐξερέοντες   695
εἴ κέ τιν' ἢ κεμάδων ἢ ἀγροτέρων ἐσίδοιεν
αἰγῶν, οἷά τε πολλὰ βαθείῃ βόσκεται ὕλῃ.
τοῖσι δὲ Λητοΐδης ἄγρην πόρεν· ἐκ δέ νυ πάντων
εὐαγέως ἱερῷ ἀνὰ διπλόα μηρία βωμῷ
καῖον, ἐπικλείοντες Ἐώιον Ἀπόλλωνα.   700
ἀμφὶ δὲ δαιομένοις εὐρὺν χορὸν ἐστήσαντο,
καλὸν Ἰηπαιῆον' Ἰηπαιήονα Φοῖβον
μελπόμενοι, σὺν δέ σφιν ἐὺς πάις Οἰάγροιο
Βιστονίῃ φόρμιγγι λιγείης ἦρχεν ἀοιδῆς·
ὡς ποτε πετραίῃ ὑπὸ δειράδι Παρνησσοῖο   705
Δελφύνην τόξοισι πελώριον ἐξενάριξεν,
κοῦρος ἐὼν ἔτι γυμνός, ἔτι πλοκάμοισι γεγηθώς
(ἱλήκοις· αἰεί τοι, ἄναξ, ἄτμητοι ἔθειραι,
αἰὲν ἀδήλητοι, τὼς γὰρ θέμις, οἰόθι δ' αὐτή
Λητὼ Κοιογένεια φίλαις ἐνὶ χερσὶν ἀφάσσει).   710
πολλὰ δὲ Κωρύκιαι νύμφαι, Πλειστοῖο θύγατρες,
θαρσύνεσκον ἔπεσσιν, " ἰὴ ἰέ " κεκληγυῖαι·

700 Et^G s.v. ἐ. et (ἐπ. —) Et^M s.v. ἕως   704 Et^{OM} s.v. Βιστ. φ.
Tzetzes ad Lyc. 418 (p. 154. 1 Scheer)   705–6 Et^G s.v. Παρν. et
Tzetzes ad Lycophr. 207 (p. 97. 22 Scheer)   711 Et^G s.v. Πλειστοῖο
(sic) et Et^M s.v. Πλ. (= Herodian. i. 217. 21 L)   711–12 latine Varro
Atac. fg. 4 Morel   712–13 Et^{OM} s.v. ἰήιε

694 μὲν G (ex coni., et denuo coni. Steph.): om. cett.   698 δέ νυ
LASG: δ' ἄρα PE   702 fort. Ἰη-, cf. ad 712   704 λιγείης ἦρχεν libri
Et: καλῆς ἐξῆρχεν (vel ἐξῇδεν) Tz. (teste Müller)   705 πετραίης ὑπὸ
δειράσι D Et   707 τυννός Schneider (cl. Callim. fg. 471), vix recte
710 ἐνὶ SG: ἐν LAPE; cf. i. 1113 (aliter iii. 1264?)   711 πλειστοῖο v.l.
sch^{LP} Et^G, Et^M, hoc enim accentu uti accolas dicunt sch Et: πλει- libri
et v.l. sch^{LP} Et   712 ἰὴ ἰέ Fr (tale enim quid in animo habebant Ap.
et Callim. hy. 2. 103; quamquam ipsi solebant neque in loquendo neque
in scribendo verba separare): ἰήιε libri: ἰήιε Pfeiffer ad Callim. fg. 18. 6,
ubi ἰήιε pap; cf. etiam Et^G (l.l.) τινὲς δὲ ψιλοῦσιν (scil. ἰήιος), rati verbum
derivari de ἰᾶσθαι

ἔνθεν δὴ τόδε καλὸν ἐφύμνιον ἔπλετο Φοίβῳ.
αὐτὰρ ἐπειδὴ τόνγε χορείῃ μέλψαν ἀοιδῇ,
λοιβαῖς εὐαγέεσσιν ἐπώμοσαν ἦ μὲν ἀρήξειν   715
ἀλλήλοις εἰσαιὲν ὁμοφροσύνῃσι νόοιο,
ἁπτόμενοι θυέων· καί τ' εἰσέτι νῦν γε τέτυκται
κεῖν' Ὁμονοίης ἱρὸν εὔφρονος ὅ ῥ' ἐκάμοντο
αὐτοὶ κυδίστην τότε δαίμονα πορσαίνοντες.

*Ημος δὲ τρίτατον φάος ἤλυθε, δὴ τότ' ἔπειτα   720
ἀκραεῖ ζεφύρῳ νῆσον λίπον αἰπήεσσαν.
ἔνθεν δ' ἀντιπέρην ποταμοῦ στόμα Σαγγαρίοιο
καὶ Μαριανδυνῶν ἀνδρῶν ἐριθηλέα γαῖαν
ἠδὲ Λύκοιο ῥέεθρα καὶ Ἀνθεμοεισίδα λίμνην
δερκόμενοι παράμειβον· ὑπὸ πνοιῇ δὲ κάλωες   725
ὅπλα τε νήια πάντα τινάσσετο νισσομένοισιν.
ἠῶθεν δ', ἀνέμοιο διὰ κνέφας εὐνηθέντος,
ἀσπασίως ἄκρης Ἀχερουσίδος ὅρμον ἵκοντο.
ἡ μέν τε κρημνοῖσιν ἀνίσχεται ἠλιβάτοισιν,
εἰς ἅλα δερκομένη Βιθυνίδα· τῇ δ' ὑπὸ πέτραι   730
λισσάδες ἐρρίζωνται ἁλίβροχοι, ἀμφὶ δὲ τῇσιν
κῦμα κυλινδόμενον μεγάλα βρέμει· αὐτὰρ ὕπερθεν
ἀμφιλαφεῖς πλατάνιστοι ἐπ' ἀκροτάτῃ πεφύασιν.
ἐκ δ' αὐτῆς εἴσω κατακέκλιται ἤπειρόνδε
κοίλη ὕπαιθα νάπη, ἵνα τε σπέος ἔστ' Ἀίδαο   735

721 ἀκρ. ζ. Et^M s.v. d.   724 Ἀ.λ. Steph. Byz. s.v. Ἀνθεμοῦς (= Herodian. i. 102. 17 L)   725 Choerob. in Theodos. Canones i, p. 249. 24 Hilgard (= Herodian. ii. 713. 26 L); (κάλωες tantum) Et^M s.v. ἄλωα, et Choerob. ii, p. 393. 15   727–34 de his versibus ineuntibus litt. 5–24 servatae sunt in libro membr. saec. sexti, Perg. Graec. Vindob. 29785 (*Mitteilungen aus der Pap.-Smlg. der Nat.-Bibl. in Wien, N. Serie, III Folge, Nr. 16*); v. etiam ad 754

717 τ' LASG: ῥ' PE   718 κεῖν' Fr: κεῖσ' libri; cf. iv. 1153 et v. ad i. 955   719 πορσαίνοντες libri sch: v.l. κικλήσκ- sch^L   721 ἀκραεῖ LAPE Et: ευ supra ά scr. S et a supra εὐ scr. G   730 δερκομένη Vindob. LASG: κεκλιμ- PE, v.l. L (ex i. 938?), cf. (?) enarr. νένυκαν—εἰς τὸ πρὸ τῆς Βιθυνίας πέλαγος sch^LP

ὕλῃ καὶ πέτρῃσιν ἐπηρεφές, ἔνθεν ἀυτμή
πηγυλίς, ὀκρυόεντος ἀναπνείουσα μυχοῖο,
συνεχὲς ἀργινόεσσαν ἀεὶ περιτέτροφε πάχνην,
οὐδὲ μεσημβριόωντος ἰαίνεται ἠελίοιο.
σιγὴ δ' οὔποτε τήνδε κατὰ βλοσυρὴν ἔχει ἄκρην,   740
ἀλλ' ἄμυδις πόντοιό θ' ὑπὸ στένει ἠχήεντος
φύλλων τε πνοιῇσι τινασσομένων μυχίῃσιν.
ἔνθα δὲ καὶ προχοαὶ ποταμοῦ Ἀχέροντος ἔασιν,
ὅς τε διὲξ ἄκρης ἀνερεύγεται εἰς ἅλα βάλλων
†ἠοίην, κοίλη δὲ φάραγξ κατάγει μιν ἄνωθεν.   745
τὸν μὲν ἐν ὀψιγόνοισι Σοωναύτην ὀνόμηναν
Νισαῖοι Μεγαρῆες, ὅτε νάσσεσθαι ἔμελλον
γῆν Μαριανδυνῶν· δὴ γάρ σφεας ἐξεσάωσεν
αὐτῆσιν νήεσσι, κακῇ χρίμψαντας ἀέλλῃ.
τῇ ῥ' οἵγ' αὐτίκα νῆα διὲξ Ἀχερουσίδος ἄκρης   750
εἰσωποί, ἀνέμοιο νέον λήγοντος, ἔκελσαν.

Οὐδ' ἄρα δηθὰ Λύκον, κείνης πρόμον ἠπείροιο,
καὶ Μαριανδυνοὺς λάθον ἀνέρας ὁρμισθέντες
αὐθένται Ἀμύκοιο κατὰ κλέος ὃ πρὶν ἄκουον·
ἀλλὰ καὶ ἀρθμὸν ἔθεντο μετὰ σφίσι τοῖο ἕκητι,   755
αὐτὸν δ' ὥστε θεὸν Πολυδεύκεα δεξιόωντο,
πάντοθεν ἀγρόμενοι· ἐπεὶ ἦ μάλα τοίγ' ἐπὶ δηράν
ἀντιβίην Βέβρυξιν ὑπερφιάλοις πολέμιζον.
καὶ δὴ πασσυδίῃ μεγάρων ἔντοσθε Λύκοιο
κεῖν' ἦμαρ φιλότητι, μετὰ πτολίεθρον ἰόντες,   760

737–8 EtGM s.v. πηγυλίς, cum par. versuum 734–8   754–61 horum
versuum ad finem litt. servatae sunt 11–28 in cod. Vindob. (v. ad 727)
755 (— σφ.) EtGM s.v. ἀρθμός

738 συν. ἀεὶ coniunximus, cl. Od. 9. 74   739 οὐδὲ Castiglioni: ἦ
τε libri; ille quidem dubitanter, sed necessarium est propter συν. ἀεὶ
740 τήνδε APE: τήγγε LSG   745 ἠοίην (ἠώην PE) libri sch (ex 688 ?):
ἠιόεις Damsté; cf. iv. 289   750 νῆα Fr: νηὶ libri (propter τῇ)
753 fort. ἀνέρες   ὁρμισθέντες Segaar (Act. Traiect. i, p. 75): ὁρμηθ- libri
(ex 537)

δαίτην ἀμφίεπον τέρποντό τε θυμὸν ἔπεσσιν.
Αἰσονίδης μέν οἱ γενεὴν καί τ' οὔνομ' ἑκάστου
σφωιτέρων μυθεῖθ' ἑτάρων, Πελίαό τ' ἐφετμάς·
ἠδ' ὡς Λημνιάδεσσιν ἐπεξεινοῦντο γυναιξίν·
ὅσσα τε Κύζικον ἀμφὶ Δολιονίην τ' ἐτέλεσσαν·   765
Μυσίδα θ' ὡς ἀφίκοντο Κίον θ', ὅθι κάλλιπον ἥρω
Ἡρακλέην ἀέκοντι νόῳ, Γλαύκοιό τε βάξιν
πέφραδε· καὶ Βέβρυκας ὅπως Ἄμυκόν τ' ἐδάιξαν·
καὶ Φινῆος ἔειπε θεοπροπίας τε δύην τε·
ἠδ' ὡς Κυανέας πέτρας φύγον· ὥς τ' ἀβόλησαν   770
Λητοίδῃ κατὰ νῆσον. ὁ δ' ἐξείης ἐνέποντος
θέλγετ' ἀκουῇ θυμόν· ἄχος δ' ἕλεν Ἡρακλῆι
λειπομένῳ, καὶ τοῖον ἔπος πάντεσσι μετηύδα·
" Ὦ φίλοι, οἵου φωτὸς ἀποπλαγχθέντες ἀρωγῆς
πείρετ' ἐς Αἰήτην τόσσον πλόον. εὖ γὰρ ἐγώ μιν   775
Δασκύλου ἐν μεγάροισι καταυτόθι πατρὸς ἐμεῖο
οἶδ' ἐσιδών, ὅτε δεῦρο δι' Ἀσίδος ἠπείροιο
πεζὸς ἔβη, ζωστῆρα φιλοπτολέμοιο κομίζων
Ἱππολύτης· ἐμὲ δ' εὗρε νέον χνοάοντα παρειάς.
ἔνθα δ' ἐπὶ Πριόλαο κασιγνήτοιο θανόντος   780
ἡμετέρου Μυσοῖσιν ὑπ' ἀνδράσιν, ὅντινα λαὸς
οἰκτίστοις ἐλέγοισιν ὀδύρεται ἐξέτι κείνου,
ἀθλεύων, Τιτίην ἀπεκαίνυτο πυγμαχέοντα

779 (νέον—) Et^M s.v. χνοῦς

762 καί τ' Fr (cl. Il. 3. 235, quamquam καί traditur etiam in Quinti
Sm. imitatione 7. 234): καὶ libri; contra ubi per caesurarum leges licet
(e.gr. i. 20, iii. 354) usurpatur (γενεήν τε) καὶ οὔνομα   765 (-ην) τ'
SGE²: om. LAPE¹: expl. Κύ. τὸν βασιλέα τῶν Δολιόνων φησίν, οὐ τὴν πόλιν
sch^LA, contra gl. (supra Μυσ. 766) τὴν πόλιν λέγει G   766 θ' (ὡς) PE: τ'
LA: δ' SG; nullum est δὲ in tota serie 763–70   776 ἑοῖο a. corr., ἑροῖο
p. corr. L¹ (sic teste Manfredi); cetera v. ad i. 829   778 fort. κομίσσων
cll. sch 780 (ἐπὶ τὸν ζωστῆρα) et Apollod. 2. 100 sq.   779 -τα παρειάς
Et : -τας (ita LSG, a. corr. E: -τα AP, p. corr. E) ἰούλους libri (ex 43)

καρτερόν, ὃς πάντεσσι μετέπρεπεν ἠιθέοισιν
εἰδός τ' ἠδὲ βίην, χαμάδις δέ οἱ ἤλασ' ὀδόντας.   785
αὐτὰρ ὁμοῦ Μυσοῖσιν ἐμῷ ὑπὸ πατρὶ δάμασσεν
Μύγδονας, οἳ ναίουσιν ὁμώλακας ἧμιν ἀρούρας,
φῦλά τε Βιθυνῶν αὐτῇ κτεατίσσατο γαίῃ
ἔστ' ἐπὶ Ῥήβαο προχοὰς σκόπελόν τε Κολώνης·
Παφλαγόνες τ' ἐπὶ τοῖς Πελοπήιοι εἴκαθον αὔτως   790
ὅσσους Βιλλαίοιο μέλαν περιάγνυται ὕδωρ.
ἀλλ' ἐμὲ τῶν Βέβρυκες ὑπερβασίῃ τ' Ἀμύκοιο
τηλόθι ναιετάοντος ἐνόσφισαν Ἡρακλῆος,
δὴν ἀποτεμνόμενοι γαίης ἅλις, ὄφρ' ἐβάλοντο
οὖρα βαθυρρείοντος ἐφ' εἰαμεναῖς Ὑπίοιο.   795
ἔμπης δ' ἐξ ὑμέων ἔδοσαν τίσιν· οὐδέ ἕ φημι
ἤματι τῷδ' ἀέκητι θεῶν ἐπελάσσαι ἄρηα,
Τυνδαρίδη, Βέβρυξιν, ὅτ' ἀνέρα κεῖνον ἔπεφνες.
τῶν νῦν ἥντιν' ἐγὼ τεῖσαι χάριν ἄρκιός εἰμι,
τείσω προφρονέως· ἦ γὰρ θέμις ἠπεδανοῖσιν   800
ἀνδράσιν, εὖτ' ἄρξωσιν ἀρείονες ἄλλοι ὀφέλλειν.
ξυνῇ μὲν πάντεσσιν, ὁμόστολον ὕμμιν ἕπεσθαι
Δάσκυλον ὀτρυνέω, ἐμὸν υἱέα (τοῖο δ' ἰόντος,

795 (παρ' εἰαμ. —) Et^GM s.vv. Ὕπιος et ἄμφιος

---

786 ὑ. πατρὶ libri et sch 786-7 a: v.l. ὑ. δουρὶ L (ex 139 ?), unde sch^L 758 = sch^P 754 Λύκος προσλαβόμενος Ἡρακλέα σύμμαχον κτλ. et Apollod. 2. 100 Ἡ. βοηθῶν Λύκῳ   787 v.l. Μύγδονας sch^LP: καὶ Φρύγας libri (ex *gl.): de utraque lectione docte disputant sch   789 Ῥήβαο Fr: ῥηβαίου libri (et Arg. Orph. 713 ῥηβανοῦ πρ. libri): par. ἕως Ῥήβα ποταμοῦ sch; cf. Ῥήβαν 349, 650, et apud alios auct.   790 τ' nostri: δ' D   792 ἀλλ' ἐμὲ Brunck (cl. πατρὶ 786): ἀλλά με libri   τῶν Fr: νῦν libri (ex 799 ?)   fort. ὑπερβασίης Ἀμ.   795 ἐφ' Schneider: ὑφ' libri (ex Ὑπ-): παρ' Et   796 ἕ, i.q. ἐμαυτόν; ad rem cf. 136-41 797 ἐπελάσσαι S (ex coni.): ἐμπ- cett.: gl. ἐπαγαγεῖν sch^L   798 τυνδαρίδη (et in 796 οὐδέ σε) Flor.: -δην libri (propter ἕ): par. ὦ πολύδευκες sch   ἔπεφνες LA: -νε (-νεν E) SGPE: par. ἀπέκτεινας sch^L   803 υἱέα S (ex coni.): υἷα cett.

92

ἦ τ' ἂν ἐυξείνοισι διαμπερὲς ἀντιάοιτε
ἀνδράσι μέσφ' αὐτοῖο ποτὶ στόμα Θερμώδοντος·   805
νόσφι δὲ Τυνδαρίδαις, Ἀχερουσίδος ὑψόθεν ἄκρης
εἴσομαι ἱερὸν αἰπύ, τὸ μὲν μάλα τηλόθι πάντες
ναυτίλοι ἂμ πέλαγος θηεύμενοι ἱλάξονται,
καί κέ σφιν μετέπειτα πρὸ ἄστεος, οἷα θεοῖσιν,
πίονας εὐαρότοιο γύας πεδίοιο ταμοίμην."   810
Ὣς τότε μὲν δαῖτ' ἀμφὶ πανήμεροι ἐψιόωντο·
ἦρί γε μὴν ἐπὶ νῆα κατήισαν ἐγκονέοντες,
καὶ δ' αὐτὸς σὺν τοῖσι Λύκος κίε, μυρί' ὀπάσσας
δῶρα φέρειν, ἅμα δ' υἷα δόμων ἔκπεμπε νέεσθαι.
Ἔνθα δ' Ἀβαντιάδην πεπρωμένη ἤλασε μοῖρα   815
Ἴδμονα, μαντοσύνῃσι κεκασμένον, ἀλλά μιν οὔ τι
μαντοσύναι ἐσάωσαν, ἐπεὶ χρεὼ ἦγε δαμῆναι.
κεῖτο γὰρ εἰαμενῇ δονακώδεος ἐν ποταμοῖο,
ψυχόμενος λαγόνας τε καὶ ἄσπετον ἰλύι νηδύν,
κάπριος ἀργιόδων, ὀλοὸν τέρας, ὅν ῥα καὶ αὐταί   820
νύμφαι ἑλειονόμοι ὑπεδείδισαν· οὐδέ τις ἀνδρῶν
ἠείδει, οἷος δὲ κατὰ πλατὺ βόσκετο τῖφος.
αὐτὰρ ὅγ' ἰλυόεντος ἀνὰ θρωσμοὺς πεδίοιο
νίσσετ' Ἀβαντιάδης, ὁ δ' ἄρ' ἔκποθεν ἀφράστοιο
ὕψι μάλ' ἐκ δονάκων ἀνεπάλμενος, ἤλασε μηρόν   825
αἴγδην, μέσσας δὲ σὺν ὀστέῳ ἶνας ἔκερσεν.

811 (δ. —) EtM s.v. ἐψιάασθαι, (ἀ. —) EtG s.v. ἐψίω   821 (— ὑ.) EtOM
s.v. ἐλεινόμενος (sic)   822 EtG, et unam vocem EtM, s.v. ἠείδει   823
(ἰλυ. —) EtGM s.v. ἰλύς   826 EtGM s.v. αἴγδην

804 διαμπερὲς v.l. L: διὲξ ἁλὸς libri (ex i. 1014, 1157, [1328], ii. 351); cf.
Il. 16. 640 et Od. 7. 96 διαμπ. cum (ἐξ et) ἐς, Il. 15. 70 et Od. 13. 59 δ. εἰς ὅ
κε, Od. 23. 151 δ. εἶος   805 -σι μέσφ' Fr : -σιν ὄφρ' libri (ex 794); cf. μέσφα
ποτὶ Antipater, Anth. Pal. 12. 97. 2, μέσφ' ἐς Callim. hy. 4. 47   806
ἄκρης Pierson: ἀκτῆς libri; v. ad 354   807 vs. om. LAPE, sed par.
ἱερὸν ἱδρύσομεν (leg. -μαι) schL, cf. etiam schP fort. τὸ καὶ   823 πεδίοιο
Stephanus (Thes. Gr. L. i. 1576, felici fort. errore): ποταμοῖο libri (ex
818); cf. iii. 198 sq., Il. 10. 160, al.

ὀξὺ δ' ὄγε κλάγξας, οὔδει πέσεν· οἱ δ' ἐρυγόντος
ἀθρόοι ἀντιάχησαν. ὀρέξατο δ' αἶψ' ὀλοοῖο
Πηλεὺς αἰγανέῃ φύγαδ' εἰς ἕλος ὁρμηθέντος
καπρίου· ἔσσυτο δ' αὖτις ἐναντίος, ἀλλά μιν Ἴδας   830
οὔτασε, βεβρυχὼς δὲ θοῷ περὶ κάππεσε δουρί.
καὶ τὸν μὲν χαμάδις λίπον αὐτόθι πεπτηῶτα·
τὸν δ' ἕταροι ἐπὶ νῆα φέρον ψυχορραγέοντα
ἀχνύμενοι· χείρεσσι δ' ἑῶν ἐνὶ κάτθαν' ἑταίρων.

Ἔνθα δὲ ναυτιλίης μὲν ἐρητύοντο μέλεσθαι,   835
ἀμφὶ δὲ κηδείῃ νέκυος μένον ἀσχαλόωντες,
ἤματα δὲ τρία πάντα γόων· ἑτέρῳ δέ μιν ἤδη
τάρχυον μεγαλωστί, συνεκτερέιζε δὲ λαός
αὐτῷ ὁμοῦ βασιλῆι Λύκῳ· παρὰ δ' ἄσπετα μῆλα,
ἣ θέμις οἰχομένοισι, ταφήια λαιμοτόμησαν.   840
καὶ δή τοι κέχυται τοῦδ' ἀνέρος ἐν χθονὶ κείνῃ
τύμβος, σῆμα δ' ἔπεστι καὶ ὀψιγόνοισιν ἰδέσθαι,
νήιος ἐκ κοτίνοιο φάλαγξ, θαλέθει δέ τε φύλλοις,
ἄκρης τυτθὸν ἔνερθ' Ἀχερουσίδος. εἰ δέ με καὶ τό
χρειὼ ἀπηλεγέως Μουσέων ὕπο γηρύσασθαι·   845
τόνδε πολισσοῦχον διεπέφραδε Βοιωτοῖσιν
Νισαίοισί τε Φοῖβος ἐπιρρήδην ἱλάεσθαι,
ἀμφὶ δὲ τήνδε φάλαγγα παλαιγενέος κοτίνοιο
ἄστυ βαλεῖν, οἱ δ' ἀντὶ θεουδέος Αἰολίδαο
Ἴδμονος εἰσέτι νῦν Ἀγαμήστορα κυδαίνουσιν.   850

Τίς γὰρ δὴ θάνεν ἄλλος (ἐπεὶ καὶ ἔτ' αὖτις ἔχευαν
ἥρωες τότε τύμβον ἀποφθιμένου ἑτάροιο,
δοιὰ γὰρ οὖν κείνων ἔτι σήματα φαίνεται ἀνδρῶν);
Ἀγνιάδην Τῖφυν θανέειν φάτις· οὐδέ οἱ ἦεν

827 δ' ἐρυγόντος (cum v.l. -τες) Fr: δὲ τυπέντος (: -τες LA) libri; cf.
Il. 20. 406   829 αἰγανέῃ Merkel: -έην libri; cf. Il. 13. 190, i. 1313
(sed accus. ii. 1212)   830 fort. ὄγ' ἀντίος, cl. Od. 19. 445 (de apro)
838 συνεκτερέιζε LAPE: -ιξε SG   843 νήιος Merkel: νηίου libri   fort.
δ' ἔτι (cl. sch); cf. ad i. 1122   dist. Wifstrand   848 τήνδε sch^{LΛlemma}:
τήνγε libri; cf. τόνδε 846   851-2 om. G¹

μοῖρ' ἔτι ναυτίλλεσθαι ἑκαστέρω, ἀλλά νυ καὶ τόν   855
αὖθι μινυνθαδίη πάτρης ἑκὰς εὔνασε νοῦσος.
εἰσόκ' Ἀβαντιάδαο νέκυν κτερέιξεν ὅμιλος.
ἄτλητον δ' ὀλοῷ ἐπὶ πήματι κῆδος ἔλοντο·
δὴν ἄρ', ἐπεὶ καὶ τόνδε παρασχεδὸν ἐκτερέιξαν
αὐτοῦ ἀμηχανίησιν ἁλὸς προπάροιθε πεσόντες,   860
ἐντυπὰς εὐκήλως εἰλυμένοι οὔτε τι σίτου
μνώοντ' οὔτε ποτοῖο· κατήμυσαν δ' ἀχέεσσι
θυμόν, ἐπεὶ μάλα πολλὸν ἀπ' ἐλπίδος ἔπλετο νόστος.
καί νύ κ' ἔτι προτέρω τετιημένοι ἰσχανόωντο,
εἰ μὴ ἄρ' Ἀγκαίῳ περιώσιον ἔμβαλεν Ἥρη   865
θάρσος, ὃν Ἰμβρασίοισι παρ' ὕδασιν Ἀστυπάλαια
τίκτε Ποσειδάωνι, περιπρὸ γὰρ εὖ ἐκέκαστο
ἰθύνειν· Πηλῆα δ' ἐπεσσύμενος προσέειπεν·
"Αἰακίδη, πῶς καλὸν ἀφειδήσαντας ἀέθλων
γαίῃ ἐν ἀλλοδαπῇ δὴν ἔμμεναι; οὐ μὲν ἄρηος   870
ἴδριν ἐόντ' ἐμὲ τόσσον ἄγει μετὰ κῶας Ἰήσων
Παρθενίης ἀπάνευθεν ὅσον τ' ἐπιίστορα νηῶν·
τῶ μή τοι τυτθόν γε δέος περὶ νηΐ πελέσθω.
ὣς δὲ καὶ ἄλλοι δεῦρο δαήμονες ἄνδρες ἔασιν,
τῶν ὅτινα πρύμνης ἐπιβήσομεν, οὔ τις ἰάψει   875
ναυτιλίην. ἀλλ' ὦκα παραιφάμενος τάδε πάντας
θαρσαλέως ὀρόθυνον ἐπιμνήσασθαι ἀέθλου."
Ὣς φάτο· τοῖο δὲ θυμὸς ἀέξετο γηθοσύνῃσιν.
αὐτίκα δ' οὐ μετὰ δηρὸν ἐνὶ μέσσοις ἀγόρευσεν·
"Δαιμόνιοι, τί νυ πένθος ἐτώσιον ἴσχομεν αὔτως;   880

857 εἰσόκ' GPE schᴾ: -ότ' LAS schᴸ   859 δὴν ἄρ' Fr: δὴ γὰρ libri;
cf. iii. 503, i. 1072 (οὐδ' ἐπὶ δηρὸν—ἐμνώοντο)   867 fort. περ. δὲ νηῦν
ἐκέκ., cf. Od. 3. 282 sq., Arg. Orph. 730 νῆα κατιθύνων, scil. Ancaeus
recens electus (728 κεκάσθαι)   871 ἐόντ' ἐμὲ Fr: -τά με libri   873 τοι
LAPE: μοι v.l. L, SG   874 ἄλλοι D: ὦλ- nostri; v. ad i.
1101, et Platt   875 fort. οὔ τι, quamquam par. οὐδεὶς schᴸ   876 πάν-
τας Fr: πάντα libri   878 ἀέξετο SG (sic): ὀρέξετο LA (ex 828):
ὀρέξατο PE schᴸᴾ; cf. Od. 2. 315, ii. 641, Theogn. 362

οἱ μὲν δή ποθι τοῦτον ὃν ἔλλαχον οἶτον ὄλοντο·
ἡμῖν δ' ἐν γὰρ ἔασι κυβερνητῆρες ὁμίλῳ
καὶ πολέες, τῷ μή τι διατριβώμεθα πείρης·
ἀλλ' ἔγρεσθ' εἰς ἔργον, ἀπορρίψαντες ἀνίας."

Τὸν δ' αὖτ' Αἴσονος υἱὸς †ἀμηχανέων προσέειπεν·   885
"Αἰακίδη, πῇ δ' οἶδε κυβερνητῆρες ἔασιν;
οὕς περ γὰρ τὸ πάροιθε δαήμονας εὐχόμεθ' εἶναι,
οἵδε κατηφήσαντες ἐμεῦ πλέον ἀσχαλόωσι·
τῷ καὶ ὁμοῦ φθιμένοισι κακὴν προτιόσσομαι ἄτην,
εἰ δὴ μήτ' ὀλοοῖο μετὰ πτόλιν Αἰήταο   890
ἔσσεται ἠὲ καὶ αὖτις ἐς Ἑλλάδα γαῖαν ἱκέσθαι
πετράων ἔκτοσθε· καταυτόθι δ' ἄμμε καλύψει
ἀκλειῶς κακὸς οἶτος, ἐτώσια γηράσκοντας."

Ὣς ἔφατ'· Ἀγκαῖος δὲ μάλ' ἐσσυμένως ὑπέδεκτο
νῆα θοὴν ἄξειν, δὴ γὰρ θεοῦ ἐτράπεθ' ὁρμῇ·   895
τὸν δὲ μετ' Ἐργῖνος καὶ Ναύπλιος Εὔφημός τε
ὤρνυντ', ἰθύνειν λελιημένοι. ἀλλ' ἄρα τούσγε
ἔσχεθον, Ἀγκαίῳ δὲ πολεῖς ἤνησαν ἑταίρων.

Ἠῷοι δῆπειτα δυωδεκάτῳ ἐπέβαινον
ἤματι, δὴ γάρ σφιν ζεφύρου μέγας οὖρος ἄητο   900
καρπαλίμως δ' Ἀχέροντα διεξεπέρησαν ἐρετμοῖς,
ἐκ δ' ἔχεαν πίσυνοι ἀνέμῳ λίνα, πουλὺ δ' ἐπιπρό
λαιφέων πεπταμένων τέμνον πλόον εὐδιόωντες.
ὦκα δὲ Καλλιχόροιο παρὰ προχοὰς ποταμοῖο
ἤλυθον, ἔνθ' ἐνέπουσι Διὸς Νυσήιον υἷα,   905

905 (Δ. —) Et^{OM} s.v. N.

881 (μὲν) δή Fr: (μὲν) γάρ libri (ex 882)   882 fort. ἡμέων   δ' ἐν
(γάρ) Merkel (cl. Il. 7. 73 cum v.l.): μὲν (γὰρ) libri (ex 881)   885 ἀμη-
χανέων libri ex 410 (Αἰ. υἱ. ἀμ.); fort. ἀμήχανος ὣς, prudens enim ille
simulabat amentiam et inanes timores, ut animos excitaret ad rem
fortiter gerendam; quod statim evenit   887 περ γὰρ Fr: μὲν γὰρ libri
(ex 881, 882)   889 textus susp.   890 μὴ ὀλ- scribendum videtur,
modo legitimus sit hiatus (ad quem cf., e.gr., i. 1202, ii. 38, iv. 1343)
892 fort. ἔντοσθε   900 σφιν LAS: σφι GPE

Ἰνδῶν ἡνίκα φῦλα λιπὼν κατενίσσετο Θήβας,
ὀργιάσαι, στῆσαί τε χοροὺς ἄντροιο πάροιθεν
ᾧ ἐν ἀμειδήτους ἁγίας ηὐλίζετο νύκτας·
ἐξ οὗ Καλλίχορον ποταμὸν περιναιετάοντες
ἠδὲ καὶ Αὔλιον ἄντρον ἐπωνυμίην καλέουσιν.   910

Ἔνθεν δὲ Σθενέλου τάφον ἔδρακον Ἀκτορίδαο,
ὅς ῥά τ' Ἀμαζονίδων πολυθαρσέος ἐκ πολέμοιο
ἂψ ἀνιὼν (δὴ γὰρ συνανήλυθεν Ἡρακλῆι)
βλήμενος ἰῷ κεῖθεν, ἐπ' ἀγχιάλου θάνεν ἀκτῆς.
οὐ μέν θην προτέρω ἔτ' ἐμέτρεον· ἧκε γὰρ αὐτή   915
Φερσεφόνη ψυχὴν πολυδάκρυον Ἀκτορίδαο,
λισσομένην τυτθόν περ ὁμήθεας ἄνδρας ἰδέσθαι·
τύμβου δὲ στεφάνης ἐπιβὰς σκοπιάζετο νῆα,
τοῖος ἐὼν οἷος πόλεμόνδ' ἴεν, ἀμφὶ δὲ καλή
τετράφαλος φοίνικι λόφῳ ἐπελάμπετο πήληξ.   920
καί ῥ' ὁ μὲν αὖτις ἔδυ μέλανα ζόφον, οἱ δ' ἐσιδόντες
θάμβησαν. τοὺς δ' ὦρσε θεοπροπέων ἐπικέλσαι
Ἀμπυκίδης Μόψος λοιβῇσί τε μειλίξασθαι.
οἱ δ' ἀνὰ μὲν κραιπνῶς λαῖφος σπάσαν, ἐκ δὲ βαλόντες
πείσματ' ἐν αἰγιαλῷ, Σθενέλου τάφον ἀμφεπένοντο,   925
χύτλα τέ οἱ χεύαντο καὶ ἥγνισαν ἔντομα μήλων.
ἄνδιχα δ' αὖ χύτλων Νηοσσόῳ Ἀπόλλωνι
βωμὸν δειμάμενοι μῆρ' ἔφλεγον· ἂν δὲ καὶ Ὀρφεύς

---

907 (στ. —) Steph. Byz. s.v. Αὐλή   908 Et^{GM} s.v. ἀμ.   910
Et^{GM} s.v. Αὔ. ἄ.   926 Et^{GM} s.v. χύτλα, et (καὶ —) Et^M s.v. ἔντ.

906 κατενίσσετο Gerhard Meissner (seminarii sodalis, 1930): -ενάσσατο
libri (ex 520); cf. ὅτε ἀπὸ Ἰνδῶν ὑπέστρεφε sch^L, ὑποστρέφων ἐκ τῶν Ἰ. sch^P
908 ηὐλίζετο Et: εὐνάζετο libri: explic. (910) Αὔ. ἄ: παρὰ τὸ ἐν αὐτῷ
αὐλισθῆναι τὸν Δ. Et^G   910 αὔλι- Et Steph. (v. ad 908): αὐλί- libri
913 συνανήλυθεν LAPE: συνελή- SG   914 fort. δῆθεν   915 fort.
αὐτήν (aliter iv. 1151)   921 ἔδυ μέλανα Bywater: ἔδυνε μέλαν libri:
ἔδυνε μέγαν Flor. (unde et Vat. B, quem sequebantur editt.)   926 χεύ-
αντο Et (et coni. Brunck): χεύοντο libri; v. ad i. 565   928 μῆρ' Vat. Gr.
36, ex coni., et denuo Brunck: μῆλ' libri (ex 926)

θῆκε λύρην· ἐκ τοῦ δὲ Λύρη πέλει οὔνομα χώρῳ.

Αὐτίκα δ' οἵγ' ἀνέμοιο κατασπέρχοντος ἔβησαν   930
νῆ' ἔπι, κὰδ δ' ἄρα λαῖφος ἐρυσσάμενοι τανύοντο
ἐς πόδας ἀμφοτέρους. ἡ δ' ἐς πέλαγος πεφόρητο
ἐντενές, ἠύτε τίς τε δι' ἠέρος ὑψόθι κίρκος
ταρσὸν ἐφεὶς πνοιῇ φέρεται ταχύς, οὐδὲ τινάσσει
†ῥιπήν, εὐκήλοισιν ἐνευδιόων πτερύγεσσιν.   935
καὶ δὴ Παρθενίοιο ῥοὰς ἁλιμυρήεντος,
πρηυτάτου ποταμοῦ, παρεμέτρεον, ᾧ ἔνι κούρη
Λητωίς, ἄγρηθεν ὅτ' οὐρανὸν εἰσαναβαίνῃ,
ὃν δέμας ἱμερτοῖσιν ἀναψύχει ὑδάτεσσιν.
νυκτὶ δ' ἔπειτ' ἄλληκτον ἐπιπροτέρωσε θέοντες   940
Σήσαμον αἰπεινούς τε παρεξενέοντ' Ἐρυθίνους,
Κρωβίαλον Κρωμνάν τε καὶ ὑλήεντα Κύτωρον.
ἔνθεν δ' αὖτε Κάραμβιν ἅμ' ἠελίοιο βολῇσιν
γνάμψαντες, παρὰ Πουλὺν ἔπειτ' ἤλαυνον ἐρετμοῖς
Αἰγιαλὸν πρόπαν ἦμαρ ὁμῶς καὶ ἐπ' ἤματι νύκτα.   945

Αὐτίκα δ' Ἀσσυρίης ἐπέβαν χθονός, ἔνθα Σινώπην
θυγατέρ' Ἀσωποῖο καθίσσατο καί οἱ ὄπασσε
παρθενίην Ζεὺς αὐτός, ὑποσχεσίῃσι δολωθείς.
δὴ γὰρ ὁ μὲν φιλότητος ἐέλδετο, νεῦσε δ' ὅγ' αὐτῇ
δωσέμεναι ὅ κεν ᾗσι μετὰ φρεσὶν ἰθύσειεν·   950
ἡ δέ ἑ παρθενίην ᾐτήσατο κερδοσύνῃσιν.
ὣς δὲ καὶ Ἀπόλλωνα παρήπαφεν, εὐνηθῆναι
ἱέμενον, ποταμόν τ' ἐπὶ τοῖς Ἅλυν· οὐδὲ μὲν ἀνδρῶν
τήνγε τις ἱμερτῇσιν ἐν ἀγκοίνῃσι δάμασσεν.
ἔνθα δὲ Τρικκαίοιο ἀγαυοῦ Δηιμάχοιο   955

941 Ἐρ. (unam vocem) Steph. Byz. s.v. (= Herodian. i. 183. 24 L)
942 Etᴳᵒᵗᵒᵗᵒᵗᵒᵗᵒᵗᵒᵗᵒᵗ et Steph. Byz. s.v. Κρωβ. (= Herodian. i. 159. 24 L), Eust. ad Il.
2. 855; (Κρώμν. —) Etᴹ s.v. Κρώμνα   946-7 (Ἀσ.) Etᴹ s.v. Ἀσσυρία

935 ῥιπή Lloyd-Jones   940 δ' Schneider: τ' libri   942 accentum
κρωβίαλον L²A Et sch: -λὸν L¹SGPE   κρώμναν libri; cf. Il. 2. 855
943 ἔνθεν L²SG: ἔνθα L¹APE   945 καὶ ἐπ' SG: ἐπ LA: ἐπὶ PE
954 ἐν PE: om. LASG

υἶες, Δηιλέων τε καὶ Αὐτόλυκος Φλογίος τε,
τημόσδ', Ἡρακλῆος ἀποπλαγχθέντες, ἔναιον·
οἵ ῥα τόθ', ὡς ἐνόησαν ἀριστήων στόλον ἀνδρῶν,
σφᾶς αὐτοὺς νημερτὲς ἐπέφραδον ἀντιάσαντες·
οὐδ' ἔτι μιμνάζειν θέλον ἔμπεδον, ἀλλ' ἐνὶ νηΐ,   960
ἀργέσταο παράσσον ἐπιπνείοντος, ἔβησαν.
    Τοῖσι δ' ὁμοῦ μετέπειτα θοῇ πεφορημένοι αὔρῃ
λεῖπον Ἅλυν ποταμόν, λεῖπον δ' ἀγχίρροον Ἴριν
ἠδὲ καὶ Ἀσσυρίης πρόχυσιν χθονός. ἤματι δ' αὐτῷ
γνάμψαν Ἀμαζονίδων ἔκαθεν λιμενήοχον ἄκρην,   965
ἔνθα ποτὲ προμολοῦσαν Ἀρητιάδα Μελανίππην
ἥρως Ἡρακλέης ἐλοχήσατο, καί οἱ ἄποινα
Ἱππολύτη ζωστῆρα παναίολον ἐγγυάλιξεν
ἀμφὶ κασιγνήτης, ὁ δ' ἀπήμονα πέμψεν ὀπίσσω·
τῆς οἵγ' ἐν κόλπῳ προχοαῖς ἔπι Θερμώδοντος   970
κέλσαν, ἐπεὶ καὶ πόντος ὀρίνετο νισσομένοισιν.
τῷ δ' οὔ τις ποταμῶν ἐναλίγκιος οὐδὲ ῥέεθρα
τόσσ' ἐπὶ γαῖαν ἵησι παρὲξ ἔθεν ἄνδιχα βάλλων·
τετράδος εἰς ἑκατὸν δεύοιτό κεν, εἴ τις ἕκαστα
πεμπάζοι. μία δ' οἴη ἐτήτυμος ἔπλετο πηγή·   975
ἡ μέν τ' ἐξ ὀρέων κατανίσσεται ἠπειρόνδε
ὑψηλῶν, ἅ τέ φασιν Ἀμαζόνια κλείεσθαι,

961 (et 963 quoque Etᴳ) Etᴳᴹ s.v. ἀργέστης   963 Etᴳ, et nil nisi
ποτ. ἀγχ. Ἴ. Etᴹ, s.v. Ἴρις   965–9 Tzetzes ad Lycophr. 1327 (p.
373. 20 Scheer)   965 Etᴳ, et (duo verba λιμ. ἄ.) Etᴹ, s.v. λιμ.; (λιμ.
solum) Etᴹ s.v. ἡνίοχος   967 (—ἐλ.) Etᴳ s.v. ἐλ.

---

957 τημόσδ' Gerhard (p. 49): τῆμος ὅθ' libri (ex 958): τῆμος ἔθ' Merkel
961 accentum ἀργέσταο libri et hic (L quoque?) et iv. 1628, sed v. ad
993   963°–4°(?) medio in scholioᴸᴾ 963–5b, quod est de verbo
πρόχυσιν et de rebus quae eo pertinent, leguntur haec: λεῖπον Ἅλυν πο-
ταμόν, λεῖπον δ' (δ' om. schᴾ) ἀλιμυρέα χώραν | Ἀσσυρίης ἀνέχουσαν ἀπὸ
χθονός (Ἀσσ. κτλ. om. schᴾ), quae ex edit. priore sumpta esse iam
pridem est coniectum   965 comma (non punctum) pos. Wifstrand
969 αὐτοκασιγνήτης Tzetzes   974 τετράδος Merkel: τετράκις libri:
par. τεσσάρων δεούσας ἑκατόν schᴸᴾ

ἔνθεν δ' αἰπυτέρην ἐπικίδναται ἔνδοθι γαῖαν
ἀντικρύ· τῶ καί οἱ ἐπίστροφοί εἰσι κέλευθοι,
αἰεὶ δ' ἄλλυδις ἄλλη, ὅπῃ κύρσειε μάλιστα   980
ἠπείρου χθαμαλῆς, εἰλίσσεται, ἡ μὲν ἄπωθεν,
ἡ δὲ πέλας· πολέες δὲ πόροι νώνυμνοι ἔασιν
ὅπῃ ὑπεξαφύονται, ὁ δ' ἀμφαδὸν ἄμμιγα παύροις
Πόντον ἐς Ἄξεινον κυρτὴν ὑπ' ἐρεύγεται ἄκρην.
καί νύ κε δηθύνοντες Ἀμαζονίδεσσιν ἔμειξαν   985
ὑσμίνην, καὶ δ' οὔ κεν ἀναιμωτί γ' ἐρίδηναν
(οὐ γὰρ Ἀμαζονίδες μάλ' ἐπητέες οὐδὲ θέμιστας
τίουσαι πεδίον Δοιάντιον ἀμφενέμοντο,
ἀλλ' ὕβρις στονόεσσα καὶ Ἄρεος ἔργα μεμήλει·
δὴ γὰρ καὶ γενεὴν ἔσαν Ἄρεος Ἁρμονίης τε   990
νύμφης, ἥ τ' Ἄρηϊ φιλοπτολέμους τέκε κούρας,
ἄλσεος Ἀκμονίοιο κατὰ πτύχας εὐνηθεῖσα)
εἰ μὴ ἄρ' ἐκ Διόθεν πνοιαὶ πάλιν ἀργέσταο
ἤλυθον, οἱ δ' ἀνέμῳ περιηγέα κάλλιπον ἄκρην,
ἔνθα Θεμισκύρειαι Ἀμαζόνες ὡπλίζοντο·   995
οὐ γὰρ ὁμηγερέες μίαν ἂμ πόλιν, ἀλλ' ἀνὰ γαῖαν
κεκριμέναι κατὰ φῦλα διάτριχα ναιετάασκον·
νόσφι μὲν αἵδ' αὐταί, τῇσιν τότε κοιρανέεσκεν
Ἱππολύτη, νόσφιν δὲ Λυκάστιαι ἀμφενέμοντο,
νόσφι δ' ἀκοντοβόλοι Χαδήσιαι. ἤματι δ' ἄλλῳ   1000
νυκτί τ' ἐπιπλομένῃ Χαλύβων παρὰ γαῖαν ἵκοντο.

988 Et^G, et (Δ. πεδ. νέμ.) Et^M, s.v. Δ.   992 Ἀκμ. ἄλσος Steph.
Byz. s.v. Ἀκμονία (= Herodian. i. 32. 4 L)   995 Et^{OM} s.v. Θεμι-
σκύρειον, et (Θεμισκ. tantum) Steph. Byz. s.v. Θεμίσκυρα (= Herodian.
ii. 580. 8 L)   1000 (— ἀκοντ.) Steph. Byz. s.v. Χαδισία

978–83 locus difficilis   987 ἐπήτιδες Lobeck (Elem. Pathol. i, p.
484. 7)   989 μεμήλει Brunck: -λε(ν) libri; cf. Il. 2. 614   992 ἀκμ-
LASG Steph.: ἀλκμ- PE sch^{LP}, sch^{LP} ii. 373–6 a   993 μὴ ἀρ'
ἐκ Flor. (ex coni.): μὴ ἐκ SPE: μὴ LAG; cf. 286, 865, al., Il. 3. 374,
al.   ἀργέσταο SGPE: -τάοιο LA; v. ad 961   994 οἱ ASGPE: ἡ L
999 ἀμφ. fort. ex 988; e.gr. ἠγερέθοντο   1000 χαδήσιαι p. rasuras
duas L¹, PE sch^{LP}: v.l. (χα)λη(σιαι) suprascr. L²: χαλή- A: χαλδή- SG

τοῖσι μὲν οὔτε βοῶν ἄροτος μέλει οὔτε τις ἄλλη
φυταλιὴ καρποῖο μελίφρονος, οὐδὲ μὲν οἵγε
ποίμνας ἐρσήεντι νομῷ ἔνι ποιμαίνουσιν·
ἀλλὰ σιδηροφόρον στυφελὴν χθόνα γατομέοντες   1005
ὦνον ἀμείβονται βιοτήσιον· οὐδέ ποτέ σφιν
ἠὼς ἀντέλλει καμάτων ἄτερ, ἀλλὰ κελαινῇ
λιγνύϊ καὶ καπνῷ †κάματον βαρὺν ὀτλεύουσιν.

Τοὺς δὲ μετ' αὐτίκ' ἔπειτα Γενηταίου Διὸς ἄκρην
γνάμψαντες σώοντο παρὲξ Τιβαρηνίδα γαῖαν·   1010
ἔνθ' ἐπεὶ ἄρ κε τέκωνται ὑπ' ἀνδράσι τέκνα γυναῖκες,
αὐτοὶ μὲν στενάχουσιν ἐνὶ λεχέεσσι πεσόντες,
κράατα δησάμενοι· ταὶ δ' εὖ κομέουσιν ἐδωδῇ
ἀνέρας ἠδὲ λοετρὰ λεχώϊα τοῖσι πένονται.

'Ιερὸν αὖτ' ἐπὶ τοῖσιν ὄρος καὶ γαῖαν ἄμειβον   1015
ᾗ ἔνι Μοσσύνοικοι ἀν' οὔρεα ναιετάουσιν.   1016
ἀλλοίη δὲ δίκη καὶ θέσμια τοῖσι τέτυκται·   1018
ὅσσα μὲν ἀμφαδίῃ ῥέζειν θέμις ἢ ἐνὶ δήμῳ
ἢ ἀγορῇ, τάδε πάντα δόμοις ἔνι μηχανόωνται·   1020
ὅσσα δ' ἐνὶ μεγάροις πεπονήμεθα, κεῖνα θύραζε
ἀψεγέως μέσσῃσιν ἐνὶ ῥέζουσιν ἀγυιαῖς·
οὐδ' εὐνῆς αἰδὼς ἐπιδήμιος, ἀλλὰ σύες ὣς
φορβάδες, οὐδ' ἡβαιὸν ἀτυζόμενοι παρεόντας,

1005–6 (βιοτ.) Et^G s.v. ὦνον   1022 Et^G s.v. ἀψ.

1008 e.gr. μόχθον   1009 fort. Γενηταίην, cl. 378 cum sch, quamquam
Genetaei Val. Fl. 5.147   1010 σώ., v. ad 296   παρὲξ (non παρὲκ) defendit
Wifstrand cll. Od. 12. 276, al.   1015 ἱερὸν p. corr. S, D sch^{LA lemma}:
ἱερὸν δ' LA, a. corr. S, GPE: 'Ιρὸν δ' Schneider; cf. i. 179   αὖτ' LG:
αὖ ASPE   1016 οὔρεα susp.; e.gr. ἀνὰ δρία   vs. 1017 = 381 B olim in
margine ferebatur iuxta 1016 (cf. ii. 1270, iv. 348 A), scil. post 1016 versum
381 B repetunt ASGPE: omisso 1016 solum 1017 L¹, sed 1016 in margine
addidit L²; del. 1017 Platt (33. 18) et Wilamowitz (p. 249)   1019 ἀμ-
φαδίῃ LASPE (cf. v.l. Il. 13. 356): -δίην G (fort. recte, cf. iii. 97, al.)
1021 fort. θύρηφι   1023 fort. ἐπιδημίου, cll. ἐνὶ δ. 1019 et Μοσσύν.—
συνουσιάζουσι δημοσίᾳ Artemid. Oneirocr. i. 8 (p. 14. 12 Hercher)
1024 fort. παριόντας (cl. 1022)

μίσγονται χαμάδις ξυνῇ φιλότητι γυναικῶν·   1025
αὐτὰρ ἐν ὑψίστῳ βασιλεὺς μόσσυνι θαάσσων
ἰθείας πολέεσσι δίκας λαοῖσι δικάζει,
σχέτλιος· ἢν γάρ πού τι θεμιστεύων ἀλίτηται,
λιμῷ μιν κεῖν' ἦμαρ ἐνικλείσαντες ἔχουσιν.

Τοὺς παρανισσόμενοι καὶ δὴ σχεδὸν ἀντιπέρηθεν   1030
νήσου Ἀρητιάδος τέμνον πλόον εἰρεσίῃσιν
ἡμάτιοι, λιαρὴ γὰρ ὑπὸ κνέφας ἔλλιπεν αὔρη·
ἤδη καί τιν' ὕπερθεν Ἀρήιον ἀίσσοντα
ἐνναέτην νήσοιο δι' ἠέρος ὄρνιν ἴδοντο·
ὅς ῥα, τιναξάμενος πτέρυγας κατὰ νῆα θέουσαν,   1035
ἧκ' ἐπὶ οἷ πτερὸν ὀξύ. τὸ δ' ἐν λαιῷ πέσεν ὤμῳ
δίου Ὀιλῆος, μεθέηκε δὲ χερσὶν ἐρετμόν
βλήμενος· οἱ δὲ τάφον πτερόεν βέλος εἰσορόωντες.
καὶ τὸ μὲν ἐξείρυσσε παρεδριόων Ἐριβώτης,
ἕλκος δὲ ξύνέδησεν, ἀπὸ σφετέρου κολεοῖο   1040
λυσάμενος τελαμῶνα κατήορον. ἐκ δ' ἐφαάνθη
ἄλλος ἐπὶ προτέρῳ πεποτημένος· ἀλλά μιν ἥρως
Εὐρυτίδης Κλυτίος (πρὸ γὰρ ἀγκύλα τείνατο τόξα
ἧκέ τ' ἐπ' οἰωνὸν ταχινὸν βέλος) αὐτὸς ὑποφθάς
πλῆξεν, δινηθεὶς δὲ θοῆς πέσεν ἀγχόθι νηός.   1045
τοῖσιν δ' Ἀμφιδάμας μυθήσατο παῖς Ἀλεοῖο·

" Νῆσος μὲν πέλας ἡμιν Ἀρητιάς (ἴστε καὶ αὐτοί
τούσδ' ὄρνιθας ἰδόντες)· ἐγὼ δ' οὐκ ἔλπομαι ἰοὺς
τόσσον ἐπαρκέσσειν εἰς ἔκβασιν· ἀλλά τιν' ἄλλην

1026–9 Et⁰ s.v. ἰθείας   1026 Et⁰ s.v. θαάσσων   1032 (— κν.)
Et⁰ s.v. λιαρόν

1028 τι PE et Et: τε G: γε S: om. LA   1029 fort. λιμαλδόν κ.
1030 παρανισ(σ)όμενοι AP: -αμειβόμενοι SGE (ex 382): supra -νισό- (sic)
v.l. μειβο scr. prima (?) manu L   1032 λιαρὴ L¹SGP, v.l. E, et
disertim Et: διερὴ AE, et v.l. L² (cf. 1099)   1039 Ἐριβ., v. ad i. 71
1043 Κλ., de accentu v. ad i. 86   1044 τ' Fr: δ' LAG: om. (ἧκεν PE) SPE
αὐτὸς ὑποφθάς Fr (e.gr.): αὐτὰρ ἔπειτα libri (ex i. 598, 668, 1058): αὐτὰρ
ἐπ' ἦπαρ Platt: εὖτ' ἄρ' ἐπέπτη Merkel; vs. delendum esse censet Maas

μῆτιν πορσύνωμεν ἐπίρροθον, εἰ γ' ἐπικέλσαι   1050
μέλλετε, Φινῆος μεμνημένοι ὡς ἐπέτελλεν.
οὐδὲ γὰρ Ἡρακλέης, ὁπότ' ἤλυθεν Ἀρκαδίηνδε,
πλωάδας ὄρνιθας Στυμφαλίδος ἔσθενε λίμνης
ὤσασθαι τόξοισι (τὸ μέν τ' ἐγὼ αὐτὸς ὄπωπα)·
ἀλλ' ὅγε χαλκείην πλαταγὴν ἐνὶ χερσὶ τινάσσων   1055
δούπει ἐπὶ σκοπιῆς περιμήκεος, αἱ δ' ἐφέβοντο
τηλοῦ ἀτυζηλῷ ὑπὸ δείματι κεκληγυῖαι.
τῶ καὶ νῦν τοίην τιν' ἐπιφραζώμεθα μῆτιν—
αὐτὸς δ' ἄν, τὸ πάροιθεν ἐπιφρασθείς, ἐνέποιμι·
ἀνθέμενοι κεφαλῆσιν ἀερσιλόφους τρυφαλείας,   1060
ἡμίσεες μὲν ἐρέσσετ' ἀμοιβαδίς, ἡμίσεες δέ
δούρασί τε ξυστοῖσι καὶ ἀσπίσιν ἄρσετε νῆα,
αὐτὰρ πασσυδίῃ περιώσιον ὄρνυτ' ἀυτήν
ἀθρόοι, ὄφρα κολῳὸν ἀηθείῃ φοβέωνται
νεύοντάς τε λόφους καὶ ἐπήορα δούραθ' ὕπερθεν.   1065
εἰ δέ κεν αὐτὴν νῆσον ἱκώμεθα, δὴ τότ' ἔπειτα
σὺν κελάδῳ σακέεσσι πελώριον ὄρσετε δοῦπον."
Ὡς ἄρ' ἔφη, πάντεσσι δ' ἐπίρροθος ἥνδανε μῆτις.
ἀμφὶ δὲ χαλκείας κόρυθας κεφαλῆσιν ἔθεντο
δεινὸν λαμπομένας, ἐπὶ δὲ λόφοι ἐσσείοντο   1070
φοινίκεοι· καὶ τοὶ μὲν ἀμοιβήδην ἐλάασκον,
τοὶ δ' αὖτ' ἐγχείῃσι καὶ ἀσπίσι νῆα κάλυψαν.
ὡς δ' ὅτε τις κεράμῳ κατερέψεται ἑρκίον ἀνήρ,
δώματος ἀγλαΐην τε καὶ ὑετοῦ ἔμμεναι ἄλκαρ,

1053 Et^G (= cod. Paris. Gr. 2720, Crameri *Anecd. Gr.* vol. iv, p. 16) s.v.
πλωάδας ὀρνίθων; (— Στ.) Et^M s.v. Στ.; cf. etiam Et^M s.v. λισσή
1055 Et^{GM} s.v. πλαταγή   1069–72 Et^G s.v. ἀμοιβήδην   1071 (καὶ —)
Et^M s.v. ἀμοιβηδόν

1050 γ' Brunck: κ' libri   1053 πλωάδας testimonia: πλωΐδας libri sch^{LP}
(ex Στ-ίδας) στυμφαλίδος PE: -δας LASG Et^{QM}, sch?; v. Wifstrand
1055 πλαταγὴν sch disertim: -τάγην libri   1062 ἄρσετε LASG: -σατε
PE   1064 φοβέωνται GP: -έονται LASE   1067 ὄρσετε L¹A: -σατε
L²SGPE; cf. ad 1062   1072 νῆα κάλ- SG: νῆ' ἐκάλ- LAPE; v. Wellauer

ἄλλῳ δ' ἔμπεδον ἄλλος ὁμῶς ἐπαμοιβὸς ἄρηρεν—   1075
ὡς οἵγ' ἀσπίσι νῆα συναρτύναντες ἔρεψαν·
οἵη δὲ κλαγγὴ δῆου πέλει ἐξ ὁμάδοιο
ἀνδρῶν κινυμένων, ὁπότε ξυνίωσι φάλαγγες—
τοίη ἄρ' ὑψόθι νηὸς ἐς ἠέρα κίδνατ' ἀυτή·
οὐδέ τιν' οἰωνῶν ἔτ' ἐσέδρακον. ἀλλ' ὅτε νήσῳ   1080
χρίμψαντες σακέεσσιν ἐπέκτυπον, αὐτίκ' ἄρ' οἵγε
μυρίοι ἔνθα καὶ ἔνθα πεφυζότες ἠερέθοντο·
ὡς δ' ὁπότε Κρονίδης πυκινὴν ἐφέηκε χάλαζαν
ἐκ νεφέων ἀνά τ' ἄστυ καὶ οἰκία, τοὶ δ' ὑπὸ τοῖσιν
ἐνναέται, κόναβον τεγέων ὕπερ εἰσαίοντες,   1085
ἧνται ἀκήν, ἐπεὶ οὔ σφε κατέλλαβε χείματος ὥρη
ἀπροφάτως, ἀλλὰ πρὶν ἐκαρτύναντο μέλαθρον—
ὡς πυκινὰ πτερὰ τοῖσιν ἐφίεσαν, ἀίσσοντες
ὕψι μάλ' ἂμ πέλαγος περάτης εἰς οὔρεα γαίης.

Τίς γὰρ δὴ Φινῆος ἔην νόος, ἐνθάδε κέλσαι   1090
ἀνδρῶν ἡρώων θεῖον στόλον, ἢ καὶ ἔπειτα
ποῖον ὄνειαρ ἔμελλεν ἐελδομένοισιν ἱκέσθαι;
Υἷες Φρίξοιο μετὰ πτόλιν Ὀρχομενοῖο
ἐξ Αἴης ἐνέοντο παρ' Αἰήταο Κυταίου,
Κολχίδα νῆ' ἐπιβάντες, ἵν' ἄσπετον ὄλβον ἄρωνται   1095
πατρός· ὁ γὰρ θνῄσκων ἐπετείλατο τήνδε κέλευθον.
καὶ δὴ ἔσαν νήσοιο μάλα σχεδὸν ἤματι κείνῳ,
Ζεὺς δ' ἀνέμου βορέαο μένος κίνησεν ἀῆναι,
ὕδατι σημαίνων διερὴν ὁδὸν Ἀρκτούροιο.

1075 Et^G s.v. ἀμοιβήθην, et (ἄλλος —) Et^M s.v. ἀμοιβηδόν   1085
(— τεγ.) Et^G s.v. ἀν.   vss. 1099, 1103, 1127 explicat Pap. Berol.
13413, saec. p.C.n. primi vel sec. (ed. Wifstrand, *Eranos* 30, 1932, 2 sqq.)

1076 συναρτύναντες LA: -τύσαντες SG: -τήσαντες PE   1084 τοῖσιν,
scil. νεφέεσσιν   1086 σφε PE: σφι LASG; cf. ad iii. 370, iv. 1410
1087 μέλαθρον LASG: -θρα PE   1089 οὔρεα LAPE: οὔατα SG
1094 ἐνέοντο SPE: ἐνέποντο LA: ἐνέμοντο G   1099 ὕδατι libri: ὕδασι
fort. pap

αὐτὰρ ὅγ' ἡμάτιος μὲν ἐν οὔρεσι φύλλ' ἐτίνασσεν   1100
τυτθὸν ἐπ' ἀκροτάτοισιν ἀήσυρος ἀκρεμόνεσσιν·
νυκτὶ δ' ἔβη πόντονδε πελώριος, ὦρσε δὲ κῦμα
κεκληγὼς πνοιῇσι· κελαινὴ δ' οὐρανὸν ἀχλύς
ἄμπεχεν, οὐδέ πη ἄστρα διαυγέα φαίνετ' ἰδέσθαι
ἐκ νεφέων, σκοτόεις δὲ περὶ ζόφος ἠρήρειστο.   1105
οἱ δ' ἄρα μυδαλέοι, στυγερὸν τρομέοντες ὄλεθρον,
υἷες Φρίξοιο φέρονθ' ὑπὸ κύμασιν αὔτως·
ἱστία δ' ἐξήρπαξ' ἀνέμου μένος ἠδὲ καὶ αὐτήν
νῆα διάνδιχ' ἔαξε, τινασσομένην ῥοθίοισιν.
ἔνθα δ' ὑπ' ἐννεσίῃσι θεῶν πίσυρές περ ἐόντες   1110
δούρατος ὠρέξαντο πελωρίου, οἷά τε πολλά
ῥαισθείσης κεκέδαστο θοαῖς συναρηρότα γόμφοις.
καὶ τοὺς μὲν νῆσόνδε, παρὲξ ὀλίγον θανάτοιο,
κύματα καὶ ῥιπαὶ ἀνέμου φέρον ἀσχαλόωντας·
αὐτίκα δ' ἐρράγη ὄμβρος ἀθέσφατος, ὗε δὲ πόντον   1115
καὶ νῆσον καὶ πᾶσαν ὅσην κατεναντία νήσου
χώρην Μοσσύνοικοι ὑπέρβιοι ἀμφενέμοντο.

τοὺς δ' ἄμυδις κρατερῷ σὺν δούρατι κύματος ὁρμή
υἷας Φρίξοιο μετ' ἠιόνας βάλε νήσου
νύχθ' ὕπο λυγαίην. τὸ δὲ μυρίον ἐκ Διὸς ὕδωρ   1120
λῆξεν ἅμ' ἠελίῳ· τάχα δ' ἐγγύθεν ἀντεβόλησαν

1100 latine Varro Atac. fg. 6 Morel   1120 (— λυγ.) Et^M s.v. λυγαῖον

1103 κεκληγός cum gl. καχλάζον pap, sed cf. Od. 12. 408   1105 ἠρή-
ρειστο SGPE: -ρειτο LA   1106 v. ad 1115–17   1108 αὐτήν
Brunck: αὔτως libri (ex 1107)   1113–14 eadem fere iterum narran-
tur vss. 1118–19 (Bernhardy); sed nota ipf. hic usurpari, aoristum illic
1115–17 videntur post 1105 esse transponendi, cll. 1099 et μυθ. 1106
1116°(?) vs. νῆσον ἤπειρόν τε περαίης ἀγχόθι νήσου in textu post 1116 SG:
vs. om. in textu L¹ et add. post 1116 L²: om. APE; vs. scil. pro v.l. ad
1116–17 olim ascriptus (et melior certe quam illud distichum), ex priore
fort. editione sumptus (Hemsterhuys, Ruhnken, alii)   1117^A lac. Fr (eo
scil. loco quem nunc iniuria occupant vss. 1115–17, vel 1115 et 1116°), e.gr.
'Argonautae autem in litore miseram pervigilabant sub imbre noctem';
cf. 1113 τοὺς μὲν et 1118 τοὺς δὲ de iisdem, ac nomine quidem addito 1119

ἀλλήλοις. Ἄργος δὲ παροίτατος ἔκφατο μῦθον·

" Ἀντόμεθα πρὸς Ζηνὸς Ἐποψίου, οἵτινές ἐστε
ἀνδρῶν, εὐμενέειν τε καὶ ἀρκέσσαι χατέουσι.
πόντῳ γὰρ τρηχεῖαι ἐπιβρίσασαι ἄελλαι   1125
νηὸς ἀεικελίης διὰ δούρατα πάντ' ἐκέδασσαν,
ᾗ ἔνι πείρομεν οἶδμα κατὰ χρέος ἐμβεβαῶτες.
τούνεκα νῦν ὑμέας γουναζόμεθ', αἴ κε πίθησθε,
δοῦναι ὅσον τ' εἴλυμα περὶ χροὸς ἠδὲ κομίσσαι,
ἀνέρας οἰκτείραντας ὁμήλικας ἐν κακότητι.   1130
ἀλλ' ἱκέτας ξείνους Διὸς εἵνεκεν αἰδέσσασθε,
Ξεινίου Ἱκεσίου τε· Διὸς δ' ἄμφω ἱκέται τε
καὶ ξεῖνοι, ὁ δέ που καὶ ἐπόψιος ἄμμι τέτυκται."

Τὸν δ' αὖτ' Αἴσονος υἱὸς ἐπιφραδέως ἐρέεινε,
μαντοσύνας Φινῆος ὀισσάμενος τελέεσθαι·   1135

" Ταῦτα μὲν αὐτίκα πάντα παρέξομεν εὐμενέοντες·
ἀλλ' ἄγε μοι κατάλεξον ἐτήτυμον ὁππόθι γαίης
ναίετε, καὶ χρέος οἷον ὑπεὶρ ἅλα νεῖσθαι ἀνώγει,
αὐτῶν θ' ὑμείων ὄνομα κλυτὸν ἠδὲ γενέθλην."

Τὸν δ' Ἄργος προσέειπεν, ἀμηχανέων κακότητι·   1140

"Αἰολίδην Φρίξον τιν' ἀφ' Ἑλλάδος Αἶαν ἱκέσθαι
ἀτρεκέως δοκέω που ἀκούετε καὶ πάρος αὐτοί,
Φρίξον ὅτις πτολίεθρον ἀνήλυθεν Αἰήταο
κριοῦ ἐπαμβεβαώς, τόν ῥα χρύσειον ἔθηκεν
Ἑρμείας· κῶας δὲ καὶ εἰσέτι νῦν κεν ἴδοισθε   1145
πεπτάμενον λασίοισιν ἐπὶ δρυὸς ἀκρεμόνεσσιν·   1145^A

1127 ᾗ ἔνι libri: κηη pap (v. ad 1099)   πείρομεν οἶδμα coniecerat J. H.
Voss (cll. iii. 388, iv. 457), eademque denuo Koechly, qui κατὰ quoque
proposuit (cll. iv. 530, al.): τειρόμενοι ἄμ' ἐπὶ libri sch^P: πείρομεν οἶδμα
(nec quicquam ultra) pap   1129 θ' εἴλυμα libri   1135 δισσά(μενος),
-σσ- libri praeter S (δισά-); iii. 436 -σσ- libri praeter PE, iii. 962 -σσ-
praeter P, iii. 1189 et iv. 14 -σσ- omnes; in Od. -σσ- plerumque
libri; Ap. quid scripserit incertum   1137 ὁππόθι Brunck: ὥς ποθι
libri (L quoque)   1144 ἐπαμβεβαώς Fr: ἐπεμβ- libri (ex 1127)
1145 ἴδοισθε recentiores quidam libri: ἴδησθε nostri   1145^A vs. hinc
eiciebat Brunck, retinebat in 1270

τὸν μὲν ἔπειτ' ἔρρεξεν ἑῆς ὑποθημοσύνῃσιν   1146
Φυξίῳ ἐκ πάντων Κρονίδῃ Διί· καί μιν ἔδεκτο
Αἰήτης μεγάρῳ, κούρην τέ οἱ ἐγγυάλιξεν
Χαλκιόπην ἀνάεδνον ἐυφροσύνῃσι νόοιο·
τῶν ἐξ ἀμφοτέρων εἰμὲν γένος, ἀλλ' ὁ μὲν ἤδη   1150
γηραιὸς θάνε Φρίξος ἐν Αἰήταο δόμοισιν·
ἡμεῖς δ', αὐτίκα πατρὸς ἐφετμάων ἀλέγοντες,
νεύμεθ' ἐς Ὀρχομενὸν κτεάνων Ἀθάμαντος ἕκητι.
εἰ δὲ καὶ οὔνομα δῆθεν ἐπιθύεις δεδαῆσθαι,
τῷδε Κυτίσσωρος πέλει οὔνομα, τῷδέ τε Φρόντις,   1155
τῷ δὲ Μέλας, ἐμὲ δ' αὐτὸν ἐπικλείοιτέ κεν Ἄργον."
Ὣς φάτ'· ἀριστῆες δὲ συνηβολίῃ κεχάροντο
καί σφεας ἀμφίεπον περιθαμβέες· αὐτὰρ Ἰήσων
ἐξαῦτις κατὰ μοῖραν ἀμείψατο τοῖσδ' ἐπέεσσιν·
" Ἦ ἄρα δὴ γνωτοὶ πατρώιοι ἄμμιν ἐόντες   1160
λίσσεσθ' εὐμενέοντας ἐπαρκέσσαι κακότητα.
Κρηθεὺς γάρ ῥ' Ἀθάμας τε κασίγνητοι γεγάασιν,
Κρηθῆος δ' υἱωνὸς ἐγὼ σὺν τοισίδ' ἑταίροις
Ἑλλάδος ἐξ αὐτὴν νέομ' ἐς πόλιν Αἰήταο.
ἀλλὰ τὰ μὲν καὶ ἐσαῦτις ἐνίψομεν ἀλλήλοισιν,   1165
νῦν δ' ἔσσασθε πάροιθεν· ὑπ' ἐννεσίῃσι δ' οἴω
ἀθανάτων ἐς χεῖρας ἐμὰς χατέοντας ἱκέσθαι."
Ἦ ῥα, καὶ ἐκ νηὸς δῶκέ σφισιν εἵματα δῦναι.
πασσυδίῃ δῆπειτα κίον μετὰ νηὸν Ἄρηος,
μῆλ' ἱερευσόμενοι, περὶ δ' ἐσχάρῃ ἐστήσαντο   1170
ἐσσυμένως, ἥ τ' ἐκτὸς ἀνηρεφέος πέλε νηοῦ,

1157 (ἀρ. —) Et^{GM} s.v. συνη., et Et^M s.v. ἐπηβολία; vocem συνη. Suda
iv. 470. 15 Adler

1146 exspect. τὸν γὰρ ἔπειθ' ὅγε ῥέξεν, sim.   ἑῆς non concinit cum
iv. 120 sq.   1153 et κτεάνων et κτεάτων archet., scil. κτεάτνων L:
-άνων ASG: -άτων PE   1160 ἐόντες recc. quidam: ἰόντες nostri; cf.
235   1164 ἐξ αὐτὴν Fr: ἐξ αὐτῆς libri   1166 -σι δ' οἴω SGPE:
-σιν οἴω LA   1170 ἱερευσόμενοι PE: -σάμενοι LASG

στιάων· εἴσω δὲ μέλας λίθος ἠρήρειστο
ἱερός, ᾧ †ποτε πᾶσαι† Ἀμαζόνες εὐχετόωντο·
οὐδέ σφιν θέμις ἦεν, ὅτ' ἀντιπέρηθεν ἵκοιντο,
μήλων τ' ἠδὲ βοῶν τῇδ' ἐσχάρῃ ἱερὰ καίειν,   1175
ἀλλ' ἵππους δαίτρευον, ἐπηετανὸν κομέουσαι.
αὐτὰρ ἐπεὶ ῥέξαντες ἐπαρτέα δαῖτα πάσαντο,
δὴ τότ' ἄρ' Αἰσονίδης μετεφώνεεν, ἦρχέ τε μύθων·
    " Ζεὺς ἐτεὸν τὰ ἔκαστ' ἐπιδέρκεται, οὐδέ μιν ἄνδρες
λήθομεν ἔμπεδον οἵ τε θεουδέες †οὐδὲ δίκαιοι.†   1180
ὡς μὲν γὰρ πατέρ' ὑμὸν ὑπεξείρυτο φόνοιο
μητρυιῆς καὶ νόσφιν ἀπειρέσιον πόρεν ὄλβον,
ὣς δὲ καὶ ὑμέας αὖτις ἀπήμονας ἐξεσάωσεν
χείματος οὐλομένοιο. πάρεστι δὲ τῆσδ' ἐπὶ νηός
ἔνθα καὶ ἔνθα νέεσθαι ὅπῃ φίλον, εἴτε μετ' Αἶαν   1185
εἴτε μετ' ἀφνειὴν θείου πόλιν Ὀρχομενοῖο.
τὴν γὰρ Ἀθηναίη τεχνήσατο καὶ τάμε χαλκῷ
δούρατα Πηλιάδος κορυφῆς πάρα, σὺν δέ οἱ Ἄργος
τεῦξεν· ἀτὰρ κείνην γε κακὸν διὰ κῦμ' ἐκέδασσεν,
πρὶν καὶ πετράων σχεδὸν ἐλθέμεν αἵ τ' ἐνὶ Πόντου   1190
στεινωπῷ συνίασι πανήμεροι ἀλλήλῃσιν.
ἀλλ' ἄγεθ' ὧδε καὶ αὐτοὶ ἐς Ἑλλάδα μαιομένοισιν
κῶας ἄγειν χρύσειον ἐπίρροθοι ἄμμι πέλεσθε
καὶ πλόου ἡγεμονῆες, ἐπεὶ Φρίξοιο θυηλάς

1172 Etᵍ s.v. στειάων

1172 μέγας Hoelzlin (male, cf., e.gr., Orph. Lith. 363)   1173 e.gr.
παρστᾶσαι, vel πάρα πατρὶ (cll. 990-2)   1174 ἵκοιντο Flor.: ἵκοντο
LASPE: ἵκοιτο (?) G   1179 ἐτεὸν (quod spectat ad 1133) Meineke
(ἐτεῇ Mooney): αἰτεῖ LG: ἔτι A: αὐτὸς SPE (cf. Callim. hy. 1. 81?)
1180 οὐδὲ (οἵ τε S) δίκαιοι libri (ex Od. 6. 120 sq., al., et fort. ex
Callim. 1. 82 sq.): οἵ τ' ἀλιτηροί Matthiä: ἠδὲ δίκαιοι Steph.: alia alii
1181 om. Lˡ   1186 μετ' ἀφνειὴν Brunck (cll. iv. 348ᴬ, iii. 1073): μετὰ
φθ(ε)ίην libri sch   1188 πάρα PE: πέρι LASG   1190 ἐλθέμεν Brunck
(ad iii. 767): ἐλθεῖν libri; v. Rzach p. 137   Πόντου Koechly: -τῳ libri

στέλλομαι ἀμπλήσων, Ζηνὸς χόλον Αἰολίδῃσιν."   1195
"Ἴσκε παρηγορέων· οἱ δ' ἔστυγον εἰσαΐοντες,
οὐ γὰρ ἔφαν τεύξεσθαι ἐνηέος Αἰήταο
κῶας ἄγειν κριοῖο μεμαότες· ὧδε δ' ἔειπεν
Ἄργος, ἀτεμβόμενος τοῖον στόλον ἀμφιπένεσθαι·
" 'Ω φίλοι, ἡμέτερον μὲν ὅσον σθένος οὔποτ' ἀρωγῆς   1200
σχήσεται οὐδ' ἠβαιόν, ὅτε χρειώ τις ἵκηται·
ἀλλ' αἰνῶς ὀλοῇσιν ἀπηνείῃσιν ἄρηρεν
Αἰήτης· τῷ καὶ περιδείδια ναυτίλλεσθαι.
στεῦται δ' Ἠελίου γόνος ἔμμεναι, ἀμφὶ δὲ Κόλχων
ἔθνεα ναιετάουσιν ἀπείρονα, καὶ δέ κεν Ἄρει   1205
σμερδαλέην ἐνοπὴν μέγα τε σθένος ἰσοφαρίζοι.
οὐ μὰν οὐδ' ἀπάνευθεν ἑλεῖν δέρος Αἰήταο
ῥηίδιον· τοῖός μιν ὄφις περί τ' ἀμφί τ' ἔρυται
ἀθάνατος καὶ ἄυπνος, ὃν αὐτὴ Γαῖ' ἀνέφυσεν
Καυκάσου ἐν κνημοῖσι, Τυφαονίῃ ὅθι πέτρῃ,   1210
ἔνθα Τυφάονά φασι, Διὸς Κρονίδαο κεραυνῷ
βλήμενον ὁππότε οἱ στιβαρὰς ἐπορέξατο χεῖρας,
θερμὸν ἀπὸ κρατὸς στάξαι φόνον· ἵκετο δ' †αὔτως
οὔρεα καὶ πεδίον Νυσήιον, ἔνθ' ἔτι νῦν περ
κεῖται, ὑποβρύχιος Σερβωνίδος ὕδασι λίμνης."   1215
"Ως ἄρ' ἔφη· πολέεσσι δ' ἐπὶ χλόος εἷλε παρειάς
αὐτίκα, τοῖον ἄεθλον ὅτ' ἔκλυον· αἶψα δὲ Πηλεύς
θαρσαλέοις ἐπέεσσιν ἀμείψατο, φώνησέν τε·

1198 (— μεμ.) Et^{OM} s.v. κώιας vel κώδιον   1210 Et^G s.v. Τυφάονα,
et (Τυφ. π.) Et^M s.v. Τυφώς

1198 (μεμαφ)τες L³ (ε supra a scr.) et par. sch^L (ubi αὐτοὺς scrib. propter
ea quae secuntur): -τας L¹ASGPE Et   1200 ἀρωγῆς SG: -γῆ(ι)
LAPE; cf. iv. 1056   1201 fort. σχησόμεθ', cf. Il. 13. 786 (v. ad 1220 bis),
iii. 63   1210 ὅθι libri: ὑπὸ Et   1212 exspect. στιβαρῇ et χειρί,
cl. i. 1313; v. ad ii. 829   1214 οὔρεα susp.   1218 θαρσαλέοις
Koechly (cl. 639): -λέως libri

"Μὴ δ' οὕτως, ἠθεῖε, λίην δειδίσσεο μύθῳ·
οὗ τι γὰρ ὧδ' ἀλκῆς ἐπιδευόμεθ' ὥστε χερείους   1220
ἔμμεναι Αἰήταο σὺν ἔντεσι πειρηθῆναι,
ἀλλὰ καὶ ἡμέας οἴω ἐπισταμένους πολέμοιο
κεῖσε μολεῖν μακάρων σχεδὸν αἵματος ἐκγεγαῶτας·
τῶ εἰ μὴ φιλότητι δέρος χρύσειον ὀπάσσει,
οὗ οἱ χραισμήσειν ἐπιέλπομαι ἔθνεα Κόλχων."   1225
Ὣς οἵγ' ἀλλήλοισιν ἀμοιβαδὸν ἠγορόωντο,
μέσφ' αὖτις δόρποιο κορεσσάμενοι κατέδαρθον.
ἦρι δ' ἀνεγρομένοισιν εὐκραὴς ἄεν οὖρος,
ἱστία δ' ἤειραν· τὰ δ' ὑπαὶ ῥιπῆς ἀνέμοιο
τείνετο, ῥίμφα δὲ νῆσον ἀποπροέλειπον Ἄρηος.   1230
Νυκτὶ δ' ἐπιπλομένῃ Φιλυρηίδα νῆσον ἄμειβον·
ἔνθα μὲν Οὐρανίδης Φιλύρη Κρόνος, εὖτ' ἐν Ὀλύμπῳ
Τιτήνων ἤνασσεν, ὁ δὲ Κρηταῖον ὑπ' ἄντρον
Ζεὺς ἔτι Κουρήτεσσι μετετρέφετ' Ἰδαίοισιν,
Ῥείην ἐξαπαφὼν παρελέξατο· τοὺς δ' ἐνὶ λέκτροις   1235
τέτμε θεὰ μεσσηγύς, ὁ δ' ἐξ εὐνῆς ἀνορούσας
ἔσσυτο χαιτήεντι φυὴν ἐναλίγκιος ἵππῳ·
ἡ δ' αἰδοῖ χῶρόν τε καὶ ἤθεα κεῖνα λιποῦσα
Ὠκεανὶς Φιλύρη εἰς οὔρεα μακρὰ Πελασγῶν
ἦλθ', ἵνα δὴ Χείρωνα πελώριον ἄλλα μὲν ἵππῳ   1240
ἄλλα θεῷ ἀτάλαντον ἀμοιβαίῃ τέκεν εὐνῇ.
Κεῖθεν δ' αὖ Μάκρωνας ἀπειρεσίην τε Βεχείρων
γαῖαν ὑπερφιάλους τε παρεξενέοντο Σάπειρας,
Βύζηράς τ' ἐπὶ τοῖσιν· ἐπιπρὸ γὰρ αἰὲν ἔτεμνον
ἐσσυμένως, λιαροῖο φορεύμενοι ἐξ ἀνέμοιο.   1245

1219 μύθῳ L, et v.l. E² : θυμῷ v.l. L, et ASGPE : de utraque lect. disserit sch; cf. Il. 20. 200 sq. (ἐπέεσσι) et 13. 810 sq. (unde etiam οὕτως et 1222)   1220 οὗ τι Wellauer : οὔτε libri : par. κατ' οὐδέν sch; cf. Il. 24. 385, 13. 785 sq., 811 (v. ad 1219)   ἀλκῆς anonymus apud Merkel : -κὴν libri; cf. Il. 13. 786, al.   1227 κατέδαρθον E : -δαρθεν (-δραθεν G) cett. 1239 εἰς Flor.: ἐς LASG: ἵκετ' PE (par. ἀφίκετο schᴾ): marg. παρεγένετο S 1240 ἦλθ' recc. quidam, et ἦλθεν in marg. laevo P : ἔνθ' nostri (ex °gl. ad ἵνα)

καὶ δὴ νισσομένοισι μυχὸς διεφαίνετο Πόντου,
καὶ δὴ Καυκασίων ὀρέων ἀνέτελλον ἐρίπναι
ἠλίβατοι, τόθι γυῖα περὶ στυφελοῖσι πάγοισιν
ἰλλόμενος χαλκέῃσιν ἀλυκτοπέδῃσι Προμηθεύς
αἰετὸν ἥπατι φέρβε παλιμπετὲς †ἀίσσοντα·   1250
τὸν μὲν ἐπ' ἀκροτάτης ἴδον ἑσπέρου ὀξέι ῥοίζῳ
νηὸς ὑπερπτάμενον νεφέων σχεδόν, ἀλλὰ καὶ ἔμπης
λαίφεα πάντ' ἐτίναξε παραιθύξας πτερύγεσσιν·
οὐ γὰρ ὅγ' αἰθερίοιο φυὴν ἔχεν οἰωνοῖο,
ἴσα δ' ἐυξέστοις ὠκύπτερα πάλλεν ἐρετμοῖς.   1255
δηρὸν δ' οὐ μετέπειτα πολύστονον ἄιον αὐδήν
ἧπαρ ἀνελκομένοιο Προμηθέος, ἔκτυπε δ' αἰθήρ
οἰμωγῇ, μέσφ' αὖτις ἀπ' οὔρεος ἀίσσοντα
αἰετὸν ὠμηστὴν αὐτὴν ὁδὸν εἰσενόησαν.

Ἐννύχιοι δ' Ἄργοιο δαημοσύνῃσιν ἵκοντο   1260
Φᾶσίν τ' εὐρὺ ῥέοντα καὶ ἔσχατα πείρατα Πόντου.
αὐτίκα δ' ἱστία μὲν καὶ ἐπίκριον ἔνδοθι κοίλης
ἱστοδόκης στείλαντες ἐκόσμεον, ἐν δὲ καὶ αὐτόν
ἱστὸν ἄφαρ χαλάσαντο παρακλιδόν· ὦκα δ' ἐρετμοῖς
εἰσέλασαν ποταμοῖο μέγαν ῥόον, αὐτὰρ ὅγ' ἄντην   1265
καχλάζων ὑπόεικεν. ἔχον δ' ἐπ' ἀριστερὰ χειρῶν
Καύκασον αἰπήεντα Κυταιίδα τε πτόλιν Αἴης,
ἔνθεν δ' αὖ πεδίον τὸ Ἀρήιον ἱερά τ' ἄλση
τοῖο θεοῦ, τόθι κῶας ὄφις εἴρυτο δοκεύων·   1269
αὐτὸς δ' Αἰσονίδης χρυσέῳ ποταμόνδε κυπέλλῳ   1271

1246–50 (om. 1247) Et^G s.v. ἀλυκτοπ. (1249)

1250 ἀίσσ. ex 1258; ἀίσσοντι dubitanter Platt; e.gr. ἀλθήσκοντι, nisi
forte παλ. quoque ex *v.l. ad 1258 (αὖτε παλ. δ.) huc delatum est
1251 ἑσπέρου Platt: ἕσπερον libri   1260 δαημοσύνῃσιν marg. E² (et coni.
d'Arnaud anno 1730): ἀλημο- libri: gl. τῇ ἐμπειρίᾳ τῶν τόπων sch
1265 ὃ γ' ἄντην Platt: ὁ πάντῃ libri   1266 ἔχον δ' S (ex coni.): ἔχων δ' LAG:
ἔχων PE   fort. χειρός   1269 εἴρυτο LAPE: ἵδρυτο SG (cum gl. ἐκάθηστο G)
1270 hoc loco iteratur in libris vs. 1145^A

οἴνου ἀκηρασίοιο μελισταγέας χέε λοιβάς
Γαίῃ τ' ἐνναέταις τε θεοῖς ψυχαῖς τε καμόντων
ἡρώων, γουνοῦτο δ' ἀπήμονας εἶναι ἀρωγούς
εὐμενέως καὶ νηὸς ἐναίσιμα πείσματα δέχθαι.   1275
αὐτίκα δ' Ἀγκαῖος τοῖον μετὰ μῦθον ἔειπεν·
   " Κολχίδα μὲν δὴ γαῖαν ἱκάνομεν ἠδὲ ῥέεθρα
Φάσιδος· ὥρη δ' ἧμιν ἐνὶ σφίσι μητιάασθαι

εἴτ' οὖν μειλιχίῃ πειρησόμεθ' Αἰήταο,
εἴτε καὶ ἀλλοίη τις ἐπήβολος ἔσσεται ὁρμή."   1280
   Ὣς ἔφατ'· Ἄργου δ' αὖτε παρηγορίῃσιν Ἰήσων
ὑψόθι νῆ' ἐκέλευσεν ἐπ' εὐναίῃσιν ἔρυσθαι,
δάσκιον εἰσελάσαντας ἕλος· τὸ δ' ἐπισχεδὸν ἧεν
νισσομένων. ἔνθ' οἵγε διὰ κνέφας ηὐλίζοντο·
ἠὼς δ' οὐ μετὰ δηρὸν ἐελδομένοισι φαάνθη.   1285

1283 (— ἕλος) Et^{GM} s.v. δάσκιος

1278^A lac. Fr, e.gr. ⟨ἀμφ' ὁρμῳ, κέρδιστος ὃς ἔσσεται ἄμμιν ὀπίσσω,⟩
1282 ἔρυσθαι Wifstrand: ἐρύσ(σ)αι libri sch; v. ad iv. 932   1285 -σι
φαάνθη (sicut supra) libri (sed i. 1363 -σι φα- S: -ς ἐφα- LAGPE)

Εἰ δ' ἄγε νῦν Ἐρατώ, παρ' ἔμ' ἵστασο καί μοι ἔνισπε
ἔνθεν ὅπως ἐς Ἰωλκὸν ἀνήγαγε κῶας Ἰήσων
Μηδείης ὑπ' ἔρωτι· σὺ γὰρ καὶ Κύπριδος αἶσαν
ἔμμορες, ἀδμῆτας δὲ τεοῖς μελεδήμασι θέλγεις
παρθενικάς· τῶ καί τοι ἐπήρατον οὔνομ' ἀνῆπται.   5
Ὣς οἱ μὲν πυκινοῖσιν ἀνωίστως δονάκεσσιν
μίμνον ἀριστῆες λελοχημένοι, αἱ δ' ἐνόησαν
Ἥρη Ἀθηναίη τε· Διὸς δ' αὐτοῖο καὶ ἄλλων
ἀθανάτων ἀπονόσφι θεῶν θαλαμόνδε κιοῦσαι
βούλευον. πείραζε δ' Ἀθηναίην πάρος Ἥρη·   10
"Αὐτὴ νῦν προτέρη, θύγατερ Διός, ἄρχεο βουλῆς.
τί χρέος; ἠὲ δόλον τινὰ μήσεαι ᾧ κεν ἑλόντες
χρύσεον Αἰήταο μεθ' Ἑλλάδα κῶας ἄγοιντο,
ἦ καὶ τόνγ' ἐπέεσσι παραιφάμενοι πεπίθοιεν
μειλιχίοις; ἦ μὲν γὰρ ὑπερφίαλος πέλει αἰνῶς,   15
ἔμπης δ' οὔ τινα πεῖραν ἀποτρωπᾶσθαι ἔοικεν."
Ὣς φάτο· τὴν δὲ παρᾶσσον Ἀθηναίη προσέειπεν·

1 Athen. 13. 1, 555 b; Choerob. in Theod. Can. i. 312. 27 H
(= Herodian. ii. 756. 6 L), et (— Ἐρ.) i. 396. 8, et (— ἱστ.) ii. 403. 13
3-4 (ἐμμ.) Et^M s.v. ἔμμορε   3 (— ἔρωτι) Choerob. in Theodos.
Can. i. 303. 18 H (= Herodian. ii. 751. 31 L)

1 et παρ' ἔμ' et παρά θ' olim traditum esse videtur, scil. παρ' ἔμ' Choerob.
i. 312 (libri NV) et ii. 403: παρά θ' nostri et Choerob. i. 312 (liber C),
πάρ θ' Athen.; cf. παρ' ἔμ' ἵστασο (καί) Il. 11. 314, 17. 179, Od. 22. 233
ἔν., v. ad i. 487   5 τοι SGPE: οἱ L (sic) A; cf. ad 1043   15 supra ἦ
scr. εἰ G   μὲν γὰρ Flor. (ex coni.): γὰρ δ μὲν LASG: γὰρ δδ' PE (unde γὰρ
δγ' Paris. 2846, ad quod conferri solet Il. 1. 342 τοῖς ἄλλοις· ἦ γὰρ δγ' κτλ.,
sed cf. τόνγε 14 de eodem, et μὲν necessarium videtur); frequentia sunt
apud Hom. μὲν γὰρ et ἦ γὰρ et ἦ μὲν, bis legitur ἤτοι μὲν γὰρ (Il. 20. 67, 312);
cf. 475 sq. (μὲν—πείρης δ' οὐ κτλ.) et 479-82 (πεπίθοιμεν—αἰνῶς—ἔμπης δέ);
res in dubio est, nam ἦ ad ἠὲ—ἦ adaptatum esse potest, ita ut liceat scri-
bere etiam εἰ μὲν γὰρ

" Καὶ δ' αὐτὴν ἐμὲ τοῖα μετὰ φρεσὶν ὁρμαίνουσαν,
Ἥρη, ἀπηλεγέως ἐξείρεαι· ἀλλά τοι οὔπω
φράσσασθαι νοέω τοῦτον δόλον ὅστις ὀνήσει   20
θυμὸν ἀριστήων, πολέας δ' ἐπεδοίασα βουλάς."
Ἥ· καὶ ἐπ' οὔδεος αἴγε ποδῶν πάρος ὄμματ' ἔπηξαν,
ἄνδιχα πορφύρουσαι ἐνὶ σφίσιν· αὐτίκα δ' Ἥρη
τοῖον μητιόωσα παροιτέρη ἔκφατο μῦθον·
"Δεῦρ' ἴομεν μετὰ Κύπριν, ἐπιπλόμεναι δέ μιν ἄμφω   25
παιδὶ ἑῷ εἰπεῖν ὀτρύνομεν, αἴ κε πίθηται,
κούρην Αἰήτεω πολυφάρμακον οἷσι βέλεσσι
θέλξαι †ὀιστεύσας ἐπ' Ἰήσονι· τὸν δ' ἂν ὀίω
κείνης ἐννεσίῃσιν ἐς Ἑλλάδα κῶας ἀνάξειν."
Ὣς ἄρ' ἔφη· πυκινὴ δὲ συνεύαδε μῆτις Ἀθήνῃ,   30
καί μιν ἔπειτ' ἐξαῦτις ἀμείβετο μειλιχίοισιν·
" Ἥρη, νήιδα μέν με πατὴρ τέκε τοῖο βολάων,
οὐδέ τινα χρειὼ θελκτήριον οἶδα πόθοιο·
εἰ δέ σοι αὐτῇ μῦθος ἐφανδάνει, ἦ τ' ἂν ἔγωγε
ἑσποίμην, σὺ δέ κεν φαίης ἔπος ἀντιόωσα."   35
Ἥ, καὶ ἀναΐξασαι ἐπὶ μέγα δῶμα νέοντο
Κύπριδος, ὅρρά τέ οἱ δεῖμεν πόσις ἀμφιγυήεις,
ὁππότε μιν τὰ πρῶτα παραὶ Διὸς ἦγεν ἄκοιτιν.
ἔρκεα δ' εἰσελθοῦσαι, ὑπ' αἰθούσῃ θαλάμοιο
ἔσταν, ἵν' ἐντύνεσκε θεὰ λέχος Ἡφαίστοιο.   40
ἀλλ' ὁ μὲν ἐς χαλκεῶνα καὶ ἄκμονας ἦρι βεβήκει,
νήσοιο Πλαγκτῆς εὐρὺν μυχόν, ᾧ ἔνι πάντα
δαίδαλα χάλκευεν ῥιπῇ πυρός· ἡ δ' ἄρα μούνη
ἧστο δόμῳ δινωτὸν †ἀνὰ θρόνον ἄντα θυράων,

21 ad θυμόν cf. Il. 1. 395 ὤνησας κραδίην Διός   πολέας LASG: πολλὰς
PE; cf. (nam iv. 333 corruptus) Callim. hy. 3. 42 πολέας νύμφας, al.
(Wellauer)   26 ὀτρύνομεν SG: -νωμεν LAPE   27 Αἰήτέω p. corr. L, SG:
-ταο APE: -ταω a. corr. L   28 ὀιστεύσαντ' Brunck, sed vel ὀιστ. (iuxta ol.
βέλ.) vel plura videntur ex 143 huc esse delata   37 ὅρρά vel ὅρρα (οἵ ῥά E, et p.
corr. P) libri, et disertim sch; talia saepe alias   42 Πλαγκτῆς (non πλ-) Klein
(p. 23 n. 10), cll. iv. 860, 761, al.   ᾧ LASG: ἧ PE   44 e.gr. -τῷ ἀνὶ θρόνῳ

λευκοῖσιν δ' ἑκάτερθε κόμας ἐπιειμένη ὤμοις   45
κόσμει χρυσείη διὰ κερκίδι, μέλλε δὲ μακροὺς
πλέξασθαι πλοκάμους· τὰς δὲ προπάροιθεν ἰδοῦσα
ἔσχεθεν εἴσω τέ σφε κάλει, καὶ ἀπὸ θρόνου ὦρτο
εἷσέ τ' ἐνὶ κλισμοῖσιν· ἀτὰρ μετέπειτα καὶ αὐτή
ἷζανεν, ἀψήκτους δὲ χεροῖν ἀνεδήσατο χαίτας.   50
τοῖα δὲ μειδιόωσα προσέννεπεν αἰμυλίοισιν·
 "'Ηθεῖαι, τίς δεῦρο νόος χρειώ τε κομίζει
δηναιὰς αὔτως; τί δ' ἱκάνετον, οὔτι πάρος γε
λίην φοιτίζουσαι, ἐπεὶ περίεστε θεάων;"
 Τὴν δ' "Ηρη τοίοισιν ἀμειβομένη προσέειπεν·   55
 "Κερτομέεις, νῶιν δὲ κέαρ συνορίνεται ἄτῃ.
ἤδη γὰρ ποταμῷ ἐνὶ Φάσιδι νῆα κατίσχει
Αἰσονίδης ἠδ' ἄλλοι ὅσοι μετὰ κῶας ἕπονται·
τῶν ἤτοι πάντων μέν, ἐπεὶ πέλας ἔργον ὄρωρεν,
δείδιμεν ἐκπάγλως, περὶ δ' Αἰσονίδαο μάλιστα.   60
τὸν μὲν ἐγών, εἰ καί περ ἐς Ἄιδα ναυτίλληται
λυσόμενος χαλκέων Ἰξίονα νειόθι δεσμῶν,
ῥύσομαι ὅσσον ἐμοῖσιν ἐνὶ σθένος ἔπλετο γυίοις,
ὄφρα μὴ ἐγγελάσῃ Πελίης κακὸν οἶτον ἀλύξας,
ὅς μ' ὑπερηνορέῃ θυέων ἀγέραστον ἔθηκεν.   65
καὶ δ' ἄλλως ἔτι καὶ πρὶν ἐμοὶ μέγα φίλατ' Ἰήσων,
ἐξότ' ἐπὶ προχοῇσιν ἅλις πλήθοντος Ἀναύρου
ἀνδρῶν εὐνομίης πειρωμένη ἀντεβόλησεν,
θήρης ἐξ ἀνιών· νιφετῷ δ' ἐπαλύνετο πάντα
οὔρεα καὶ σκοπιαὶ περιμήκεες, οἱ δὲ κατ' αὐτῶν   70
χείμαρροι καναχηδὰ κυλινδόμενοι φορέοντο·
γρηὶ δέ μ' εἰσαμένην ὀλοφύρατο, καί μ' ἀναείρας
αὐτὸς ἑοῖς ὤμοισι διὲκ προαλὲς φέρεν ὕδωρ.
τῶ νύ μοι ἄλληκτον περιτίεται, οὐδέ κε λώβην

71 (καν. —) Etᴹ s.v. κανάχιζεν

61 ναυτίληται Platt   70 fort. κάταντα (Fr) vel κατὰ σφέων (Lloyd-
Jones)   74 νύ editores: νῦν libri

τείσειεν Πελίης, εἰ μὴ σύ γε νόστον ὀπάσσης."   75
Ὡς ηὔδα, Κύπριν δ' ἐνεοστασίη λάβε μύθων·
ἄζετο δ' ἀντομένην Ἥρην ἔθεν εἰσορόωσα,
καί μιν ἔπειτ' ἀγανοῖσι προσέννεπεν ἧγ' ἐπέεσσιν·
" Πότνα θεά, οὔ τοί τι κακώτερον ἄλλο πέλοιτο
Κύπριδος, εἰ δὴ σεῖο λιλαιομένης ἀθερίζω   80
ἢ ἔπος ἠέ τι ἔργον ὅ κεν χέρες αἵδε κάμοιεν
ἠπεδαναί· καὶ μή τις ἀμοιβαίη χάρις ἔστω."
Ὡς ἔφαθ'· Ἥρη δ' αὖτις ἐπιφραδέως ἀγόρευσεν·
" Οὔτι βίης χατέουσαι ἱκάνομεν οὐδέ τι χειρῶν,
ἀλλ' αὔτως ἀκέουσα τεῷ ἐπικέκλεο παιδί   85
παρθένον Αἰήτεω θέλξαι πόθῳ Αἰσονίδαο.
εἰ γάρ οἱ κείνη συμφράσσεται εὐμενέουσα,
ῥηιδίως μιν ἑλόντα δέρος χρύσειον ὀίω
νοστήσειν ἐς Ἰωλκόν, ἐπεὶ δολόεσσα τέτυκται."
Ὡς ἄρ' ἔφη· Κύπρις δὲ μετ' ἀμφοτέρῃσιν ἔειπεν·   90
" Ἥρη Ἀθηναίη τε, πίθοιτό κεν ὔμμι μάλιστα
ἢ ἐμοί. ὑμείων γὰρ ἀναιδήτῳ περ ἐόντι
τυτθή γ' αἰδὼς ἔσσετ' ἐν ὄμμασιν· αὐτὰρ ἐμεῖο
οὐκ ὄθεται, μάλα δ' αἰὲν ἐριδμαίνων ἀθερίζει.
καὶ δή οἱ μενέηνα, περισχομένη κακότητι,   95
αὐτοῖσιν τόξοισι δυσηχέας ἆξαι ὀιστοὺς
ἀμφαδίην· τοῖον δ' ἄρ' ἐπηπείλησε χαλεφθείς·
εἰ μὴ τηλόθι χεῖρας, ἕως ἔτι θυμὸν ἐρύκει,
ἔξω ἐμάς, μετέπειτά γ' ἀτεμβοίμην ἑοῖ αὐτῇ."
Ὡς φάτο, μείδησαν δὲ θεαὶ καὶ ἐσέδρακον ἄντην   100

77 ἀντ. Ἥ. Et⁰ s.v. ἀντ.

75 τίσ(ειεν) libri et hic et ceteris locis   ὀπάσσῃς LAPE⁵ -σεις SG;
res dubia   76 δ' ἐνεοστασίη (vel δ' ἀν-) Ruhnken: δὲ νεο- libri sch;
res dubia   79 οὔ Fr :μή libri; cf. Soph. Oe. R. 76 sq.   81 ἢ ἔτ' (ἔργον)
archet., scil. ἢ ἔτ' LA: ἠέ τε S: ἠέ τι G (ex coni.): ἢ PE   χέρες S (ex
coni.): χείρες cett.   αἵδε Platt (34. 135): αἴγε libri   83 ἤρι (pro ἤρη) L
(ex 41)   93 ἀπ' ὄμ. Castiglioni   97 δ' ἄρ' Schneider: γὰρ libri

ἀλλήλας· ἡ δ' αὖτις ἀκηχεμένη προσέειπεν·
" Ἄλλοις ἄλγεα τἀμὰ γέλως πέλει, οὐδέ τί με χρή
μυθεῖσθαι πάντεσσιν· ἅλις εἰδυῖα καὶ αὐτή.
νῦν δ' ἐπεὶ ὔμμι φίλον τόδε δὴ πέλει ἀμφοτέρῃσιν,
πειρήσω καί μιν μειλίξομαι, οὐδ' ἀπιθήσει."   105
Ὣς φάτο· τὴν δ' Ἥρη ῥαδινῆς ἐπεμάσσατο χειρός,
ἦκα δὲ μειδιόωσα παραβλήδην προσέειπεν·
" Οὕτω νῦν Κυθέρεια τόδε χρέος ὡς ἀγορεύεις
ἔρξον ἄφαρ· καὶ μή τι χαλέπτεο μηδ' ἐρίδαινε
χωομένη σῷ παιδί, μεταλλήξει γὰρ ὀπίσσω."   110
Ἦ ῥα καὶ ἔλλιπε θῶκον, ἐφωμάρτησε δ' Ἀθήνη,
ἐκ δ' ἴσαν ἄμφω ταίγε παλίσσυτοι· ἡ δὲ καὶ αὐτή
βῆ ῥ' ἴμεν Οὐλύμποιο κατὰ πτύχας, εἴ μιν ἐφεύροι.
εὗρε δὲ τόνγ' ἀπάνευθε, Διὸς θαλερῇ ἐν ἀλωῇ,
οὐκ οἶον, μετὰ καὶ Γανυμήδεα, τόν ῥά ποτε Ζεύς   115
οὐρανῷ ἐγκατένασσεν ἐφέστιον ἀθανάτοισιν,
κάλλεος ἱμερθείς. ἀμφ' ἀστραγάλοισι δὲ τώγε
χρυσείοις, ἅ τε κοῦροι ὁμήθεες, ἑψιόωντο.
καί ῥ' ὁ μὲν ἤδη πάμπαν ἐνίπλεον ᾧ ὑπὸ μαζῷ
μάργος Ἔρως λαιῆς ὑποΐσχανε χειρὸς ἀγοστόν,   120
ὀρθὸς ἐφεστηώς, γλυκερὸν δέ οἱ ἀμφὶ παρειάς
χροιῆς θάλλεν ἔρευθος· ὁ δ' ἐγγύθεν ὀκλαδὸν ἧστο
σῖγα κατηφιόων, δοιὼ δ' ἔχεν, ἄλλον ἔτ' αὔτως
ἄλλῳ ἐπιπροΐεις, κεχόλωτο δὲ καγχαλόωντι.
καὶ μὴν τούσγε παρᾶσσον ἐπὶ προτέροισιν ὀλέσσας, 125
βῆ κενεαῖς σὺν χερσὶν ἀμήχανος, οὐδ' ἐνόησεν

107 Et^M s.v. παρ.

---

101 ἀλλήλας Ziegler (apud Merkel): -λαις libri; cf. 503   109 ἐρίδαινε SG:
-δηνε LA: -δηνον PE   110 χωομένῳ Friedr. Solmsen (per litteras), cll.
Il. 9. 157, al., μεταλλήξαντι χόλοιο   gl. μεταστρέψει SG (ex *v.l. μεταλλάξει)
119 ὑπό nostri: ἐπὶ D   120 ἀγοστόν PE: -τῷ LASG   122 χροιῆς PE:
-ῇ LASG; exspect. χάρματι (cll. 724 sq.), sim.   124 ἄλλῳ ASG:
-λον PE: ἄλλωι L¹, et supra scr. ἄλλον vel L² vel L¹

ΑΠΟΛΛΩΝΙΟΥ ΡΟΔΙΟΥ

Κύπριν ἐπιπλομένην· ἡ δ' ἀντίη ἵστατο παιδός
καί μιν ἄφαρ γναθμοῖο κατασχομένη προσέειπεν·
" Τίπτ' ἐπιμειδιάᾳς, ἄφατον κακόν; ἦέ μιν αὔτως
ἤπαφες οὐδὲ δίκῃ περιέπλεο, νῆιν ἐόντα;   130
εἰ δ' ἄγε μοι πρόφρων τέλεσον χρέος ὅττι κεν εἴπω,
καί κέν τοι ὀπάσαιμι Διὸς περικαλλὲς ἄθυρμα
κεῖνο τό οἱ ποίησε φίλη τροφὸς Ἀδρήστεια
ἄντρῳ ἐν Ἰδαίῳ ἔτι νήπια κουρίζοντι,
σφαῖραν ἐυτρόχαλον, τῆς οὐ σύγε μείλιον ἄλλο   135
χειρῶν Ἡφαίστοιο κατακτεατίσσῃ ἄρειον.
χρύσεα μέν οἱ κύκλα τετεύχαται, ἀμφὶ δ' ἑκάστῳ
διπλόαι ἁψῖδες περιηγέες εἰλίσσονται·
κρυπταὶ δὲ ῥαφαί εἰσιν, ἕλιξ δ' ἐπιδέδρομε πάσαις
κυανέη· ἀτὰρ εἴ μιν ἑαῖς ἐνὶ χερσὶ βάλοιο,   140
ἀστὴρ ὧς φλεγέθοντα δι' ἠέρος ὁλκὸν ἵησιν.
τήν τοι ἐγὼν ὀπάσω, σὺ δὲ παρθένον Αἰήταο
θέλξον ὀιστεύσας ἐπ' Ἰήσονι· μηδέ τις ἔστω
ἀμβολίη, δὴ γάρ κεν ἀφαυροτέρη χάρις εἴη."

Ὣς φάτο, τῷ δ' ἀσπαστὸν ἔπος γένετ' εἰσαΐοντι·   145
μείλια δ' ἔκβαλε πάντα καὶ ἀμφοτέρῃσι χιτῶνος
νωλεμὲς ἔνθα καὶ ἔνθα θεὰν ἔχεν ἀμφιμεμαρπώς,
λίσσετο δ' αἶψα πορεῖν, αὐτοσχεδόν. ἡ δ' ἀγανοῖσιν
ἀντομένη μύθοισιν ἐπειρύσσασα παρειάς
κύσσε ποτισχομένη, καὶ ἀμείβετο μειδιόωσα·   150
" Ἴστω νῦν τόδε σεῖο φίλον κάρη ἠδ' ἐμὸν αὐτῆς·
ἦ μέν τοι δῶρόν γε παρέξομαι οὐδ' ἀπατήσω,

versuum 145–61 de parte laeva, et 173–80, 183–91, de parte dextra, litterae 1–17 exstant in frustulo cod. Strassburg. nr. 173, saec. 8/9; v. Reitzenstein, *Hermes* 35. 605–7

140 'si pilam (sublime) iacias (ita ut illa recidat) in manus tuas'?
147 θεὰν Fr: θεᾶς libri: θεᾶς ἔχετ' Brunck; cf. Il. 4. 154, al.   149 fort.
ἀντόμενον ἐπειρύσσασα Brunck: -ειρύσασα libri   150 ποτισχομένου Wifstrand

εἴ κεν ἐνισκίμψῃς κούρῃ βέλος Αἰήταο."

Φῆ· ὁ δ' ἄρ' ἀστραγάλους συναμήσατο, κὰδ δὲ φαεινῷ
μητρὸς ἑῆς, εὖ πάντας ἀριθμήσας, βάλε κόλπῳ.   155
αὐτίκα δ' ἰοδόκην χρυσέῃ περικάτθετο μίτρῃ,
πρέμνῳ κεκλιμένην, ἀνὰ δ' ἀγκύλον εἵλετο τόξον·
βῆ δὲ διὲκ μεγάλοιο Διὸς πάγκαρπον ἀλωήν,
αὐτὰρ ἔπειτα πύλας ἐξήλυθεν Οὐλύμποιο
αἰθερίας. ἔνθεν δὲ καταιβάτις ἐστὶ κέλευθος   160
οὐρανίη· δοιὼ δὲ πόλοι ἀνέχουσι κάρηνα
οὐρέων ἠλιβάτων, κορυφαὶ χθονός, ἧχί τ' ἀερθεὶς
ἠέλιος πρώτῃσιν ἐρεύθεται ἀκτίνεσσιν.
νειόθι δ' ἄλλοτε γαῖα φερέσβιος ἄστεά τ' ἀνδρῶν
φαίνετο καὶ ποταμῶν ἱεροὶ ῥόοι, ἄλλοτε δ' αὖτε   165
ἄκριες, ἀμφὶ δὲ πόντος, ἀν' αἰθέρα πολλὸν ἰόντι.

Ἥρωες δ' ἀπάνευθεν ἑῆς ἐπὶ σέλμασι νηός,
ἐν ποταμῷ καθ' ἕλος λελοχημένοι, ἠγορόωντο·
αὐτὸς δ' Αἰσονίδης μετεφώνεεν, οἱ δ' ὑπάκουον
ἠρέμα ᾗ ἐνὶ χώρῃ ἐπισχερὼ ἑδριόωντες·   170
" Ὦ φίλοι, ἤτοι ἐγὼ μὲν ὅ μοι ἐπιανδάνει αὐτῷ
ἐξερέω, τοῦ δ' ὔμμι τέλος κρηῆναι ἔοικεν.
ξυνὴ γὰρ χρειώ, ξυνοὶ δέ τε μῦθοι ἔασιν
πᾶσιν ὁμῶς· ὁ δὲ σῖγα νόον βουλήν τ' ἀπερύκων
ἴστω καὶ νόστου τόνδε στόλον οἶος ἀπούρας.   175
ὦλλοι μὲν κατὰ νῆα σὺν ἔντεσι μίμνεθ' ἕκηλοι·

173-91 v. ad 145-61

156 περικ. (ex ii. 504?) obscurum (cf. ad 543, 707); exspect. περὶ οἱ
θέτο (cl. Il. 14. 187), sim. 158 διὲκ nostri: supra (δι)ος scr. εκ Strassb.
μεγάλοιο Strassb. (et coni. Gerhard): μεγάροιο nostri (ex Od. 10. 388, al.)
διὸς nostri: θ[Strassb. 161-6 textus dubius 161 fort. πόλονδ',
cl. Ovid. Metam. 1. 316 163 ἐρεύθεται SG: ἐρεύγε- LAPE 164 ἄλ-
λοτε PE: -λοθι LASG 166 fort. ἄκριες (scil. Caucasi), ἄγχι δὲ
Πόντος αἰθέρα PE: -θέρι LASG et disertim sch 170 ἠρέμα
p. corr. L, ASGPE: -μας a. corr. L, V 172 'ratum facere assensu'
176 ὦλλοι LASG: ἄλλοι PE; v. ad i. 1101

αὐτὰρ ἐγὼν ἐς δώματ' ἐλεύσομαι Αἰήταο,
υἷας ἑλὼν Φρίξοιο δύω τ' ἐπὶ τοῖσιν ἑταίρους,
πειρήσω δ' ἐπέεσσι παροίτερον ἀντιβολήσας
εἴ κ' ἐθέλοι φιλότητι δέρος χρύσειον ὀπάσσαι,   180
ἠὲ καὶ οὔ, πίσυνος δὲ βίῃ μετιόντας ἀτίσσει.
ὧδε γὰρ ἐξ αὐτοῖο πάρος κακότητα δαέντες,
φρασσόμεθ' εἴτ' ἄρηι συνοισόμεθ' εἴτε τις ἄλλη
μῆτις ἐπίρροθος ἔσται ἐεργομένοισιν ἀυτῆς·
μηδ' αὔτως ἀλκῇ, πρὶν ἔπεσσί γε πειρηθῆναι,   185
τόνδ' ἀπαμείρωμεν σφέτερον κτέρας, ἀλλὰ πάροιθεν
λωίτερον μύθῳ μιν ἀρέσσασθαι μετιόντας.
πολλάκι τοι ῥέα μῦθος, ὅ κεν μόλις ἐξανύσειεν
ἠνορέῃ, τόδ' ἔρεξε κατὰ χρέος, ᾗπερ ἐῴκει,
πρηΰνας· ὅδε καί ποτ' ἀμύμονα Φρίξον ἔπεισε,   190
μητρυιῆς φεύγοντα δόλον πατρός τε θυηλάς,
δέχθαι, ἐπεὶ πάντη καὶ ὅτις μάλα κύντατος ἀνδρῶν
Ξεινίου αἰδεῖται Ζηνὸς θέμιν ἠδ' ἀλεγίζει."
    'Ὡς φάτ'· ἐπήνησαν δὲ νέοι ἔπος Αἰσονίδαο
πασσυδίῃ, οὐδ' ἔσκε παρὲξ ὅτις ἄλλο κελεύοι.   195
    Καὶ τότ' ἄρ' υἷας Φρίξου Τελαμῶνά θ' ἕπεσθαι
ὦρσε καὶ Αὐγείην, αὐτὸς δ' ἕλεν Ἑρμείαο
σκῆπτρον. ἄφαρ δ' ἄρα νηὸς ὑπὲρ δόνακάς τε καὶ ὕδωρ
χέρσονδ' ἐξαπέβησαν ἐπὶ θρωσμοῦ πεδίοιο.
    Κιρκαῖον τόγε δὴ κικλήσκεται, ἔνθα δὲ πολλαί   200

199 (?) χέρσονδ' ἐξαποβάντες sine auctoris nomine citant Et^OM s.v. χ.
200-1 Et^G, et 200 (— κικλ.) Et^M, s.v. Κιρκ.; resp. fort. Suda iii. 122. 18 Adler

___

178 τ' p. corr. S (ex coni.): δ' LAGPE, et a. corr. S   182 δαέντες,
i.q. experti vel passi, cll. ii. 57, iv. 234   185 ἔπεσ(σ)ί PE: ἐπέεσσί LASG
Strassb. (ex 179)   190 ὅδε GPE, sch^LP disertim: ὁ δὲ LAS   fort. ὅδε (scil.
μῦθος) μίν ποτ'   ἔπεισε PE (v. ad 192): ἴδεκτο LASG (ex ii. 1147); cf.
iv. 498 sq.   192 δέχθαι PE: πάντες LASG   198 ἄρα PE: ἀνὰ LASG
200 τόγε δὴ lemma scholii^L, Et^G et (τότε δὴ) Et^M: τόδε που libri; cf.
ii. 400

ἐξείης πρόμαλοί τε καὶ ἰτέαι ἐμπεφύασιν,
τῶν καὶ ἐπ' ἀκροτάτων νέκυες σειρῆσι κρέμανται
δέσμιοι. εἰσέτι νῦν γὰρ ἄγος Κόλχοισιν ὄρωρεν
ἀνέρας οἰχομένους πυρὶ καιέμεν, οὐδ' ἐνὶ γαίῃ
ἔστι θέμις στείλαντας ὕπερθ' ἐπὶ σῆμα χέεσθαι,   205
ἀλλ' ἐν ἀδεψήτοισι κατειλύσαντε βοείαις
δενδρέων ἐξάπτειν ἑκὰς ἄστεος· ἠέρι δ' ἴσην
καὶ χθὼν ἔμμορεν αἶσαν, ἐπεὶ χθονὶ ταρχύουσιν
θηλυτέρας· ἡ γάρ σφι δίκη θεσμοῖο τέτυκται.
τοῖσι δὲ νισσομένοις Ἥρη φίλα μητιόωσα   210
ἠέρα πουλὺν ἐφῆκε δι' ἄστεος, ὄφρα λάθοιεν
Κόλχων μυρίον ἔθνος ἐς Αἰήταο κιόντες·
ὦκα δ' ὅτ' ἐκ πεδίοιο πόλιν καὶ δώμαθ' ἵκοντο
Αἰήτεω, τότε δ' αὖτις ἀπεσκέδασεν νέφος Ἥρη.
ἔσταν δ' ἐν προμολῇσι, τεθηπότες ἔρκε' ἄνακτος   215
εὐρείας τε πύλας καὶ κίονας οἳ περὶ τοίχους
ἐξείης ἄνεχον, θριγκὸς δ' ἐφύπερθε δόμοιο
λαΐνεος χαλκέῃσιν ἐπὶ γλυφίδεσσιν ἀρήρει.
εὔκηλοι δ' ὑπὲρ οὐδὸν ἔπειτ' ἔβαν· ἄγχι δὲ τοῖο
ἡμερίδες χλοεροῖσι καταστεφέες πετάλοισιν   220
ὑψοῦ ἀειρόμεναι μέγ' ἐθήλεον, αἱ δ' ὑπὸ τῆσιν
ἀέναοι κρῆναι πίσυρες ῥέον, ἃς ἐλάχηνεν
Ἥφαιστος· καί ῥ' ἡ μὲν ἀναβλύεσκε γάλακτι,
ἡ δ' οἴνῳ, τριτάτη δὲ θυώδεϊ νᾶεν ἀλοιφῇ·

201 Et^G, et vocem πρόμ. solam Et^M, s.v. πρόμαλοι   218 Et^{GM} s.v.
γλυφίς

---

201 πρόμαλοι Et^{GM} (et coni. Stephanus): -μαδοί (-γαδοί S) libri   τε
libri (cf. Il. 21. 350): om. Et^G s.v. προμ. (cf. Od. 10. 510)   ἐμπεφύασιν
Et^G (utroque loco) et D: ἐκπε- nostri   206 κατειλύσαντε LAPE: -τες
SG; v. Merkel (Prolegom. 104)   209 σφι Fr: κε libri: τε Brunck   δίκης
L solus   211 iunge νισσομένοις δι' ἄστεος, cll. iv. 645-8 (Erbse, pp.
167 sq.)   217 θριγκὸς recc.: θριγχὸς L^1: τ(ριγχὸς) supra scr. L^1: θριγγὸς
ASGPE   218 χαλκέῃσιν PE: -κείαις LASG sch: (λαϊνέαις) χαλκίοις Et^{GM}

ἡ δ' ἄρ' ὕδωρ προρέεσκε, τὸ μέν †ποθι δυομένῃσιν   225
θέρμετο Πληιάδεσσιν, ἀμοιβηδὶς δ' ἀνιούσαις
κρυστάλλῳ ἴκελον κοίλης ἀνεκήκιε πέτρης.
τοῖ' ἄρ' ἐνὶ μεγάροισι Κυταίδος Αἰήταο
τεχνήεις Ἥφαιστος ἐμήσατο θέσκελα ἔργα·
καί οἱ χαλκόποδας ταύρους κάμε, χάλκεα δέ σφεων   230
ἦν στόματ', ἐκ δὲ πυρὸς δεινὸν σέλας ἀμπνείεσκον·
πρὸς δὲ καὶ αὐτόγυον στιβαροῦ ἀδάμαντος ἄροτρον
ἤλασεν, Ἡελίῳ τίνων χάριν, ὅς ῥά μιν ἵπποις
δέξατο Φλεγραίῃ κεκμηότα δηιοτῆτι.
ἔνθα δὲ καὶ μέσσαυλος ἐλήλατο, τῇ δ' ἐπὶ πολλαί   235
δικλίδες εὐπηγεῖς θάλαμοί τ' ἔσαν ἔνθα καὶ ἔνθα·
δαιδαλέη δ' αἴθουσα παρὲξ ἑκάτερθε τέτυκτο.
λέχρις δ' αἰπύτεροι δόμοι ἔστασαν ἀμφοτέρωθεν·
τῶν ἤτοι ἄλλον μέν, ὅτις καὶ ὑπείροχος ἦεν,
κρείων Αἰήτης σὺν ἑῇ ναίεσκε δάμαρτι,   240
ἄλλῳ δ' Ἄψυρτος ναῖεν πάις Αἰήταο
(τὸν μὲν Καυκασίη νύμφη τέκεν Ἀστερόδεια
πρίν περ κουριδίην θέσθαι Εἰδυῖαν ἄκοιτιν,
Τηθύος Ὠκεανοῦ τε πανοπλοτάτην γεγαυῖαν,
καί μιν Κόλχων υἷες ἐπωνυμίην Φαέθοντα   245
ἔκλεον, οὕνεκα πᾶσι μετέπρεπεν ἠιθέοισιν)·
τοὺς δ' ἔχον ἀμφίπολοί τε καὶ Αἰήταο θύγατρες
ἄμφω, Χαλκιόπη Μήδειά τε. τῇ μὲν ἄρ' οἵγε

ἐκ θαλάμου θάλαμόνδε κασιγνήτην μετιοῦσαν·

232–4 Et^Q s.v. αὐτόγυον

225 προρέεσκε L²AG sch¹⁻⁻⁻: προέεσκε L¹SPE; fort. προίεσκε ποθι LASG: ποτι(δυ.) PE (cf. G-EL s.v. προσδύνω?)   239 ἄλλον SPE: -λων LAG   241 ἄλλῳ LAPE: -λον SG   248 sq. τῇ (τὴν A, ex coni.) μὲν ἄρ' οἵγε et κασιγνήτην μετιοῦσαν LASG (sed 248 τὴν p. corr. et 249 in marg. laevo εἶδον S): ἡ μὲν ἄρ' ἦει et κασιγνήτης μετιοῦσα PE (ex coni.); varia temptabant vv.dd.   248ᴬ lac. suspicati sunt multi; e.gr. ⟨ὁπλοτέρῃ ξύμβλητο, τάφον δέ μιν εἰσορόωντες⟩

Ἥρη γάρ μιν ἔρυκε δόμῳ, πρὶν δ' οὔτι θάμιζεν 250
ἐν μεγάροις, Ἑκάτης δὲ πανήμερος ἀμφεπονεῖτο
νηόν, ἐπεί ῥα θεῆς αὐτὴ πέλεν ἀρήτειρα·
καί σφεας ὡς ἴδεν ἆσσον, ἀνίαχεν. ὀξὺ δ' ἄκουσεν
Χαλκιόπη· δμωαὶ δέ, ποδῶν προπάροιθε βαλοῦσαι
νήματα καὶ κλωστῆρας, ἀολλέες ἔκτοθι πᾶσαι 255
ἔδραμον· ἡ δ' ἅμα τῇσιν, ἑοὺς υἷας ἰδοῦσα,
ὑψοῦ χάρματι χεῖρας ἀνέσχεθεν· ὣς δὲ καὶ αὐτοὶ
μητέρα δεξιόωντο καὶ ἀμφαγάπαζον ἰδόντες
γηθόσυνοι. τοῖον δὲ κινυρομένη φάτο μῦθον·
" "Ἔμπης οὐκ ἄρ' ἐμέλλετ', ἀκηδείῃ με λιπόντες, 260
τηλόθι πλάγξασθαι, μετὰ δ' ὑμέας ἔτραπεν αἶσα.
δειλὴ ἐγώ, οἷον πόθον Ἑλλάδος ἔκποθεν ἄτης
λευγαλέης Φρίξοιο ἐφημοσύνῃσιν ἔνεσθε
πατρός· ὁ μὲν θνῄσκων στυγερὰς ἐπετέλλετ' ἀνίας
ἡμετέρῃ κραδίῃ, τί δέ κεν πόλιν Ὀρχομενοῖο, 265
ὅστις ὅδ' Ὀρχομενός, κτεάνων Ἀθάμαντος ἕκητι
μητέρ' ἐὴν ἀχέουσαν ἀποπρολιπόντες ἵκοισθε;"
Ὣς ἔφατ'· Αἰήτης δὲ πανύστατος ὦρτο θύραζε,
ἐκ δ' αὐτὴ Εἰδυῖα δάμαρ κίεν Αἰήταο,
Χαλκιόπης ἀίουσα. τὸ δ' αὐτίκα πᾶν ὁμάδοιο 270

251 Et^{GM} s.v. ἀμφ.   263–71 horum versuum de dextra parte litt.
9–20 servantur in Oxyrh. Pap. 874 (vol. 6), saec. 2/3 p.C.n.

251 μεγάροις libri: -ρῳ Et^{GM}   252 θεᾶς Merkel, sed cf. 549, iv. 241
et v. Rzach p. 11 et Ardizzoni   254 ποδῶν Hoelzlin (cll. ii. 52, iii. 1063, ps.-
Theocr. 25. 239): om. libri et editt. priores; cf. Od. 17. 357, et (inverso
ordine) Il. 13. 205, 20. 324, 441, 456, et 22. 448 χαμαὶ δέ οἱ ἔκπεσε κερκίς
256 τῇσιν LSGPE: τοῖσιν A; scil. ἔκτοθι δραμοῦσα, sicut i. 557 σὺν καί οἱ, scil.
κιοθσα (cf. 553); cf. etiam i. 637   259 sq. om. G   262 ἐγών S solus
263 -ηι[σι]νιϛνεϛ[θε pap fort. potius (teste Gunthero Zuntz) quam -ηι[σι]-
ϛελεϛ[θε (ut dubitanter ediderunt Grenfell et Hunt): -ησι νέεσθε (-σθε S, et
fort. ante ras. G : -σθαι LAPE, et in ras. G) libri: -ησιν ἐλέσθε Brunck; cf. Il. 16.
291, 449, al.   264 ἐπετέλλετ' pap: -τείλατ' libri (ex ii. 1096?)
268–70 textus multis de causis suspectus   269] κιϛναιηταο pap quoque,
sed ascripta erat ad hunc vs. v.l. nunc deperdita   270 marg. πην μ[pap

ἕρκος ἐπεπλήθει· τοὶ μὲν μέγαν ἀμφεπένοντο
ταῦρον ἅλις δμῶες, τοὶ δὲ ξύλα κάγκανα χαλκῷ
κόπτον, τοὶ δὲ λοετρὰ πυρὶ ζέον· οὐδέ τις ἧεν
ὃς καμάτου μεθίεσκεν ὑποδρήσσων βασιλῆι.

Τόφρα δ' Ἔρως πολιοῖο δι' ἠέρος ἷξεν ἄφαντος,   275
τετρηχώς οἷόν τε νέαις ἐπὶ φορβάσιν οἶστρος
τέλλεται, ὅν τε μύωπα βοῶν κλείουσι νομῆες.
ὦκα δ' ὑπὸ φλιὴν προδόμῳ ἔνι τόξα τανύσσας,
ἰοδόκης ἀβλῆτα πολύστονον ἐξέλετ' ἰόν.
ἐκ δ' ὅγε καρπαλίμοισι λαθὼν ποσὶν οὐδὸν ἄμειψεν   280
ὀξέα δενδίλλων· αὐτῷ δ' ὑπὸ βαιὸς ἐλυσθεὶς
Αἰσονίδῃ, γλυφίδας μέσσῃ ἐνικάτθετο νευρῇ,
ἰθὺς δ' ἀμφοτέρῃσι διασχόμενος παλάμῃσιν
ἧκ' ἐπὶ Μηδείῃ. τὴν δ' ἀμφασίη λάβε θυμόν·
αὐτὸς δ' ὑψορόφοιο παλιμπετὲς ἐκ μεγάροιο   285
καγχαλόων ἤιξε, βέλος δ' ἐνεδαίετο κούρῃ
νέρθεν ὑπὸ κραδίῃ φλογὶ εἴκελον. ἀντία δ' αἰεὶ
βάλλεν ἐπ' Αἰσονίδην ἀμαρύγματα, καί οἱ ἄηντο
στηθέων ἐκ πυκιναὶ καμάτῳ φρένες, οὐδέ τιν' ἄλλην
μνῆστιν ἔχεν, γλυκερῇ δὲ κατείβετο θυμὸν ἀνίῃ·   290
ὡς δὲ γυνὴ μαλερῷ περὶ κάρφεα χεύατο δαλῷ
χερνῆτις, τῇπερ ταλασήια ἔργα μέμηλεν,
ὥς κεν ὑπωρόφιον νύκτωρ σέλας ἐντύναιτο,
ἄγχι μάλ' †ἐγρομένη· τὸ δ' ἀθέσφατον ἐξ ὀλίγοιο
δαλοῦ ἀνεγρόμενον σὺν κάρφεα πάντ' ἀμαθύνει—   295

278 (— τόξα) Et^G s.v. φλιά   283-4 Et^G s.v. ἀμφασίαν

---

276 οἶος D   278 προδόμου D et Et; fort. -μου ἐνὶ, pro ἐντανύσσας
283 ἰθὺς δ' libri: ἰὸν Et   288 ἐπ' SG: ὑπ' LAPE (ex 287)   290 γλυ-
κερῇ et ἀνίῃ SPE: -ρῇ et ἀνίῃ AG, et -ρῇ certe, ἀνίῃ prob. L   κατείβετο
LSPE (cum gl. ἐτήκετο S): κατετήκετο A: κατήγετο G   θυμὸς Fitch (cl. 1131)
291 πυρὶ (ε supra υ scr. P) libri   χεύατο nescio quis: χεύετο (θεύ- S) libri
nostri; v. ad i. 565   294 ἐγρομένη (ἐργο- cum gl. εἰργο- G) libri (ex 295):
ἐξομένη Hemsterhuys (cl. Od. 17. 572; cf. et. sch^{LP} ἄγχι ἀντὶ τοῦ ἐγγύς):
alia alii   295 fort. πῦρ κ., cl. Il. 9. 593

τοῖος ὑπὸ κραδίῃ εἰλυμένος αἴθετο λάθρῃ
οὖλος ἔρως, ἁπαλὰς δὲ μετετρωπᾶτο παρειάς
ἐς χλόον, ἄλλοτ' ἔρευθος, ἀκηδείῃσι νόοιο.
Δμῶες δ' ὁππότε δή σφιν ἐπαρτέα θῆκαν ἐδωδήν,
αὐτοί τε λιαροῖσιν ἐφαιδρύναντο λοετροῖς,   300
ἀσπασίως δόρπῳ τε ποτῆτί τε θυμὸν ἄρεσσαν.
ἐκ δὲ τοῦ Αἰήτης σφετέρης ἐρέεινε θυγατρός
υἷας, τοίοισι παρηγορέων ἐπέεσσιν·
" Παιδὸς ἐμῆς κοῦροι Φρίξοιό τε, τὸν περὶ πάντων
ξείνων ἡμετέροισιν ἐνὶ μεγάροισιν ἔτεισα,   305
πῶς Αἶάνδε νέεσθε; παλίσσυτοι, ἠέ τις ἄτη
σωομένοις μεσσηγὺς ἐνέκλασεν; οὐ μὲν ἐμεῖα
πείθεσθε προφέροντος ἀπείρονα μέτρα κελεύθου.
ᾔδειν γάρ ποτε πατρὸς ἐν ἅρμασιν Ἠελίοιο
δινεύσας, ὅτ' ἐμεῖο κασιγνήτην ἐκόμιζεν   310
Κίρκην ἑσπερίης εἴσω χθονός, ἐκ δ' ἱκόμεσθα
ἀκτὴν ἠπείρου Τυρσηνίδος, ἔνθ' ἔτι νῦν περ
ναιετάει, μάλα πολλὸν ἀπόπροθι Κολχίδος αἴης.
ἀλλὰ τί μύθων ἧδος; ἃ δ' ἐν ποσὶν ὑμῖν ὄρωρεν
εἴπατ' ἀριφραδέως, ἠδ' οἵτινες οἵδ' ἐφέπονται   315
ἀνέρες, ὅπῃ τε γλαφυρῆς ἐκ νηὸς ἔβητε."
Τοῖά μιν ἐξερέοντα κασιγνήτων προπάροιθεν
Ἄργος, ὑποδδείσας ἀμφὶ στόλῳ Αἰσονίδαο,
μειλιχίως προσέειπεν, ἐπεὶ προγενέστερος ἦεν·
"Αἰήτη, κείνην μὲν ἄφαρ διέχευαν ἄελλαι   320

320 Etᴳᴹ s.v. Αἰ., Priscian. 7. 7

297 Ἔρως editores quidam, at non αἴθεται puer ille sed αἴθει, et ipse iam abierat, remanente ἔρωτος scintilla (285 sq.)   300 ἐφαιδρύναντο SPE: -νοντο LAG (sic)   306 'utrum reversi e Graecia, an eo euntibus aliqua intervenit calamitas?'   307 σω., v. ad ii. 296   313 vel Αἴης, cf. ad ii. 417   314 ὑμῖν LAPE: ὔμμιν SG   316 ὅπῃ τε recc. quidam: ὅπῃ τε PE: ὁππότε LAG: ὅπῃ τε(?) corr. ex ὁππότε(?) S 319 μειλιχίοις P solus, fort. rectius (cf. 51)

125

ζαχρηεῖς, αὐτοὺς δ' ἐπὶ δούρατι πεπτηῶτας
νήσου Ἐνναλίοιο ποτὶ ξερὸν ἔκβαλε κῦμα
λυγαίῃ ὑπὸ νυκτί. θεὸς δέ τις ἄμμ' ἐσάωσεν·
οὐδὲ γὰρ αἱ τὸ πάροιθεν ἐρημαίην κατὰ νῆσον
ηὐλίζοντ' ὄρνιθες Ἀρήιαι, οὐδ' ἔτι κείνας   325
εὕρομεν, ἀλλ' οἵδ' ἄνδρες ἀπήλασαν, ἐξαποβάντες
νηὸς ἑῆς προτέρῳ ἐνὶ ἤματι· καί σφ' †ἀπέρυκεν
ἡμέας οἰκτείρων Ζηνὸς νόος ἠέ τις αἶσα·
αὐτίκ' ἐπεὶ καὶ βρῶσιν ἅλις καὶ εἴματ' ἔδωκαν,
οὔνομά τε Φρίξοιο περικλεὲς εἰσαίοντες   330
ἠδ' αὐτοῖο σέθεν· μετὰ γὰρ τεὸν ἄστυ νέονται.
χρειὼ δ' ἢν ἐθέλῃς ἐξίδμεναι, οὔ σ' ἐπικεύσω.·
τόνδε τις ἱέμενος πάτρης ἀπάνευθεν ἐλάσσαι
καὶ κτεάνων βασιλεύς, περιώσιον οὕνεκεν ἀλκῇ
σφωιτέρῃ πάντεσσι μετέπρεπεν Αἰολίδῃσιν,   335
πέμπει δεῦρο νέεσθαι, ἀμήχανον· οὐδ' ὑπαλύξειν
στεῦται ἀμειλίκτοιο Διὸς θυμαλγέα μῆνιν
καὶ χόλον οὐδ' ἄτλητον ἄγος Φρίξοιό τε ποινάς
Αἰολιδέων γενεήν, πρὶν ἐς Ἑλλάδα κῶας ἱκέσθαι.
νῆα δ' Ἀθηναίη Παλλὰς κάμεν, οὐ μάλα τοίην   340
οἷαί περ Κόλχοισι μετ' ἀνδράσι νῆες ἔασιν·
τάων αἰνοτάτης ἐπεκύρσαμεν, ἤλιθα γάρ μιν
λάβρον ὕδωρ πνοιή τε διέτμαγεν. ἡ δ' ἐνὶ γόμφοις
ἴσχεται, ἢν καὶ πᾶσαι ἐπιβρίσωσιν ἄελλαι·
ἴσον δ' ἐξ ἀνέμοιο θέει καὶ ὅτ' ἀνέρες αὐτοί   345

321 ἐπὶ Madvig : ὑπὸ libri (ex Il. 2. 312, Od. 14. 474 ?)   δούρατι Ardizzoni :
-ρασι libri ; cf. ii. 1111, 1118 (nisi mavis, cll. iv. 1263, ὑπὸ κύμασι, et 322
ἔκβαλεν οἶδμα)   326 οἶδ' S (ex coni., et coni. Wilamowitz) : οἴγ' cett. ;
cf. 315   327 cum σφε non de avibus dictum esse videatur sed de
Argonautis (cl. 329 ἐπεὶ καὶ κτλ.), ἀπέρυκεν falsum est (ex 174), et
fort. scrib. σφέ που ἧκεν (cll. Il. 24. 374 sq., ii. 438—40) potius quam σφας
ἔρυκεν (Herwerden)   334 fort. περιωσίῳ, cf. i. 466 sq.   336 fort. δεῦρ',
ἀρνεῖσθαι ἀμ., cf. Od. 14. 238 sq., ii. 624 sq., iii. 1133   342 αἰνοτάτης
LAPE : -τῃ (dat.) SG ; cf. Aesch. Pers. 853

νωλεμὲς εὐήρεσσιν ἐπισπέρχωσιν ἐρετμοῖς.
τῇ δ' ἐν, ἀγειράμενος Παναχαιίδος εἴ τι φέριστον
ἡρώων, τεὸν ἄστυ μετήλυθε, πόλλ' ἐπαληθείς
ἄστεα καὶ πελάγη στυγερῆς ἁλός, εἴ οἱ ὀπάσσαις.
αὐτῷ δ' ὡς κεν ἅδῃ, τὼς ἔσσεται· οὐ γὰρ ἱκάνει   350
χερσὶ βιησόμενος, μέμονεν δέ τοι ἄξια τείσειν
δωτίνης· ἀίων ἐμέθεν μέγα δυσμενέοντας
Σαυρομάτας, τοὺς σοῖσιν ὑπὸ σκήπτροισι δαμάσσει.
εἰ δὲ καὶ οὔνομα δῆθεν ἐπιθύεις γενεήν τε
ἴδμεναι οἵτινές εἰσιν, ἕκαστά κε μυθησαίμην.   355
τόνδε μέν, οἷό περ οὕνεκ' ἀφ' Ἑλλάδος ὦλλοι ἄγερθεν,
κλείουσ' Αἴσονος υἱὸν Ἰήσονα Κρηθεῖδαο·
εἰ δ' αὐτοῦ Κρηθῆος ἐτήτυμόν ἐστι γενέθλης,
οὕτω κεν γνωτὸς πατρώιος ἄμμι πέλοιτο·
ἄμφω γὰρ Κρηθεὺς Ἀθάμας τ' ἔσαν Αἰόλου υἷε,   360
Φρίξος δ' αὖτ' Ἀθάμαντος ἔην πάις Αἰολίδαο·
τόνδε δ' ἄρ', Ἡελίου γόνον ἔμμεναι εἴ τιν' ἀκούεις
δέρκεαι Αὐγείην· Τελαμὼν δ' ὅγε, κυδίστοιο
Αἰακοῦ ἐκγεγαώς, Ζεὺς δ' Αἰακὸν αὐτὸς ἔτικτεν.
ὡς δὲ καὶ ὦλλοι πάντες ὅσοι συνέπονται ἑταῖροι   365
ἀθανάτων υἷές τε καὶ υἱωνοὶ γεγάασιν."
    Τοῖα παρέννεπεν Ἄργος· ἄναξ δ' ἐπεχώσατο μύθοις
εἰσαΐων, ὑψοῦ δὲ χόλῳ φρένες ἠερέθοντο.
φῆ δ' ἐπαλαστήσας (μενέαινε δὲ παισὶ μάλιστα
Χαλκιόπης, τῶν γάρ σφε μετελθέμεν οὕνεκ' ἐώλπει),   370

346 νωλεμὲς εὐήρεσσιν e.gr. Fr: -μέως χείρεσσιν libri (ex i. 551 sq. ?)
ἐρετμοῖς LASG: -μούς PE (ex coni.)   347 φέριστον a. corr. L, ASG:
-τοι p. corr. L, PE (οἴ τε φέριστοι P)   351 βιησόμενος recc. quidam (ex
coni.): -σάμενος nostri   355 κε Brunck (cll., e.gr., i. 20, ii. 1059): γε
libri   356 ἄλλοι D   360 υἷε PE: υἷες LASG   362 quod post
ἀκούεις poni solebat comma del. Wifstrand, cll. iv. 1560 sq., al.; adde Callim.
fg. 64. 5 sq.   365 ὦλλοι LASG: ἀλ- PE; v. ad i. 1101   369 μενέαινε
G (cum gl. ἐχολοῦτο, cf. gl. ἐμνησικάκει A): μενέηνε ASPE (cum gl.
ὠργίσθη P): -ήεινε a. corr. et -νέηνε (sic) p. corr. L   370 σφε PE:
σφι LASG; cf. ad ii. 1086   ἐώλπει E: ἐόλπει LASGP, sed iv. 10 ἐώλπει
omnes; res dubia

ἐκ δέ οἱ ὄμματ' ἔλαμψεν ὑπ' ὀφρύσιν ἱεμένοιο·

" Οὐκ ἄφαρ ὀφθαλμῶν μοι ἀπόπροθι λωβητῆρες
νεῖσθ' αὐτοῖσι δόλοισι παλίσσυτοι ἔκτοθι γαίης,
πρίν τινα λευγαλέον τε δέρος καὶ Φρίξον ἰδέσθαι;
αὐτίχ' ὁμαρτήσαντες ἀφ' Ἑλλάδος, οὐδ' ἐπὶ κῶας,   375
σκῆπτρα δὲ καὶ τιμὴν βασιληίδα, δεῦρο νέεσθε.
εἰ δέ κε μὴ προπάροιθεν ἐμῆς ἥψασθε τραπέζης,
ἥ τ' ἂν ἀπὸ γλώσσας τε ταμὼν καὶ χεῖρε κεάσσας
ἀμφοτέρας, οἵοισιν ἀποπροέηκα πόδεσσιν,
ὡς κεν ἐρητύοισθε καὶ ὕστερον ὁρμηθῆναι·   380
οἷα δὲ καὶ μακάρεσσιν ἐπεψεύσασθε θεοῖσιν."

Φῆ ῥα χαλεψάμενος· μέγα δὲ φρένες Αἰακίδαο
νειόθεν οἰδαίνεσκον, ἐέλδετο δ' ἔνδοθι θυμός
ἀντιβίην ὀλοὸν φάσθαι ἔπος· ἀλλ' ἀπέρυκεν
Αἰσονίδης, πρὸ γὰρ αὐτὸς ἀμείψατο μειλιχίοισιν·   385

"Αἰήτη, σχέο μοι· τῷδε στόλῳ οὔ τι †γὰρ αὔτως
ἄστυ τεὸν καὶ δώμαθ' ἱκάνομεν, ὥς που ἔολπας,
οὐδὲ μὲν ἱέμενοι· τίς δ' ἂν τόσον οἶδμα περῆσαι
τλαίη ἑκὼν ὀθνεῖον ἐπὶ κτέρας; ἀλλά με δαίμων
καὶ κρυερὴ βασιλῆος ἀτασθάλου ὦρσεν ἐφετμή.   390
δὸς χάριν ἀντομένοισι· σέθεν δ' ἐγὼ Ἑλλάδι πάσῃ
θεσπεσίην οἴσω κληηδόνα. καὶ δέ τοι ἤδη
πρόφρονές εἰμεν ἄρηι θοὴν ἀποτεῖσαι ἀμοιβήν,
εἴτ' οὖν Σαυρομάτας γε λιλαίεαι εἴτε τιν' ἄλλον
δῆμον σφωιτέροισιν ὑπὸ σκήπτροισι δαμάσσαι."   395

386 Priscian. 7. 7, et (— στ.) Choerob. in Theodos. Can. i. 164. 23 H
(= Herodian. ii. 691. 1 L)

---

371 ἱεμένοιο susp. ; -σι χωομ- Herwerden   375 ἀφ' ἑλλάδος· οὐδ' LASG :
ἀφ' ἑλλάδα (scil. νεῖσθε, 373); οὐκ PE (ex coni., ut disertim fatetur sch^P, qui
etiam αὖτις proponit pro αὐτίχ')   376 δὲ PE (ex coni., v. sch^P): τε
LASG   νέεσθε PE : -σθαι LASG   379 ἀποπροέηκα Herwerden : ἐπιπρο-
libri (ex 124)   384 φάσθαι LA, sicut etiam 979 LAE, et iv. 1200
LAS; cf. sch Od. 6. 200   386 post μοι dist. Svensson (p. 7), cf. Il. 21.
379, al., sed dat. τ. στ. (cf. Od. 11. 161?) susp.   e.gr. μάλ' αὔτως

Ἴσκεν, ὑποσσαίνων ἀγανῇ ὀπί· τοῖο δὲ θυμός
διχθαδίην πόρφυρεν ἐνὶ στήθεσσι μενοινήν,
ἤ σφεας ὁρμηθεὶς αὐτοσχεδὸν ἐξεναρίζοι,
ἤ ὅγε πειρήσαιτο βίης. τό οἱ εἴσατ' ἄρειον
φραζομένῳ, καὶ δή μιν ὑποβλήδην προσέειπεν·   400
" Ξεῖνε, τί κεν τὰ ἕκαστα διηνεκέως ἀγορεύοις;
εἰ γὰρ ἐτήτυμόν ἐστε θεῶν γένος, ἠὲ καὶ ἄλλως
οὐδὲν ἐμεῖο χέρηες ἐπ' ὀθνείοισιν ἔβητε,
δώσω τοι χρύσειον ἄγειν δέρος, ἤν κ' ἐθέλησθα,
πειρηθείς· ἐσθλοῖς γὰρ ἐπ' ἀνδράσιν οὔτι μεγαίρω   405
ὡς αὐτοὶ μυθεῖσθε τὸν Ἑλλάδι κοιρανέοντα.
πεῖρα δέ τοι μένεός τε καὶ ἀλκῆς ἔσσετ' ἄεθλος
τόν ῥ' αὐτὸς περίειμι χεροῖν, ὀλοόν περ ἐόντα.
δοιώ μοι πεδίον τὸ Ἀρήιον ἀμφινέμονται
ταύρω χαλκόποδε, στόματι φλόγα φυσιόωντε·   410
τοὺς ἐλάω ζεύξας στυφελὴν κατὰ νειὸν Ἄρηος
τετράγυον, τὴν αἶψα ταμὼν ἐπὶ τέλσον ἀρότρῳ,
οὐ σπόρον ὁλκοῖσιν Δηοῦς ἐνιβάλλομαι ἀκτήν
ἀλλ' ὄφιος δεινοῖο μεταλδήσκοντας ὀδόντας

ἀνδράσι τευχηστῇσι δέμας· τοὺς δ' αὖθι δαΐζων   415
κείρω ἐμῷ ὑπὸ δουρὶ περισταδὸν ἀντιόωντας.
ἠέριος ζεύγνυμι βόας καὶ δείελον ὥρην
παύομαι ἀμήτοιο. σὺ δ' εἰ †τάδε τοῖα τελέσσεις,
αὐτῆμαρ τότε κῶας ἀποίσεαι εἰς βασιλῆος,

409 sq. sch Pind. Py. 4. 398 d

---

397 ἐνὶ PE: ἐπὶ LASG   401 ἀγορεύοις Paris. 2846 (ex coni.): -εύαις
nostri   402 εἰ et ἠὲ SG: ἢ et ἠὲ LAPE; fort. εἰ et ἠδὲ scrib., cll.
ii. 1220–3   404 ad ἤν κ' (αἴ κ' D) cf. Il. 4. 353, 9. 359, Od. 18.
318, cum varietate lectionum (Platt)   410 φυσιόωντε GPE: -τες
LAS sch^Pind; cf. ad 496, 1292   413 ἀκτήν PE: ἀκτῆ(ι) LASG (propter
ἐπ)   414^Α e.gr. (μορφὰς ἐς κρατερὰς, ἰκέλους δ' ἀνιεῖσι γίγαντας)
418 τάδε τοῖα ni fallor Graecum non est (diversum enim est Od. 16. 205);
e.gr. εἰ μοι τοῖα (cl. Pind. Py. 4. 230, et ad numeros 898, 1084, al.) vel
τάδε ἔργα (cl. iv. 794)   419 τότε Fr: τόδε libri (ex 418); cf. 420

πρὶν δέ κεν οὐ δοίην· μηδ' ἔλπεο, δὴ γὰρ ἀεικές   420
ἄνδρ' ἀγαθὸν γεγαῶτα κακωτέρῳ ἀνέρι εἶξαι."
῍Ως ἄρ' ἔφη· ὁ δὲ σῖγα ποδῶν πάρος ὄμματα πήξας,
ἧστ' αὔτως ἄφθογγος, ἀμηχανέων κακότητι·
βουλὴν δ' ἀμφὶ πολὺν στρώφα χρόνον, οὐδέ πη εἶχεν
θαρσαλέως ὑποδέχθαι, ἐπεὶ μέγα φαίνετο ἔργον.   425
ὀψὲ δ' ἀμειβόμενος προσελέξατο κερδαλέοισι·
"Αἰήτη, μάλα τοί με δίκῃ περιπολλὸν ἐέργεις.
τῶ καὶ ἐγὼ τὸν ἄεθλον ὑπερφίαλόν περ ἐόντα
τλήσομαι, εἰ καί μοι θανέειν μόρος. οὐ γὰρ ἔτ' ἄλλο
ῥίγιον ἀνθρώποισι κακῆς ἐπιμείρετ' ἀνάγκης·   430
ἥ με καὶ ἐνθάδε νεῖσθαι ἐπέχραεν ἐκ βασιλῆος."
῍Ως φάτ', ἀμηχανίῃ βεβολημένος· αὐτὰρ ὁ τόνγε
σμερδαλέοις ἐπέεσσι προσέννεπεν ἀσχαλόωντα·
" Ἔρχεο νῦν μεθ' ὅμιλον, ἐπεὶ μέμονάς γε πόνοιο·
εἰ δὲ σύ γε ζυγὰ βουσὶν ὑποδδείσαις ἐπαείραι,   435
ἠὲ καὶ οὐλομένου μεταχάσσεαι ἀμήτοιο,
αὐτῷ κεν τὰ ἕκαστα μέλοιτό μοι, ὄφρα καὶ ἄλλος
ἀνὴρ ἐρρίγῃσιν ἀρείονα φῶτα μετελθεῖν."
Ἴσκεν ἀπηλεγέως· ὁ δ' ἀπὸ θρόνου ὦρνυτ' Ἰήσων,
Αὐγείης Τελαμών τε παρασχεδόν· εἵπετο δ' Ἄργος,   440
οἶος, ἐπεὶ μεσσηγὺς ἔτ' αὐτόθι νεῦσε λιπέσθαι
αὐτοκασιγνήτοις. οἱ δ' ἤισαν ἐκ μεγάροιο,
θεσπέσιον δ' ἐν πᾶσι μετέπρεπεν Αἴσονος υἱός
κάλλεϊ καὶ χαρίτεσσιν. ἐπ' αὐτῷ δ' ὄμματα κούρη
λοξὰ παρὰ λιπαρὴν σχομένη θηεῖτο καλύπτρην,   445
κῆρ ἄχεϊ σμύχουσα, νόος δέ οἱ ἠύτ' ὄνειρος
ἑρπύζων πεπότητο μετ' ἴχνια νισσομένοιο.

426 κερδ. quo spectet ignoratur   427 δίκῃ (quod a sch quoque legebatur) obscurum; fort. μ' ἔρκει (cl. i. 1036), sed v. ad 426   429 ἄλλο SGPE: -λος LA   430 ἐπιμείρετ' Fr: ἐπαμείβετ' PE: ἐπικείσετ' L (sic) ASG (ex Il. 6. 458 ?): ἐπίκειται praefert Lloyd-Jones   436 οὐλομένου PE: -μένοιο LASG   442 ἤισαν Rzach (p. 167): ἤεσαν vel ἦσαν libri 445 παρὰ LAGPE: παραὶ SD

καί ῥ' οἱ μέν ῥα δόμων ἐξήλυθον ἀσχαλόωντες·
Χαλκιόπη δέ, χόλον πεφυλαγμένη Αἰήταο,
καρπαλίμως θάλαμόνδε σὺν υἰάσιν οἷσι βεβήκει·
αὔτως δ' αὖ Μήδεια μετέστιχε. πολλὰ δὲ θυμῷ   450
ὤρμαιν' ὅσσα τ' ἔρωτες ἐποτρύνουσι μέλεσθαι·
προπρὸ δ' ἄρ' ὀφθαλμῶν ἔτι οἱ ἰνδάλλετο πάντα,
αὐτός θ' οἷος ἔην οἵοισί τε φάρεσιν εἶτο
οἷά τ' ἔειφ' ὥς θ' ἕζετ' ἐπὶ θρόνου ὥς τε θύραζε   455
ἤιεν· οὐδέ τιν' ἄλλον ὀίσσατο πορφύρουσα
ἔμμεναι ἀνέρα τοῖον· ἐν οὔασι δ' αἰὲν ὀρώρει
αὐδή τε μῦθοί τε μελίφρονες οὓς ἀγόρευσεν.
τάρβει δ' ἀμφ' αὐτῷ, μή μιν βόες ἠὲ καὶ αὐτός
Αἰήτης φθείσειεν· ὀδύρετο δ' ἠύτε πάμπαν   460
ἤδη τεθνειῶτα, τέρεν δέ οἱ ἀμφὶ παρειάς
δάκρυον αἰνοτάτῳ ἐλέῳ ῥέε κηδοσύνη τε.
ἦκα δὲ μυρομένη, λιγέως ἀνενείκατο μῦθον·
" Τίπτε με δειλαίην τόδ' ἔχει ἄχος; εἴθ' ὅγε πάντων
φθείσεται ἡρώων προφερέστατος εἴτε χερείων,   465
ἐρρέτω.—ἦ μὲν ὄφελλεν ἀκήριος ἐξαλέασθαι.—
ναὶ δὴ τοῦτό γε πότνα θεὰ Περσηὶ πέλοιτο,
οἴκαδε νοστήσειε φυγὼν μόρον· εἰ δέ μιν αἶσα
δμηθῆναι ὑπὸ βουσί, τόδε προπάροιθε δαείη,
οὕνεκεν οὔ οἱ ἔγωγε κακῇ ἐπαγαίομαι ἄτῃ."   470
Ἡ μὲν ἄρ' ὣς ἐόλητο νόον μελεδήμασι κούρη·
οἱ δ' ἐπεὶ οὖν δήμου τε καὶ ἄστεος ἐκτὸς ἔβησαν
τὴν ὁδὸν ἣν τὸ πάροιθεν ἀνήλυθον ἐκ πεδίοιο,
δὴ τότ' Ἰήσονα τοῖσδε προσέννεπεν Ἄργος ἔπεσσιν·

457 sq. Choricius 5. 21 (p. 87. 8 Förster–Richtsteig)   471 Et^{GM} s.v
ἐόλητο (= Herodian. ii. 508. 17 L)

454 εἶτο PE: ἧστο LASG: ἔστο D; res dubia, cf. Od. 11. 191 cum
varietate lectionum   456 ὀίσσατο LASG: ὀίσατο E: εἴσατο P; v. ad
ii. 1135   460 φθείσ- L¹ (et 465 LA): φθίσ- cett.   462 κηδοσύνη τε
Schneider: κηδοσύνῃσιν libri (cf. i. 277, iv. 1473): (ῥέε)ν ἠδ' ὀδύνῃσιν
Damsté (cf. 761 sq.)

"Αἰσονίδη, μῆτιν μὲν ὀνόσσεαι ἥντιν' ἐνίψω,   475
πείρης δ' οὐ μάλ' ἔοικε μεθιέμεν ἐν κακότητι.
κούρην δή τινα πρόσθεν ἐπέκλυες αὐτὸς ἐμεῖο
φαρμάσσειν Ἑκάτης Περσηίδος ἐννεσίησιν·
τὴν εἴ κεν πεπίθοιμεν, ὀίομαι, οὐκέτι τάρβος
ἔσσετ' ἀεθλεύοντι δαμήμεναι· ἀλλὰ μάλ' αἰνῶς   480
δείδω μή πως οὔ μοι ὑποστήῃ τόγε μήτηρ·
ἔμπης δ' ἐξαῦτις μετελεύσομαι ἀντιβολήσων,
ξυνὸς ἐπεὶ πάντεσσιν ἐπικρέμαθ' ἡμιν ὄλεθρος."
Ἴσκεν ἐυφρονέων· ὁ δ' ἀμείβετο τοῖσδ' ἐπέεσσιν·
" Ὦ πέπον, εἴ νύ τοι αὐτῷ ἐφανδάνει, οὔτι μεγαίρω·   485
βάσκ' ἴθι καὶ πυκινοῖσι τεὴν παρὰ μητέρα μύθοις
ὄρνυθι λισσόμενος. μελέη γε μὲν ἡμιν ὄρωρεν
ἐλπωρή, ὅτε νόστον ἐπετραπόμεσθα γυναιξίν."
Ὣς ἔφατ'· ὦκα δ' ἕλος μετεκίαθον, αὐτὰρ ἑταῖροι
γηθόσυνοι ἐρέεινον, ὅπως παρεόντας ἴδοντο.   490
τοῖσιν δ' Αἰσονίδης τετιημένος ἔκφατο μῦθον·
" Ὦ φίλοι, Αἰήταο ἀπηνέος ἄμμι φίλον κῆρ
ἀντικρὺ κεχόλωται· ἕκαστα γὰρ οὔ νύ τι τέκμωρ
οὔτ' ἐμοὶ οὔτε κεν ὔμμι διειρομένοισι πέλοιτο.
φῆ δὲ δύω πεδίον τὸ Ἀρήιον ἀμφινέμεσθαι   495
ταύρω χαλκόποδε, στόματι φλόγα φυσιόωντε,
τετράγυον δ' †ἐπὶ τοῖσιν ἐφίετο νειὸν ἀρόσσαι·
δώσειν δ' ἐξ ὄφιος γενύων σπόρον, ὅς ῥ' ἀνίησιν
γηγενέας χαλκέοις σὺν τεύχεσιν· ἤματι δ' αὐτῷ
χρειὼ τούσγε δαΐξαι. ὃ δή νύ οἱ (οὔ τι γὰρ ἄλλο   500

481 ὑποσταίη ὑπόσχοιτο Et^M s.v.

---

477 ἐπέκλυες SG: ὑπ- LAPE; cf. 598, i. 1240   481 ὑποστήῃ Mooney
(cl. subiunctivo in exemplari Il. 10. 38 sq.): -σταίη libri Et; vel -στείῃ,
cl. plurimorum lectione Il. 15. 297, 17. 95   τόγε LAPE: τόδε SG
486 βάσκ' ἴθι v.l. L, APE: βάσκετε LSG   495 fort. φῆ δοιὼ, cl. 409
496 φυσιόωντε SGPE :-τας LA; cf. ad 410   497 δ' ὑπὸ Samuelsson; fort.
δέ με vel -όν μοι   498 ἀνίησιν L: -ίησιν cett.; v. Ardizzoni   499 χαλ-
κείοις σὺν ἔντεσιν G solus; cf. ad i. 1059

βέλτερον ἦν φράσσασθαι) ἀπηλεγέως ὑποέστην."
'Ως ἄρ' ἔφη· πάντεσσι δ' ἀνήνυτος εἴσατ' ἄεθλος·
δὴν δ' ἄνεῳ καὶ ἄναυδοι ἐς ἀλλήλους ὁρόωντο,
ἄτῃ ἀμηχανίῃ τε κατηφέες. ὀψὲ δὲ Πηλεύς
θαρσαλέως μετὰ πᾶσιν ἀριστήεσσιν ἔειπεν·   505
" "Ωρη μητιάασθαι ὅ κ' ἔρξομεν· οὐ μὲν ἔολπα
βουλῆς εἶναι ὄνειαρ ὅσον τ' ἐπὶ κάρτεϊ χειρῶν.
εἰ μέν νυν τύνη ζεῦξαι βόας Αἰήταο,
ἥρως Αἰσονίδη, φρονέεις μέμονάς τε πόνοιο,
ἦ τ' ἂν ὑποσχεσίην πεφυλαγμένος ἐντύναιο·   510
εἰ δ' οὔ τοι μάλα θυμὸς ἑῇ ἐπὶ πάγχυ πέποιθεν
ἠνορέῃ, μήτ' αὐτὸς ἐπείγεο μήτε τιν' ἄλλον
τῶνδ' ἀνδρῶν πάπταινε παρήμενος· οὐ γὰρ ἔγωγε
σχήσομ', ἐπεὶ θάνατός γε τὸ κύντατον ἔσσεται ἄλγος."
'Ως ἔφατ' Αἰακίδης· Τελαμῶνι δὲ θυμὸς ὀρίνθη,   515
σπερχόμενος δ' ἀνόρουσε θοῶς· ἔπι δὲ τρίτος "Ιδας
ὦρτο μέγα φρονέων, ἔπι δ' υἱέε Τυνδαρέοιο·
σὺν δὲ καὶ Οἰνεΐδης, ἐναρίθμιος αἰζηοῖσιν
ἀνδράσιν οὐδέ περ ὅσσον ἐπανθιόωντας ἰούλους
ἀντέλλων· τοίῳ οἱ ἀείρετο κάρτεϊ θυμός.   520
οἱ δ' ἄλλοι εἴξαντες ἀκὴν ἔχον. αὐτίκα δ' Ἄργος
τοῖον ἔπος μετέειπεν ἐελδομένοισιν ἀέθλου·
" 'Ω φίλοι, ἤτοι μὲν τόδε λοίσθιον· ἀλλά τιν' οἴω
μητρὸς ἐμῆς ἔσσεσθαι ἐναίσιμον ὕμμιν ἀρωγήν.
τῷ καί περ μεμαῶτες ἐρητύοισθ' ἐνὶ νηί   525
τυτθὸν ἔθ' ὡς τὸ πάροιθεν, ἐπεὶ καὶ ἐπισχέμεν ἔμπης
λώιον ἢ κακὸν οἶτον ἀφειδήσαντας ὀλέσθαι.
κούρη τις μεγάροισιν ἐνιτρέφετ' Αἰήταο,
τὴν Ἑκάτη περίαλλα θεὰ δάε τεχνήσασθαι

507 fort. ἐνὶ, cf. ii. 334 (Il. 15. 741), iii. 549, ii. 424   511 πάγχυ post
ἐπὶ Brubach: post μάλα libri   513 πάπταινε Brunck: -ητην libri;
cf. ad 109   514 fort. σχήσομαι, εἰ   517 υἱέε Koechly (p. 11): υἷες
libri   527 ὀλέσθαι Fr: ἐλ- libri; cf. Il. 3. 417, ii. 326, 881

φάρμαχ' ὅσ' ἤπειρός τε φύει καὶ νήχυτον ὕδωρ· 530
τοῖσι καὶ ἀκαμάτοιο πυρὸς μειλίσσετ' ἀυτμήν
καὶ ποταμοὺς ἵστησιν ἄφαρ κελαδεινὰ ῥέοντας,
ἄστρα τε καὶ μήνης ἱερᾶς ἐπέδησε κελεύθους.
τῆς μέν, ἀπὸ μεγάροιο κατὰ στίβον ἐνθάδ' ἰόντες,
μνησάμεθ', εἴ κε δύναιτο, κασιγνήτη γεγαυῖα, 535
μήτηρ ἡμετέρη πεπιθεῖν ἐπαρῆξαι ἀέθλῳ·
εἰ δὲ καὶ αὐτοῖσιν τόδ' ἐφανδάνει, ἦ τ' ἂν ἱκοίμην
ἤματι τῷδ' αὐτῷ πάλιν εἰς δόμον Αἰήταο
πειρήσων· τάχα δ' ἂν σὺν δαίμονι πειρηθείην."
   Ὣς φάτο. τοῖσι δὲ σῆμα θεοὶ δόσαν εὐμενέοντες· 540
τρήρων μὲν φεύγουσα βίην κίρκοιο πελειάς
ὑψόθεν Αἰσονίδεω πεφοβημένη ἔμπεσε κόλπῳ,
κίρκος δ' ἀφλάστῳ περικάππεσεν. ὦκα δὲ Μόψος
τοῖον ἔπος μετὰ πᾶσι θεοπροπέων ἀγόρευσεν·
   " Ὕμμι φίλοι τόδε σῆμα θεῶν ἰότητι τέτυκται· 545
οὐδέ πῃ ἄλλως ἐστὶν ὑποκρίνασθαι ἄρειον,
παρθενικὴν δ' ἐπέεσσι μετελθέμεν ἀμφιέποντας
μήτι παντοίῃ· δοκέω δέ μιν οὐκ ἀθερίξειν,
εἰ ἐτεὸν Φινεύς γε θεῇ ἐνὶ Κύπριδι νόστον
πέφραδεν ἔσσεσθαι, κείνης δ' ὅγε μείλιχος ὄρνις 550
πότμον ὑπεξήλυξε. κέαρ δέ μοι ὡς ἐνὶ θυμῷ
τόνδε κατ' οἰωνὸν προτιόσσεται, ὧς δὲ πέλοιτο.
ἀλλὰ φίλοι, Κυθέρειαν ἐπικλείοντες ἀμύνειν,
ἤδη νῦν Ἄργοιο παραιφασίῃσι πίθεσθε."
   Ἴσκεν· ἐπήνησαν δὲ νέοι, Φινῆος ἐφετμάς 555

531 ἀυτμήν PE: -μή LASG   533 ἱερὰς Wifstrand (Von Kallim. zu Nonnos 109): ἱερῆς libri   535 fort. εἴ δ   542 Αἰσονίδαο libri κόλπῳ ASG: -ποις PE: ω supra οις scr. L   543 πέρ. susp. (ex 542, ii. 831 ?); e.gr. πέρι καππέτετ'   544 ἀγόρευσεν LSG: -ευεν APE   548 ἀθερίξειν D: -ίζειν nostri   549 θεῇ Merkel (et cf. ii. 423), sed v. ad 252   551 πότμον LAPE: μόρον G: οἶτον S (ex coni., cl. 527 ?); fort. μόρμνον, cl. Pfeiffer ad Callim. fg. 43. 66   553 ἀμύνειν nostri (cf. 611): ἀρήγειν D (cf. ii. 423, iii. 536, 559)

μνησάμενοι. μοῦνος δ' Ἀφαρήιος ἄνθορεν Ἴδας
δείν' ἐπαλαστήσας μεγάλῃ ὀπί, φώνησέν τε·
" Ὦ πόποι, ἦ ῥα γυναιξὶν ὁμόστολοι ἐνθάδ' ἔβημεν,
οἳ Κύπριν καλέουσιν ἐπίρροθον ἄμμι πέλεσθαι,
οὐκέτ' Ἐνυαλίοιο μέγα σθένος, ἐς δὲ πελείας   560
καὶ κίρκους λεύσσοντες ἐρητύονται ἀέθλων.
ἔρρετε, μηδ' ὕμμιν πολεμήια ἔργα μέλοιτο,
παρθενικὰς δὲ λιτῇσιν ἀνάλκιδας ἠπεροπεύειν."
Ὣς ηὔδα μεμαώς· πολέες δ' ὁμάδησαν ἑταῖροι,
ἦκα μάλ', οὐδ' ἄρα τίς οἱ ἐναντίον ἔκφατο μῦθον.   565
χωόμενος δ' ὅγ' ἔπειτα καθέζετο· τοῖσι δ' Ἰήσων
αὐτίκ' ἐποτρύνων τὸν ἑὸν νόον ὧδ' ἀγόρευεν·
" Ἄργος μὲν παρὰ νηός, ἐπεὶ τόδε πᾶσιν ἕαδεν,
στελλέσθω· ἀτὰρ αὐτοὶ ἐπὶ χθονὸς ἐκ ποταμοῖο
ἀμφαδὸν ἤδη πείσματ' ἀνάψομεν, ἦ γὰρ ἔοικεν   570
μηκέτι δὴν κρύπτεσθαι, ἄτε πτήσσοντας αὐτήν."
Ὣς ἄρ' ἔφη· καὶ τὸν μὲν ἄφαρ προΐαλλε νέεσθαι
καρπαλίμως ἐξαῦτις ἀνὰ πτόλιν, οἱ δ' ἐπὶ νηός
εὐναίας ἐρύσαντες ἐφετμαῖς Αἰσονίδαο
τυτθὸν ὑπὲξ ἕλεος χέρσῳ ἐπέκελσαν ἐρετμοῖς.   575
Αὐτίκα δ' Αἰήτης ἀγορὴν ποιήσατο Κόλχων
νόσφιν ἑοῖο δόμου, τόθι περ καὶ πρόσθε κάθιζον,
ἀτλήτους Μινύῃσι δόλους καὶ κήδεα τεύχων.
στεῦτο δ', ἐπεί κεν πρῶτα βόες διαδηλήσονται
ἄνδρα τὸν ὅς ῥ' ὑπέδεκτο βαρὺν καμέεσθαι ἄεθλον,   580
δρυμὸν ἀναρρήξας λασίης καθύπερθε κολώνης,

581 Et^o s.v. δρύινος

561 ἐρητύονται Fr: -τύεσθε libri (ex 525)   568 ἕαδεν libri; v. ad 1062
571 ἄτε (vel ἅπερ) Fr: om. libri: ὑπο- Pierson   577-8 om. G (propter
-χων, -χων)   578 Μινύῃσι Merkel: -αισι (-εσσι S) libri; cf. iv. 1074
Μινύαισι libri, iv. 1364 et Μινύαισιν et -ῃσιν arch., iv. 59 δολίαισιν libri, iv.
255, 316, al.   579 διαδηλήσονται LASG: -σωνται PE; v. Ardizzoni

αὐτανδρον φλέξειν δόρυ νήιον, ὄφρ' ἀλεγεινήν
ὕβριν ἀποφλύξωσιν ὑπέρβια μηχανόωντες.
οὐδὲ γὰρ Αἰολίδην Φρίξον μάλα περ χατέοντα
δέχθαι ἐνὶ μεγάροισιν ἐφέστιον, ὃς περὶ πάντων   585
ξείνων μειλιχίη τε θεουδείη τ' ἐκέκαστο,
εἰ μή οἱ Ζεὺς αὐτὸς ἀπ' οὐρανοῦ ἄγγελον ἧκεν
Ἑρμείαν, ὥς κεν προσκηδέος ἀντιάσειεν·
μὴ καὶ ληιστῆρας ἑὴν ἐς γαῖαν ἰόντας
ἔσσεσθαι δηναιὸν ἀπήμονας, οἷσι μέμηλεν   590
ὀθνείοις ἐπὶ χεῖρα ἑὴν κτεάτεσσιν ἀείρειν
κρυπταδίους τε δόλους τεκταινέμεν, ἠδὲ βοτήρων
αὔλια δυσκελάδοισιν ἐπιδρομίῃσι δαΐξαι.
νόσφι δὲ οἱ αὐτῷ φάτ' ἐοικότα μείλια τείσειν
υἷας Φρίξοιο, κακορρέκτῃσιν ὀπηδούς   595
ἀνδράσι νοστήσαντας ὁμιλαδόν, ὄφρα ἑ τιμῆς
καὶ σκήπτρων ἐλάσειαν ἀκηδέες· ὥς ποτε βάξιν
λευγαλέην οὗ πατρὸς ἐπέκλυεν Ἡελίοιο,
χρειώ μιν πυκινόν τε δόλον βουλάς τε γενέθλης
σφωιτέρης ἄτην τε πολύτροπον ἐξαλέασθαι·   600
τῶ καὶ †ἐελδομένους πέμπεν† ἐς Ἀχαιίδα γαῖαν
πατρὸς ἐφημοσύνη δολιχὴν ὁδόν· οὐδὲ θυγατρῶν
εἶναί οἱ τυτθόν γε δέος μή πού τινα μῆτιν
φράσσωνται στυγερήν, οὐδ' υἱέος Ἀψύρτοιο,
ἀλλ' ἐνὶ Χαλκιόπης γενεῇ τάδε λυγρὰ τετύχθαι.   605
καί ῥ' ὁ μὲν ἄσχετα ἔργα πιφαύσκετο δημοτέροισιν
χωόμενος, μέγα δέ σφιν ἀπείλεε νῆά τ' ἐρύσθαι
ἠδ' αὐτούς, ἵνα μή τις ὑπὲκ κακότητος ἀλύξῃ·
τόφρα δὲ μητέρ' ἑήν, μετιὼν δόμον Αἰήταο,

594 νόσφι δὲ Brunck: -φι δ' PE: -φιν δ' LASG; v. Rzach, Hiatus 58 sqq.
599 χρειώ A, v.l. L: χρῆναι LSGPE   600 ἀπάτην ? Platt (35. 84 sq.)
601 κε (et supra και) ελδο- archet., scil. καὶ ἐελδο- SPE: κε καὶ ἐελδο- G:
κε καὶ ἐλδο- L (sic) A et lemma scholii   -δομένους πέμπεν sch quoque:
πέμπειν Stephanus; exspect. ἐελδομένῳ πελέναι, sim.   606 δημογέρουσιν
D solus   608 ὑπ' ἐκ PE: ὑπὲρ LA: ὕπερ SG; cf. ad 1319

Ἄργος παντοίοισι παρηγορέεσκεν ἔπεσσιν, 610
Μήδειαν λίσσεσθαι ἀμυνέμεν· ἡ δὲ καὶ αὐτή
πρόσθεν μητιάασκε, δέος δέ μιν ἴσχανε θυμόν
μή πως ἠὲ παρ' αἶσαν ἐτώσια μειλίσσοιτο
πατρὸς ἀτυζομένην ὀλοὸν χόλον, ἠὲ λιτῇσιν
ἑσπομένης ἀρίδηλα καὶ ἀμφαδὰ ἔργα πέλοιτο. 615
Κούρην δ' ἐξ ἀχέων ἀδινὸς κατελώφεεν ὕπνος
λέκτρῳ ἀνακλινθεῖσαν. ἄφαρ δέ μιν ἠπεροπῆες,
οἷά τ' ἀκηχεμένην, ὀλοοὶ ἐρέθεσκον ὄνειροι·
τὸν ξεῖνον δ' ἐδόκησεν ὑφεστάμεναι τὸν ἄεθλον
οὔτι μάλ' ὁρμαίνοντα δέρος κριοῖο κομίσσαι, 620
οὐδέ τι τοῖο ἕκητι μετὰ πτόλιν Αἰήταο
ἐλθέμεν, ὄφρα δέ μιν σφέτερον δόμον εἰσαγάγοιτο
κουριδίην παράκοιτιν. ὀίετο δ' ἀμφὶ βόεσσιν
αὐτὴ ἀεθλεύουσα μάλ' εὐμαρέως πονέεσθαι·
σφωιτέρους δὲ τοκῆας ὑποσχεσίης ἀθερίζειν, 625
οὕνεκεν οὐ κούρῃ ζεῦξαι βόας ἀλλά οἱ αὐτῷ
προύθεσαν· ἐκ δ' ἄρα τοῦ νεῖκος πέλεν ἀμφήριστον
πατρί τε καὶ ξείνοις· αὐτῇ δ' ἐπέτρεπον ἄμφω
τὼς ἔμεν ὥς κεν ἑῇσι μετὰ φρεσὶν ἰθύσειεν·
ἡ δ' ἄφνω τὸν ξεῖνον, ἀφειδήσασα τοκήων, 630
εἵλετο· τοὺς δ' ἀμέγαρτον ἄχος λάβεν, ἐκ δ' ἐβόησαν
χωόμενοι. τὴν δ' ὕπνος ἅμα κλαγγῇ μεθέηκεν.
παλλομένη δ' ἀνόρουσε φόβῳ περί τ' ἀμφί τε τοίχους
πάπτηνεν θαλάμοιο· μόλις δ' ἐσαγείρατο θυμόν
ὡς πάρος ἐν στέρνοις, ἀδινὴν δ' ἀνενείκατο φωνήν· 635
"Δειλὴ ἐγών, οἷόν με βαρεῖς ἐφόβησαν ὄνειροι.
δείδια μὴ μέγα δή τι φέρῃ κακὸν ἥδε κέλευθος
ἡρώων· περί μοι ξείνῳ φρένες ἠερέθονται.—
μνάσθω ἑὸν κατὰ δῆμον Ἀχαιίδα τηλόθι κούρην,

610 -σκεν ἔπεσσι(ν) LASPE: -σκ' ἐπέεσσι G; cf. i. 1301, ii. 712, al.
613 μειλίσσοιτο Platt (35. 85): -σαιτο L⁸ASPE: -σετο L¹G   637 μέγα
δή τι LASPE: τι πῆμα G   φέρῃ S, p. corr. G: -ρει LA, a. corr. G: -ραι PE

ἄμμι δὲ παρθενίη τε μέλοι καὶ δῶμα τοκήων.—   640
ἔμπα γε μὴν θεμένη κύνεον κέαρ, οὐκέτ' ἄνευθεν

αὐτοκασιγνήτης πειρήσομαι εἴ κέ μ' ἀέθλῳ
χραισμεῖν ἀντιάσῃσιν, ἐπὶ σφετέροις ἀχέουσα
παισί· τό κέν μοι λυγρὸν ἐνὶ κραδίῃ σβέσει ἄλγος."

Ἦ ῥα, καὶ ὀρθωθεῖσα θύρας ὤιξε δόμοιο   645
νήλιπος οἰέανος, καὶ δὴ λελίητο νέεσθαι
αὐτοκασιγνήτηνδε καὶ ἕρκεος οὐδὸν ἄμειψεν·
δὴν δὲ καταυτόθι μίμνεν ἐνὶ προδόμῳ θαλάμοιο
αἰδοῖ ἐεργομένη· μετὰ δ' ἐτράπετ' αὖτις ὀπίσσω
στρεφθεῖσ'· ἐκ δὲ πάλιν κίεν ἔνδοθεν, ἄψ τ' ἀλέεινεν   650
εἴσω, τηΰσιοι δὲ πόδες φέρον ἔνθα καὶ ἔνθα.
ἤτοι ὅτ' ἰθύσειεν, ἔρυκέ μιν ἔνδοθεν αἰδώς·
αἰδοῖ δ' ἐργομένην θρασὺς ἵμερος ὀτρύνεσκεν.
τρὶς μὲν ἐπειρήθη, τρὶς δ' ἔσχετο· τέτρατον αὖτις
λέκτροισι πρηνὴς ἐνικάππεσεν εἰλιχθεῖσα.   655
ὡς δ' ὅτε τις νύμφη θαλερὸν πόσιν ἐν θαλάμοισιν
μύρεται, ᾧ μιν ὄπασσαν ἀδελφεοὶ ἠὲ τοκῆες,   657
τὸν δέ τις ὤλεσε μοῖρα πάρος ταρπήμεναι ἄμφω   660
δήνεσιν ἀλλήλων· ἡ δ' ἔνδοθι δαιομένη κῆρ
σῖγα μάλα κλαίει χῆρον λέχος εἰσορόωσα,   662
οὐδέ τί πω πάσαις ἐπιμίσγεται ἀμφιπόλοισιν   [658]
αἰδοῖ ἐπιφροσύνῃ τε, μυχῷ δ' ἀχέουσα θαάσσει,   [659]
μή μιν κερτομέουσαι ἐπιστοβέωσι γυναῖκες—   663

663 Et^{QM} s.v. ἐπιστ.

641^A e.gr. (κλαύσομαι ἐν θαλάμοισι καθημένη, ἀλλὰ πάροιθεν)   644 σβέ-
σει Wifstrand: -σοι libri   647 αὐτοκασιγνήτηνδε SG: -την τε LA:
-την γε PE   fort. ἀμείψαι   651 τηΰσιοι Flor.: τηΰσίην SG: τήσιοι
LA: κηδόσυνοι PE (ex 462 l; cf. Eurip. Or. 1017)   657 ἠὲ Brunck: ἠδὲ
libri sch   658 sq. post 662 transp. Fr et rei rationem et paraphrasin
secutus   661 κῆρ Castiglioni (Byz.-Neugriech. Jahrb. 2. 50): περ libri:
par. διακαιομένη τὴν ψυχὴν ὑπὸ λύπης; cf. iii. 446, Od. 1. 48   [659] ἀχέ-
ουσα LASG (sic): ἀκέουσα PE

τῇ ἰκέλη Μήδεια κινύρετο. τὴν δέ τις ἄφνω
μυρομένην μεσσηγὺς ἐπιπρομολοῦσ' ἐνόησεν   665
δμωάων, ἥ οἱ ἐπέτις πέλε κουρίζουσα,
Χαλκιόπη δ' ἤγγειλε παρασχεδόν. ἡ δ' ἐνὶ παισίν
ἧστ', ἐπιμητιόωσα κασιγνήτην ἀρέσασθαι·
ἀλλ' οὐδ' ὣς ἀπίθησεν, ὅτ' ἔκλυεν ἀμφιπόλοιο
μῦθον ἀνώιστον, διὰ δ' ἔσσυτο θαμβήσασα   670
ἐκ θαλάμου θάλαμόνδε διαμπερές, ᾧ ἔνι κούρη
κέκλιτ', ἀκηχεμένη, δρύψεν δ' ἑκάτερθε παρειάς.
ὡς δ' ἴδε δάκρυσιν ὄσσε πεφυρμένα, φώνησέν μιν·
" Ὦ μοι ἐγώ, Μήδεια, τί δὴ τάδε δάκρυα λείβεις;
τίπτ' ἔπαθες; τί τοι αἰνὸν ὑπὸ φρένας ἵκετο πένθος;   675
ἤ νύ σε θευμορίη περιδέδρομεν ἅψεα νοῦσος,
ἠέ τιν' οὐλομένην ἐδάης ἐκ πατρὸς ἐνιπήν
ἀμφί τ' ἐμοὶ καὶ παισίν; ὄφελλέ με μήτε τοκήων
δῶμα τόδ' εἰσοράαν μηδὲ πτόλιν, ἀλλ' ἐπὶ γαίης
πείρασι ναιετάειν, ἵνα μηδέ περ οὔνομα Κόλχων."   680
Ὣς φάτο· τῆς δ' ἐρύθηνε παρήια, δὴν δέ μιν αἰδώς
παρθενίη κατέρυκεν, ἀμείψασθαι μεμαυῖαν·
μῦθος δ' ἄλλοτε μέν οἱ ἐπ' ἀκροτάτης ἀνέτελλεν
γλώσσης, ἄλλοτ' ἔνερθε κατὰ στῆθος πεπότητο·
πολλάκι δ' ἱμερόεν μὲν †ἀνὰ στόμα θυῖεν ἐνισπεῖν,   685
φθογγῇ δ' οὐ προύβαινε παροιτέρω. ὀψέ δ' ἔειπεν
τοῖα δόλῳ, θρασέες γὰρ ἐπικλονέεσκον ἔρωτες·

664 (— κιν.) latine Varro Atac. fg. 7 Morel

---

671 δέ ante διαμπ. om. LAG (sic)   672 δρύπτεν Platt   674 ᾧ L
λείβεις SG: μὴν καταλείβεις PE: καταλείβεις LA (h.e. ad δὴ τάδε olim
ascripta erat v.l. μὴν κατὰ)   676 θευμορίη Stephanus; cf. 974
678 ὄφελλέ με susp., praesertim cum filii, non ipsa, in periculo
versentur   679 μηδὲ LASG: μήτε τι PE   685 e.gr. μὲν ἄχος,
cl. 961   θυῖεν Merkel: θῦεν libri   686 φθογγῇ SGPE: -γῆ(ι) LA;
cf. Ovid. Her. 4. 8 ter in primo destitit ore sonus   παροιτέρω LASPE:
παραιτέρω (sic) cum gl. πέραν G (ex coni.?): περαιτέρω Brunck; cf. ad ii.
425   687 ἐπικλονέεσκον (sic) G: ἐπεκλ- LASPE; cf. ad iv. 1725

" Χαλκιόπη, περί μοι παίδων σέο θυμὸς ἄηται,
μή σφε πατὴρ ξείνοισι σὺν ἀνδράσιν αὐτίκ' ὀλέσσῃ·
τοῖα κατακνώσσουσα μινυνθαδίῳ νέον ὕπνῳ   690
λεύσσω ὀνείρατα λυγρά—τά τις θεὸς ἀκράαντα
θείη, μηδ' ἀλεγεινὸν ἐφ' υἱάσι κῆδος ἕλοιο."

Φῆ ῥα, κασιγνήτης πειρωμένη εἴ κέ μιν αὐτή
ἀντιάσειε πάροιθεν ἑοῖς τεκέεσσιν ἀμύνειν·
τῆς δ' αἰνῶς ἄτλητος ἐπέκλυσε θυμὸν ἀνίη   695
δείματι, οἷ' ἐσάκουσεν· ἀμείβετο δ' ὧδ' ἐπέεσσιν·

" Καὶ δ' αὐτὴ τάδε πάντα μετήλυθον ὁρμαίνουσα,
εἴ τινα συμφράσσαιο καὶ ἀρτύνειας ἀρωγήν.
ἀλλ' ὄμοσον Γαῖάν τε καὶ Οὐρανόν, ὅττι τοι εἴπω
σχησέμεν ἐν θυμῷ σύν τε δρήστειρα πέλεσθαι.   700
λίσσομ' ὑπὲρ μακάρων σέο τ' αὐτῆς ἠδὲ τοκήων,
μή σφε κακῇ ὑπὸ κηρὶ διαρραισθέντας ἰδέσθαι
λευγαλέως· ἢ σοίγε, φίλοις σὺν παισὶ θανοῦσα,
εἴην ἐξ Ἀίδεω στυγερὴ μετόπισθεν Ἐρινύς."

Ὥς ἄρ' ἔφη, τὸ δὲ πολλὸν ὑπεξέχυτ' αὐτίκα δάκρυ,   705
νειόθι δ' ἀμφοτέρῃσι περίσχετο γούνατα χερσίν·
σὺν δὲ κάρη κόλποις περικάββαλον. ἔνθ' ἐλεεινόν
ἄμφω ἐπ' ἀλλήλῃσι θέσαν γόον, ὦρτο δ' ἰωή
λεπταλέη διὰ δώματ' ὀδυρομένων ἀχέεσσιν.

τὴν δὲ πάρος Μήδεια προσέννεπεν ἀσχαλόωσαν·   710
"Δαιμονίη, τί νύ τοι ῥέξω ἄκος; οἷ' ἀγορεύεις,
ἀράς τε στυγερὰς καὶ Ἐρινύας· αἱ γὰρ ὄφελλεν
ἔμπεδον εἶναι ἐπ' ἄμμι τεοὺς υἱῆας ἔρυσθαι.
ἴστω Κόλχων ὅρκος ὑπέρβιος, ὅντιν' ὀμόσσαι
αὐτὴ ἐποτρύνεις, μέγας Οὐρανὸς ἠδ' ὑπένερθεν   715
Γαῖα, θεῶν μήτηρ, ὅσσον σθένος ἐστὶν ἐμεῖο,

691 λεῦσσον Brunck et Platt (35. 81)   695 τῆς SG: τὴν LAPE; cf.
ad i. 1232   696 οἷ' Fr: τοῖ' libri (ex 690); cf. iv. 558, Il. 6. 166, et
ad hiatum i. 332, iv. 950   700 σχησέμεν Rzach (p. 137): σχῆσαιν libri
707 περικάββαλον LA: -λεν SGPE; vox obscurior, cf. ad 156, 543
710 ἀσχαλόωσαν Fr: -σα libri

μή σ' ἐπιδευήσεσθαι ἀνυστά περ ἀντιόωσαν."
Φῆ ἄρα· Χαλκιόπη δ' ἠμείβετο τοῖσδ' ἐπέεσσιν·
" Οὐκ ἂν δὴ ξείνῳ τλαίης χατέοντι καὶ αὐτῷ
ἢ δόλον ἢ τινα μῆτιν ἐπιφράσσασθαι ἀέθλου,   720
παίδων εἵνεκ' ἐμεῖο; καὶ ἐκ κείνου τόδ' ἱκάνει
Ἄργος ἐποτρύνων με τεῆς πειρῆσαι ἀρωγῆς·
μεσσηγὺς μὲν τῶνγε δόμον λίπον ἐνθάδ' ἰοῦσα."
'Ὡς φάτο· τῆς δ' ἔντοσθεν ἀνέπτατο χάρματι θυμός,
φοινίχθη δ' ἄμυδις καλὸν χρόα, κὰδ δέ μιν ἀχλύς   725
εἷλεν ἰαινομένην. τοῖον δ' ἐπὶ μῦθον ἔειπεν·
" Χαλκιόπη, ὡς ὔμμι φίλον τερπνόν τε τέτυκται,
ὣς ἔρξω. μὴ γάρ μοι ἐν ὀφθαλμοῖσι φαείνοι
ἠὼς μηδέ με δηρὸν ἔτι ζώουσαν ἴδοιο,
εἴ γέ τι σῆς ψυχῆς προφερέστερον ἠέ τι παίδων   730
σῶν θείην, οἳ δή μοι ἀδελφειοὶ γεγάασιν
κηδεμόνες τε φίλοι καὶ ὁμήλικες· ὣς δὲ καὶ αὐτή
φημὶ κασιγνήτη τε σέθεν κούρη τε πέλεσθαι,
ἶσον ἐπεὶ κείνοις με τεῷ ἐπαείραο μαζῷ
νηπυτίην, ὡς αἰὲν ἐγώ ποτε μητρὸς ἄκουον.   735
ἀλλ' ἴθι, κεῦθε δ' ἐμὴν σιγῇ χάριν, ὄφρα τοκῆας
λήσομεν ἐντύνουσαι ὑπόσχεσιν· ἦρι δὲ νηόν
εἴσομαι εἰς Ἑκάτης, θελκτήρια φάρμακα ταύρων

727–45 ex priore horum versuum parte litt. exstant 2–16 in Pap. Oxyrh.
690 (vol. 4) saec. p.C.n. tertii

721 κείνου τόδ' Fr: -νου δδ' PE: -νοιο δ' LASG; cf. Il. 14. 309, al.
723 τῶνγε (vel τῶνδε) Fr: τόνγε (LA) vel τόνδε (SGPE) libri (per socordiam
propter δόμον) δόμον LAG (sic) P, et in textu E: δόμων S, et (ω supra
o) E   724 τῆς PE, par. sch: τῇ LASG   730 εἴ γέ (vel κέ) τι
Wellauer: εἰ ἔτι LA: ἠέ τι PE: utrumque (ἠ supra εἰ scr. G, et alterum
ex altero correctum? S) SG: par. εἴ τι sch   732 αὐτὴ SG: -τὴν LAPE
733 κασιγνήτη SG: -την pap LAPE   κούρη LSG: -ρην APE; cf. iv. 368 sq.
737 λήσομεν ἐντύνουσαι Hermann (Orph. 734): λήσομαι libri pap et -νουσα
libri (deest pap); cf. pluralem pro sing. 558 (?), 910 (?); ἄμμι 'mihi' ii.
228, iii. 640, al.; ἡμέτερος i. 412, iii. 1083, 1097, al.   738 εἴσομαι v.l.
(.sc. supra οἱ scr.) Lᵃ, et p. corr. E: οἴσομαι L¹ASGP, et a. corr. E (ex
739 οἴσομ-, qui vs. deinde omissus est)

οἰσομένη ξείνῳ ὑπὲρ οὗ τόδε νεῖκος ὄρωρεν."

Ὡς ἥγ' ἐκ θαλάμοιο πάλιν κίε παισί τ' ἀρωγήν   740
αὐτοκασιγνήτης διεπέφραδε· τὴν δὲ μεταῦτις
αἰδώς τε στυγερόν τε δέος λάβε μουνωθεῖσαν,
τοῖα παρὲξ οὗ πατρὸς ἐπ' ἀνέρι μητιάασθαι.

Νὺξ μὲν ἔπειτ' ἐπὶ γαῖαν ἄγεν κνέφας, οἱ δ' ἐνὶ πόντῳ
ναυτίλοι εἰς Ἑλίκην τε καὶ ἀστέρας Ὠρίωνος   745
ἔδρακον ἐκ νηῶν, ὕπνοιο δὲ καί τις ὁδίτης
ἤδη καὶ πυλαωρὸς ἐέλδετο, καί τινα παίδων
μητέρα τεθνεώτων ἀδινὸν περὶ κῶμ' ἐκάλυπτεν,
οὐδὲ κυνῶν ὑλακὴ ἔτ' ἀνὰ πτόλιν, οὐ θρόος ἦεν
ἠχήεις, σιγὴ δὲ μελαινομένην ἔχεν ὀρφνην·   750
ἀλλὰ μάλ' οὐ Μήδειαν ἐπὶ γλυκερὸς λάβεν ὕπνος.
πολλὰ γὰρ Αἰσονίδαο πόθῳ μελεδήματ' ἔγειρεν
δειδυῖαν ταύρων κρατερὸν μένος, οἷσιν ἔμελλεν
φθεῖσθαι ἀεικελίῃ μοίρῃ κατὰ νειὸν Ἄρηος.   754
δάκρυ δ' ἀπ' ὀφθαλμῶν ἐλέῳ ῥέεν· ἔνδοθι δ' αἰεί   [761]
τεῖρ' ὀδύνη, σμύχουσα διὰ χροὸς ἀμφί τ' ἀραιάς   [762]
ἶνας καὶ κεφαλῆς ὑπὸ νείατον ἰνίον ἄχρις,   [763]
ἔνθ' ἀλεγεινότατον δύνει ἄχος, ὁππότ' ἀνίας   [764]
ἀκάματοι πραπίδεσσιν ἐνισκίμψωσιν ἔρωτες.   [765]

749 sq. Latine Varro Atac. fg. 8 Morel

---

739 vs. deest in libris et pap, citatur a sch^{LA}, qui dicit eum non
ferri in aliis libris, in aliis ferri post illum οἴσομαι (sic) εἰς κτλ.   ὑπὲρ οὗ
Flor.: εἴπερ sch; cf. Il. 7. 374   739^{AB} ··· versus aliquot desunt in
libris et pap, nam ὡς ἥγε spectare debent ad eam quae modo loquebatur;
e.gr. ⟨ὡς φάτο· Chalciopa autem, amplexa sororem, gratias egit his verbis:
...⟩. ὡς ἥγ' κτλ.   741 μεταῦτις Koechly: μιν αὖθις (μιν αὖτις E) libri
(ex ii. 575 ?)   745 ναυτίλοι pap (et coni. Porson cl. ii. 808): ναῦται
libri; cf. ad i. 251   748 τεθνεώτων PE: -θνειώ- LASG: -θναό-
Rzach (46)   752 Αἰσονίδαο p. corr. S (ex coni.): -δεω libri
753 εἰδυῖαν Lobeck   754 φθεῖσθαι LASG: φθῖ- PE; ita etiam 767, 778
[761–5] hic inseruit Fr   [765] ἐνισκίμψωσιν LAPE sch^{PE}: -χρίμψωσιν SG

πυκνὰ δέ οἱ κραδίη στηθέων ἔντοσθεν ἔθυιεν,   755
ἠελίου ὡς τίς τε δόμοις ἔνι πάλλεται αἴγλη,
ὕδατος ἐξανιοῦσα τὸ δὴ νέον ἠὲ λέβητι
ἠέ που ἐν γαυλῷ κέχυται, ἡ δ' ἔνθα καὶ ἔνθα
ὠκείῃ στροφάλιγγι τινάσσεται ἀίσσουσα—
ὡς δὲ καὶ ἐν στήθεσσι κέαρ ἐλελίζετο κούρης,   760
φῆ δέ οἱ ἄλλοτε μὲν θελκτήρια φάρμακα ταύρων   766
δωσέμεν· ἄλλοτε δ' οὔτι, καταφθεῖσθαι δὲ καὶ αὐτή·
αὐτίκα δ' οὔτ' αὐτὴ θανέειν, οὐ φάρμακα δώσειν,
ἀλλ' αὔτως εὔκηλος ἐὴν ὀτλησέμεν ἄτην.
ἑζομένη δήπειτα δοάσσατο, φώνησέν τε·   770
  "Δειλὴ ἐγώ, νῦν ἔνθα κακῶν ἢ ἔνθα γένωμαι;
πάντη μοι φρένες εἰσὶν ἀμήχανοι, οὐδέ τις ἀλκή
πήματος, ἀλλ' αὔτως φλέγει ἔμπεδον. ὡς ὄφελόν γε
Ἀρτέμιδος κραιπνοῖσι πάρος βελέεσσι δαμῆναι,
πρὶν τόνγ' εἰσιδέειν, πρὶν Ἀχαιίδα νῆα κομίσσαι   775
Χαλκιόπης υἷας· τοὺς μὲν θεὸς ἤ τις Ἐρινύς
ἄμμι πολυκλαύτους δεῦρ' ἤγαγε κεῖθεν ἀνίας.—
φθείσθω ἀεθλεύων, εἴ οἱ κατὰ νειὸν ὀλέσθαι
μοῖρα πέλει· πῶς γάρ κεν ἐμοὺς λελάθοιμι τοκῆας
φάρμακα μησαμένη, ποῖον δ' ἐπὶ μῦθον ἐνίψω;   780
τίς δὲ δόλος, τίς μῆτις ἐπίκλοπος ἔσσετ' ἀρωγῆς;—
ἢ μιν ἄνευθ' ἑτάρων προσπτύξομαι οἶον ἰοῦσα;
δύσμορος· οὐ μὲν ἔολπα καταφθιμένοιό περ ἔμπης
λωφήσειν ἀχέων, τότε δ' ἂν κακὸν ἄμμι πέλοιτο
κεῖνος, ὅτε ζωῆς ἀπαμείρεται. ἐρρέτω αἰδώς,   785
ἐρρέτω ἀγλαΐη, ὁ δ' ἐμῇ ἰότητι σαωθείς

755 ἔθυιεν L : ἔθυε ASGPE   756 δοκοῖς Knaack (Herm. 18. 29, cl.
Verg. Aen. 8. 25 laquearia tecti), haud recte   767 dist. Wifstrand
καταφθεῖσθαι, v. ad 754   771 γένωμαι LASG : με νείμαι PE
775 νῆα κομίσσαι Fr : γαῖαν ἱκέσθαι libri (e.gr. ex 601 et ii. 891): v.l. γαῖαν
κομίσσαι schL   778 φθείσθω, v. ad 754   782 ἰοῦσα Platt : ἰδοῦσα libri
785 ad comma post κεῖνος cf. iv. 63, Od. 16. 103, Il. 13. 453 sq. (unde
fort. supra 775–7, ἀνίας), al.

ἀσκηθής, ἵνα οἱ θυμῷ φίλον, ἔνθα νέοιτο·
αὐτὰρ ἐγὼν αὐτῆμαρ, ὅτ' ἐξανύσειεν ἄεθλον,
τεθναίην, ἢ λαιμὸν ἀναρτήσασα μελάθρῳ
ἢ καὶ πασσαμένη ῥαιστήρια φάρμακα θυμοῦ.—   790
ἀλλὰ καὶ ὣς φθιμένη μοι ἐπιλλίξουσιν ὀπίσσω
κερτομίας, τηλοῦ δὲ πόλις περὶ πᾶσα βοήσει
πότμον ἐμόν· καί κέν με διὰ στόματος φορέουσαι
Κολχίδες ἄλλυδις ἄλλαι ἀεικέα μωμήσονται·
'ἥτις κηδομένη τόσον ἀνέρος ἀλλοδαποῖο   795
κάτθανεν, ἥτις δῶμα καὶ οὓς ᾔσχυνε τοκῆας,
μαργοσύνῃ εἴξασα.'—τί δ' οὐκ ἐμὸν ἔσσεται αἶσχος;
ὤ μοι ἐμῆς ἄτης. ἦ τ' ἂν πολὺ κέρδιον εἴη
τῇδ' αὐτῇ ἐν νυκτὶ λιπεῖν βίον ἐν θαλάμοισιν,
πότμῳ ἀνωίστῳ κάκ' ἐλέγχεα πάντα φυγοῦσαν,   800
πρὶν τάδε λωβήεντα καὶ οὐκ ὀνομαστὰ τελέσσαι."
Ἦ, καὶ φωριαμὸν μετεκίαθεν ᾗ ἔνι πολλά
φάρμακά οἱ τὰ μὲν ἐσθλὰ τὰ δὲ ῥαιστήρι' ἔκειτο.
ἐνθεμένη δ' ἐπὶ γούνατ' ὀδύρετο, δεῦε δὲ κόλπους
ἄλληκτον δακρύοισι, τὰ δ' ἔρρεεν ἀσταγὲς αὔτως,   805
αἶν' ὀλοφυρομένης τὸν ἑὸν μόρον. ἵετο δ' ἥγε
φάρμακα λέξασθαι θυμοφθόρα τόφρα πάσαιτο,
ἤδη καὶ δεσμοὺς ἀνελύετο φωριαμοῖο
ἐξελέειν μεμαυῖα δυσάμμορος· ἀλλά οἱ ἄφνω
δεῖμ' ὀλοὸν στυγεροῖο κατὰ φρένας ἦλθ' Ἀίδαο,   810
ἔσχετο δ' ἀμφασίῃ δηρὸν χρόνον. ἀμφὶ δὲ πᾶσαι
θυμηδεῖς βιότοιο μελήδονες ἰνδάλλοντο·
μνήσατο μὲν τερπνῶν ὅσ' ἐνὶ ζωοῖσι πέλονται,
μνήσαθ' ὁμηλικίης περιγηθέος, οἷά τε κούρη·
καί τέ οἱ ἠέλιος γλυκίων γένετ' εἰσοράασθαι   815

791 ἐπιλλίξουσιν Schneider: -λίζουσιν libri: par. ἐπικαταμωκήσονται sch
794 ἄλλαι nostri: ἄλλη recc. quidam, fort. recte   796 κάτθανον et ᾔσχυνα
Weil (*Revue de philol.* n.s. 11. 6), cl. sch   805 ἀσταγὲς lemma sch^L,
et ἀντὶ τοῦ πολυσταγῶς sch^L: ἀστεγὲς libri (sic), sch^P   807 τόφρα LSGPE
et disertim sch: ὄφρα A (et p. corr. P); cf. iv. 1487

ἢ πάρος, εἰ ἐτεόν γε νόῳ ἐπεμαίεθ' ἕκαστα.
καὶ τὴν μέν ῥα πάλιν σφετέρων ἀποκάτθετο γούνων
Ἥρης ἐννεσίῃσι μετάτροπος· οὐδ' ἔτι βουλάς
ἄλλῃ δοιάζεσκεν, ἐέλδετο δ' αἶψα φανῆναι
ἠῶ τελλομένην, ἵνα οἱ θελκτήρια δοίη   820
φάρμακα συνθεσίῃσι καὶ ἀντήσειεν ἐς ὠπήν.
πυκνὰ δ' ἀνὰ κληῖδας ἑῶν λύεσκε θυράων,
αἴγλην σκεπτομένη· τῇ δ' ἀσπάσιον βάλε φέγγος
ἠριγενής, κίνυντο δ' ἀνὰ πτολίεθρον ἕκαστοι.
Ἔνθα κασιγνήτους μὲν ἔτ' αὐτόθι μεῖναι ἀνώγει   825
Ἄργος, ἵνα φράζοιντο νόον καὶ μήδεα κούρης·
αὐτὸς δ' αὖτ' ἐπὶ νῆα κίεν, προπάροιθε λιασθείς.
Ἡ δ' ἐπεὶ οὖν τὰ πρῶτα φαεινομένην ἴδεν ἠῶ
παρθενική, ξανθὰς μὲν ἀνήψατο χερσὶν ἐθείρας,
αἵ οἱ ἀτημελίῃ καταειμέναι ἠερέθοντο·   830
αὐσταλέας δ' ἔψηχε παρηίδας, αὐτὰρ ἀλοιφῇ
νεκταρέῃ φαίδρυνε πέρι χρόα· δῦνε δὲ πέπλον
καλόν, ἐυγνάμπτοισιν ἀρηρέμενον περόνῃσιν,
ἀμβροσίῳ δ' ἐφύπερθε καρήατι βάλλε καλύπτρην
ἀργυφέην· αὔτως δὲ δόμοις ἔνι δινεύουσα   835
στεῖβε πέδον λήθῃ ἀχέων, τά οἱ ἐν ποσὶν ἦεν
θεσπέσι', ἄλλα τ' ἔμελλεν ἀεξήσεσθαι ὀπίσσω.
κέκλετο δ' ἀμφιπόλοις, αἵ οἱ δυοκαίδεκα πᾶσαι
ἐν προδόμῳ θαλάμοιο θυώδεος ηὐλίζοντο
ἥλικες, οὔπω λέκτρα σὺν ἀνδράσι πορσύνουσαι,   840

831-2 Et⁰, et 831 (— παρ.) Et^M, s.v. αὐστ.

816 εἰ PE: ἢ LASG (ex ἢ priore); fort. εὖτ'   824 fort. ἕκαστος (cl.
i. 854)   827 κίεν LAPE: κίε SG   831 ἔψηχε Et⁰ᴹ: ἔψησε libri;
cf. iii. 50, iv. 164   παρ., v. ad iv. 172   832 φαίδρυνε περὶ Et:
-θρύνετ' ἐπὶ (ἔπι Gillies) libri; cf. ad iv. 663, 1136   833 accentum
ἀρηρέμενον L: -μένον ASGPE; cf. ad i. 1190   835 αὔτως Fr:
αὐτοῦ libri   838 ἀμφιπόλοις Merkel: -λοισιν libri; cf. Rzach, Hiatus
44 sq.

ἐσσυμένως οὐρῆας ὑποζεύξασθαι ἀπήνῃ,
οἵ κέ μιν εἰς Ἑκάτης περικαλλέα νηὸν ἄγοιεν.
ἔνθ' αὖτ' ἀμφίπολοι μὲν ἐφοπλίζεσκον ἀπήνην·
ἡ δὲ τέως γλαφυρῆς ἐξείλετο φωριαμοῖο
φάρμακον ὅρρά τέ φασι Προμήθειον καλέεσθαι.   845
τῷ εἴ κεν, νυχίοισιν ἀρεσσάμενος θυέεσσιν
Δαῖραν μουνογένειαν, ἑὸν δέμας ἰκμαίνοιτο,
ἦ τ' ἂν ὅγ' οὔτε ῥηκτὸς ἔοι χαλκοῖο τυπῇσιν
οὔτε κεν αἰθομένῳ πυρὶ εἰκάθοι, ἀλλὰ καὶ ἀλκῇ
λωίτερος κεῖν' ἦμαρ ὁμῶς κάρτει τε πέλοιτο.   850
πρωτοφυὲς τόγ' ἀνέσχε κατασταξάντος ἔραζε
αἰετοῦ ὠμηστέω κνημοῖς ἔνι Καυκασίοισιν
αἱματόεντ' ἰχῶρα Προμηθῆος μογεροῖο.
τοῦ δ' ἤτοι ἄνθος μὲν ὅσον πήχυιον ὕπερθεν
χροιῇ Κωρυκίῳ ἴκελον κρόκῳ ἐξεφαάνθη,   855
καυλοῖσιν διδύμοισιν ἐπήορον· ἡ δ' ἐνὶ γαίῃ
σαρκὶ νεοτμήτῳ ἐναλιγκίη ἔπλετο ῥίζα.
τῆς οἵην τ' ἐν ὄρεσσι κελαινὴν ἰκμάδα φηγοῦ
Κασπίῃ ἐν κόχλῳ ἀμήσατο φαρμάσσεσθαι,
ἑπτὰ μὲν ἀενάοισι λοεσσαμένη ὑδάτεσσιν,   860
ἑπτάκι δὲ Βριμὼ κουροτρόφον ἀγκαλέσασα,
Βριμὼ νυκτιπόλον, χθονίην, ἐνέροισιν ἄνασσαν,
λυγαίῃ ἐνὶ νυκτὶ σὺν ὀρφναίοις φαρέεσσιν·

853-7 Et⁰, et 854-6 (μετ.) Etᴹ, s.v. Κωρύκιον, cum par. vss. 851-3
859 (— ἀμ.) sch Dionys. Per. 47 (ii. 433 b 36 Müller)   862 Etᴳᴹ s.v.
Βριμώ = Tzetzes ad Lycophr. 1176 (p. 340. 21 Sch)

846 κεν νυχίοισιν SG: κ' ἐννυχ- LAPE: κ' ἐννυχίοις τις Brunck: κεν νυχίην
⟨τις?⟩ legebat schᴸ (Wendel)   847 δαῖραν SG schᴸ lemma: κούρην LAPE
(ex *gl. κόρην, cf. τὴν περσεφόνην sch vel gl. LSGPE): δαῖραν explic.
(δάειραν κατ' ἔλλειψιν τοῦ ε διὰ τὸ μέτρον, sim.) schᴸˢᴳᴾ: utrumque tradi
addit schᴾ; ad κούρην ex *gl. κόρην cf. ad iv. 57   δέμας SG: μένος LAPE;
cf. 1043, et v. ad i. 204   856 καυ. διδ. non intellego   -σι μετήορον Et
859 ἐν LASGE: ἐνὶ P et test.   862 χθονίην LAG et Et: -νίοις SPE
863 (φαρέεσσιν L quoque)

μυκηθμῷ δ' ὑπένερθεν ἐρεμνὴ σείετο γαῖα
ῥίζης τεμνομένης Τιτηνίδος, ἔστενε δ' αὐτός   865
Ἰαπετοῖο πάις ὀδύνῃ πέρι θυμὸν ἀλύων.
τόρρ' ἤγ' ἐξανελοῦσα, θυώδεϊ κάτθετο μίτρῃ
ἥ τέ οἱ ἀμβροσίοισι περὶ στήθεσσιν ἔερτο.
ἐκ δὲ θύραζε κιοῦσα θοῆς ἐπεβήσατ' ἀπήνης,
σὺν δέ οἱ ἀμφίπολοι δοιαὶ ἑκάτερθεν ἔβησαν.   870
αὐτὴ δ' ἡνί' ἔδεκτο καὶ εὐποίητον ἱμάσθλην
δεξιτερῇ, ἔλαεν δὲ δι' ἄστεος· αἱ δὲ δὴ ἄλλαι
ἀμφίπολοι, πείρινθος ἐφαπτόμεναι μετόπισθεν,
τρώχων εὐρεῖαν κατ' ἀμαξιτόν, ἂν δὲ χιτῶνας
λεπταλέους λευκῆς ἐπιγουνίδος ἄχρις ἄειρον.   875
οἵη δέ, λιαροῖσιν ἐν ὕδασι Παρθενίοιο
ἠὲ καὶ Ἀμνισοῖο λοεσσαμένη ποταμοῖο,
χρυσείοις Λητωὶς ἐφ' ἅρμασιν ἑστηυῖα
ὠκείαις κεμάδεσσι διεξελάῃσι κολώνας,
τηλόθεν ἀντιόωσα πολυκνίσου ἑκατόμβης·   880
τῇ δ' ἅμα νύμφαι ἕπονται ἀμορβάδες, αἱ μὲν ἀπ' αὐτῆς
ἀγρόμεναι πηγῆς Ἀμνισίδες, αἱ δὲ λιποῦσαι
ἄλσεα καὶ σκοπιὰς πολυπίδακας, ἀμφὶ δὲ θῆρες
κνυζηθμῷ σαίνουσιν ὑποτρομέοντες ἰούσαν—
ὣς αἵγ' ἐσσεύοντο δι' ἄστεος, ἀμφὶ δὲ λαοί   885
εἶκον ἀλευάμενοι βασιληίδος ὄμματα κούρης.
αὐτὰρ ἐπεὶ πόλιος μὲν ἐυδμήτους λίπ' ἀγυιάς,
νηὸν δ' εἰσαφίκανε διὲκ πεδίων ἐλάουσα,
δὴ τότ' ἐυτροχάλοιο κατ' αὐτόθι βήσατ' ἀπήνης
ἱεμένη, καὶ τοῖα μετὰ δμωῇσιν ἔειπεν·   890
  " Ὦ φίλαι, ἦ μέγα δή τι παρήλιτον, οὐδ' ἐνόησα

866 ἀχεύων D   867 τόρρ' PE: τόν β' LASG   868 ἔερτο LASG:
ἄωρτο PE   876 ἐν Fr: ἐφ' libri (ex 878 ?)   879 διεξελάῃσι Pal. Gr.
150 (ex coni.): -ελάῃσι nostri   881 ἀπ' Fr: ἐπ' libri   882 Ἀμνισίδες
Fr: -δος libri; cf. Callim. hy. 3. 15   λιποῦσαι Koechly: δὴ ἄλλαι libri
(ex 872); cf. Nonni Dion. 14. 210 sq. (de Nymphis) αἱ δὲ λιποῦσαι |
ἄλσεα (Svensson p. 44)

†μὴ ἴμεν ἀλλοδαποῖσι μετ' † ἀνδράσιν, οἵ τ' ἐπὶ γαῖαν
ἡμετέρην στρωφῶσιν, ἀμηχανίῃ βεβόληται
πᾶσα πόλις, τὸ καὶ οὔ τις ἀνήλυθε δεῦρο γυναικῶν
τάων αἳ τὸ πάροιθεν ἐπημάτιαι ἀγέρονται.   895
ἀλλ' ἐπεὶ οὖν ἱκόμεσθα καὶ οὔ νύ τις ἄλλος ἔπεισιν,
εἰ δ' ἄγε μολπῇ θυμὸν ἀφειδείως κορέσωμεν
μειλιχίῃ, τὰ δὲ καλὰ τερείνης ἄνθεα ποίης
λεξάμεναι, τότ' ἔπειτ' αὐτὴν ἀπονισσόμεθ' ὥρην.
καὶ δέ κε σὺν πολέεσσιν ὀνείασιν οἴκαδ' ἵκοισθε   900
ἤματι τῷδ', εἴ μοι συναρέσσετε τήνδε μενοινήν.
Ἄργος γάρ μ' ἐπέεσσι παρατρέπει, ὡς δὲ καὶ αὐτή
Χαλκιόπη—τὰ δὲ σῖγα νόῳ ἔχετ' εἰσαίουσαι
ἐξ ἐμέθεν, μὴ πατρὸς ἐς οὔατα μῦθος ἵκηται·
τὸν ξεῖνόν με κέλονται ὅτις περὶ βουσὶν ὑπέστη,   905
δῶρ' ἀποδεξαμένην, ὀλοῶν ῥύσασθαι ἀέθλων·
αὐτὰρ ἐγὼ τὸν μῦθον ἐπήνεον ἠδὲ καὶ αὐτόν
κέκλομαι εἰς ὠπὴν ἑτάρων ἄπο μοῦνον ἱκέσθαι,
ὄφρα τὰ μὲν δασόμεσθα μετὰ σφίσιν, εἴ κεν ὀπάσσῃ
δῶρα φέρων, τῷ δ' αὖτε κακώτερον ἄλλο πόρωμεν   910
φάρμακον. ἀλλ' ἀπονόσφι πέλεσθέ μοι, εὖτ' ἂν ἵκηται."
    Ὣς ηὔδα· πάσῃσι δ' ἐπίκλοπος ἥνδανε μῆτις.
    Αὐτίκα δ' Αἰσονίδην ἑτάρων ἄπο μοῦνον ἐρύσσας
Ἄργος, ὅτ' ἤδη τήνγε κασιγνήτων ἐσάκουσεν
ἠερίην Ἑκάτης ἱερὸν μετὰ νηὸν ἰοῦσαν,   915
ἦγε διὲκ πεδίου· ἅμα δέ σφισιν εἵπετο Μόψος
Ἀμπυκίδης, ἐσθλὸς μὲν ἐπιπροφανέντας ἐνισπεῖν

898 v. ad i. 1143   908–13 de his vss. mediis litt. 5–9 exstant in Pap.
Oxyrh. 691 (vol. 4), saec. p.C.n. secundi

892 exspect. οὕνεκεν ἀλλοδαποῖσιν ἐπ' (μετ' ex. i. 17?), sim.   901 τῷδ'
Platt (cl. 538): τῷ libri   τήνδε μενοινήν LAPE: dat. (corruptius G) SG;
cf. iv. 373   909 μ[ετὰ pap (et coni. Stephanus): κατὰ libri; cf. Il. 1.
368   913 ἄπο μοῦνον LAPE: ἀπονόσφιν SG (ex 911 et Od. 15. 529)
914 τήνγε S: τήνδε cett.   915 ἱερὸν (ἱερίην G, ex ἠερ.) susp.; e.gr. ἐτεὸν

οἰωνούς, ἐσθλὸς δὲ σὺν εὖ φράσσασθαι ἰοῦσιν.
ἔνθ' οὔπω τις τοῖος ἐπὶ προτέρων γένετ' ἀνδρῶν,
οὔθ' ὅσοι ἐξ αὐτοῖο Διὸς γένος οὔθ' ὅσοι ἄλλων   920
ἀθανάτων ἥρωες ἀφ' αἵματος ἐβλάστησαν,
οἷον Ἰήσονα θῆκε Διὸς δάμαρ ἤματι κείνῳ
ἠμὲν ἐσάντα ἰδεῖν ἠδὲ προτιμυθήσασθαι·
τὸν καὶ παπταίνοντες ἐθάμβεον αὐτοὶ ἑταῖροι
λαμπόμενον χαρίτεσσιν, ἐγήθησεν δὲ κελεύθῳ   925
Ἀμπυκίδης, ἤδη που ὀισσάμενος τὰ ἕκαστα.
  Ἔσκε δέ τις πεδίοιο κατὰ στίβον ἐγγύθι νηοῦ
αἴγειρος φύλλοισιν ἀπειρεσίοις κομόωσα,
τῇ θαμὰ δὴ λακέρυζαι ἐπηυλίζοντο κορῶναι·
τάων τις, μεσσηγὺς ἀνὰ πτερὰ κινήσασα,   930
ὑψοῦ ἐπ' ἀκρεμόνων Ἥρης ἠνίπαπε βουλαῖς·
  " Ἀκλειὴς ὅδε μάντις, ὃς οὐδ' ὅσα παῖδες ἴσασιν
οἶδε νόῳ φράσσασθαι, ὁθούνεκεν οὔτε τι λαρόν
οὔτ' ἐρατὸν κούρη κεν ἔπος προτιμυθήσαιτο
ἠιθέῳ, εὖτ' ἄν σφιν ἐπήλυδες ἄλλοι ἕπωνται.   935
ἔρροις, ὦ κακόμαντι, κακοφραδές, οὐδέ σε Κύπρις
οὔτ' ἀγανοὶ φιλέοντες ἐπιπνείουσιν Ἔρωτες."
  Ἴσκεν ἀτεμβομένη· μείδησε δὲ Μόψος ἀκούσας
ὀμφὴν οἰωνοῖο θεήλατον, ὧδέ τ' ἔειπεν·
  " Τύνη μὲν νηόνδε θεᾶς ἴθι, τῷ ἔνι κούρην   940
δήεις, Αἰσονίδη, μάλα δ' ἠπίῃ ἀντιβολήσεις
Κύπριδος ἐννεσίῃς, ἥ τοι συνέριθος ἀέθλων
ἔσσεται, ὡς δὴ καὶ πρὶν Ἀγηνορίδης φάτο Φινεύς·
νῶι δ', ἐγὼν Ἄργος τε, δεδεγμένοι ἔστ' ἂν ἵκηαι
τῷδ' αὐτῷ ἐνὶ χώρῳ, ἀπεσσόμεθ'· οἰόθι δ' αὐτός   945
λίσσεό μιν πυκινοῖσι παρατροπέων ἐπέεσσιν."

923–62 hos 40 ves. om. in textu L¹, add. in marg. L²   927 ἔσκε
Schneider: ἔστι libri; cf. i. 1117   928 ἀπειρέσιον Wifstrand (Von
Kallim. zu Nonnos 103 sq.)   931 βουλαῖς Schneider: -λάς libri   936 οὔτε
Seaton   944 ἔστ' Ziegler: εὖτ' libri (ex 935); cf. ii. 252

Ἦ ῥα περιφραδέως, ἐπὶ δὲ σχεδὸν ἤνεον ἄμφω.
Οὐδ' ἄρα Μηδείης θυμὸς τράπετ' ἄλλα νοῆσαι,
μελπομένης περ ὅμως· πᾶσαι δέ οἱ ἥντιν' ἀθύροι
μολπὴν οὐκ ἐπὶ δηρὸν ἐφήνδανεν ἐψιάασθαι,   950
ἀλλὰ μεταλλήγεσκεν ἀμήχανος· οὐδέ ποτ' ὄσσε
ἀμφιπόλων μεθ' ὅμιλον ἔχ' ἀτρέμας, ἐς δὲ κελεύθους
τηλόσε παπταίνεσκε παρακλίνουσα παρειάς.
ἦ θαμὰ δὴ †στηθέων† ἐάγη† κέαρ, ὁππότε δοῦπον
ἢ ποδὸς ἢ ἀνέμοιο παραθρέξαντα δοάσσαι.   955
αὐτὰρ ὅγ' οὐ μετὰ δηρὸν ἐελδομένῃ ἐφαάνθη,
ὑψόσ' ἀναθρῴσκων ἅ τε Σείριος Ὠκεανοῖο,
ὃς δή τοι καλὸς μὲν ἀρίζηλός τ' ἐσιδέσθαι
ἀντέλλει, μήλοισι δ' ἐν ἄσπετον ἧκεν ὀιζύν—
ὣς ἄρα τῇ καλὸς μὲν ἐπήλυθεν εἰσοράασθαι   960
Αἰσονίδης, κάματον δὲ δυσίμερον ὦρσε φαανθείς.
ἐκ δ' ἄρα οἱ κραδίη στηθέων πέσεν, ὄμματα δ' αὔτως
ἤχλυσαν, θερμὸν δὲ παρηίδας εἷλεν ἔρευθος·
γούνατα δ' οὔτ' ὀπίσω οὔτε προπάροιθεν ἀεῖραι
ἔσθενεν, ἀλλ' ὑπένερθε πάγη πόδας. αἱ δ' ἄρα τείως   965
ἀμφίπολοι μάλα πᾶσαι ἀπὸ σφείων ἐλίασθεν·
τὼ δ' ἄνεῳ καὶ ἄναυδοι ἐφέστασαν ἀλλήλοισιν,
ἢ δρυσὶν ἢ μακρῇσιν ἐειδόμενοι ἐλάτῃσιν,
αἵ τε παρᾶσσον ἔκηλοι ἐν οὔρεσιν ἐρρίζωνται
νηνεμίῃ, μετὰ δ' αὖτις ὑπὸ ῥιπῆς ἀνέμοιο   970
κινύμεναι ὁμάδησαν ἀπείριτον—ὣς ἄρα τώγε
μέλλον ἅλις φθέγξασθαι ὑπὸ πνοιῇσιν Ἔρωτος.
γνῶ δέ μιν Αἰσονίδης ἄτῃ ἐνιπεπτηυῖαν
θευμορίῃ, καὶ τοῖον ὑποσσαίνων φάτο μῦθον·
  " Τίπτε με παρθενικὴ τόσον ἅζεαι οἷον ἐόντα;   975
οὔ τοι ἐγὼν οἷοί τε δυσαυχέες ἄλλοι ἔασιν

948 ἄλλου L solus: ἄλλο Merkel   950 ἐφήνδανεν L²ASG: -νον PE
955 fort. παραιθύξαντα   963 ἤχλυσαν APE: -σεν SG: supra a scr. ε L
970 ὑπὸ LASGP: ὑπαὶ ED   973 ἐνιπεπτηυῖαν LAPE: περιπ- SG

ΑΡΓΟΝΑΥΤΙΚΩΝ Γ

ἀνέρες, οὐδ' ὅτε περ πάτρῃ ἔνι ναιετάασκον
ἦα πάρος· τῶ μή με λίην ὑπεραίδεο κούρη
ἤ τι παρεξερέεσθαι ὅ τοι φίλον ἠέ τι φάσθαι·
ἀλλ' ἐπεὶ ἀλλήλοισιν ἱκάνομεν εὐμενέοντες,   980
χώρῳ ἐν ἠγαθέῳ, ἵνα τ' οὐ θέμις ἔστ' ἀλιτέσθαι,
ἀμφαδίην ἀγόρευε καὶ εἴρεο, μηδέ με τερπνοῖς
φηλώσῃς ἐπέεσσιν, ἐπεὶ τὸ πρῶτον ὑπέστης
αὐτοκασιγνήτῃ μενοεικέα φάρμακα δώσειν.
πρός σ' αὐτῆς Ἑκάτης μειλίσσομαι ἠδὲ τοκήων   985
καὶ Διός, ὃς ξείνοις ἱκέτῃσί τε χεῖρ' ὑπερίσχει·
ἀμφότερον δ' ἱκέτης ξεῖνός τέ τοι ἐνθάδ' ἱκάνω
χρειοῖ ἀναγκαίῃ γουνούμενος, οὐ γὰρ ἄνευθεν
ὑμείων στονόεντος ὑπέρτερος ἔσσομ' ἀέθλου.
σοὶ δ' ἂν ἐγὼ τείσαιμι χάριν μετόπισθεν ἀρωγῆς   990
ᾗ θέμις, ὡς ἐπέοικε διάνδιχα ναιετάοντας,
οὔνομα καὶ καλὸν τεύχων κλέος· ὣς δὲ καὶ ὧλλοι
ἥρωες κλήσουσιν ἐς Ἑλλάδα νοστήσαντες,
ἡρώων τ' ἄλοχοι καὶ μητέρες, αἵ νύ που ἤδη
ἡμέας ἠιόνεσσιν ἐφεζόμεναι γοάουσιν,   995
τάων ἀργαλέας κεν ἀποσκεδάσειας ἀνίας.
δή ποτε καὶ Θησῆα κακῶν ὑπελύσατ' ἀέθλων
παρθενικὴ Μινωὶς ἐυφρονέουσ' Ἀριάδνη,
ἥν ῥά τε Πασιφάη κούρη τέκεν Ἡελίοιο.
ἀλλ' ἡ μὲν καὶ νηός, ἐπεὶ χόλον εὔνασε Μίνως,   1000
σὺν τῷ ἐφεζομένη πάτρην λίπε· τὴν δὲ καὶ αὐτοί

982 (μηδέ)–3 (φη.) Etᴳ s.v. φηλώσεις

---

979 φάσθαι, v. ad 384   985 σ' LAG: τ' SPE   987 δ' om. L¹
(per errorem, δ' enim A quoque)   991 ᾗ ASGPE (cum gl. ὣς G):ἦ L;
v. Platt 34. 130 (cll. i. 692, iii. 189, al.)   992 ἄλλοι LSG: ἄλλοι APE; v.
ad i. 1101   994 που SG: ποτ' LAPE; cf. Qu. Sm. 3. 406 (Ziegler)
997 ὑπελύσατ' LAPE (gl. ὑπέσωσεν L): -έλυεν SG   1000 ἡ μὲν et
1001 τὴν δὲ dicta de eadem susp.   1001 τὴν δὲ ASGPE: . . . τὴν δὲ
(omnia in ras.) L¹, sed in ἡ litt. οἱ scr. vel L¹ vel L²; cf. i. 1065

ἀθάνατοι φίλαντο, μέσῳ δέ οἱ αἰθέρι τέκμωρ
ἀστερόεις στέφανος, τόν τε κλείουσ' Ἀριάδνης,
πάννυχος οὐρανίοις ἐνελίσσεται εἰδώλοισιν·
ὡς καὶ σοὶ θεόθεν χάρις ἔσσεται, εἴ κε σαώσεις   1005
τόσσον ἀριστήων ἀνδρῶν στόλον· ἦ γὰρ ἔοικας
ἐκ μορφῆς ἀγανῇσιν ἐπητείῃσι κεκάσθαι."

Ὣς φάτο, κυδαίνων· ἡ δ' ἐγκλιδὸν ὄσσε βαλοῦσα
νεκτάρεον μείδησε, χύθη δέ οἱ ἔνδοθι θυμός
αἴνῳ ἀειρομένης· καὶ ἀνέδρακεν ὄμμασιν ἄντην,   1010
οὐδ' ἔχεν ὅττι πάροιθεν ἔπος προτιμυθήσαιτο,
ἀλλ' ἄμυδις μενέαινεν ἀολλέα πάντ' ἀγορεῦσαι.
προπρὸ δ' ἀφειδήσασα θυώδεος ἔξελε μίτρης
φάρμακον· αὐτὰρ ὅγ' αἶψα χεροῖν ὑπέδεκτο γεγηθώς.
καί νύ κέ οἱ καὶ πᾶσαν ἀπὸ στηθέων ἀρύσασα   1015
ψυχὴν ἐγγυάλιξεν ἀγαιομένη χατέοντι·
τοῖος ἀπὸ ξανθοῖο καρήατος Αἰσονίδαο
στράπτεν ἔρως ἡδεῖαν †ἀπὸ φλόγα, τῆς δ' ἀμαρυγάς
ὀφθαλμῶν ἥρπαζεν, ἰαίνετο δὲ φρένας εἴσω
τηκομένη, οἷόν τε περὶ ῥοδέῃσιν ἐέρση   1020
τήκεται ἠῴοισιν ἰαινομένη φαέεσσιν.
ἄμφω δ' ἄλλοτε μέν τε κατ' οὔδεος ὄμματ' ἔρειδον
αἰδόμενοι, ὁτὲ δ' αὖτις ἐπὶ σφίσι βάλλον ὀπωπάς
ἱμερόεν φαιδρῇσιν ὑπ' ὀφρύσι μειδιόωντες.
ὀψὲ δὲ δὴ τοίοισι μόλις προσπτύξατο κούρη·   1025

1019 (ἰαίν. —) Et^M s.v. αἶνος

1002 τέκμωρ SG: -μαρ LAPE   1004 -οις ἐνελίσσεται Merkel: -οισιν
ἑλίσ- libri; cf. ἐν Callim. fg. 110. 61, Arat. 383   1005 σαώσεις LA,
p. corr. S, PE: -σῃς a. corr. S, G; cf. Il. 15. 215, 17. 558   1009 μείδησ'
ἐχύθη dividunt librorum scribae   1011 προτιμυθήσαιτο P (felici errore,
ex 923, 934): ποτι- cett. (sic); cf. i. 876, iii. 923, Od. 11. 143   1013 v.l.
πρ. δὲ μειδήσασα sch^LP (ex 1009)   1016 ἀγαιομένη LASG: ἀγαλλο-
PE, marg. S(?)   1018 στράπτεν LASG: πέμπεν PE   Ἔρως edi
solebat   e.gr. ἕλιξ φλ.   1020 ῥοδέῃσιν Wellauer: -δέεσσιν (h.e. -δέαισιν)
SGPE: -δέοισιν LA

" Φράζεο νῦν, ὥς κέν τοι ἐγὼ μητίσομ' ἀρωγήν.
εὖτ' ἂν δὴ μετιόντι πατὴρ ἐμὸς ἐγγυαλίξῃ
ἐξ ὄφιος γενύων ὀλοοὺς σπείρασθαι ὀδόντας,
δὴ τότε, μέσσην νύκτα διαμμοιρηδὰ φυλάξας,
ἀκαμάτοιο ῥοῇσι λοεσσάμενος ποταμοῖο,   1030
οἶος ἄνευθ' ἄλλων ἐνὶ φάρεσι κυανέοισιν
βόθρον ὀρύξασθαι περιηγέα, τῷ δ' ἔνι θῆλυν
ἀρνειὸν σφάζειν καὶ ἀδαίετον ὠμοθετῆσαι,
αὐτῷ πυρκαϊὴν εὖ νηήσας ἐπὶ βόθρῳ·
μουνογενῆ δ' Ἑκάτην Περσηίδα μειλίσσοιο,   1035
λείβων ἐκ δέπαος σιμβλήια ἔργα μελισσέων.
ἔνθα δ' ἐπεί κε θεὰν μεμνημένος ἱλάσσηαι,
ἂψ ἀπὸ πυρκαϊῆς ἀναχάζεο, μηδέ σε δοῦπος
ἠὲ ποδῶν ὄρσῃσι μεταστρεφθῆναι ὀπίσσω
ἠὲ κυνῶν ὑλακή, μή πως τὰ ἕκαστα κολούσας   1040
οὐδ' αὐτὸς κατὰ κόσμον ἑοῖς ἑτάροισι πελάσσῃς.
ἦρι δέ, μυδήνας τόδε φάρμακον, ἠύτ' ἀλοιφῇ
γυμνωθεὶς φαίδρυνε τεὸν δέμας· ἐν δέ τοι ἀλκή
ἔσσετ' ἀπειρεσίη μέγα τε σθένος, οὐδέ κε φαίης
ἀνδράσιν ἀλλὰ θεοῖσιν ἰσαζέμεν ἀθανάτοισιν·   1045
πρὸς δὲ καὶ αὐτῷ δουρὶ σάκος πεπαλαγμένον ἔστω
καὶ ξίφος. ἔνθ' οὐκ ἄν σε διατμήξειαν ἀκωκαί
γηγενέων ἀνδρῶν οὐδ' ἄσχετος ἀίσσουσα
φλὸξ ὀλοῶν ταύρων. τοῖός γε μὲν οὐκ ἐπὶ δηρόν
ἔσσεαι, ἀλλ' αὐτῆμαρ ὁμῶς σύγε μή ποτ' ἀέθλου   1050
χάζεο. καὶ δέ τοι ἄλλο παρὲξ ὑποθήσομ' ὄνειαρ·
αὐτίκ' ἐπὴν κρατεροὺς ζεύξῃς βόας, ὦκα δὲ πᾶσαν

1036 Et⁰ s.v. σίμβλα

1034 (εὖ, non ἐὺ, etiam Od. 15. 322 legitur in libris)   fort. ἐνὶ β.
1036 μελισσέων Rzach (p. 64, cl. iv. 1132): -σῶν libri   1037 ἐπεί κε
et 1038 ἀψ Brunck: ἔπειτα et ἂψ δ' libri   1043 τοι PE: οἱ LASG;
cf. ad 5   1048 ἄσχετος LASG: ἄσπετος PE (ex 959?); fort. ἂν σχέθοι
(cl. 848 sq.)   1050 αὐτῆμαρ· ὁμῶς libri, at cf. 850 et sensum ipsum

χερσὶ καὶ ἠνορέῃ στυφελὴν διὰ νειὸν ἀρόσσῃς   1053
σπειρομένων ὄφιος δνοφερὴν ἐπὶ βῶλον ὀδόντων,   [1055]
οἱ δ' ἤδη κατὰ ὦλκας ἀνασταχύωσι γίγαντες,   1054
ᾗ κεν ὀρινομένους πολέας νειοῖο δοκεύσῃς,   1056
λάθρῃ λᾶαν ἄφες στιβαρώτερον· οἱ δ' ἂν ἐπ' αὐτῷ,
καρχαλέοι κύνες ὥστε περὶ βρώμης, ὀλέκοιεν
ἀλλήλους. καὶ δ' αὐτὸς ἐπείγεο δηιοτῆτος
ἰθῦσαι, τὸ δὲ κῶας ἐς Ἑλλάδα τοῖο ἕκητι   1060
οἴσεαι ἐξ Αἴης—τηλοῦ ποθι, νίσσεο δ' ἔμπης
ᾗ φίλον, ᾗ τοι ἕαδεν ἀφορμηθέντι νέεσθαι."

    Ὣς ἄρ' ἔφη, καὶ σῖγα ποδῶν πάρος ὄσσε βαλοῦσα,
θεσπέσιον λιαροῖσι παρηίδα δάκρυσι δεῦε
μυρομένη, ὅτ' ἔμελλεν ἀπόπροθι πολλὸν ἑοῖο   1065
πόντον ἐπιπλάγξεσθαι. ἀνιηρῷ δέ μιν ἄντην
ἐξαῦτις μύθῳ προσεφώνεεν, εἷλέ τε χειρός
δεξιτερῆς, δὴ γάρ οἱ ἀπ' ὀφθαλμοὺς λίπεν αἰδώς·

    " Μνώεο δ', ἢν ἄρα δή ποθ' ὑπότροπος οἴκαδ' ἵκηαι,
οὔνομα Μηδείης· ὣς δ' αὖτ' ἐγὼ ἀμφὶς ἐόντος   1070
μνήσομαι. εἰπὲ δέ μοι πρόφρων τόδε· πῇ τοι ἔασιν
δώματα; πῇ νῦν ἔνθεν ὑπεὶρ ἅλα νηὶ περήσεις;
ἦ νύ που ἀφνειοῦ σχεδὸν ἵξεαι Ὀρχομενοῖο
ἦε καὶ Αἰαίης νήσου πέλας; εἰπὲ δὲ κούρην
ἥντινα τήνδ' ὀνόμηνας ἀριγνώτην γεγαυῖαν   1075

1055-63 de mediis vss. his litt. 2–24 leguntur in Pap. Oxyrh. 1243 (vol. 10) saec. p.C.n. secundi   1058-9 (ἀλλ.) Etᴳ s.v. καρχαλέοι, et nil nisi καρχαρέοι κύνες Etᴹ s.v. καρχαρέοι

1055 post 1054 libri pap: transp. Fr, ideo ut part. praes. σπειρ. spectaret ad δρόσσῃς (cf. 1330–9), non ad ἀνασταχ.   1054 ἀνασταχύωσι Stephanus: -χύουσι libri   1056 ᾗ Fr: αἴ libri; cf. νειοῖο   1057 fort. ἄφες (deficit pap), cl. 1368   1058 καρχαλέοι libri Etᴳ: -χαρέοι Etᴹ:]έαι pap; cf. masc. θοοί 1373   1060 (τοῖο [sic], sed τοῖό p. corr. L) γ' libri: punctum(?) ante Γ pap: del. Wellauer; v. ad ii. 253   1061 νείσεο pap libri (sicut saepe)   1062 ᾗ (τοι) P: ᾗ LAE pap: αἴ SG; v. Platt (34. 130)   ἕαδεν S(?), pap: ἕα- LAGPE   1066 ἐπιπλάγξεσθαι LASG: -ξασθαι PE (cf. 972)   1068 δὴ Brunck: ἤδη libri

Πασιφάης, ἢ πατρὸς ὁμόγνιός ἐστιν ἐμεῖο."
Ὣς φάτο· τὸν δὲ καὶ αὐτὸν ὑπήιε δάκρυσι κούρης
οὖλος ἔρως, τοῖον δὲ παραβλήδην ἔπος ηὔδα·
" Καὶ λίην οὐ νύκτας ὀίομαι οὐδέ ποτ' ἦμαρ
σεῦ ἐπιλήσεσθαι προφυγὼν μόρον—εἰ ἐτεόν γε   1080
φεύξομαι ἀσκηθὴς ἐς Ἀχαιίδα, μηδέ τιν' ἄλλον
Αἰήτης προβάλησι κακώτερον ἄμμιν ἄεθλον.
εἰ δέ τοι ἡμετέρην ἐξίδμεναι εὔαδε πάτρην,
ἐξερέω· μάλα γάρ με καὶ αὐτὸν θυμὸς ἀνώγει.
ἔστι τις αἰπεινοῖσι περίδρομος οὔρεσι γαῖα,   1085
πάμπαν ἐύρρηνός τε καὶ εὔβοτος, ἔνθα Προμηθεύς
Ἰαπετιονίδης ἀγαθὸν τέκε Δευκαλίωνα,
ὃς πρῶτος ποίησε πόλεις καὶ ἐδείματο νηούς
ἀθανάτοις, πρῶτος δὲ καὶ ἀνθρώπων βασίλευσεν·
Αἱμονίην δὴ τήνγε περικτίονες καλέουσιν·   1090
ἐν δ' αὐτῇ Ἰαωλκός, ἐμὴ πόλις, ἐν δὲ καὶ ἄλλαι
πολλαὶ ναιετάουσιν ἵν' οὐδέ περ οὔνομ' ἀκοῦσαι
Αἰαίης νήσου· Μινύην γε μὲν ὁρμηθέντα,
Αἰολίδην Μινύην, ἔνθεν φάτις Ὀρχομενοῖο
δή ποτε Καδμείοισιν ὁμούριον ἄστυ πολίσσαι.   1095
ἀλλὰ τίη τάδε τοι μεταμώνια πάντ' ἀγορεύω,
ἡμετέρους τε δόμους τηλεκλείτην τ' Ἀριάδνην,
κούρην Μίνωος, τόπερ ἀγλαὸν οὔνομα κείνην
παρθενικὴν καλέεσκον ἐπήρατον ἥν μ' ἐρεείνεις;
αἴθε γάρ, ὡς Θησῆι τότε ξυναρέσσατο Μίνως   1100
ἀμφ' αὐτῆς, ὡς ἄμμι πατὴρ τεὸς ἄρθμιος εἴη."
Ὣς φάτο, μειλιχίοισι καταψήχων ὀάροισιν·
1086 (ἐύρ.-εὔβ.) Et^GM

1076 πασιφάης PE (et coni. Steph.): -ην LASG   ἐμ., v. ad i. 829
1086 antiquitus tradebatur et ἐύρρηνος (ita LASG Et sch^Bt, cf. Od.
11. 256 sq. [Gillies], 15. 406) et ἐύρρειτος (ita D: ἐύρρυτος PE, fluviosque
Thessalicos enumerat sch^LP)   1089 βασίλευσεν SPE: ἐβα- LA: ἐμβα-
G   1091 αὐτῇ LG: -τῇ(ι) ASPE   Ἰαωλκός Hoelzlin: ἰαολκός G
(sic): ἰωλκός cett. (cf. i. 906, iii. 2, al.); v. ad 1114

τῆς δ' ἀλεγεινόταται κραδίην ἐρέθεσκον ἀνῖαι,
καί μιν ἀκηχεμένη ἀδινῷ προσπτύξατο μύθῳ·

" 'Ελλάδι που τάδε καλά, συνημοσύνας ἀλεγύνειν·   1105
Αἰήτης δ' οὐ τοῖος ἐν ἀνδράσιν οἷον ἔειπας
Μίνω Πασιφάης πόσιν ἔμμεναι, οὐδ' Ἀριάδνῃ
ἰσοῦμαι· τῷ μή τι φιλοξενίην ἀγόρευε,
ἀλλ' οἷον τύνη μὲν ἐμεῦ, ὅτ' Ἰωλκὸν ἵκηαι,
μνώεο, σεῖο δ' ἐγὼ καὶ ἐμῶν ἀέκητι τοκήων   1110
μνήσομαι. ἔλθοι δ' ἡμιν ἀπόπροθεν ἠέ τις ὄσσα
ἠέ τις ἄγγελος ὄρνις, ὅτ' ἐκλελάθοιο ἐμεῖο·
ἢ αὐτήν με ταχεῖαι ὑπὲρ πόντοιο φέροιεν
ἐνθένδ' εἰς Ἰωλκὸν ἀναρπάξασαι ἄελλαι,
ὄφρα σ' ἐν ὀφθαλμοῖσιν ἐλεγχείας προφέρουσα   1115
μνήσω ἐμῇ ἰότητι πεφυγμένον· αἴθε γὰρ εἴην
ἀπροφάτως τότε σοῖσιν ἐφέστιος ἐν μεγάροισιν."

Ὡς ἄρ' ἔφη, ἐλεεινὰ κατὰ προχέουσα παρειῶν
δάκρυα· τὴν δ' ὅγε δῆθεν ὑποβλήδην προσέειπεν·

"Δαιμονίη, κενεὰς μὲν ἔα πλάζεσθαι ἀέλλας,   1120
ὡς δὲ καὶ ἄγγελον ὄρνιν, ἐπεὶ μεταμώνια βάζεις·
εἰ δέ κεν ἤθεα κεῖνα καὶ Ἑλλάδα γαῖαν ἵκηαι,
τιμήεσσα γυναιξὶ καὶ ἀνδράσιν αἰδοίη τε
ἔσσεαι, οἱ δέ σε πάγχυ θεὸν ὣς πορσανέουσιν,
οὕνεκα τῶν μὲν παῖδες ὑπότροποι οἴκαδ' ἵκοντο   1125
σῇ βουλῇ, τῶν δ' αὖτε κασίγνητοί τε ἔται τε
καὶ θαλεροὶ κακότητος ἅδην ἐσάωθεν ἀκοῖται·
ἡμέτερον δὲ λέχος θαλάμοις ἔνι κουριδίοισιν
πορσανέεις, οὐδ' ἄμμε διακρινέει φιλότητος
ἄλλο, πάρος θάνατόν γε μεμορμένον ἀμφικαλύψαι."   1130

1116 Etᴼ s.v. ἰότης

1113 με LASG: γε PE   1114 ἰωλκὸν libri; v. ad 1091   1121 ἄγγε-
λον LAPE: ἄλλον G et ἄλλην S (ex *compendio); fort. ὡς καὶ ἀνάγ-
γελον   1129 πορσανέεις SGPE, schᴸ (disertim): πορσυν- LA; cf. Il. 3.
411 cum var. lect.   φιλέοντας Cobet (cl. Od. 4. 178–80), sed cf. iv. 1120

Ὠς φάτο· τῇ δ' ἔντοσθε κατείβετο θυμὸς ἀκουῇ·
ἔμπης δ' ἔργ' ἀρίδηλα κατερρίγησεν ἰδέσθαι,
σχετλίη· οὐ μὲν δηρὸν ἀπαρνήσεσθαι ἔμελλεν
Ἑλλάδα ναιετάειν· ὣς γὰρ τόγε μήδετο Ἥρη,
ὄφρα κακὸν Πελίῃ ἱερὴν ἐς Ἰωλκὸν ἵκηται   1135
Αἰαίη Μήδεια λιποῦσ' ἄπο πατρίδα γαῖαν.

Ἤδη δ' ἀμφίπολοι μὲν ὀπιπτεύουσαι ἄπωθεν
σιγῇ ἀνιάζεσκον, ἐδεύετο δ' ἤματος ὥρη
ἂψ οἰκόνδε νέεσθαι ἐὴν μετὰ μητέρα κούρην,
ἡ δ' οὔπω κομιδῆς μιμνήσκετο, τέρπετο γάρ οἱ   1140
θυμὸς ὁμῶς μορφῇ τε καὶ αἱμυλίοισι λόγοισιν,
εἰ μὴ ἄρ' Αἰσονίδης πεφυλαγμένος ὀψέ περ ηὔδα·
" Ὤρη ἀποβλώσκειν, μὴ πρὶν φάος ἠελίοιο
δύῃ ὑποφθάμενον καί τις τὰ ἔκαστα νοήσῃ
ὀθνείων· αὖτις δ' ἀβολήσομεν ἐνθάδ' ἰόντες."   1145
Ὣς τώγ' ἀλλήλων ἀγανοῖς ἐπὶ τόσσον ἔπεσσιν
πείρηθεν, μετὰ δ' αὖτε διέτμαγον· ἤτοι Ἰήσων
εἰς ἑτάρους καὶ νῆα κεχαρμένος ὦρτο νέεσθαι,
ἡ δὲ μετ' ἀμφιπόλους. αἱ δὲ σχεδὸν ἀντεβόλησαν
πᾶσαι ὁμοῦ, τὰς δ' οὔτι περιπλομένας ἐνόησεν·   1150
ψυχὴ γὰρ νεφέεσσι μεταχρονίη πεπότητο.
αὐτομάτοις δὲ πόδεσσι θοῆς ἐπεβήσατ' ἀπήνης,
καί ῥ' ἑτέρῃ μὲν χειρὶ λάβ' ἡνία, τῇ δ' ἄρ' ἱμάσθλην
δαιδαλέην οὐρῆας ἐλαυνέμεν. οἱ δὲ πόλινδε
θῦνον ἐπειγόμενοι ποτὶ δώματα· τὴν δ' ἀνιοῦσαν   1155
Χαλκιόπη, περὶ παισὶν ἀκηχεμένη, ἐρέεινεν·

1132 ἀρίδηλα (ἰδ., 'manifesta perspectu', cl. iv. 727) Fr: ἀίδηλα libri; cf.
615, 791–801, iv. 213, et (ad mendum) iv. 1157   1133 ἀπαρνήσεσθαι
LA(P): -σασθαι SGE   1134 τόγε SG: τόδε LAPE   1135 (ἵκηται L
quoque et hic et iv. 243)   1136 λιποῦσ' ἄπο Koechly (p. 7, et denuo
Merkel): λιποῦσα (-σά γε S) libri   1137 ὀπιπτ., v. ad ii. 406
1138 sq. 'tempus diei non suffecisset ad (interdiu) redeundum, nisi
(1142)'; κε saepe omittitur, et ad utrumque imperf. cf. Il. 24. 713–15
1147 δι., v. ad ii. 298   1149 αἱ δὲ susp., e.gr. αἱ οἱ vel καὶ δὴ
1155 ἀνιοῦσαν D: ἄρ' ἰοῦσαν nostri (ex 1153)

ἡ δὲ παλιντροπίῃσιν ἀμήχανος οὔτε τι μύθων
ἔκλυεν οὔτ' αὐδῆσαι ἀνειρομένη λελίητο.
ἷζε δ' ἐπὶ χθαμαλῷ σφέλαϊ κλιντῆρος ἔνερθεν
λέχρις ἐρεισαμένη λαιῇ ἐπὶ χειρὶ παρειήν,   1160
ὑγρὰ δ' ἐνὶ βλεφάροις ἔχεν ὄμματα, πορφύρουσα
οἷον ἑῇ κακὸν ἔργον ἐπιξυνώσατο βουλῇ.

Αἰσονίδης δ' ὅτε δὴ ἑτάροις ἐξαῦτις ἔμικτο
ἐν χώρῃ ὅθι τούσγε καταπρολιπὼν ἐλιάσθη,
ὦρτ' ἰέναι σὺν τοῖσι, πιφαυσκόμενος τὰ ἕκαστα,   1165
ἡρώων ἐς ὅμιλον. ὁμοῦ δ' ἐπὶ νῆα πέλασσαν·
οἱ δέ μιν ἀμφαγάπαζον, ὅπως ἴδον, ἔκ τ' ἐρέοντο·
αὐτὰρ ὁ τοῖς πάντεσσι μετέννεπε δήνεα κούρης
δεῖξέ τε φάρμακον αἰνόν. ὁ δ' οἰόθεν οἷος ἑταίρων
Ἴδας ἧστ' ἀπάνευθε δακὼν χόλον· οἱ δὲ δὴ ἄλλοι   1170
γηθόσυνοι, τῆμος μέν, ἐπεὶ κνέφας ἔργαθε νυκτός,
†εὔκηλοι μέλλοντο περὶ σφίσιν†· αὐτὰρ ἅμ' ἠοῖ
πέμπον ἐς Αἰήτην ἰέναι σπόρον αἰτήσοντας
ἄνδρε δύω, πρὸ μὲν αὐτὸν ἀρηίφιλον Τελαμῶνα,
σὺν δὲ καὶ Αἰθαλίδην, υἷα κλυτὸν Ἑρμείαο.   1175
βὰν δ' ἴμεν, οὐδ' ἁλίωσαν ὁδόν, πόρε δέ σφιν ἰοῦσιν
κρείων Αἰήτης χαλεποὺς ἐς ἄεθλον ὀδόντας
Ἀονίοιο δράκοντος, ὃν Ὠγυγίῃ ἐνὶ Θήβῃ
Κάδμος, ὅτ' Εὐρώπην διζήμενος εἰσαφίκανεν,
πέφνεν, Ἀρητιάδι κρήνῃ ἐπίουρον ἐόντα·   1180
ἔνθα καὶ ἐννάσθη πομπῇ βοός, ἥν οἱ Ἀπόλλων
ὦπασε μαντοσύνῃσι προηγήτειραν ὁδοῖο·

1178 Et⁰ s.v. Ἀονία

1165 πιφαυσκόμενος LASG : πιφασκ- PE ; eadem var. invenitur in Homeri
Il.   1166 ἡρώων ἐς ὅμιλον ASG : ἡρώων ἐς ἕκαστα (ex 1165), et marg.
ὅμιλον, L : οἱ δ' ἔκλυον ἕκαστα PE (ex coni.)   1172 μέλλοντο LAG :
μέλοντο PE : ἐμέλοντο schᴾ lemma : μίμνοντο S : par. ἥσυχοι ἐμέλ[λ]οντο
(ἤ. ἐφρόντιζον περὶ P) ἑαυτῶν schᴸᴾ   1177 ἐς LASG : ἐπ' PE

τοὺς δὲ θεὰ Τριτωνὶς ὑπὲκ γενύων ἐλάσασα
Αἰήτῃ πόρε δῶρον ὁμῶς αὐτῷ τε φονῆι·
καί ῥ' ὁ μὲν Ἀονίοισιν ἐνισπείρας πεδίοισιν   1185
Κάδμος Ἀγηνορίδης γαιηγενῆ εἴσατο λαόν,
Ἄρεος ἀμώοντος ὅσοι ὑπὸ δουρὶ λίποντο·
τοὺς δὲ τότ' Αἰήτης ἔπορεν μετὰ νῆα φέρεσθαι
προφρονέως, ἐπεὶ οὔ μιν ὀίσσατο πείρατ' ἀέθλου
ἐξανύσειν, εἰ καί περ ἐπὶ ζυγὰ βουσὶ βάλοιτο.   1190
Ἥλιος μὲν ἄπωθεν ἐρεμνὴν δύετο γαῖαν
ἑσπερίων νεάτας ὑπὲρ ἄκριας Αἰθιοπήων,
Νὺξ δ' ἵπποισιν ἔβαλλεν ἔπι ζυγά· τοὶ δὲ χαμεύνας
ἔντυον ἥρωες παρὰ πείσμασιν. αὐτὰρ Ἰήσων,
αὐτίκ' ἐπεί ῥ' Ἑλίκης εὐφεγγέες ἀστέρες Ἄρκτου   1195
ἔκλιθεν, οὐρανόθεν δὲ πανεύκηλος γένετ' αἰθήρ,
βῆ ῥ' ἐς ἐρημαίην κλοπήιος ἠύτε τις φώρ
σὺν πᾶσι χρήεσσι. πρὸ γάρ τ' ἀλέγυνεν ἕκαστα
ἡμάτιος· θῆλυν μὲν ὄιν γάλα τ' ἔκτοθι ποίμνης
Ἄργος ἰὼν ἤνεικε, τὰ δ' ἐξ αὐτῆς ἕλε νηός.   1200
ἀλλ' ὅτε δὴ ἴδε χῶρον ὅτις πάτου ἔκτοθεν ἦεν
ἀνθρώπων καθαρῇσιν ὑπεύδιος εἰαμενῇσιν,
ἔνθ' ἤτοι πάμπρωτα λοέσσατο μὲν ποταμοῖο
εὐαγέως θείοιο τέρεν δέμας, ἀμφὶ δὲ φᾶρος
ἕσσατο κυάνεον, τό ῥά οἱ πάρος ἐγγυάλιξεν   1205
Λημνιὰς Ὑψιπύλη ἀδινῆς μνημήιον εὐνῆς·
πήχυιον δ' ἄρ' ἔπειτα πέδῳ ἔνι βόθρον ὀρύξας,
νήησεν σχίζας, ἐπὶ δ' ἀρνειοῦ τάμε λαιμόν,
αὐτόν τ' εὖ καθύπερθε τανύσσατο· δαῖε δὲ φιτρούς

1197 (κλω. —) Et^a s.v. κλω.

1186 γαιηγενῆ G: γεη- LAS: ἐπὶ γη- PE   1187 ἀμώοντος LASPE:
-ώωντος G (sic)   1192 ἑσπερίων Fr: -ρίοις libri; cf. Od. 1. 23 sq.
1195 εὐφεγγέες S (felicem per errorem?): -γέος cett.   1198 πᾶσιν L solus
1199 ἔκτοθι LAPE: ἔκποθι SG   1205 τό ῥά Hermann: τὸ μέν libri;
cf. ii. 31   1208 νήησεν LAPE: -σε SG   1209 fort. αὐτήν, cf. 1199

πῦρ ὑπένερθεν ἱείς, ἐπὶ δὲ μιγάδας χέε λοιβάς,   1210
Βριμὼ κικλήσκων Ἑκάτην ἐπαρωγὸν ἀέθλων.
καί ῥ᾽ ὁ μὲν ἀγκαλέσας πάλιν ἔστιχεν· ἡ δ᾽ ἀίουσα
κευθμῶν ἐξ †ὑπάτων δεινὴ θεὸς ἀντεβόλησεν
ἱροῖς Αἰσονίδαο, πέριξ δέ μιν ἐστεφάνωντο
σμερδαλέοι δρυΐνοισι μετὰ πτόρθοισι δράκοντες,   1215
στράπτε δ᾽ ἀπειρέσιον δαΐδων σέλας· ἀμφὶ δὲ τήνγε
ὀξείῃ ὑλακῇ χθόνιοι κύνες ἐφθέγγοντο.
πίσεα δ᾽ ἔτρεμε πάντα κατὰ στίβον· αἱ δ᾽ ὀλόλυξαν
νύμφαι ἑλειονόμοι ποταμηίδες, αἱ περὶ κείνην
Φάσιδος εἱαμενὴν Ἀμαραντίου εἱλίσσονται.   1220
Αἰσονίδην δ᾽ ἤτοι μὲν ἕλεν δέος, ἀλλά μιν οὐδ᾽ ὣς
ἐντροπαλιζόμενον πόδες ἔκφερον, ὄφρ᾽ ἑτάροισι
μίκτο κιών. ἤδη δὲ φόως νιφόεντος ὕπερθεν
Καυκάσου ἠριγενὴς ἠὼς βάλεν ἀντέλλουσα·
    καὶ τότ᾽ ἄρ᾽ Αἰήτης περὶ μὲν στήθεσσιν ἕεστο   1225
θώρηκα στάδιον, τόν οἱ πόρεν ἐξεναρίξας
σφωιτέρῃς Φλεγραῖον Ἄρης ὑπὸ χερσὶ Μίμαντα·
χρυσείην δ᾽ ἐπὶ κρατὶ κόρυν θέτο τετραφάληρον
λαμπομένην, οἵόν τε περίτροχον ἔπλετο φέγγος
ἠελίου, ὅτε πρῶτον ἀνέρχεται Ὠκεανοῖο·   1230
ἂν δὲ πολύρρινον νῶμα σάκος, ἂν δὲ καὶ ἔγχος
δεινόν, ἀμαιμάκετον· τὸ μὲν οὔ κέ τις ἄλλος ὑπέστη
ἀνδρῶν ἡρώων, ὅτε κάλλιπον Ἡρακλῆα

    1213 Et^G s.v. κευθμῶν   1214 vel 1221 Latine Varro Atac. fg. 9
Morel   1231 (πολ. —) Et^OM s.v. εὔρρηνος

─────────

    1213 ὑπάτων et libri et sch^LP et sch apud Et^G; fort. ὑπόγεων, cll. 862,
i. 1214, Callim. hy. 3. 37 μεσσόγεως   1219 ποταμηΐδες S (ex coni.):
-ηΐδες cett.; cf. Nic. Alex. 128   1227 σφωιτέρῃ(ι)ς LAGPE: -ραις S
sch^P; cf. 1339   1230 vel Ἠελίου, nam Aeetae pater in simulacris
habet circa caput (περίτρ.) radiorum orbem

τῆλε παρέξ, ὅ κεν οἷος ἐναντίβιον πτολέμιξεν.
τῷ δὲ καὶ ὠκυπόδων ἵππων εὐπηγέα δίφρον   1235
ἔσχε πέλας Φαέθων, ἐπιβήμεναι· ἂν δὲ καὶ αὐτός
βήσατο, ῥυτῆρας δὲ χεροῖν ἕλεν. ἐκ δὲ πόληος
ἤλασαν εὐρεῖαν κατ' ἀμαξιτόν, ὥς κεν ἀέθλῳ
παρσταίη· σὺν δέ σφιν ἀπείριτος ἔσσυτο λαός.
οἷος δ' Ἴσθμιον εἶσι Ποσειδάων ἐς ἀγῶνα,   1240
ἅρμασιν ἐμβεβαώς, ἢ Ταίναρον ἢ ὅγε Λέρνης
ὕδωρ ἠὲ καὶ ἄλσος Ὑαντίου Ὀγχηστοῖο,
καί τε Καλαύρειαν μετὰ δὴ θαμὰ νίσσεται ἵπποις
Πέτρην θ' Αἱμονίην, ἢ δενδρήεντα Γεραιστόν—
τοῖος ἄρ' Αἰήτης Κόλχων ἀγὸς ἦεν ἰδέσθαι.   1245
   Τόφρα δὲ Μηδείης ὑποθημοσύνησιν Ἰήσων,
φάρμακα μυδήνας, ἠμὲν σάκος ἀμφεπάλυνεν
ἠδὲ δόρυ βριαρόν, περὶ δὲ ξίφος. ἀμφὶ δ' ἑταῖροι
πείρησαν τευχέων βεβιημένοι, οὐδ' ἐδύναντο
κεῖνο δόρυ γνάμψαι τυτθόν γέ περ, ἀλλὰ μάλ' αὕτως   1250
ἀαγὲς κρατερῇσιν ἐνεσκλήκει παλάμησιν.
αὐτὰρ ὁ τοῖς ἄμοτον κοτέων Ἀφαρήιος Ἴδας
κόψε παρ' οὐρίαχον μεγάλῳ ξίφει· ἆλτο δ' ἀκωκή
ῥαιστὴρ ἄκμονος ὥστε παλιντυπές, οἱ δ' ὁμάδησαν

1240-2 Et^G s.v. Ταίναρος   1242 (Ὑ. —) Steph. Byz. s.v. Ἀβαντίς
(= Herodian. ii. 439. 25 et 465. 17 L), et respicit Eust. ad Dion. Perieg. 803
sub fine   1251 Method. ap. Et^M s.v. ἀγή (p. 21 n. 4 et 22 n. 11
Gaisf.)

1234 τῆλε LAPE: πῆλε (τ supra π scr.) G et πῆλαι S, male interpretati
sic: οὔ κέ τις ἄλλος παρέξ ὑπέστη πῆλαι   πτολέμιξε(ν) (-ιζε SG) LAGPE:
πολ- S   1237 ἕλεν Brunck: ἔχεν libri (ex ἔσχε 1236); cf. iv. 224 sq.
1238 ἤλασαν Fr: -σεν libri; cf. σφιν 1239   ἀέθλῳ S (ex coni.): -λων cett.
1239 fort. παρσταίεν   1242 καὶ SG Et: κατ' LAPE   1243 δὴ θαμὰ
Brunck: δῆθ' ἅμα libri; cf. (ad 1240, 1243) Pind. Nem. 5. 37 (Ποσει-
δάων) ποτὶ κλειτὰν θαμὰ νίσσεται Ἰσθμόν   1245 ἦεν Fr: ἦαν libri; cf. 1240
εἶσι, i. 781   1254-6 om. G (homoeotel.)

γηθόσυνοι ἥρωες ἐπ' ἐλπωρῇσιν ἀέθλου.　　　　　　1255
καὶ δ' αὐτὸς μετέπειτα παλύνετο· δῦ δέ μιν ἀλκή
σμερδαλέη ἄφατός τε καὶ ἄτρομος, αἱ δ' ἑκάτερθεν
χεῖρες ἐπερρώσαντο περὶ σθένεϊ σφριγόωσαι.
ὡς δ' ὅτ' ἀρήιος ἵππος, ἐελδόμενος πολέμοιο,
σκαρθμῷ ἐπιχρεμέθων κρούει πέδον, αὐτὰρ ὕπερθε　1260
κυδιόων ὀρθοῖσιν ἐπ' οὔασιν αὐχέν' ἀείρει—
τοῖος ἄρ' Αἰσονίδης ἐπαγαίετο κάρτεϊ γυίων,
πολλὰ δ' ἄρ' ἔνθα καὶ ἔνθα μετάρσιον ἴχνος ἔπαλλεν,
ἀσπίδα χαλκείην μελίην τ' ἐν χερσὶ τινάσσων.　　1264
καὶ τότ' ἔπειτ' οὐ δηρὸν ἔτι σχήσεσθαι ἀέθλων　　1268
μέλλον, ἀτὰρ κληῖσιν ἐπισχερὼ ἱδρυθέντες
ῥίμφα μάλ' ἐς πεδίον τὸ Ἀρήιον ἠπείγοντο.　　　　1270
τόσσον δὲ προτέρω πέλεν ἄστεος ἀντιπέρηθεν,
ὅσσον τ' ἐκ βαλβῖδος ἐπήβολος ἅρματι νύσσα
γίγνεται, ὁππότ' ἄεθλα καταφθιμένοιο ἄνακτος
κηδεμόνες πεζοῖσι καὶ ἱππήεσσι τίθενται.
τέτμον δ' Αἰήτην τε καὶ ἄλλων ἔθνεα Κόλχων,　　1275
τοὺς μὲν Καυκασίοισιν ἐφεσταότας σκοπέλοισιν,
τὸν δ' αὐτοῦ παρὰ χεῖλος ἑλισσομένου ποταμοῖο.
Αἰσονίδης δ', ὅτε δὴ πρυμνήσια δῆσαν ἑταῖροι,
δή ῥα τότε ξὺν δουρὶ καὶ ἀσπίδι βαῖν' ἐς ἄεθλον,
νηὸς ἀποπροθορών, ἄμυδις δ' ἔχε παμφανόωσαν　1280
χαλκείην πήληκα, θοῶν ἔμπλειον ὀδόντων,
καὶ ξίφος ἀμφ' ὤμοις, γυμνὸς δέμας, ἄλλα μὲν Ἄρει
εἴκελος, ἄλλα δέ που χρυσαόρῳ Ἀπόλλωνι.
παπτήνας δ' ἀνὰ νειόν, ἴδε ζυγὰ χάλκεα ταύρων
αὐτόγυόν τ' ἐπὶ τοῖς στιβαροῦ ἀδάμαντος ἄροτρον·　1285

1265-7 post 1292 transp. Fr　　1269 ἱδρυθέντες L (sic) A : ἱδρυνθ- SGPE ;
cf. iv. 532 ἱδρυθεῖεν libri (sic), iv. 723 ἱδρυθ- libri, nisi quod ἱδρυνθ- S
1270 ῥίμφα μάλ' LASG : δῆθα μάλ' PE (ex δῆθ' ἅμα 1243)　　1277 ἑλισσομένου Herwerden (Mnemos. 11. 119) et Castiglioni (Byz.-Neugr. Jbb.
2. 34, nota) : -σόμενον libri　　1280 ἔχε Fr : ἔλε libri　　1283 χρυσαόρῳ
L¹ASG : -σάορι VPE (et ita fort. L¹ quoque antequam ω exaravit)

χρίμψε δ' ἔπειτα κιών, παρὰ δ' ὄβριμον ἔγχος ἔπηξεν
ὀρθὸν ἐπ' οὐριάχῳ, κυνέην δ' ἀποκάτθετ' ἐρείσας·
βῆ δ' αὐτῇ προτέρωσε σὺν ἀσπίδι, νήριτα ταύρων
ἴχνια μαστεύων. οἱ δ' ἔκποθεν ἀφράστοιο
κευθμῶνος χθονίου, ἵνα τέ σφισιν ἔσκε βόαυλα   1290
καρτερά, λιγνυόεντι πέριξ εἰλυμένα καπνῷ,
ἄμφω ὁμοῦ προγένοντο πυρὸς σέλας ἀμπνείοντες·   1292
φαίης κεν ζοφεροῖο κατ' αἰθέρος ἀίσσουσαν   [1265]
χειμερίην στεροπὴν θαμινὸν μεταπαιφάσσεσθαι   [1266]
ἐκ νεφέων, †ὅτ' ἔπειτα† μελάντατον ὄμβρον ἄγωνται·   [1267]
ἔδδεισαν δ' ἥρωες ὅπως ἴδον· αὐτὰρ ὁ τούσγε   1293
εὖ διαβὰς ἐπιόντας ἅ τε σπιλὰς εἰν ἁλὶ πέτρη
μίμνεν ἀπειρεσίῃσι δονεύμενα κύματ' ἀέλλαις·   1295
πρόσθε δέ οἱ σάκος ἔσχεν ἐναντίον. οἱ δέ μιν ἄμφω
μυκηθμῷ κρατεροῖσιν ἐνέπληξαν κεράεσσιν,
οὐδ' ἄρα μιν τυτθόν περ ἀνώχλισαν ἀντιόωντες.
ὡς δ' ὅτ' ἐνὶ τρητοῖσιν εὔρρινοι χοάνοισιν
φῦσαι χαλκήων ὁτὲ μέν τ' ἀναμαρμαίρουσιν   1300
πῦρ ὀλοὸν πιμπρᾶσαι, ὅτ' αὖ λήγουσιν ἀυτμῆς,
δεινὸς δ' ἐξ αὐτῶν πέλεται βρόμος, ὁππότ' ἀίξῃ

1301 (-πιμπρ.) Etᴳ, et (una vox) Etᴹ, s.v. πιμπρᾶσαι

1286 fort. δ' ἐπιπρὸ (κιών) vel δὲ κεῖσε   1292 ἀμπνείοντες LAGPE:
-πνεόωντε S et -πνειόωντες v.l. G (ex -όωντε 410, 496)   [1265-7] vi-
dentur olim propter similes exitus 1292 οντες (οντε? ωντε?) et [1267]
ωνται (οντιι? οντα?) omissi esse et deinde perperam inserti post 1264
[1265] κεν LAPE: κε SG   [1266] v.l. μεταπαιφάσσουσαν schᴾ, et gl.
λάμπουσαν L² (ex [1265])   [1267] ὅτ' ἔπειτα libri (ex 1268?): ὅτε πέρ τε
Ziegler, cl. Il. 10. 7; at ὅτε minus aptum post φαίης κεν, fort. ἅ τ' ἔπεισι
('quae appropinquant') et ἄγοντα, cll. (ad [1265]-93) Il. 4. 274-9   1295 μί-
μνεν Merkel: -νει libri; cf. 1323, 1392 (imperf.)   1299 εὔρρινοις libri nostri,
nisi quod εὔρρινοις, accentu postea deleto, L, et -ρήνοις, sed postea deleta
ultima litt., P   1302 αὐτῶν PE: αὐτοῦ LASG: αὐτῆς fort. sch; cf. 1304
ἐκ στ.

νειόθεν—ὡς ἄρα τώγε θοὴν φλόγα φυσιόωντες
ἐκ στομάτων ὁμάδευν, τὸν δ' ἄμφεπε δήιον αἶθος
βάλλε θ' ἅ τε στεροπή· κούρης δέ ἑ φάρμακ' ἔρυτο.   1305
καί ῥ' ὅγε δεξιτεροῖο βοὸς κέρας ἄκρον ἐρύσσας
εἷλκεν ἐπικρατέως παντὶ σθένει, ὄφρα πέλασσεν
ζεύγλῃ χαλκείῃ· τὸν δ' ἐν χθονὶ κάββαλεν ὀκλάξ,
ῥίμφα ποδὶ κρούσας πόδα χάλκεον· ὣς δὲ καὶ ἄλλον
σφῆλε γνὺξ ἐριπόντα, μιῇ βεβολημένον ὁρμῇ.   1310
εὐρὺ δ' ἀποπροβαλὼν χαμάδις σάκος, ἔνθα καὶ ἔνθα,
τῇ καὶ τῇ βεβαώς, ἄμφω ἔχε πεπτηῶτας
γούνασιν ἐν προτέροισι, διὰ φλογὸς εἶθαρ ἐλυσθείς·
θαύμασε δ' Αἰήτης σθένος ἀνέρος. οἱ δ' ἄρα τείως
Τυνδαρίδαι (δὴ γάρ σφι πάλαι προπεφραδμένον ἦεν)   1315
ἀγχίμολον ζυγά οἱ πεδόθεν δόσαν ἀμφιβαλέσθαι·
αὐτὰρ ὁ εὖ ἐνέδησε λόφοις, μεσσηγὺ δ' ἀείρας
χάλκεον ἱστοβοῆα θοῇ συνάρασσε κορώνῃ
ζεύγληθεν. καὶ τὼ μὲν ὑπὲκ πυρὸς ἂψ ἐπὶ νῆα
χαζέσθην· ὁ δ' ἄρ' αὖτις ἑλὼν σάκος ἔνθετο νώτῳ   1320
ἐξόπιθεν, καὶ γέντο θοῶν ἔμπλειον ὀδόντων
πήληκα βριαρὴν δόρυ τ' ἄσχετον, ᾧ ῥ' ὑπὸ μέσσας
ἐργατίνης ὥς τίς τε Πελασγίδι νύσσεν ἀκαίνῃ
οὐτάζων λαγόνας· μάλα δ' ἔμπεδον εὖ ἀραρυῖαν
τυκτὴν ἐξ ἀδάμαντος ἐπιθύνεσκεν ἐχέτλην.   1325

1312 Et⁰ s.v. πεπτ.   1323 Et^{OM} s.v. ἀκαινα

_____

1304 ὁμάδευν Hermann (-δουν Stephanus): -δων a. corr. S, PE: -δω(ι)
LA, p. corr. S, G   ἄμφεπε Merkel (cll. iv. 1145, Hes. Theog. 696, Il. 16.
124, 18. 348): ἀμφί τε libri   1305 βάλλε θ' Ziegler: -λεν libri: -λον
(Wellauer et) Merkel   1307 πέλασσεν PE: -σῃ LASG; cf. e.gr. iv.
1449, 1451   1310 ἐριπόντα Breidenbach (ap. Wilamowitz p. 251):
ἐπιόντα libri (ex 1294); cf. Il. 11. 355, al., ii. 96, iv. 471   1312 βεβαὼς
libri: μεμαὼς Et   1317 et λόφοις et λόφους archet., scil. λόφους (sic), et
supra hoc τοῖς ἱμᾶσι, L : -οις PE (cum gl. ἱμᾶσι P) : -ους ASG, cum gl. ἱμάντας
(sic) S; res dubia   1319 ὑπὲκ PE: ὑπὲρ LASG (sic); par. ἀπὸ sch^L,
ὑπὸ sch^P   1320 ἄνθετο Steph.

οἱ δ' ἤτοι †εἴως μὲν περιώσια† θυμαίνεσκον,
λάβρον ἐπιπνείοντε πυρὸς σέλας, ὦρτο δ' ἀυτμή
ἠύτε βυκτάων ἀνέμων βρόμος, οὕς τε μάλιστα
δειδιότες μέγα λαῖφος ἁλίπλοοι ἐστείλαντο·
δηρὸν δ' οὐ μετέπειτα κελευόμενοι ὑπὸ δουρί   1330
ἤισαν. ὀκριόεσσα δ' ἐρείκετο νειὸς ὀπίσσω
σχιζομένη ταύρων τε βίῃ κρατερῷ τ' ἀροτῆρι,
δεινὸν δ' ἐσμαράγευν ἄμυδις κατὰ ὦλκας ἀρότρῳ
βώλακες ἀγνύμεναι ἀνδραχθέες. εἵπετο δ' αὐτός
λαῖον ἐπὶ στιβαρῷ πιέσας ποδί· τῆλε δ' ἑοῖο   1335
βάλλεν ἀρηρομένην αἰεὶ κατὰ βῶλον ὀδόντας,
ἐντροπαλιζόμενος μή οἱ πάρος ἀντιάσειεν
γηγενέων ἀνδρῶν ὀλοὸς στάχυς· οἱ δ' ἄρ' ἐπιπρό
χαλκείῃς χηλῇσιν ἐρειδόμενοι πονέοντο.
ἦμος δὲ τρίτατον λάχος ἤματος ἀνομένοιο   1340
λείπεται ἐξ ἠοῦς, χατέουσι δὲ κεκμηῶτες
ἐργατίναι γλυκερόν σφιν ἄφαρ βουλυτὸν ἱκέσθαι,
τῆμος ἀρήροτο νειὸς ὑπ' ἀκαμάτῳ ἀροτῆρι
τετράγυός περ ἐοῦσα, βοῶν τ' ἀπελύετ' ἄροτρα.
καὶ τοὺς μὲν πεδίονδε διεπτοίησε φέβεσθαι·   1345
αὐτὰρ ὁ ἂψ ἐπὶ νῆα πάλιν κίεν, ὄφρ' ἔτι κεινάς
γηγενέων ἀνδρῶν ἴδεν αὔλακας. ἀμφὶ δ' ἑταῖροι
θάρσυνον μύθοισιν· ὁ δ' ἐκ ποταμοῖο ῥοάων
αὐτῇ ἀφυσσάμενος κυνέῃ σβέσεν ὕδατι δίψαν·

1340 (ἤματος)–1342 Et⁰ s.v. ἐργατίναι   1345 διεπτ. (unam vocem)
Etᴹ s.v. πτοῶ

1326 οἱ δῆτοι (vel δ' ἤτοι) εἴως (εἴως L) μὲν δὴ LAG: οἱ δὴ τείως μὲν
SPE; cf. ii. 132, iv. 285 (et 1687), Il. 12. 141, Od. 3. 126; scrib. videtur
sive οἱ δ' ἤτοι ἕως μὲν περ. sive οἱ δ' ἤτοι εἴως μὲν ἐτώσια   1328 ἀητάων
(pro βυκτάων) A; v. ad 1360   1333 ἀρότρῳ Damsté: -ρου libri
1334 βώλ. suisp.; fort. λύμακες, sim.   1335 vs. obscurus   λαιον (sic ap.
Merkel) L: λαιὸν (sic) SGP (cum gl. βοῦν S): βαθμὸν v.l. L, AE; λαῖον edi
solet   1341 χατέουσι Naber: καλέ- libri Et; cf. i. 1173, Od. 13. 279

γνάμψε δὲ γούνατ' ἐλαφρά, μέγαν δ' ἐμπλήσατο θυμόν   1350
ἀλκῆς, μαιμώων συῒ εἴκελος, ὅς ῥά τ' ὀδόντας
θήγει θηρευτῆσιν ἐπ' ἀνδράσιν, ἀμφὶ δὲ πολλὸς
ἀφρὸς ἀπὸ στόματος χαμάδις ῥέε χωομένοιο.
οἱ δ' ἤδη κατὰ πᾶσαν ἀνασταχύεσκον ἄρουραν
γηγενέες· φρῖξεν δὲ περὶ στιβαροῖς σακέεσσιν   1355
δούρασί τ' ἀμφιγύοις κορύθεσσί τε λαμπομένῃσιν
Ἄρηος τέμενος φθισιμβρότου, ἵκετο δ' αἴγλη
νειόθεν Οὔλυμπόνδε δι' ἠέρος ἀστράπτουσα.
ὡς δ' ὁπότ', ἐς γαῖαν πολέος νιφετοῖο πεσόντος,
ἂψ ἀπὸ χειμερίας νεφέλας ἐκέδασσαν ἄελλαι   1360
λυγαίῃ ὑπὸ νυκτί, τὰ δ'·ἀθρόα πάντα φαάνθη
τείρεα λαμπετόωντα διὰ κνέφας—ὥς ἄρα τοίγε
λάμπον ἀναλδήσκοντες ὑπὲρ χθονός. αὐτὰρ Ἰήσων
μνήσατο Μηδείης πολυκερδέος ἐννεσιάων·
λάζετο δ' ἐκ πεδίοιο μέγαν περιηγέα πέτρον,   1365
δεινὸν Ἐνυαλίου σόλον Ἄρεος· οὔ κέ μιν ἄνδρες
αἰζηοὶ πίσυρες γαίης ἄπο τυτθὸν ἄειραν·
τόν ῥ' ἀνὰ ῥεῖα λαβών, μάλα τηλόθεν ἔμβαλε μέσσοις
ἀΐξας. αὐτὸς δ' ὑφ' ἑὸν σάκος ἕζετο λάθρῃ
θαρσαλέος· Κόλχοι δὲ μέγ' ἴαχον, ὡς ὅτε πόντος   1370
ἴαχεν ὀξείῃσιν ἐπιβρομέων σπιλάδεσσιν·
τὸν δ' ἔλεν ἀμφασίῃ ῥιπῇ στιβαροῖο σόλοιο

1358–64 de his vss. exstant perpaucae litt., quae vix legi possunt, in
pap. Berol. 13248, saec. quinti (Wifstrand, *Eranos* 30, 1932, p. 1); v. ad
1398–406   1363 ἀναλδ. ὑ. χθ. Et⁰ s.v. ἀλδήσκω

1353 ῥεῖ Samuelsson, sed cf. Platt (33. 4); imperfecto Ap. usus
est imitatus, e.gr., ps.-Hesiodi Scutum 390 δίκτην (Ardizzoni); v. etiam
ad 1371   1355 φρίξεν SG: -ξαν LAPE   1360 ἄελλαι libri: ἀῆται
v.l. LE   1361 πάντ' ἐφαάνθη Brunck, contra libros, sicut saepe ille
similia; v. ad ii. 1285   1363 ὑπὲρ χθονός libri: ὑπὸ χθόνα Et   1368 ῥεῖα
(vel χειρὶ) Fr: χεῖρα libri (quod Graecum non est); cf. Il. 12. 447–
53, 5. 304.   1370 θαρσαλέος Fr: -λέως libri   1371 ἴαχεν, impf. in
similitudine sicut Il. 18. 219, 5. 860 (Ardizzoni)

Αἰήτην. οἱ δ' ὥστε θοοὶ κύνες ἀμφιθορόντες
ἀλλήλους βρυχηδὸν ἐδήιον, ἠδ' ἐπὶ γαῖαν
μητέρα πῖπτον ἑοῖς ὑπὸ δούρασιν, ἠύτε πεῦκαι   1375
ἢ δρύες ἅς τ' ἀνέμοιο κατάικες δονέουσιν.
οἷος δ' οὐρανόθεν πυρόεις ἀναπάλλεται ἀστήρ
ὁλκὸν ὑπαυγάζων, τέρας ἀνδράσιν οἵ μιν ἴδωνται
μαρμαρυγῇ σκοτίοιο δι' ἠέρος ἀίξαντα—
τοῖος ἄρ' Αἴσονος υἱὸς ἐπέσσυτο γηγενέεσσιν,   1380
γυμνὸν δ' ἐκ κολεοῖο φέρεν ξίφος. οὖτα δὲ μίγδην
ἀμώων, πολέας μὲν ἔτ' ἐς νηδὺν λαγόνας τε

ἡμίσεας δ' ἀνέχοντα⸱ ἐς ἠέρα, τοὺς δὲ καὶ ἄχρις
γούνων τελλομένους, τοὺς δ' αὖ νέον ἑστηῶτας,
τοὺς δ' ἤδη καὶ ποσσὶν ἐπειγομένους ἐς ἄρηα.   1385
ὡς δ' ὁπότ', ἀγχούροισιν ἐγειρομένου πολέμοιο,
δείσας γειομόρος μή οἱ προτάμωνται ἀρούρας,
ἅρπην εὐκαμπῆ νεοθηγέα χερσὶ μεμαρπώς
ὠμὸν ἐπισπεύδων κείρει στάχυν, οὐδὲ βολῇσιν
μίμνει ἐς ὡραίην τερσήμεναι ἠελίοιο—   1390
ὣς ὅγε γηγενέων κεῖρεν στάχυν· αἵματι δ' ὁλκοὶ
ἠύτε κρηναίαις ἀμάραι πλήθοντο ῥοῇσιν.
πῖπτον δ' οἱ μὲν ὀδὰξ τετρηχότα βῶλον †ὀδοῦσιν
λαζόμενοι πρηνεῖς, οἱ δ' ἔμπαλιν, οἱ δ' ἐπ' ἀγοστῷ

1377 Et⁰ s.v. πυρόεις

1374 ἠδ' spernebat Faerber (p. 10 n. 2): οἱ δ' libri   1377 ἀναπάλλε-
ται libri: ἀπολάμπεται v.l. L, Et   1381 φέρεν LA: -ρε SPE: -ρει
G   1382 ἔτ' ἐς LSG: ἔστε APE   1382ᴬ lac. stat. Fr (propter
ἔτι 1382 et -ας δ' in 1383 omnibus [sic] libris traditum); e.gr.
⟨ἡμίσεας λήθοντας ὑπ' οὔδεος, ἔνθα φύτευθεν,⟩   1384 γούνων Struve:
ὤμων libri (ex ἀμώων 1382?), quod fort. iam Val. Fl. legit, cf. 1. 223,
7. 619   δ' αὖ Hermann (Orpb. 707): δὲ libri   1386 ἀγχούροισιν SG
(cum gl. γείτοσιν S): ἀμφ' οὔροισιν LAPE (cf. Il. 12. 421); textus incertus
1391 ὅγε Koechly (p. 12): τότε libri   κεῖρεν LPE: -ρε ASG   1392 κρη-
ναίαις Fr: -ναῖαι (-νάων P) libri   1393 τετρηχότα (-χότε G) obscurum
ὀδοῦσιν libri (ex *gl.): ἀρούρης Hermann

καὶ πλευροῖς, κήτεσσι δομὴν ἀτάλαντοι ἰδέσθαι·　　　　1395
πολλοὶ δ', οὐτάμενοι πρὶν ὑπὲρ χθονὸς ἴχνος ἀεῖραι,
ὅσσον ἄνω προύκυψαν ἐς ἠέρα, τόσσον ἔραζε
βριθόμενοι πλαδαροῖσι καρήασιν, ἠρήρειντο·
ἔρνεά που τοίως, Διὸς ἄσπετον ὀμβρήσαντος,
φυταλιῇ νεόθρεπτα κατημύουσιν ἔραζε　　　　1400
κλασθέντα ῥίζηθεν, ἀλωήων πόνος ἀνδρῶν,
τὸν δὲ κατηφείη τε καὶ οὐλοὸν ἄλγος ἱκάνει
κλήρου σημαντῆρα φυτοτρόφον—ὣς τότ' ἄνακτος
Αἰήταο βαρεῖαι ὑπὸ φρένας ἦλθον ἀνῖαι·
ἦιε δ' ἐς πτολίεθρον ὑπότροπος ἄμμιγα Κόλχοις　　　　1405
πορφύρων ᾗ κέ σφι θοώτερον ἀντιόῳτο.
ἦμαρ ἔδυ, καὶ τῷ τετελεσμένος ἦεν ἄεθλος.

1398–406 de mediis versibus exstant litterae 7–15 in pap. Berol. 13248
(v. ad 1358–64)

1396 ὑπὲρ Fr: ὑπὸ libri; cf. ad 1363　　　1397 προύκυψαν Fr: προύτυψαν
libri; cf. Nonni Dion. 4. 431 (de re eadem) ἄλλος ἄνω προύκυψεν ἐς ὀμφα-
λόν, et 433 ὑπερκύπτοντα　　　1399 διὸς pap PE: δὲ διὸς LASG　　　1400 -σι
χαμᾶζε (ἔραζε ex 1397) Morel (Herm. 61. 234, cl. Hes. fg. 96. 86)
1401 κλασθέντα LASG: κλινθ- PE

ΑΡΓΟΝΑΥΤΙΚΩΝ Δ

Αὐτὴ νῦν κάματόν γε θεὰ καὶ δήνεα κούρης
Κολχίδος ἔννεπε Μοῦσα, Διὸς τέκος· ἦ γὰρ ἔμοιγε
ἀμφασίη νόος ἔνδον ἑλίσσεται, ὁρμαίνοντι
ἠὲ τόγ' ἄτης πῆμα δυσιμέρου ἦ μιν ἐνίσπω
φύζαν ἀεικελίην ᾗ κάλλιπεν ἔθνεα Κόλχων.   5
Ἤτοι ὁ μὲν δήμοιο μετ' ἀνδράσιν ὅσσοι ἄριστοι
παννύχιος δόλον αἰπὺν ἐπὶ σφίσι μητιάασκεν
οἷσιν ἐνὶ μεγάροις, στυγερῷ ἐπὶ θυμὸν ἀέθλῳ
Αἰήτης ἄμοτον κεχολωμένος, οὐδ' ὅγε πάμπαν
θυγατέρων τάδε νόσφιν ἑῶν τελέεσθαι ἐώλπει·   10
τῇ δ' ἀλεγεινότατον κραδίῃ φόβον ἔμβαλεν Ἥρη,
τρέσσεν δ' ἠύτε τις κούφη κεμὰς ἥν τε βαθείης
τάρφεσιν ἐν ξυλόχοιο κυνῶν ἐφόβησεν ὁμοκλή·
αὐτίκα γὰρ νημερτὲς ὀίσσατο μή μιν ἀρωγήν
ληθέμεν, αἶψα δὲ πᾶσαν ἀναπλήσειν κακότητα·   15
τάρβει δ' ἀμφιπόλους ἐπιίστορας. ἐν δέ οἱ ὄσσε
πλῆτο πυρός, δεινὸν δὲ περιβρομέεσκον ἀκουαί·
πυκνὰ δὲ λαυκανίης ἐπεμάσσατο, πυκνὰ δὲ κουρίξ
ἑλκομένη πλοκάμους γοερῇ βρυχήσατ' ἀνίῃ.
καί νύ κεν αὐτοῦ τῆμος ὑπὲρ μόρον ὤλετο κούρη   20
φάρμακα πασσαμένη, Ἥρης δ' ἀλίωσε μενοινάς
εἰ μή μιν Φρίξοιο θεὰ σὺν παισὶ φέβεσθαι
ὦρσεν ἀτυζομένην. πτερόεις δέ οἱ ἐν φρεσὶ θυμός
ἰάνθη, μετὰ δ' ἥγε παλίσσυτος ἀθρόα κόλπῳ

12-13 Et^{GM} s.v. κεμάς

4 τόγ' et μιν Fr: μιν et τόγ' libri: μὲν pro μιν? Maas   δυσιμέρου
Merkel: δυσίμερον libri   10 fort. τετελέσθαι, cl. iii. 1407   13 ξυλόχοιο
Stephanus: -χοισι libri Et   18 λευκανίης G solus, cf. ii. 192   ἐπεμάσσατο
a. corr. L: -σετο p. corr. L, ASGPE   24 κόλπῳ Platt: -πων libri: Val.
Fl. 8. 17-19 prodit (promit Turnebus) medicamina cistis virgineosque sinus

169   N

φάρμακα πάντ' ἄμυδις κατεχεύατο φωριαμοῖο.　　　　25
κύσσε δ' ἑόν τε λέχος καὶ δικλίδας ἀμφοτέρωθεν
σταθμοὺς καὶ τοίχων ἐπαφήσατο· χερσί τε μακρόν
ῥηξαμένη πλόκαμον, θαλάμῳ μνημήια μητρί
κάλλιπε παρθενίης, ἀδινῇ δ' ὀλοφύρατο φωνῇ·
　" Τόνδε τοι ἀντ' ἐμέθεν ταναὸν πλόκον εἶμι λιποῦσα　30
μῆτερ ἐμή, χαίροις δὲ καὶ ἄνδιχα πολλὸν ἰούσῃ·
χαίροις Χαλκιόπη καὶ πᾶς δόμος. αἴθε σε πόντος
ξεῖνε διέρραισεν πρὶν Κολχίδα γαῖαν ἱκέσθαι."
　'Ως ἄρ' ἔφη, βλεφάρων δὲ κατ' ἀθρόα δάκρυα χεῦεν.
οἵη δ' ἀφνειοῖο †διειλυσθεῖσα δόμοιο　　　　35
ληιάς, ἥν τε νέον πάτρης ἀπενόσφισεν αἶσα,
οὐδέ νύ πω μογεροῖο πεπείρηται καμάτοιο,
ἀλλ' ἔτ' ἀηθέσσουσα δύης καὶ δούλια ἔργα
εἶσιν ἀτυζομένη χαλεπὰς ὑπὸ χεῖρας ἀνάσσης—
τοίη ἄρ' ἱμερόεσσα δόμων ἐξέσσυτο κούρη.　　　40
τῇ δὲ καὶ αὐτόματοι θυρέων ὑπόειξαν ὀχῆες
†ὠκείαις ἄψορροι ἀναθρώσκοντες ἀοιδαῖς.
γυμνοῖσιν δὲ πόδεσσιν ἀνὰ στεινὰς θέεν οἴμους,
λαιῇ μὲν χερὶ πέπλον ἐπ' ὀφρύσιν ἀμφὶ μέτωπα
στειλαμένη καὶ καλὰ παρήια, δεξιτερῇ δὲ　　　45
ἄκρην ὑψόθι πέζαν ἀερτάζουσα χιτῶνος.
καρπαλίμως δ' ἀίδηλον ἀνὰ στίβον ἔκτοθι πύργων
ἄστεος εὐρυχόροιο φόβῳ ἵκετ', οὐδέ τις ἔγνω
τήνγε φυλακτήρων, λάθε δέ σφεας ὁρμηθεῖσα.

26 Herodian. (ii. 224. 28 L) apud Et^M s.v. κεκλίαται

───────

venenis implicat; ad κατὰ c. dat. cf. iii. 154 sq., 867; varia medicamina
efferebat virgo (cf. 157, 442), neque vero cistam (cf. 44–46)　　25 φωρ.,
ad genet. cf. i. 1196, iv. 598　　28 fort. τμηξαμένη (Maas)　　33 κολχίδα
SGPE: χαλκίδα LA (ex 32)　　38 fort. δύην (Lloyd-Jones), cf. Semon.
Amorg. 7.58 Diehl　　42 e.gr. ἑρκείων　　43 (et 296, 644, 838, 1510,
1541) οἴμ(ους) cum spir. aspero G (sic) et semper fere V (L?): cum leni
E: varie cett.　　48 fort. φόβῳ δίετ' (cl. ii. 329 sq.), 'cum timore
fugiebat ἀνὰ στ.'　　49 τήνγε Headlam: τήνδε libri

ἔνθεν ἴμεν νειόνδε μάλ' ἐφράσατ'· οὐ γὰρ ἀίδρις   50
ἦεν ὁδῶν, θαμὰ καὶ πρὶν ἀλωμένη ἀμφί τε νεκρούς
ἀμφί τε δυσπαλέας ῥίζας χθονός, οἷα γυναῖκες
φαρμακίδες· τρομερῷ δ' ὑπὸ δείματι πάλλετο θυμός
τὴν δὲ νέον Τιτηνὶς ἀνερχομένη περάτηθεν
φοιταλέην ἐσιδοῦσα θεὰ ἐπεχήρατο Μήνη   55
ἁρπαλέως, καὶ τοῖα μετὰ φρεσὶν ᾗσιν ἔειπεν·
   " Οὐκ ἄρ' ἐγὼ μούνη μετὰ Λάτμιον ἄντρον ἀλύσκω,
οὐδ' οἴη καλῷ περὶ δαίομαι Ἐνδυμίωνι.
ἦ θαμὰ δὴ καὶ σεῖο κύθον δολίῃσιν ἀοιδαῖς
μνησαμένη φιλότητος, ἵνα σκοτίῃ ἐνὶ νυκτί   60
φαρμάσσῃς εὔκηλος, ἅ τοι φίλα ἔργα τέτυκται·
νῦν δὲ καὶ αὐτὴ δῆθεν ὁμοίης ἔμμορες ἄτης,
δῶκε δ' ἀνιηρόν τοι Ἰήσονα πῆμα γενέσθαι
δαίμων ἀλγινόεις. ἀλλ' ἔρχεο, τέτλαθι δ' ἔμπης,
καὶ πινυτή περ ἐοῦσα, πολύστονον ἄλγος ἀείρειν."   65
   Ὣς ἄρ' ἔφη. τὴν δ' αἶψα πόδες φέρον ἐγκονέουσαν·
ἀσπασίως δ' ὄχθῃσιν ἐπηέρθη ποταμοῖο
ἀντιπέρην λεύσσουσα πυρὸς σέλας ὅρρα τ' ἀέθλου
παννύχιοι ἥρωες ἐυφροσύνῃσιν ἔδαιον.
ὀξείῃ δἤπειτα διὰ κνέφας ὄρθια φωνῇ   70
ὁπλότατον Φρίξοιο περαιόθεν ἤπυε παίδων,
Φρόντιν. ὁ δὲ ξὺν ἑοῖσι κασιγνήτοις ὄπα κούρης
αὐτῷ τ' Αἰσονίδῃ τεκμαίρετο· σῖγα δ' ἑταῖροι
θάμβεον, εὖτ' ἐνόησαν ὃ δὴ καὶ ἐτήτυμον ἦεν.

52 Et^G, et (δυσπ. ῥ. solum) Et^M, s.v. δυσπ. ῥ.

50 ἔνθ' ἔνι μὲν νηόνδε LASG: ἔνθ' ἄρα νειὸν μὲν PE (ex coni.); ἔνθεν ἴμεν agnovit Hartung; νηῦνδε Maas   57 ἄντρον LAPE: οὖρος SG (ex *gl. ὄρος, cf. sch^{LP} Λάτμος ὄρος Καρίας, ἔνθα ἔστιν ἄντρον κτλ.)   59 κύθον Fr: κύον (κύων PE) libri, et par. ὦ κύων sch^P: κίον Anon. apud Ruhnken; cf. Val. Fl. 8. 29 velatis cornibus et iam Luna venit (scil. ad Endymionem)   δολίαισιν libri, v. ad iii. 578   68 λεύσσουσα SGPE: -σαν LA   70 δἤπειτα SGPE: δ' ἐπ- LA   73 τεκμαίρετο (sic) L quoque

τρὶς μὲν ἀνήυσεν, τρὶς δ' ὀτρύνοντος ὁμίλου 75
Φρόντις ἀμοιβήδην ἀντίαχεν· οἱ δ' ἄρα τείως
ἥρωες μετὰ τήνγε θοοῖς ἐλάασκον ἐρετμοῖς.
οὔπω πείσματα νηὸς ἐπ' ἠπείροιο περαίης
βάλλον, ὁ δὲ κραιπνοὺς χέρσῳ πόδας ἧκεν Ἰήσων
ὑψοῦ ἀπ' ἰκριόφιν· μετὰ δὲ Φρόντις τε καὶ Ἄργος, 80
υἷε δύω Φρίξου, χαμάδις θόρον. ἡ δ' ἄρα τούσγε
γούνων ἀμφοτέρῃσι περισχομένη προσέειπεν·

" "Εκ με φίλοι ῥύσασθε δυσάμμορον, ὣς δὲ καὶ αὐτούς
ὑμέας, Αἰήταο· πρὸ γάρ τ' ἀναφανδὰ τέτυκται
πάντα μάλ', οὐδέ τι μῆχος ἱκάνεται· ἀλλ' ἐνὶ νηί 85
φεύγωμεν πρὶν τόνγε θοῶν ἐπιβήμεναι ἵππων.
δώσω δὲ χρύσειον ἐγὼ δέρος, εὐνήσασα
φρουρὸν ὄφιν· τύνη δὲ θεοὺς ἐνὶ σοῖσιν ἑταίροις
ξεῖνε τεῶν μύθων ἐπιίστορας οὕς μοι ὑπέστης
ποίησαι, μηδ' ἔνθεν ἑκαστέρω ὁρμηθεῖσαν 90
χήτεϊ κηδεμόνων ὀνοτὴν καὶ ἀεικέα θείης."

Ἴσκεν ἀκηχεμένη· μέγα δὲ φρένες Αἰσονίδαο
γήθεον. αἶψα δέ μιν περὶ γούνασι πεπτηυῖαν
ἧκ' ἀναειρόμενος, προσπτύξατο θάρσυνέν τε·

"Δαιμονίη, Ζεὺς αὐτὸς Ὀλύμπιος ὅρκιος ἔστω 95
Ἥρῃ τε Ζυγίῃ, Διὸς εὐνέτις, ἦ μὲν ἐμοῖσιν
κουριδίην σε δόμοισιν ἐνιστήσεσθαι ἄκοιτιν,
εὖτ' ἂν ἐς Ἑλλάδα γαῖαν ἱκώμεθα νοστήσαντες."

Ὣς ηὔδα, καὶ χεῖρα παρασχεδὸν ἧραε χειρί
δεξιτερήν. ἡ δέ σφιν ἐς ἱερὸν ἄλσος ἀνώγει 100

77–90 de mediis vss. litt. 2–24 leguntur in pap. Oxyr. 692 (vol. iv), saec.
p.C.n. secundi

---

80 ἀπ' SG: ἐπ' pap LAPE   85 ἐνὶ Brunck: ἐπὶ libri; vel ἐπὶ νηός,
cl. ii. 211, 1184   86 τόνγε pap (et coni. Brunck): τόνδε (τῶνδε LA,
ex θοῶν) libri   90 ἑκαστέρω AS, pap(?): ἑκατ- LGPE   91 θείης
Platt; res dubia hic et 1015, 1087   94 θάρσυνέν nostri (ex 108?):
φώνησέν D

νῆα θοὴν ἐλάαν αὐτοσχεδόν, ὄφρ' ἔτι νύκτωρ
κῶας ἑλόντες ἄγοιντο παρὲκ νόον Αἰήταο.
ἔνθ' ἔπος ἠδὲ καὶ ἔργον ὁμοῦ πέλεν ἐσσυμένοισιν·
εἰς γάρ μιν βήσαντες, ἀπὸ χθονὸς αὐτίκ' ἔωσαν
νῆα, πολὺς δ' ὀρυμαγδὸς ἐπειγομένων ἐλάτῃ·ιν   105
ἦεν ἀριστήων. ἡ δ' ἔμπαλιν ἀίσσουσα
γαίῃ χεῖρας ἔτεινεν, ἀμήχανος· αὐτὰρ Ἰήσων
θάρσυνέν τ' ἐπέεσσι καὶ ἴσχανεν ἀσχαλόωσαν.

Ἦμος δ' ἀνέρες ὕπνον ἀπ' ὀφθαλμῶν ἐβάλοντο
ἀγρόται, οἵ τε κύνεσσι πεποιθότες οὔ ποτε νύκτα   110
ἄγχαυρον κνώσσουσιν, ἀλευάμενοι φάος ἠοῦς,
μὴ πρὶν ἀμαλδύνῃ θερμὸν στίβον ἠδὲ καὶ ὀδμὴν
θηρείην λευκῇσιν ἐνισκίμψασα βολῇσιν—
τῆμος ἄρ' Αἰσονίδης κούρη τ' ἀπὸ νηὸς ἔβησαν
ποιήεντ' ἀνὰ χῶρον ἵνα Κριοῦ καλέονται   115
Εὐναί, ὅθι πρῶτον κεκμηότα γούνατ' ἔκαμψεν,
νώτοισιν φορέων Μινυήιον υἱ' Ἀθάμαντος·
ἐγγύθι δ' αἰθαλόεντα πέλεν βωμοῖο θέμεθλα,
ὅν ῥά ποτ' Αἰολίδης Διὶ Φυξίῳ εἴσατο Φρίξος,
ῥέζων κεῖνο τέρας παγχρύσεον, ὡς οἱ ἔειπεν   120
Ἑρμείας πρόφρων ξυμβλήμενος. ἔνθ' ἄρα τούσγε
Ἄργου φραδμοσύνῃσιν ἀριστῆες μεθέηκαν·
τὼ δὲ δι' ἀτραπιτοῖο μεθ' ἱερὸν ἄλσος ἵκοντο,
φηγὸν ἀπειρεσίην διζημένω ᾗ ἔπι κῶας
βέβλητο, νεφέλῃ ἐναλίγκιον ἤ τ' ἀνιόντος   125
ἠελίου φλογερῇσιν ἐρεύθεται ἀκτίνεσσιν·

109–11 Etᴹ, et ἄγχαυρον (111) tantum Etᴳ, s.v. ἄγχ.

108 τ' ἐπέεσσι SG: τε ἔπεσσι LAPE   112 θερμὸν e.gr. Fr: θηρῶν
libri, ex °gl. θηρῶν ὁδὸν (gl. ὁδὸν A); θηρῶν et ἠδὲ καὶ—θηρείην simul ferri
non possunt, praesertim iuxta res fere easdem; cf. Anthol. Pal. 9. 371.
2 σεῦε κύων θερμοῖς ἴχνεσιν, Xenoph. Cyneg. 5. 5 (τοῦ θέρους) διάπυρος
οὖσα ἡ γῆ ἀφανίζει τὸ θερμὸν ὃ ἔχουσιν (τὰ ἴχνη)   117 μινυήιον PE:
μινύιον LASG   120 fort. ῥέξων

αὐτὰρ ὁ ἀντικρὺ περιμήκεα τείνετο δειρήν
ὀξὺς ἀΰπνοισι προϊδὼν ὄφις ὀφθαλμοῖσιν
νισσομένους, ῥοίζει δὲ πελώριον, ἀμφὶ δὲ μακραί
ἠιόνες ποταμοῖο καὶ ἄσπετον ἴαχεν ἄλσος·   130
ἔκλυον οἱ καὶ πολλὸν ἑκὰς Τιτηνίδος Αἴης
Κολχίδα γῆν ἐνέμοντο παρὰ προχοῇσι Λύκοιο,
ὅς τ' ἀποκιδνάμενος ποταμοῦ κελάδοντος Ἀράξεω
Φάσιδι συμφέρεται ἱερὸν ῥόον, οἱ δὲ συνάμφω
Καυκασίην ἅλαδ' εἰς ἓν ἐλαυνόμενοι προρέουσιν·   135
δείματι δ' ἐξέγροντο λεχωΐδες, ἀμφὶ δὲ παισίν
νηπιάχοις, οἵ τέ σφιν ὑπ' ἀγκαλίδεσσιν ἴαυον,
ῥοίζῳ παλλομένοις χεῖρας βάλον ἀσχαλόωσαι.
ὡς δ' ὅτε τυφομένης ὕλης ὕπερ αἰθαλόεσσαι
καπνοῖο στροφάλιγγες ἀπείριτοι εἱλίσσονται,   140
ἄλλη δ' αἶψ' ἑτέρῃ ἐπιτέλλεται αἰὲν ἐπιπρό
νειόθεν εἱλίγγοισιν ἐπήορος ἀΐσσουσα—
ὡς τότε κεῖνο πέλωρον ἀπειρεσίας ἐλέλιζε
ῥυμβόνας, ἀζαλέῃσιν ἐπηρεφέας φολίδεσσιν.
τοῖο δ' ἑλισσομένοιο κατ' †ὄμματος εἴσατο† κούρη, 145
Ὕπνον ἀοσσητῆρα, θεῶν ὕπατον, καλέουσα
ἡδείῃ ἐνοπῇ, θέλξαι τέρας, αὗε δ' ἄνασσαν
νυκτιπόλον, χθονίην, εὐαντέα δοῦναι ἐφορμήν.
εἵπετο δ' Αἰσονίδης, πεφοβημένος· αὐτὰρ ὅγ' ἤδη

---

144 Et^{OM} s.v. ῥυμβ., et ῥυμβ. (unam vocem) Eust. ad Dion. Per. 1134

---

132 Κασπῖδα Platt   135 προρέουσιν Fr (cll. Il. 12. 19, 5. 598, Od. 10.
351): προχέουσιν libri (ex προχ. 132)   142 εἰλίγγοισιν libri   ἀΐσσουσα v.l.
L (cf. i. 438): ἐξανιοῦσα libri; cf. utrumque (et στροφ. quoque) iii. 757–9
143 ἐλέλιζε Castiglioni: -λιξε libri   145 ὀμμαῖίσατο fere archet., h. e.
ὄμματος εἴσατο cum v.l. (ὄμματα?) νείσετο (ita enim verbum νίσσεσθαι
scribi solet in libris nostris), scil. ὄμματος εἴσατο PE (quo pertinet gl.
ὥρμησεν LAP): ὄμματον εἴσετο (ὄμμα τὸν εἴθετο cum gl. ἔγνω G) LASG;
ὄμματα νίσσετο ed. Merkel, sed v. ipsius Prolegom., p. 91

οἴμῃ θελγόμενος δολιχὴν ἀνελύετ' ἄκανθαν　　　　　150
γηγενέος σπείρης, μήκυνε δὲ μυρία κύκλα,
οἷον ὅτε βληχροῖσι κυλινδόμενον πελάγεσσιν
κῦμα μέλαν κωφόν τε καὶ ἄβρομον· ἀλλὰ καὶ ἔμπης
ὑψοῦ σμερδαλέην κεφαλὴν μενέαινεν ἀείρας
ἀμφοτέρους ὀλοῇσι περιπτύξαι γενύεσσιν.　　　　　155
ἡ δέ μιν ἀρκεύθοιο νέον τετμηότι θαλλῷ,
βάπτουσ' ἐκ κυκεῶνος, ἀκήρατα φάρμακ' ἀοιδαῖς
ῥαῖνε κατ' ὀφθαλμῶν, περί τ' ἀμφί τε νήριτος ὀδμή
φαρμάκου ὕπνον ἔβαλλε· γένυν δ' αὐτῇ ἐνὶ χώρῃ
θῆκεν ἐρεισάμενος, τὰ δ' ἀπείρονα πολλὸν ὀπίσσω　　160
κύκλα πολυπρέμνοιο διὲξ ὕλης τετάνυστο.
ἔνθα δ' ὁ μὲν χρύσειον ἀπὸ δρυὸς αἴνυτο κῶας,
κούρης κεκλομένης, ἡ δ' ἔμπεδον ἑστηυῖα
φαρμάκῳ ἔψηχεν θηρὸς κάρη, εἰσόκε δή μιν
αὐτὸς ἑὴν ἐπὶ νῆα παλιντροπάασθαι Ἰήσων　　　　165
ἤνωγεν· λεῖπον δὲ πολύσκιον ἄλσος Ἄρηος.
ὡς δὲ σεληναίης διχομήνιδα παρθένος αἴγλην
ὑψόθεν †ἀνέχουσαν ὑπωρόφιον θαλάμοιο
λεπταλέῳ ἑανῷ ὑποΐσχεται, ἐν δέ οἱ ἦτορ
χαίρει δερκομένης καλὸν σέλας—ὣς τότ' Ἰήσων　　　170
γηθόσυνος μέγα κῶας ἑαῖς ἀναείρετο χερσίν,

156 Etᴳ s.v. ἀρκ.　　　167 Etᴳ s.v. διχ.

---

152 κυλινδόμενον SGPE: -νος LA; fort. οἷόν τε et -νος, cl. ad structuram
i. 991 (iii. 858, 1294 sq., 1392)　　　153 μέλαν (quod om. PE) susp. (πέλει
Damsté)　　157 ἀκ. obscurum　　ἀοιδαῖς LASG: -δῇ PE　　166 λεῖπον
Platt: λεῖπεν S (ex coni.): λίπεν cett.: par. χωρισθῆναι ἀμφοτέρους
schᴸ: Val. Fl. 8. 121 egressi; cf. 750–2　　167 σεληναίης Et: -ην libri
168 ἀνέχουσαν (cum gl. εἰσβάλλουσαν LA) LASG (sic): ἐξανέχ- PE (ex coni.)
ὑπωρόφιον LASG: -φιος PE: -φίου Merkel; structura verborum obscura
170 δερκομένης LᵃSG: -νη Lⁱ APE　　171 ἀναείρετο SG: ἀναείρατο
LAPE; cf. Il. 23. 614, 778, 882 ἀνάειρε (et 856 ἀειράμενος) de certaminis
praemiis

καί οἱ ἐπὶ ξανθῇσι παρηίσιν ἠδὲ μετώπῳ
μαρμαρυγῇ ληνέων φλογὶ εἴκελον ἷζεν ἔρευθος.
ὅσση δὲ ῥινὸς βοὸς ἤνιος ἢ ἐλάφοιο
γίγνεται, ἥν τ᾽ ἀγρῶσταὶ ἀχαινέην καλέουσιν,   175
†τόσσον ἔην πάντη χρύσεον ἐφύπερθεν ἄωτον†
βεβρίθει λήνεσσιν ἐπηρεφές· ἤλιθα δὲ χθών
αἰὲν ὑποπρὸ ποδῶν ἀμαρύσσετο νισσομένοιο.
ἤιε δ᾽ ἄλλοτε μὲν λαιῷ ἐπιειμένος ὤμῳ
αὐχένος ἐξ ὑπάτοιο ποδηνεκές, ἄλλοτε δ᾽ αὖτε   180
εἴλει ἀφασσόμενος· περὶ γὰρ δίεν ὄφρα ἑ μή τις
ἀνδρῶν ἠὲ θεῶν νοσφίσσεται ἀντιβολήσας.

   Ἠὼς μέν ῥ᾽ ἐπὶ γαῖαν ἐκίδνατο, τοὶ δ᾽ ἐς ὅμιλον
ἷξον. θάμβησαν δὲ νέοι μέγα κῶας ἰδόντες
λαμπόμενον στεροπῇ ἴκελον Διός, ὦρτο δ᾽ ἕκαστος   185
ψαῦσαι ἐελδόμενος δέχθαι τ᾽ ἐνὶ χερσὶν ἑῇσιν·
Αἰσονίδης δ᾽ ἄλλους μὲν ἐρήτυε, τῷ δ᾽ ἐπὶ φᾶρος
κάββαλε νηγάτεον. πρύμνῃ δ᾽ ἐνείσατο κούρην
ἀνθέμενος, καί τοῖον ἔπος μετὰ πᾶσιν ἔειπεν·

   " Μηκέτι νῦν χάζεσθε φίλοι πάτρηνδε νέεσθαι·   190
ἤδη γὰρ χρειὼ τῆς εἵνεκα τήνδ᾽ ἀλεγεινήν
ναυτιλίην ἔτλημεν, ὀιζύι μοχθίζοντες,
εὐπαλέως κούρης ὑπὸ δήνεσι κεκράανται.
τὴν μὲν ἐγὼν ἐθέλουσαν ἀνάξομαι οἴκαδ᾽ ἄκοιτιν
κουριδίην· ἀτὰρ ὕμμες, Ἀχαιίδος οἷά τε πάσης   195

173 (λην. —) Et^G s.v. λην*έων   175 (ἥν —) Et^{GM} s.v. ἀχ. (ex Oro),
et ἀγρ. (unam vocem) Et^M s.v. ἀγρ.

---

172 παρηίσιν Brunck: παρηάσιν LASG: παρειάσιν PE; cf. -ηιδ- ii. 59,
iii. 963, 1064, iv. 1066 omnes; i. 791 -ηιδ- pap ASGPE: παραηίδας L (h.e.
-ηιδ- cum v.l. -ηιάδ-); iii. 831 -ηιδ- SGPE: -ηιάδ- LA   175 ἀγρῶσται
(oxytonon) Et^M s.v.: -ῶσται LSGPE: -ῶται A et Et^{GM} s.v. ἀχ.   176 vs.
ut sanaretur, τοσσατίην proponebat Merkel, ἐὺν Hoelzlin et Madvig,
χρύσεον δ᾽ Platt, ἐφύπερθε δ᾽ Wilamowitz (252)   182 ἠὲ D: ἠδὲ nostri
190 φράζεσθέ v.l. sch^{LP}, ex par. μηκέτι χάζεσθε ἀλλὰ μερμνᾶτε δηλαδή
κτλ. sch^P (corruptius sch^{LA})

αὐτῶν θ' ὑμείων ἐσθλὴν ἐπαρωγὸν ἐοῦσαν,
σώετε· δὴ γάρ που μάλ', ὀίομαι, εἰσὶν ἐρύξων
Αἰήτης ὁμάδῳ πόντονδ' ἴμεν ἐκ ποταμοῖο.
ἀλλ' οἱ μὲν διὰ νηὸς ἀμοιβαδὶς ἀνέρος ἀνήρ
ἑζόμενος πηδοῖσιν ἐρέσσετε, τοὶ δὲ βοείας   200
ἀσπίδας ἡμίσεες δήων θοὸν ἔχμα βολάων
προσχόμενοι νόστῳ ἐπαμύνετε. νῦν ἐνὶ χερσίν
παῖδας ἑοὺς πάτρην τε φίλην γεραρούς τε τοκῆας
ἴσχομεν, ἡμετέρῃ δ' ἐπ' ἐρείδεται Ἑλλὰς ἐφορμῇ
ἠὲ κατηφείην ἢ καὶ μέγα κῦδος ἀρέσθαι."   205
    Ὣς φάτο, δῦνε δὲ τεύχε' ἀρήια· τοὶ δ' ἰάχησαν
θεσπέσιον μεμαῶτες. ὁ δὲ ξίφος ἐκ κολεοῖο
σπασσάμενος, πρυμναῖα νεὼς ἀπὸ πείσματ' ἔκοψεν·
ἄγχι δὲ παρθενικῆς κεκορυθμένος ἰθυντῆρι
Ἀγκαίῳ παρέβασκεν· ἐπείγετο δ' εἰρεσίῃ νηῦς   210
σπερχομένων ἄμοτον ποταμοῦ ἄφαρ ἐκτὸς ἐλάσσαι.
    Ἤδη δ' Αἰήτῃ ὑπερήνορι πᾶσί τε Κόλχοις
Μηδείης περίπυστος ἔρως καὶ ἔργ' ἐτέτυκτο·
ἐς δ' ἀγορὴν ἀγέροντ' ἐνὶ τεύχεσιν, ὅσσα τε πόντου
κύματα χειμερίοιο κορύσσεται ἐξ ἀνέμοιο·   215
ἢ ὅσα φύλλα χαμᾶζε περικλαδέος πέσεν ὕλης
φυλλοχόῳ ἐνὶ μηνί (τίς ἂν τάδε τεκμήραιτο;)—
ὣς οἱ ἀπειρέσιοι ποταμοῦ παρεμέτρεον ὄχθας,
κλαγγῇ μαιμώοντες. ὁ δ' εὐτύκτῳ ἐνὶ δίφρῳ
Αἰήτης ἵπποισι μετέπρεπεν οὕς οἱ ὄπασσεν   220
Ἥλιος πνοιῇσιν ἐειδομένους ἀνέμοιο,
σκαιῇ μέν ῥ' ἐνὶ χειρὶ σάκος δινωτὸν ἀείρων,

197 comma post, non ante, μάλ' van Krevelen (1949, 145 sq.)
202 (νῦν) δ' libri: del. Brunck et Platt   203 φίλην ASG: -λοι LPE (ex
190)   204 ἐπερείδεται libri; cf. Theocr. 5. 24 ἐρείδειν 'to stake'
208 νεὼς LASPE (ita etiam libri quidam Od. 10. 127): ναὸς G: νεὸς
Rzach (p. 82); cf. i. 1201 νεός pro pyrrhichio, ceterum νηός   214 ὅσσα
δὲ Merkel, ita ut artius cohaereant 214 (ὅσσα)–218; res dubia   219 μαι-
μώοντες PE: -μώωντες LASG; cf. iii. 1187 (Rzach p. 154)

τῇ δ' ἑτέρῃ πεύκην περιμήκεα, πὰρ δέ οἱ ἔγχος
ἀντικρὺ τετάνυστο πελώριον· ἡνία δ' ἵππων
γέντο χεροῖν Ἄψυρτος. ὑπεκπρὸ δὲ πόντον ἔταμνε   225
νηῦς ἤδη, κρατεροῖσιν ἐπειγομένη ἐρέτῃσιν
καὶ μεγάλου ποταμοῖο καταβλώσκοντι ῥεέθρῳ·
αὐτὰρ ἄναξ ἄτῃ πολυπήμονι, χεῖρας ἀείρας,
Ἥλιον καὶ Ζῆνα κακῶν ἐπιμάρτυρας ἔργων
κέκλετο, δεινὰ δὲ παντὶ παρασχεδὸν ἤπυε λαῷ·   230
εἰ μή οἱ κούρην αὐτάγρετον ἢ ἀνὰ γαῖαν
ἢ πλωτῆς εὑρόντες ἔτ' εἰν ἁλὸς οἴδματι νῆα
ἄξουσιν καὶ θυμὸν ἐνιπλήσει μενεαίνων
τείσασθαι τάδε πάντα, δαήσονται κεφαλῇσιν
πάντα χόλον καὶ πᾶσαν ἐὴν ὑποδέγμενοι ἄτην.   235

Ὣς ἔφατ' Αἰήτης. αὐτῷ δ' ἐνὶ ἤματι Κόλχοι
νῆάς τ' εἰρύσσαντο †καὶ ἄρμενα νηυσὶ† βάλοντο,
αὐτῷ δ' ἤματι πόντον ἀνήιον· οὐδέ κε φαίης
τόσσον νηίτην στόλον ἔμμεναι, ἀλλ' οἰωνῶν
ἰλαδὸν ἄσπετον ἔθνος ἐπιβρομέειν πελάγεσσιν.   240

Οἱ δ', ἀνέμου λαιψηρὰ θεῆς βουλῇσιν ἀέντος
Ἥρης, ὄφρ' ὤκιστα κακὸν Πελίαο δόμοισιν
Αἰαίη Μήδεια Πελασγίδα γαῖαν ἵκηται,
ἠοῖ ἐνὶ τριτάτῃ πρυμνήσια νηὸς ἔδησαν
Παφλαγόνων ἀκτῇσι, πάροιθ' Ἅλυος ποταμοῖο·   245
τῇ γάρ σφ' ἐξαποβάντας ἀρέσσασθαι θυέεσσιν
ἠνώγει Ἑκάτην, καὶ δὴ τὰ μὲν ὅσσα θυηλὴν

243 Et^{GM} s.v. Αἰαίη, iterumque per errorem Et^G s.v. ἵνει

225 πόντον LASG sch^P : -του PE   229 ἐπὶ μάρτυρας Erbse (Hermes
81. 164 n. 4)   231 αὐτ. obscurius; cf. ἔξαιτον 1004?   232 textus
susp.   233 ἐνιπλήσει Brunck: ἐπι- libri   234 sq. textus susp.
237 εἰρύσαντο libri   exspect. -ντ' ἐνί τ' ἄρμενα τῇσι β., sim., cll. i . 392 sq.
241 θεῆς, v. ad iii. 252   244 ἐνὶ SD: ἐν LAGPE; fort. ἅμα (cl. iii.
1172) vel τῇ (cl. Il. 13. 794)   245 ἀκτῇσι SD: -ταῖσι LAGPE; v. ad
iii. 578   246 τῇ Platt (35. 82): ἡ libri   247 θυηλὴν D: -λῇ nostri

ΑΡΓΟΝΑΥΤΙΚΩΝ Δ

κούρη πορσανέουσα τιτύσκετο (μήτε τις ἴστωρ
εἴη μήτ' ἐμὲ θυμὸς ἐποτρύνειεν ἀείδειν)
ἅζομαι αὐδῆσαι· τό γε μὴν ἔδος ἐξέτι κείνου,   250
ὅρρα θεᾷ ἥρωες ἐπὶ ῥηγμῖσιν ἔδειμαν,
ἀνδράσιν ὀψιγόνοισι μένει καὶ τηλόσ' ἰδέσθαι.
αὐτίκα δ' Αἰσονίδης ἐμνήσατο, σὺν δὲ καὶ ἄλλοι
ἥρωες, Φινῆος ὃ δὴ πλόον ἄλλον ἔειπεν
ἐξ Αἴης ἔσσεσθαι· ἀνώιστος δὲ τέτυκτο   255
πᾶσιν ὁμῶς. Ἄργος δὲ λιλαιομένοις ἀγόρευσεν·
"   .   .   .   .
νισσόμεθ' Ὀρχομενόν, τὴν ἔχραεν ὔμμι περῆσαι
νημερτὴς ὅδε μάντις ὅτῳ ξυνέβητε πάροιθεν.
ἔστιν γὰρ πλόος ἄλλος, ὃν ἀθανάτων ἱερῆες
πέφραδον οἳ Θήβης Τριτωνίδος ἐκγεγάασιν.   260
οὔπω τείρεα πάντα τά τ' οὐρανῷ εἱλίσσονται,
οὐδέ τί πω Δαναῶν ἱερὸν γένος ἦεν ἀκοῦσαι
πευθομένοις· οἶοι δ' ἔσαν Ἀρκάδες Ἀπιδανῆες,
Ἀρκάδες, οἳ καὶ πρόσθε σεληναίης ὑδέονται
ζώειν, φηγὸν ἔδοντες ἐν οὔρεσιν, οὐδὲ Πελασγίς   265
χθὼν τότε κυδαλίμοισιν ἀνάσσετο Δευκαλίδησιν,
ἦμος ὅτ' Ἠερίη πολυλήιος ἐκλήιστο
μήτηρ Αἴγυπτος προτερηγενέων αἰζηῶν,
καὶ ποταμὸς Τρίτων εὐρύρροος ᾧ ὑπο πᾶσα

267–8 Et^OM s.v. ἠερία

250 τό γε SGPE: τόδε LA; cf. γε μήν 277   252 τηλόσ' Koechly:
τῆμος libri; cf. ii. 807   256^A lac. Fr, cl. par. ὄντως δὴ τῇ ἐξωτάτῃ
(ἔσω- L, sed lin. 9 ἔξω φέροντα) ὁδῷ κεχρημένοι, ᾗ καὶ ἡμεῖς εἰς Ὀρχομενὸν
ἐπορευόμεθα, πορεύεσθε sch^L a; e.gr. (" Νίσσεσθ' ἀτρεκέως μυχάτην ὁδόν,
ὡς ὁπόθ' ἡμεῖς)   257 ν(ε)ισόμεθ' SG: νεύμεθ' ἐς PE (cf. ii. 1153):
νεισόμεθ' ἐς LA   τὴν LASPE: τῇ G   260 ἐκγεγάασιν p. corr. L,
ASG: ἐγγ- a. corr. L, PE   267 comma in fine vs. sustulit Wifstrand
(' ἡ νῦν Αἴγυπτος ἐκαλεῖτο Ἠ., καὶ ὁ ποταμὸς ἐκ. Τρίτων '); ita etiam 990
sq.   269 εὐρύρροος Meineke (Anal. Alex. 49): εὐρ(ρ)οος libri: †ὑρρ-
(Brunck et) Wellauer: ἐπτάρρ- Merkel (in ed. min.), cl. Aesch. fg. 300

179

ἄρδεται Ἠερίη, Διόθεν δέ μιν οὔποτε δεύει   270
ὄμβρος· ἅλις προχοῇσιν ἀνασταχύουσιν ἄρουραι.
ἔνθεν δή τινά φασι πέριξ διὰ πᾶσαν ὀδεῦσαι
Εὐρώπην Ἀσίην τε, βίῃ καὶ κάρτεϊ λαῶν
σφωιτέρων θάρσει τε πεποιθότα· μυρία δ᾽ ἄστη
νάσσατ᾽ ἐποιχόμενος, τὰ μὲν ἤ ποθι ναιετάουσιν   275
ἠὲ καὶ οὔ, πουλὺς γὰρ ἄδην ἐπενήνοθεν αἰών·
Αἴά γε μὴν ἔτι νῦν μένει ἔμπεδον, υἱωνοί τε
τῶνδ᾽ ἀνδρῶν οὓς ὅγε καθίσσατο ναιέμεν Αἶαν·
οἳ δή τοι γραπτῦς πατέρων ἔθεν εἰρύονται,
κύρβιας οἷς ἔνι πᾶσαι ὁδοὶ καὶ πείρατ᾽ ἔασιν   280
ὑγρῆς τε τραφερῆς τε πέριξ ἐπινισσομένοισιν.
ἔστι δέ τις ποταμός, ὕπατον κέρας Ὠκεανοῖο,
εὐρύς τε προβαθής τε καὶ ὁλκάδι νηὶ περῆσαι·
Ἴστρον μιν καλέοντες ἑκὰς διετεκμήραντο·
ὅς δή τοι τείως μὲν ἀπείρονα τέμνετ᾽ ἄρουραν   285
εἰς οἶος, πηγαὶ γὰρ ὑπὲρ πνοιῆς βορέαο
Ῥιπαίοις ἐν ὄρεσσιν ἀπόπροθι μορμύρουσιν·
ἀλλ᾽ ὁπόταν Θρηκῶν Σκυθέων τ᾽ ἐπιβήσεται οὔρους,
ἔνθα διχῇ, τὸ μὲν †ἔνθα μεθ᾽ ἡμετέρην ἅλα βάλλει
τῇδ᾽ ὕδωρ, τὸ δ᾽ ὄπισθε βαθὺν †διὰ κόλπον ἵησιν   290
σχιζόμενος πόντου Τρινακρίου εἰσανέχοντα,

282–4 Et⁰, et 282 Etᴹ, s.v. κέρας

γαίη ὃς ὑμετέρη παρακέκλιται, εἰ ἐτεὸν δή
ὑμετέρης γαίης Ἀχελώιος ἐξανίησιν."

Ὣς ἄρ' ἔφη. τοῖσιν δὲ θεὰ τέρας ἐγγυάλιξεν
αἴσιον, ᾧ καὶ πάντες ἐπευφήμησαν ἰδόντες   295
στέλλεσθαι τήνδ' οἶμον· ἐπιπρὸ γὰρ ὁλκὸς ἐτύχθη
οὐρανίης ἀκτῖνος, ὅπη καὶ ἀμεύσιμον ἦεν.
γηθόσυνοι δέ, Λύκοιο καταυτόθι παῖδα λιπόντες,
λαίφεσι πεπταμένοισιν ὑπεὶρ ἅλα ναυτίλλοντο
οὔρεα Παφλαγόνων θηεύμενοι· οὐδὲ Κάραμβιν   300
γνάμψαν, ἐπεὶ πνοιαί τε καὶ οὐρανίου πυρὸς αἴγλη
μίμνεν ἕως Ἴστροιο μέγαν ῥόον εἰσαφίκοντο.

Κόλχοι δ' αὖτ', ἄλλοι μὲν ἐτώσια μαστεύοντες
Κυανέας Πόντοιο διὲκ πέτρας ἐπέρησαν,
ἄλλοι δ' αὖ ποταμὸν μετεκίαθον, οἷσιν ἄνασσεν   305
Ἄψυρτος, Καλὸν δὲ διὰ στόμα πεῖρε λιασθείς·
τῶ καὶ ὑπέφθη τούσγε βαλὼν ὑπὲρ αὐχένα γαίης
κόλπον ἔσω πόντοιο πανέσχατον Ἰονίοιο.
Ἴστρῳ γάρ τις νῆσος ἐέργεται οὔνομα Πεύκη
τριγλώχιν, εὖρος μὲν ἐς αἰγιαλοὺς ἀνέχουσα,   310
στεινὸν δ' αὖτ' ἀγκῶνα ποτὶ ῥόον, ἀμφὶ δὲ δοιαί
σχίζονται προχοαί· τὴν μὲν καλέουσι Νάρηκος,
τὴν δ' ὑπὸ τῇ νεάτῃ Καλὸν στόμα· τῇδε διαπρὸ
Ἄψυρτος Κόλχοι τε θοώτερον ὡρμήθησαν,
οἱ δ' ὑψοῦ νήσοιο κατ' ἀκροτάτης ἐνέοντο   315
τηλόθεν. εἰαμενῇσι δ' ἐν ἄσπετα πώεα λεῖπον
ποιμένες ἄγραυλοι νηῶν φόβῳ, οἷά τε θῆρας
ὀσσόμενοι πόντου μεγακήτεος ἐξανιόντας·

297 (ὅπη —) Et^GM s.v. ἀμεύσιμον   309 sch Dion. Perieg. 300 sq.

---

292 ὑμετέρη SPE : ἡμε- LAG : utrumque sch^L   δὴ LAGPE (cf. ii. 209) :
γε S (cf. iii. 1080, al.)   297 ἀμεύσιμον Et : μόρσιμον libri   302 μί-
μνεν SG : μεῖναν LPE : μείνεν (ex μένεν corr. ?) A : par. ἐπόμενον sch
303 αὖτ' LASG : αὖ PE   312 -σιν ἄρηκος libri : corr. Hoelzlin   313 τῇ-
δε Platt (35. 82) : τῇ δὲ libri   316 εἰαμεναῖσι libri, v. ad iii. 578

181

οὐ γάρ πω ἁλίας γε πάρος ποθὶ νῆας ἴδοντο
οὔτ' οὖν Θρήιξιν μιγάδες Σκύθαι οὐδὲ Σίγυννοι,   320
οὔτ' αὖ Γραυκένιοι, οὔθ' οἱ περὶ Λαύριον ἤδη
Σίνδοι ἐρημαῖον πεδίον μέγα ναιετάοντες.
αὐτὰρ ἐπεί τ' Ἄγγουρον ὄρος καὶ ἄπωθεν ἐόντα
Ἀγγούρου ὄρεος σκόπελον παρὰ Καυλιακοῖο,
ᾧ πέρι δὴ σχίζων Ἴστρος ῥόον ἔνθα καὶ ἔνθα   325
βάλλει ἁλός, πεδίον τε τὸ Λαύριον ἡμείψαντο,
δή ῥα τότε Κρονίην Κόλχοι ἅλαδ' ἐκπρομολόντες,
πάντῃ, μή σφε λάθοιεν, ὑπετμήξαντο κελεύθους.
οἱ δ' ὄπιθεν ποταμοῖο κατήλυθον, †ἐκ δ' ἐπέρησαν†
δοιὰς Ἀρτέμιδος Βρυγηῖδας ἀγχόθι νήσους.   330
τῶν ἤτοι ἑτέρῃ μὲν ἐν ἱερὸν ἔσκεν ἔδεθλον·
ἐν δ' ἑτέρῃ, πληθὺν πεφυλαγμένοι Ἀψύρτοιο,
βαῖνον· ἐπεὶ †κείνας πολέων λίπον ἔνδοθι νήσους†
αὔτως, ἁζόμενοι κούρην Διός, αἱ δὲ δὴ ἄλλαι
στεινόμεναι Κόλχοισι πόρους εἴρυντο θαλάσσης.   335
ὣς δὲ καὶ εἰς ἀκτὰς †πληθὺν λίπεν ἀγχόθι νήσους†
μέσφα Σαλαγγῶνος ποταμοῦ καὶ Νέστιδος αἴης.

    Ἔνθα κε λευγαλέῃ Μινύαι τότε δηιοτῆτι

    327 Κρ. ἅλα sch Aesch. Prom. 837   337 (—ποτ.) Et^G s.v. μέσφα
et Herodianus i. 24. 1, ii. 116. 24, 729. 5 L

---

    320 θρήιξιν S: -ξι eraso ν L, AGPE   οὐδὲ LAGPE: οὔτε S   321 οὔτ'
αὖ PE: οὔτ' οὖν LASG (ex 320): οὔτε Wellauer   322 σινδοὶ ASGE:
σίνδοι postulat Herod. (i. 142. 20 L) a sch citatus: utrumque accentum
L: neutrum P   323 ἐπεί τ' Stephanus: ἔπειτ' libri   ἅπ. ἐ. susp.
323 sq. vv.ll. ἀγγυρ- sch   324 καυλιακοῖο v.l. L, APE sch^L: καυκασίοιο
LSG, v.l. sch^P   326 ἅλις Merkel (ed. min.)   τὸ λαύριον PE: ταλ-
LASG; cf. 321   329–36 versus multifariam corrupti   329 ἐκ δ' ἐπ.
libri (ex 304); e.gr. ἐς δ' ἐνόησαν (cl. i. 321)   330 βρυγηῖδας sch 1002
(bis): βρυγη- libri; cf. 470, et Βρυγηίς ap. Steph. Byz. s.v. Βρύξ   331
τῶν PE: τῶν δ' LASG   333 e.gr. κενεὰς et λίπεν (cf. λίπεν 336) et
in fine μούνας (νήσους ex 330) et 334 ἀζόμενος   335 στεινόμεναι ASPE:
-ναι L (sic) G   336 ἀκτὰς corr. ex αὐτὰς (sic, teste Manfredi) et supra
γρ. ἄλλας L: ἄλλας ASGPE   λίπεν LASG: λίπον PE   πλ. ex 332,
quae secuntur ex 330 et 333; e.gr. εἰς ἀκτὰς στρατὸν ἤγαγεν ἠπείροιο

ΑΡΓΟΝΑΥΤΙΚΩΝ Δ

παυρότεροι πλεόνεσσιν ὑπείκαθον, ἀλλὰ πάροιθεν
συνθεσίην, μέγα νεῖκος ἀλευάμενοι, ἐτάμοντο·   340
κῶας μὲν χρύσειον, ἐπεί σφισιν αὐτὸς ὑπέστη
Αἰήτης, εἴ κέν οἱ ἀναπλήσειαν ἀέθλους,
ἔμπεδον εὐδικίῃ σφέας ἐξέμεν, εἴτε δόλοισιν
εἴτε καὶ ἀμφαδίην αὔτως ἀέκοντος ἀπηύρων·
αὐτὰρ Μήδειαν (†τὸ γὰρ πέλεν ἀμφήριστον)   345
παρθέσθαι κούρῃ Λητωΐδι νόσφιν ὁμίλου,
εἰσόκε τις δικάσῃσι θεμιστούχων βασιλήων
εἴτε μιν εἰς πατρὸς χρειὼ δόμον αὖτις ἱκάνειν
εἴτε μεθ᾿ Ἑλλάδα γαῖαν ἀριστήεσσιν ἔπεσθαι.
Ἔνθα δ᾿ ἐπεὶ τὰ ἕκαστα νόῳ πεμπάσσατο κούρη,   350
δή ῥά μιν ὀξεῖαι κραδίην ἐλέλιξαν ἀνῖαι
νωλεμές· αἶψα δὲ νόσφιν Ἰήσονα μοῦνον ἑταίρων
ἐκπροκαλεσσαμένη ἄγεν ἄλλυδις, ὄφρ᾿ ἐλίασθεν
πολλὸν ἑκάς, στονόεντα δ᾿ ἐνωπαδὶς ἔκφατο μῦθον·
" Αἰσονίδη, τίνα τήνδε συναρτύνασθε μενοινήν   355
ἀμφ᾿ ἐμοί; ἦέ σε πάγχυ λαθιφροσύναις ἐνέηκαν
ἀγλαΐαι, τῶν δ᾿ οὔ τι μετατρέπῃ ὅσσ᾿ ἀγόρευες
χρειοῖ ἐνισχόμενος; ποῦ τοι Διὸς Ἱκεσίοιο
ὅρκια, ποῦ δὲ μελιχραὶ ὑποσχεσίαι βεβάασιν;
ἧς ἐγὼ οὐ κατὰ κόσμον ἀναιδήτῳ ἰότητι   360
πάτρην τε κλέα τε μεγάρων αὐτούς τε τοκῆας
νοσφισάμην, τά μοι ἦεν ὑπέρτατα, τηλόθι δ᾿ οἴη
λυγρῇσιν κατὰ πόντον ἅμ᾿ ἀλκυόνεσσι φορεῦμαι,

360 (ἀναιδ. —) et 374-5 Et^G s.v. ἀναίδητος

340 συνθεσίην Schneider: -οίη(ι) LASG (cum gl. συμβιβάσει G): -οίας PE;
cf. 453   342 κέν οἱ Fr: κεῖνοι libri: κείνῳ Castiglioni; ad dat. cf. Pindari
Py. 4. 230 et 243 (ἐμοί et οἱ de eodem Aeeta eademque re)   345 τό
LAGPE: τόγε S: τόδε Brunck: γε, τὸ Wellauer   348^A εἴτε μετ᾿ ἀφνειοῖο
(-νειοῦ PE) θείου (θείην ? S) πόλιν ὀρχομένοιο (= ii. 1186) libri: par. πότερον
αὐτὴν ἀποδοτέον τῷ πατρὶ ἢ τοῖς Ἀργοναύταις schL: vs. del. Ruhnken
349 εἴτε LASG: καί τε PE (propter 348^A)

183

σῶν ἔνεκεν καμάτων, ἵνα μοι σόος ἀμφί τε βουσίν
ἀμφί τε γηγενέεσσιν ἀναπλήσειας ἀέθλους·   365
ὕστατον αὖ καὶ κῶας, ἐφ' ᾧ πλόος ὕμμιν ἐτύχθη,
εἷλες ἐμῇ ματίῃ, κατὰ δ' οὐλοὸν αἶσχος ἔχευα
θηλυτέραις· τῶ φημὶ τεὴ κούρη τε δάμαρ τε
αὐτοκασιγνήτη τε μεθ' Ἑλλάδα γαῖαν ἕπεσθαι.
πάντη νυν πρόφρων ὑπερίστασο, μηδέ με μούνην   370
σεῖο λίπῃς ἀπάνευθεν, ἐποιχόμενος βασιλῆας,
ἀλλ' αὔτως εἴρυσο· δίκη δέ τοι ἔμπεδος ἔστω
καὶ θέμις ἣν ἄμφω συναρέσσαμεν· ἢ σύγ' ἔπειτα
φασγάνῳ αὐτίκα τόνδε μέσον διὰ λαιμὸν ἀμῆσαι,
ὄφρ' ἐπίηρα φέρωμαι ἐοικότα μαργοσύνῃσιν,   375
σχέτλιε· τεῖ κέν με κασιγνήτοιο δικάσσῃ
ἔμμεναι οὗτος ἄναξ τῷ ἐπίσχετε τάσδ' ἀλεγεινάς
ἄμφω συνθεσίας, πῶς ἵξομαι ὄμματα πατρός;
ἦ μάλ' ἐυκλειής. τίνα δ' οὐ τίσιν ἠὲ βαρεῖαν
ἄτην οὐ σμυγερῶς δεινῶν ὕπερ οἷα ἔοργα   380
ὀτλήσω, σὺ δέ κεν θυμηδέα νόστον ἕλοιο;

374-5 Et° s.v. ἀναίδητος (v. ad 360)

366 ἐφ' ᾧ πλόος ὕμμιν ἐτύχθη PE (cf. 191-3, Eurip. Iph. Taur. 1040): ἐπεί τ' ἐπάιστος (vel -τον) ἐτύχθην (vel -θη) fere LASG (cf. 84 sq., 213), scil. ἐπί τε παιστός (-ὸς a prima manu correctum ex -ὸν) ἐτύχθη L : ἐπεί τε παιστὸν ἐτύχθη A: ἐπεί τ' ἐπάιστος ἐτύχθην SG (cum gl. ἐπίγνωστος G); iis quae in PE leguntur augetur gratia beneficii, deminuitur altera lectione, si quidem virgo necessitate potius coacta quam sponte iam id quoque illi praestiterit; confudisse igitur videtur aliquis επιφπλοοσυμμιν cum λοοναισχοσ 367, et alius deinde confusa illa reformasse ad sensum numerosque 370 πρόφρων Facius aliique: -φέρων libri 371 βασιλῆας PE: -λῆος LASG (propter σεῖο) 374 ἀμῆσαι libri (cf. e.gr. iii. 1032 sq., iv. 761, 764, 766): ἄμησον Et 376 σχετλίη Hermann (Orph. 735; at vocat. retinendus est, cll. 389 et 1047): σχέτλιοι Wilamowitz (p. 201 n. 2; at singul. retinendus est post 356-75 et ante 381-9) εἴ κέν με LA: εἴδη (εἶδε ?) με (κε ?) cum corr. S: εἴ με G: εἴ κεν δή με PE; e.gr. νῦν εἴ κέν με, cl. Od. 18. 223 379 ἦ μ. ἐυκλ- Anon. ap. Wellauer: ἠὲ μ. εὐκλ- libri (ex ἠὲ sequenti); fort. οὐ μάλ' ἐυκλ- (cl. i. 869) fort. τίνα δὴ 380 οἷα PE: οἷα (οἱά S) τ' SG (sic): οἷα θ' LA 381 σὺ δέ κεν Wellaner: οὐδέ κε (cum ras. post κε L) LA: οὐ κεν SPE: οὐ δή κε G

μὴ τόγε παμβασίλεια Διὸς τελέσειεν ἄκοιτις,
ᾗ ἔπι κυδιάεις· μνήσαιο δὲ καί ποτ' ἐμεῖο
στρευγόμενος καμάτοισι, δέρος δέ τοι ἶσον ὀνείρῳ
οἴχοιτ' εἰς ἔρεβος μεταμώνιον· ἐκ δέ σε πάτρης   385
αὐτίκ' ἐμαὶ ἐλάσειαν Ἐρινύες, οἷα καὶ αὐτή
σῇ πάθον ἀτροπίῃ· τὰ μὲν οὐ θέμις ἀκράαντα
ἐν γαίῃ πεσέειν, μάλα γὰρ μέγαν ἤλιτες ὅρκον,
νηλεές· ἀλλ' οὔ θήν μοι ἐπιλλίζοντες ὀπίσσω
δὴν ἔσσεσθ' εὔκηλοι ἕκητί γε συνθεσιάων."   390

Ὣς φάτ', ἀναζείουσα βαρὺν χόλον· ἵετο δ' ἥγε
νῆα καταφλέξαι διά τ' †ἔμπεδα πάντα κεάσσαι,
ἐν δὲ πεσεῖν αὐτὴ μαλερῷ πυρί. τοῖα δ' Ἰήσων
μειλιχίοις ἐπέεσσιν ὑποδδείσας προσέειπεν·

"Ἴσχεο, δαιμονίη· τὰ μὲν ἀνδάνει οὐδ' ἐμοὶ αὐτῷ,   395
ἀλλά τιν' ἀμβολίην διζήμεθα δηιοτῆτος,
ὅσσον δυσμενέων ἀνδρῶν νέφος ἀμφιδέδηεν
εἵνεκα σεῦ. πάντες γὰρ ὅσοι χθόνα τήνδε νέμονται
Ἀψύρτῳ μεμάασιν ἀμυνέμεν, ὄφρα σε πατρί,
οἷά τε ληισθεῖσαν, ὑπότροπον οἴκαδ' ἄγοιτο·   400
αὐτοὶ δὲ στυγερῷ κεν ὀλοίμεθα πάντες ὀλέθρῳ,
μείξαντες δαῒ χεῖρας· ὃ τοι καὶ ῥίγιον ἄλγος
ἔσσεται, εἴ σε θανόντες ἕλωρ κείνοισι λίποιμεν.
ἤδε δὲ συνθεσίη κρανέει δόλον ᾧ μιν ἐς ἄτην

384 (δέρος —) Et^G s.v. δέρος

---

383 ἔπι κ- recc. quidam: ἐπικ- nostri; cf. i. 286 sq.   384 ὀνείρῳ
Et: -ροις libri (et antea δέροις LA); cf. iii. 446, iv. 877, Od. 11.
207, 222 (van Krevelen, 1953. 54)   386 ἐμαὶ Fr: ἐμαί σ' LASG:
ἐμέγ' (pro ἐμαί γ') PE; ad hiatum cf. ii. 754, 817, iii. 971, iv. 1155, al.
390 ἔσσεσθ' Wifstrand (cll. i. 1290, Il. 11. 75 sq., Od. 13. 423 sq.): et
ἐσ(σ)εσθε (h.e. -σθ') εὔκ- et ἐσ(σ)εσθαι ἕκ- archet., scil. -σθαί εὔκ- LG:
-σθε εὔκ- A: -σθε ἕκ- SPE   391 ἀναζείουσα Ruhnken: ἀνάζουσα libri
392 διὰ — κεάσσαι hic est 'comburere', sicut illud explicabatur Od. 15.
322 exspect. ἔνδοθι (cl. 1385), sim.   400 ἄγοιτο D: ἄγοιτο nostri;
cf. 376, 1004, 1079   402 τοι LASG: του PE; cf. Il. 1. 563   403 εἴ
σε SG: ᾗὲ LAPE (et deinde ἰ. κύνεσσι PE, ex Il. 1. 4)

βήσομεν· οὐδ' ἂν ὁμῶς περιναιέται ἀντιόωσι   405
Κόλχοις ἦρα φέροιεν ὑπὲρ σέο, νόσφιν ἄνακτος
ὅς τοι ἀοσσητήρ τε κασίγνητός τε τέτυκται,
οὐδ' ἂν ἐγὼ Κόλχοισιν ὑπείξαιμι πτολεμίζων
ἀντιβίην, ὅτε μή με διὲξ εἰῶσι νέεσθαι."
    Ἴσκεν ὑποσσαίνων· ἡ δ' οὐλοὸν ἔκφατο μῦθον·   410
" Φράζεο νῦν (χρειὼ γὰρ ἀεικελίοισιν ἐπ' ἔργοις
καὶ τόδε μητίσασθαι, ἐπεὶ τὸ πρῶτον ἀάσθην
ἀμπλακίῃ, θεόθεν δὲ κακὰς ἤνυσσα μενοινάς)·
τύνη μὲν κατὰ μῶλον ἀλέξεο δούρατα Κόλχων,
αὐτὰρ ἐγὼ κεῖνόν γε τεὰς ἐς χεῖρας ἱκέσθαι   415
μειλίξω· σὺ δέ μιν φαιδροῖς ἀγαπάζεο δώροις,
εἴ κέν πως †κήρυκας ἀπερχομένους πεπίθοιμι†
οἰόθεν οἶον ἐμοῖσι συναρθμῆσαι ἐπέεσσιν.
ἔνθ' εἴ τοι τόδε ἔργον ἐφανδάνει, οὔτι μεγαίρω,
κτεῖνέ τε καὶ Κόλχοισιν ἀείρεο δηιοτῆτα."   420
    Ὣς τώγε ξυμβάντε μέγαν δόλον ἠρτύναντο
Ἀψύρτῳ, καὶ πολλὰ πόρον ξεινήια δῶρα·
οἷς μέτα καὶ πέπλον δόσαν ἱερὸν Ὑψιπυλείης
πορφύρεον. τὸν μέν ῥα Διωνύσῳ κάμον αὐταί
Δίῃ ἐν ἀμφιάλῳ Χάριτες θεαί, αὐτὰρ ὁ παιδὶ   425

407 Etᴳ s.v. ἀοσσ.

405 sq. ἀντιόωσι et φέροιεν, utrumque cum v.l. ντες, fere archet., scil.
ἀντιόωσι et φέροντες SG: ἀντιόωντες et φέροιεν PE: ἀντιόωντες et φέροντες
LA: εἰσαίοντες et φέροντες D; 'auxilium petentibus (cf. iii. 694, iv. 1078,
al.) Colchis morem gerant'   408 οὐδ' LASG: καὶ δ' PE   ὑπείξαιμι
Brunck: -ξομαι (-ξωμαι G) libri   (-ξαιμι) πτολεμίζων Platt (35. 82 sq.):
πτολεμίζειν (πο- G) SGE: πτολεμίξειν LAP; 'neque ab ipsis Colchis duce
orbatis vincar (cf. 339) in acie'   409 διὲξ εἰῶσι Gerhard: διεξίωσι
LASG: διατμήξουσι PE (ex coni., cl. 328)   412 fort. καὶ τό με   μητίσ-
(σ)ασθαι LAE: μητιάασθαι SGP; cf. Od. 3. 213, 9. 262, al., cum varietate
lectionum   414 vs. obscurus; fort. ἀλεύεο (cl. 340)   417 par. εἴ
πως πείσαιμι τὸν Ἄψυρτον κτλ. schᴸ   ἀπερχομένους LASPE: -μένη G
421 ἠρτύναντο SG: -νοντο LAPE

δῶκε Θόαντι μεταῦτις, ὁ δ᾽ αὖ λίπεν Ὑψιπυλείῃ,
ἡ δ᾽ ἔπορ᾽ Αἰσονίδῃ πολέσιν μετὰ καὶ τὸ φέρεσθαι
γλήνεσιν εὐεργὲς ξεινήιον. οὔ μιν ἀφάσσων
οὔτε κεν εἰσορόων γλυκὺν ἵμερον ἐμπλήσειας·
τοῦ δὲ καὶ ἀμβροσίη ὀδμὴ πέλεν ἐξέτι κείνου   430
ἐξ οὗ ἄναξ αὐτὸς Νυσήιος ἐγκατέλεκτο
ἀκροχάλιξ οἴνῳ καὶ νέκταρι, καλὰ μεμαρπώς
στήθεα παρθενικῆς Μινωίδος, ἥν ποτε Θησεύς
Κνωσσόθεν ἑσπομένην Δίῃ ἔνι κάλλιπε νήσῳ.
ἡ δ᾽ ὅτε κηρύκεσσιν ἐπεξυνώσατο μύθους,   435
θελγέμεν, εὖτ᾽ ἂν πρῶτα θεᾶς περὶ νηὸν ἵκηται
συνθεσίῃ νυκτός τε μέλαν κνέφας ἀμφιβάλῃσιν,
ἐλθέμεν, ὄφρα δόλον συμφράσσεται ᾧ κεν ἑλοῦσα
χρύσειον μέγα κῶας ὑπότροπος αὖτις ὀπίσσω
βαίη ἐς Αἰήταο δόμους· πέρι γάρ μιν ἀνάγκῃ   440
υἱῆες Φρίξοιο δόσαν ξείνοισιν ἄγεσθαι—
τοῖα παραιφαμένη, θελκτήρια φάρμακ᾽ ἔπασσεν
αἰθέρι καὶ πνοιῇσι, τά κεν καὶ ἄπωθεν ἐόντα
ἄγριον ἠλιβάτοιο κατ᾽ οὔρεος ἤγαγε θῆρα.

Σχέτλι᾽ Ἔρως, μέγα πῆμα, μέγα στύγος ἀνθρώποισιν,
ἐκ σέθεν οὐλόμεναί τ᾽ ἔριδες στοναχαί τε γόοι τε,   445
ἄλγεά τ᾽ ἄλλ᾽ ἐπὶ τοῖσιν ἀπείρονα τετρήχασιν·
δυσμενέων ἐπὶ παισὶ κορύσσεο δαῖμον ἀερθείς
οἷος Μηδείῃ στυγερὴν φρεσὶν ἔμβαλες ἄτην.

Πῶς γὰρ δὴ μετιόντα κακῷ ἐδάμασσεν ὀλέθρῳ   450
Ἄψυρτον; τὸ γὰρ ἧμιν ἐπισχερὼ ἦεν ἀοιδῆς.

Ἦμος ὅτ᾽ Ἀρτέμιδος νηῷ ἔνι τήν γε λίποντο
συνθεσίῃ, τοὶ μέν ῥα διάνδιχα νηυσὶν ἔκελσαν
σφωιτέραις κρινθέντες· ὁ δ᾽ ἐς λόχον ἦεν Ἰήσων,

433 fort. ὁππότε Θ.   436 fort. θέλγουσ᾽   438 ᾧ Brunck (et
Koechly, p. 14, n.): ὡς libri; cf. 404   440 fort. παρὰ γάρ   452 νηῷ
Fr (cl. 436 sq., 346, 469 sq.): νήσῳ libri (sed altera quoque insula erat
Artemidis)   453 sq. fort. νῆσον ἐκ. σφωιτέρην (scil. Argonautae
ceteri)   454 κρινθέντες LSG: κριθ- APE   ἦεν Brunck: ἤεν libri

δέγμενος Ἄψυρτόν τε καὶ οὓς ἐξαῦτις ἑταίρους.   455
αὐτὰρ ὅγ', αἰνοτάτῃσιν ὑποσχεσίῃσι δολωθείς,
καρπαλίμως ᾗ νηὶ διὲξ ἁλὸς οἶδμα περήσας,
νύχθ' ὕπο λυγαίην ἱερῆς ἐπεβήσετο νήσου·
οἰόθι δ' ἀντικρὺ μετιών, πειρήσατο μύθοις
εἷο κασιγνήτης, ἀταλὸς πάις οἷα χαράδρης   460
χειμερίης ἦν οὐδὲ δι' αἰζηοὶ περόωσιν,
εἴ κε δόλον ξείνοισιν ἐπ' ἀνδράσι τεχνήσαιτο.
καὶ τὼ μὲν τὰ ἕκαστα συνήνεον ἀλλήλοισιν·
αὐτίκα δ' Αἰσονίδης πυκινοῦ ἔκπαλτο λόχοιο
γυμνὸν ἀνασχόμενος παλάμῃ ξίφος. αἶψα δὲ κούρη   465
ἔμπαλιν ὄμματ' ἔνεικε, καλυψαμένη ὀθόνῃσιν,
μὴ φόνον ἀθρήσειε κασιγνήτοιο τυπέντος·
τὸν δ' ὅγε, βουτύπος ὥστε μέγαν κερεαλκέα ταῦρον,
πλῆξεν, ὀπιπτεύσας νηοῦ σχεδὸν ὅν ποτ' ἔδειμαν
Ἀρτέμιδι Βρυγοὶ περιναιέται ἀντιπέρηθεν.   470
τοῦ ὅγ' ἐνὶ προδόμῳ γνὺξ ἤριπε· λοίσθια δ' ἥρως
θυμὸν ἀναπνείων, χερσὶν μέλαν ἀμφοτέρῃσιν
αἷμα κατ' ὠτειλὴν ὑποΐσχετο, τῆς δὲ καλύπτρην
ἀργυφέην καὶ πέπλον ἀλευομένης ἐρύθηνεν.
ὀξὺ δὲ πανδαμάτωρ λοξῷ ἴδεν οἷον ἔρεξαν   475
ὄμματι νηλειὲς ὀλοφώιον ἔργον Ἐρινύς.
ἥρως δ' Αἰσονίδης ἐξάργματα τάμνε θανόντος,

469 resp. sch Eurip. Medea 1334   475–9 Et^G, et 477–9 Et^M, s.v.
ἀπάργματα

458 ἐπεβήσετο LAPE: -σατο SG (sed v. ad 459); cf. 1176, et v. van
Krevelen 1951. 103   459 οἰόθι (οἰώθη L) LASG: οἷος PE   πειρή-
σατο PE: -σετο (-σαιτο G) LASG (ex 458)   461 οὐδὲ δι' LASG:
οὐδέ κεν PE   fort. (οὐ κε δι' et)   περόωσιν   464 πυκινοῦ LAG: -νοῖο
SPE (ad explendum syllabarum numerum)   ἔκπαλτο Fr: ἐπᾶλτο libri:
ἐξᾶλτο Brunck; cf. iii. 1377, iv. 873, Il. 19. 351, 20. 483, al.   468 κερε-
αλκέα LA: κεραελκέα SG (cf. Callim. hy. 3. 179): -ραλ- PE   469 de
ὀπιπ(τ)εύσας v. ad ii. 406   472 χερσὶν PE: -σὶ LASG   474 ἀργυφέην
S (ex coni.): -υρέην LAGPE; cf. iii. 835   476 νηλειὲς Fr: -ειὴς libri Et.;
cf. 588

τρὶς δ' ἀπέλειξε φόνου, τρὶς δ' ἐξ ἄγος ἔπτυσ' ὀδόντων,
ἣ θέμις αὐθέντῃσι δολοκτασίας ἱλάεσθαι·
ὑγρὸν δ' ἐν γαίῃ κρύψεν νέκυν, ἔνθ' ἔτι νῦν περ   480
κεῖαται ὀστέα κεῖνα μετ' ἀνδράσιν Ἀψυρτεῦσιν.

Οἱ δ' ἄμυδις πυρσοῖο σέλας προπάροιθεν ἰδόντες
τό σφιν παρθενικὴ τέκμαρ μετιοῦσιν ἄειρεν,
Κολχίδος ἀγχόθι νηὸς ἑὴν παρὰ νῆα βάλοντο
ἥρωες, Κόλχων δ' ὄλεκον στόλον, ἠύτε κίρκοι   485
φῦλα πελειάων ἠὲ μέγα πῶυ λέοντες
ἀγρότεροι κλονέουσιν ἐνὶ σταθμοῖσι θορόντες·
οὐδ' ἄρα τις κείνων θάνατον φύγε, πάντα δ' ὅμιλον
πῦρ ἅτε δηιόωντες ἐπέδραμον. ὀψὲ δ' Ἰήσων
ἤντησεν, μεμαὼς ἐπαμυνέμεν—οὐ μάλ' ἀρωγῆς   490
δευομένοις, ἤδη δὲ καὶ ἀμφ' αὐτοῖο μέλοντο.

Ἔνθα δὲ ναυτιλίης πυκινὴν πέρι μητιάασκον
ἑζόμενοι βουλήν, ἐπὶ δέ σφισιν ἤλυθε κούρη
φραζομένοις. Πηλεὺς δὲ παροίτατος ἔκφατο μῦθον·
" Ἤδη νῦν κέλομαι νύκτωρ ἔτι νῆ' ἐπιβάντας   495
εἰρεσίῃ περάαν πλόον ἀντίον ᾧ ἐπέχουσι
δήιοι. ἠῶθεν γὰρ ἐπαθρήσαντας ἕκαστα
ἔλπομαι οὐχ ἕνα μῦθον ὅτις προτέρωσε δίεσθαι
ἡμέας ὀτρυνέει τοὺς πεισέμεν, οἷά τ' ἄνακτος
εὔνιδες ἀργαλέῃσι διχοστασίῃς κεδόωνται·   500
ῥηιδίη δέ κεν ἄμμι, κεδασθέντων δίχα λαῶν,
ἠδ' εἴη μετέπειτα κατερχομένοισι κέλευθος."

477 (ἐξ. —) Suda iii. 335. 27 Adler   481 Et^{OM} s.v. ἄψυρτοι   498 Et^G
s.v. ὅτις

---

485 κόλχων SG: -χον LAPE   492 πυκινὴν SG: -ῆς LAPE   496 ᾧ
vel ὧ LASG: ὦ γ' PE   497 ἐπαθρ- nostri: ἐσαθρ- D   ἐπαθρήσαντας
.p. corr. L¹(?), PE: -τες a. corr. L¹(?), ASG   499 ὀτρυνέει L¹SGPE:
-νέειν L²A   τοὺς L¹ASGPE: τὸν L²   τ' PE: δ' LASG; cf. i. 458, ii.
541, iv. 1081, 1556, et nota praes. κεδ.   500 εὔνιδες (-δος S?) LASG:
εὔνιες PE

Ὧς ἔφατ'· ἤνησαν δὲ νέοι ἔπος Αἰακίδαο.
ῥίμφα δὲ νῆ' ἐπιβάντες ἐπερρώοντ' ἐλάτῃσιν
νωλεμές, ὄφρ' ἱερὴν Ἠλεκτρίδα νῆσον ἵκοντο,
ἀλλάων ὑπάτην, ποταμοῦ σχεδὸν Ἠριδανοῖο. 505

Κόλχοι δ' ὁππότ' ὄλεθρον ἐπεφράσθησαν ἄνακτος,
ἤτοι μὲν δίζεσθαι ἐπέχραον ἔνδοθι πάσης
Ἀργὼ καὶ Μινύας Κρονίης ἁλός, ἀλλ' ἀπέρυκεν
Ἥρη σμερδαλέῃσι κατ' αἰθέρος ἀστεροπῇσιν. 510
ὕστατον αὖ (δὴ γάρ τε Κυταιίδος ἤθεα γαίης
στύξαν ἀτυζόμενοι χόλον ἄγριον Αἰήταο)
ἔμπεδον ἄλλυδις ἄλλοι ἀφορμηθέντες ἔνασθεν·
οἱ μὲν ἐπ' αὐτάων νήσων ἔβαν ᾗσιν ἐπέσχον
ἥρωες, ναίουσι δ' ἐπώνυμοι Ἀψύρτοιο· 515
οἱ δ' ἄρ' ἐπ' Ἰλλυρικοῖο μελαμβαθέος ποταμοῖο,
τύμβος ἵν' Ἁρμονίης Κάδμοιό τε, πύργον ἔδειμαν,
ἀνδράσιν Ἐγχελέεσσιν ἐφέστιοι· οἱ δ' ἐν ὄρεσσιν
ἐνναίουσιν ἅπερ τε Κεραύνια κικλήσκονται
ἐκ τόθεν ἐξότε τούσγε Διὸς Κρονίδαο κεραυνοὶ 520
νῆσον ἐς ἀντιπέραιαν ἀπέτραπον ὁρμηθῆναι.

Ἥρωες δ', ὅτε δή σφιν ἐείσατο νόστος ἀπήμων,
δή ῥα τότε προμολόντες ἐπὶ χθονὶ πείσματ' ἔδησαν
Ὑλλήων· νῆσοι γὰρ ἐπιπρούχοντο θαμειαί
ἀργαλέην πλώουσιν ὁδὸν μεσσηγὺς ἔχουσαι. 525
οὐδέ σφιν, ὡς καὶ πρίν, ἀνάρσια μητιάασκον
Ὑλλῆες, πρὸς δ' αὐτοὶ ἐμηχανόωντο κέλευθον,
μισθὸν ἀειράμενοι τρίποδα μέγαν Ἀπόλλωνος.

511 (δὴ —) Et⁰ᴹ s.v. Κυταιίδος vel κύταια   518 (— ἐφ.) Et⁰ᴹ s.v.
ἐγχέλη ___ 521 et 524 Et⁰ s.v. Ὑλλήων, et unum verbum Ὑλήων Etᴹ s.v.

511 αὖ, δὴ γάρ τε Merkel: δὴ (δεῖ Etᴹ) γάρ τε (omissis quae antecedunt)
Et⁰ᴹ: αὐτοὶ δ' αὖτε libri; cf. 366   512 στύξαν SG: τύ- LAE: τῆ- P
513 ἔμπεδον LASG: ἔμπεδα δ' PE (ex coni., v. ad 511)   et ἀφορμηθέντες
(ita in rasura L, AG schᴸ) et ἐφ- (ita ante ras. L, PE) archet. (utrum-
que, litt. ε et α coniunctis, S)   526 σφιν ὡς spondiacum susp.
528 ἀειράμενοι PE: -ρόμενοι LASG

δοιοὺς γὰρ τρίποδας τηλοῦ πόρε Φοῖβος ἄγεσθαι
Αἰσονίδῃ περόωντι κατὰ χρέος, ὁππότε Πυθώ   530
ἱρὴν πευσόμενος μετεκίαθε τῆσδ' ὑπὲρ αὐτῆς
ναυτιλίης· πέπρωτο δ', ὅπῃ χθονὸς ἱδρυθεῖεν,
μήποτε τὴν δήοισιν ἀναστήσεσθαι ἰοῦσιν.

τούνεκεν εἰσέτι νῦν κείνῃ ὅδε κεύθεται αἴῃ
ἀμφὶ πόλιν Ἀγανὴν Ὑλληίδα, πολλὸν ἔνερθεν   535
οὔδεος, ὥς κεν ἄφαντος ἀεὶ μερόπεσσι πέλοιτο.

οὐ μὲν ἔτι ζώοντα καταυτόθι τέτμον ἄνακτα
Ὗλλον, ὃν εὐειδὴς Μελίτη τέκεν Ἡρακλῆι
δήμῳ Φαιήκων· ὁ γὰρ οἰκία Ναυσιθόοιο
Μάκριν τ' εἰσαφίκανε, Διωνύσοιο τιθήνην,   540
νιψόμενος παίδων ὀλοὸν φόνον· ἔνθ' ὅγε κούρην
Αἰγαίου ἐδάμασσεν ἐρασσάμενος ποταμοῖο,
νηιάδα Μελίτην, ἡ δὲ σθεναρὸν τέκεν Ὗλλον·   543
οὐδ' ἄρ' ὅγ' ἡβήσας αὐτῇ ἐνὶ ἔλδετο νήσῳ   546
ναίειν κοιρανέοντος ὑπ' ὀφρύσι Ναυσιθόοιο·
βῆ δ' ἅλαδε Κρονίην, αὐτόχθονα λαὸν ἀγείρας
Φαιήκων, σὺν γάρ οἱ ἄναξ πόρσυνε κέλευθον
ἥρως Ναυσίθοος· τόθι δ' εἵσατο· καί μιν ἔπεφνον   550
Μέντορες, ἀγραύλοισιν ἀλεξόμενοι περὶ βουσίν.

Ἀλλὰ θεαί, πῶς τῆσδε παρὲξ ἁλὸς ἀμφί τε γαῖαν

530 πυθώ SGPE: -θοῖ LA schᴸᴾ   532 ἱδρυθεῖεν (ut supra) libri (G quoque) et lemma schᴸ; v. ad iii. 1269   535 Ἄγ. susp.   539ᴬ τυτθὸς ἐών ποτ' ἔναιεν· ἀτὰρ (: αὐτὰρ LA) λῖπε νῆσον ἔπειτα in textu LASG (nisi quod in L inter 540 et 541 legitur, praefixis tamen a L² numeris β', α', γ' ad versus 540, 539ᴬ, 541): deest in PE, et ignoratur a paraphrasta sch 540-9 a. Hic vs. videtur pro v.l. ascriptus fuisse in archetypo, sumptus de exemplari in quo, cum insequentes sex vss. (540-7) propter homoeoteleuton deessent, lacunam aliquis hoc versu conficto expleverat, adiutus fort. scholio superstite (v. Merkel, *Proleg.*, p. 51).   544 et 545 hic iterabat Brunck vs. 539 (sed ὁ μὲν) et inserebat vs. 539ᴬ; sequebatur 546 οὐ γὰρ; v. ipsius notam   546 ὅγ' LASG: ὅδ' PE, fort. rectius ἐνὶ ἔλδετο Facius: ἐν ἐέλδ- (PE) vel ἐνεέλδ- (LASG) libri   547 ὑπ' L²SG: ἀπ' L¹APE   551 ἀλεξόμενοι Castiglioni, cll. 1488, Od. 11. 401-3: -μενον (-μενος S) libri

ΑΠΟΛΛΩΝΙΟΥ ΡΟΔΙΟΥ

Αὐσονίην νήσους τε Λιγυστίδας, αἳ καλέονται
Στοιχάδες, Ἀργῴης περιώσια σήματα νηός
νημερτὲς πέφαται· τίς ἀπόπροθι τόσσον ἀνάγκη
καὶ χρειώ σφ' ἐκόμισσε; τίνες σφέας ἤγαγον αὖραι;   555
  Αὐτόν που μεγαλωστὶ δεδουπότος Ἀψύρτοιο
Ζῆνα θεῶν βασιλῆα χόλος λάβεν οἷον ἔρεξαν,
Αἰαίης δ' ὀλοὸν τεκμήρατο δήνεσι Κίρκης
αἷμ' ἀπονιψαμένους πρό τε μυρία πημανθέντας   560
νοστήσειν. τὸ μὲν οὔ τις ἀριστήων ἐνόησεν·
ἀλλ' ἔθεον γαίης Ὑλληΐδος ἐξανιόντες
τηλόθι, τὰς δ' ἀπέλειπον ὅσαι Κόλχοισι πάροιθεν
ἑξείης πλήθοντο Λιβυρνίδες εἰν ἁλὶ νῆσοι,
Ἴσσα τε Δυσκέλαδός τε καὶ ἱμερτὴ Πιτύεια·   565
αὐτὰρ ἔπειτ' ἐπὶ τῇσι παραὶ Κέρκυραν ἵκοντο,
ἔνθα Ποσειδάων Ἀσωπίδα νάσσατο κούρην,
ἠύκομον Κέρκυραν, ἑκὰς Φλειουντίδος αἴης,
ἁρπάξας ὑπ' ἔρωτι· μελαινομένην δέ μιν ἄνδρες
ναυτίλοι ἐκ πόντοιο κελαινῇ πάντοθεν ὕλῃ   570
δερκόμενοι, Κέρκυραν ἐπικλείουσι Μέλαιναν·
τῇ δ' ἐπὶ καὶ Μελίτην, λιαρῷ περιγηθέες οὔρῳ,
αἰπεινήν τε Κερωσσόν, ὕπερθε δὲ πολλὸν ἐοῦσαν
Νυμφαίην παράμειβον, ἵνα κρείουσα Καλυψώ
Ἀτλαντὶς ναίεσκε. τὰ δ' ἠεροειδέα λεύσσειν   575
οὔρεα δοιάζοντο Κεραύνια· καὶ τότε βουλάς
ἀμφ' αὐτοῖς Ζηνός †τε μέγαν χόλον ἐφράσαθ' Ἥρη,

---

556 fort. ἢ χρειώ   ἐκόμισ(σ)ε SGPE: -ιζε LA   563 ὅσαι PE: ὅσοι
LASG   564 λιγυστίδες (ex 553) cum correcturis β et ρν fere archet., scil.
λιβυρνίδες S: λιγυστ- L¹A: λιγυρν- L²GPE schᴾ   568 φλιουντίδος LA:
φιλουντ- SG (sic) E: φιλιουντ- P   577 τε μέγαν χόλον LAPE: τε βαρὺν
χόλον S: τε G, et add. in fine vs. βαρὺν χόλον alia m.: par. ἡ Ἥρα τὴν
Διὸς ὀργὴν γνοῦσα κατὰ τῶν Ἀργοναυτῶν κτλ. fere schᴾᴸᴬ; ipse Ap. non
ad Ζηνός addidisset τε sed ad μ. χ., neque eadem verba sic repetivisset
vs. 585; e.gr. κεχολωμένου (parum legibile fort. in archet., unde prius τε
χόλον μέγαν, ex 585, deinde cetera ad idem exemplum)

μηδομένη δ' ἄνυσιν τοῖο πλόου, ὦρσεν ἀέλλας
ἀντικρύ· τοὶ δ' αὖτις ἀναρπάγδην φορέοντο
νήσου ἔπι κραναῆς Ἠλεκτρίδος. αὐτίκα δ' ἄφνω   **580**
ἴαχεν ἀνδρομέῃ ἐνοπῇ μεσσηγὺ θεόντων
αὐδῆεν γλαφυρῆς νηὸς δόρυ, τόρρ' ἀνὰ μέσσην
στεῖραν Ἀθηναίη Δωδωνίδος ἥρμοσε φηγοῦ.
τοὺς δ' ὀλοὸν †μεσσηγὺ δέος λάβεν εἰσαΐοντας
φθογγήν τε Ζηνός τε βαρὺν χόλον· οὐ γὰρ ἀλύξειν   **585**
ἔννεπεν οὔτε πόρους δολιχῆς ἁλὸς οὔτε θυέλλας
ἀργαλέας, ὅτε μὴ Κίρκη φόνον Ἀψύρτοιο
νηλέα νίψειεν· Πολυδεύκεα δ' εὐχετάασθαι
Κάστορά τ' ἀθανάτοισι θεοῖς ἤνωγε κελεύθους
Αὐσονίης ἔντοσθε πορεῖν ἁλός, ᾗ ἔνι Κίρκην   **590**
δήουσιν, Πέρσης τε καὶ Ἠελίοιο θύγατρα.

Ὧς Ἀργὼ ἰάχησεν ὑπὸ κνέφας. οἱ δ' ἀνόρουσαν
Τυνδαρίδαι καὶ χεῖρας ἀνέσχεθον ἀθανάτοισιν
εὐχόμενοι τὰ ἕκαστα· κατηφείη δ' ἔχεν ἄλλους
ἥρωας Μινύας. ἡ δ' ἔσσυτο πολλὸν ἐπιπρό   **595**
λαίφεσιν. ἐς δ' ἔβαλον μύχατον ῥόον Ἠριδανοῖο,
ἔνθα ποτ' αἰθαλόεντι τυπεὶς πρὸς στέρνα κεραυνῷ
ἡμιδαὴς Φαέθων πέσεν ἅρματος Ἠελίοιο
λίμνης ἐς προχοὰς πολυβενθέος· ἡ δ' ἔτι νῦν περ
τραύματος αἰθομένοιο βαρὺν ἀνακηκίει ἀτμόν,   **600**
οὐδέ τις ὕδωρ κεῖνο διὰ πτερὰ κοῦφα τανύσσας
οἰωνὸς δύναται βαλέειν ὕπερ, ἀλλὰ μεσηγύς

583 v. ad i. 527   597 sq. Latine Varro Atac. fg. 10 Morel

---

578 τοῖο L¹APE : τοίου L²SG   579 τοὶ δ' L²SG : ταῖς L¹APE   583 = i. 527   584 μεσσ. ex 581 ; e.gr. φηγοῖο   585 ἀλ., 'incolumes superaturos esse', v. ad i. 246   586 πόρους SG: πόνους LAPE ('πόνους L ; ν ita superiore parte conclusum ut facile ρ legi possit ; sed casu, non corrigendi causa, scriba ita scripsisse videtur' Manfredi); cf. i. 21, et de ρ vel ν ad 617   590 ἔντοσθε SG: ἔμπροσθε(ν) LAPE   599 πολυβενθέος SG: πολυανθέος LAPE   600 ἀνακηκίει SG: ἀνεκήκιεν LAPE   601 διὰ — ταν. susp. (cf. 771); fort. ἰὰ (ad hiatum cf. i. 1176, iii. 591)

φλογμῷ ἐπιθρώσκει πεποτημένος. ἀμφὶ δὲ κοῦραι
Ἡλιάδες ταναῇσιν †ἀείμεναι αἰγείροισιν
μύρονται κινυρὸν μέλεαι γόον, ἐκ δὲ φαεινάς   605
ἠλέκτρου λιβάδας βλεφάρων προχέουσιν ἔραζε·
αἱ μέν τ' ἠελίῳ ψαμάθοις ἔπι τερσαίνονται,
εὖτ' ἂν δὲ κλύζῃσι κελαινῆς ὕδατα λίμνης
ἠιόνας πνοιῇ πολυηχέος ἐξ ἀνέμοιο,
δὴ τότ' ἐς Ἠριδανὸν προκυλίνδεται ἀθρόα πάντα   610
κυμαίνοντι ῥόῳ. Κελτοὶ δ' ἐπὶ βάξιν ἔθεντο
ὡς ἄρ' Ἀπόλλωνος τάδε δάκρυα Λητοΐδαο
ἐμφέρεται δίναις, ἅ τε μυρία χεῦε πάροιθεν,
ἦμος Ὑπερβορέων ἱερὸν γένος εἰσαφίκανεν,
οὐρανὸν αἰγλήεντα λιπὼν ἐκ πατρὸς ἐνιπῆς,   615
χωόμενος περὶ παιδὶ τὸν ἐν λιπαρῇ Λακερείῃ
δῖα Κορωνὶς ἔτικτεν ἐπὶ προχοῇς Ἀμύροιο.
καὶ τὰ μὲν ὣς κείνοισι μετ' ἀνδράσι κεκλήισται·
τοὺς δ' οὔτε βρώμης ᾗρει πόθος οὔτε ποτοῖο,
οὔτ' ἐπὶ γηθοσύνας νόος ἐτράπετ'· ἀλλ' ἄρα τοίγε   620

603 fort. φλογμὸς et πεποτημένῳ, cll. Verg. Aen. 6. 240 sq. et Od. 1. 58
604 ἀείμεναι (-μέναι PE) L¹APE: ἐφήμεναι L²SG: ἐλιγμέναι D: expl. εἰς
αἰγείρους μεταβεβλημένων (μεταβαλοῦσαι P) sch: ἐελμέναι Gerhard (p. 52):
ὑφήμεναι Brunck¹ et Wilamowitz (p. 252), cl. Dion. Per. 292; e.gr.
ἐλιγμέναι vel ἀλίγκιαι, cll. 672 (ἐοικότες de mutatis formis), 899, ii. 1240 sq.
607 fort. αἱ μὲν ὑπ' Ἡελίῳ, quamquam Ovidius quoque Metam. 2. 364
scripsit sole rigescunt   608 κλύζη(ι)σι L¹APE: -ζωσι L²SG   ὕδατα
LAS: οἴδματα G: οἴδματι PE (cf. ad 1391, 1601)   610 ἐς LASG: ἐπ'
PE   613 ἐμφέρεται LASG: συμ- PE; cf. 626   615 sq. obscuriora
haec propter brevitatem reique novitatem; fort. lac. ad hoc exemplum:
615ᴬ (θητείην ἐπιθέντος, ἐπεὶ Κύκλωπας ἀπέκτα), cl. schᴾ et Eurip.
Alc. 5 sq.   617 ἀμύροιο L²SG: ἀμύνοιο L¹APE   618 -σιν ἐκλήισται
Rzach (p. 130), cll. 267, 990, 1202   619 πόθος οὐδὲ LAPE: πόρος
οὔτε SG (cum sch de voce πόρος G)   620 νόος ἐτράπετ' Hermann (Orph.
708, nam in prosodia vs. 125 Ap. secutus est Il. 14. 350, al.): τράπετο
νόος LAPE: τρέπετο (corr. ex τάρπ-) νόος S: τέρπεννόος G; cf. iii. 948
οὐδ' — θυμὸς τράπετ' ἄλλα νοῆσαι, Il. 17. 546 (quem Ap. imitatus est ii.
895) et Od. 7. 263 νόος ἐτράπετ'; (ἐ)τράπετ(ο) in quarto dactylo Ap. ter,
in tertio nusquam, et Homerus in quarto decies (Od. 17. 73 οὐδὲ — τράπετ',

ἤματα μὲν στρεύγοντο περιβληχρὸν βαρύθοντες
ὀδμῇ λευγαλέῃ τήν ῥ᾽ ἄσχετον ἐξανίεσκον
τυφομένου Φαέθοντος ἐπιρροαὶ Ἠριδανοῖο,
νυκτὸς δ᾽ αὖ γόον ὀξὺν ὀδυρομένων ἐσάκουον
Ἡλιάδων λιγέως· τὰ δὲ δάκρυα †μυρομένῃσιν   625
οἷον ἐλαιηραὶ στάγες ὕδασιν ἐμφορέοντο.

Ἐκ δὲ τόθεν Ῥοδανοῖο βαθὺν ῥόον εἰσεπέρησαν,
ὅς τ᾽ εἰς Ἠριδανὸν μετανίσσεται, ἄμμιγα δ᾽ ὕδωρ
ἐν ξυνοχῇ βέβρυχε κυκώμενον. αὐτὰρ ὁ γαίης
ἐκ μυχάτης, ἵνα τ᾽ εἰσὶ πύλαι καὶ ἐδέθλια Νυκτός,   630
ἔνθεν ἀπορνύμενος, τῇ μέν τ᾽ ἐπερεύγεται ἀκτάς
Ὠκεανοῦ, τῇ δ᾽ αὖτε μετ᾽ Ἰονίην ἅλα βάλλει,
τῇ δ᾽ ἐπὶ Σαρδόνιον πέλαγος καὶ ἀπείρονα κόλπον
ἑπτὰ διὰ στομάτων ἵει ῥόον. ἐκ δ᾽ ἄρα τοῖο
λίμνας εἰσέλασαν δυσχείμονας αἵ τ᾽ ἀνὰ Κελτῶν   635
ἤπειρον πέπτανται ἀθέσφατοι. ἔνθα κεν οἵγε
ἄτῃ ἀεικελίῃ πέλασαν· φέρε γάρ τις ἀπορρώξ
κόλπον ἐς Ὠκεανοῖο, τὸν οὐ προδαέντες ἔμελλον
εἰσβαλέειν. τόθεν οὔ κεν ὑπότροποι ἐξεσάωθεν·
ἀλλ᾽ Ἥρη σκοπέλοιο καθ᾽ Ἐρκυνίου ἰάχησεν   640
οὐρανόθεν προθοροῦσα, φόβῳ δ᾽ ἐτίναχθεν αὐτῆς
πάντες ὁμῶς, δεινὸν γὰρ ἐπὶ μέγας ἔβραχεν αἰθήρ·

627-8 sch Dion. Per. 289   640 sch Dion. Perieg. 286, et (σκοπ. —)
Et^{GM} s.v. Ἐρκ.

ἀλλά), tertio semel (Il. 17. 733 τράπετο χρώς)   621 fort. ἤματι   624 νυ-
κτὸς APE: νύκτας LSG; utrumque igitur erat in archet.   625 μυρ.
(gl. ὀδυρομέναις G, κλαιούσαις P, par. θρηνουσῶν τῶν Ἡλιάδων sch^{LA}) ex
605 μύρ. et 624 ὀδ., vel ex Il. 17. 438; fort. (non -νάων, aut cll. ii. 372, al.,
-νοισι, sed) vel μορμύρουσιν, vel μαρμαίρουσιν (cl. Ovid. Metam. 2. 365
quae lucidus amnis excipit, v. ad 607), vel μαρμαίρουσαι (-ροντα?) cl.
Nonno 38. 102 δάκρυα μαρμαίροντα κατασταλάουσι ῥεέθροις   627 εἰσ-
επέρησαν SG sch^{Dion.}: εἰσαπέβησαν LAPE (ex 650?)   633 κόλπον
L¹APE (scr. κολ̇ᵖᵒⁿ in A): πόντον L²SG   636 ἀθέσφατοι Fr: -τον
LASG: -ται PE (cum gl. πολλαὶ P)   641 αὐτῆς SGPE: -τῇ LA

ἂψ δὲ παλιντροπόωντο θεᾶς ὕπο καί ῥ' ἐνόησαν
τήνδ' οἶμον τῇπέρ τε καὶ ἔπλετο νόστος ἰοῦσι.
δηναιοὶ δ' ἀκτὰς ἁλιμυρέας εἰσαφίκοντο,   645
Ἥρης ἐννεσίῃσι δι' ἔθνεα μυρία Κελτῶν
καὶ Λιγύων περόωντες ἀδήιοι, ἀμφὶ γὰρ αἰνήν
ἠέρα χεῦε θεὰ πάντ' ἤματα νισσομένοισιν.
μεσσότατον δ' ἄρα τοίγε διὰ στόμα νηὶ βαλόντες,
Στοιχάδας εἰσαπέβαν νήσους, σόοι εἵνεκα κούρων   650
Ζηνός· ὃ δὴ βωμοί τε καὶ ἱερὰ τοῖσι τέτυκται
ἔμπεδον, οὐδ' οἷον κείνης ἐπίουροι ἔποντο
ναυτιλίης, Ζεὺς δέ σφι καὶ ὀψιγόνων πόρε νῆας.
Στοιχάδας αὖτε λιπόντες ἐς Αἰθαλίην ἐπέρησαν
νῆσον, ἵνα ψηφῖσιν ἀπωμόρξαντο καμόντες   655
ἱδρῶ ἅλις· χροιῇ δὲ κατ' αἰγιαλοῖο κέχυνται
εἴκελοι   657
        ἐν δὲ σόλοι καὶ τρύχεα θέσκελα κείνων·   657
ἔνθα λιμὴν Ἀργῷος ἐπωνυμίην πεφάτισται.

Καρπαλίμως δ' ἐνθένδε διὲξ ἁλὸς οἶδμα νέοντο
Αὐσονίης, ἀκτὰς Τυρσηνίδας εἰσορόωντες,   660
ἷξον δ' Αἰαίης λιμένα κλυτόν. ἐκ δ' ἄρα νηός
πείσματ' ἐπ' ἠιόνων σχεδόθεν βάλον· ἔνθα δὲ Κίρκην
εὗρον ἁλὸς νοτίδεσσι κάρη περιφαιδρύνουσαν,
τοῖον γὰρ νυχίοισιν ὀνείρασιν ἐπτοίητο·
αἵματί οἱ θάλαμοί τε καὶ ἕρκεα πάντα δόμοιο   665
μύρεσθαι δόκεον, φλὸξ δ'· ἀθρόα φάρμακ' ἔδαπτεν
οἷσι πάρος ξείνους θέλγ' ἀνέρας ὅστις ἵκοιτο·

---

643 παλιντροπόωντο LAPE: -τρωπῶντο SG; cf. 165, Il. 16. 95 cum var.
lect. fort. θ. ἐπὶ   644 τήνδ' (vel τὴν δ') L²ASG: τὴν L¹PE; cf. i. 6,
703, ii. 797   652 ἐπίουροι SG: ἐπίκουροι LAPE   657 εἴκελοι PE: ἴκ-
LASG: εἴκελαι Brunck: ποικίλαι Matthiae (sed cf. iii. 855)   lac. Fr, e.gr.
(εἰσέτι νῦν γε λίθοι στλεγγίσμασι φωτῶν ποικίλῃ,), cf. ps.-Aristot. Mirab.
ausc. 839ᵇ 23 sqq., Strabo 5, p. 224, Lycophro 874–6   τρύχεα (sensu
ignoto) L²S: τεύχεα L¹AGPE   658 ἔνθα Hermann: ἐν δὲ libri (ex
657); cf. 1620   663 περιφαιδρύνουσαν SG: ἐπιφ- LAPE; cf. ad iii. 832

τὴν δ' αὐτὴ φονίῳ σβέσεν αἵματι πορφύρουσαν,
χερσὶν ἀφυσσαμένη, λῆξεν δ' ὀλοοῖο φόβοιο.
τῶ καὶ ἐπιπλομένης ἠοῦς νοτίδεσσι θαλάσσης   670
ἐγρομένη πλοκάμους τε καὶ εἵματα φαιδρύνεσκεν.
θῆρες δ', οὐ θήρεσσιν ἐοικότες ὠμηστῇσιν
οὐδὲ μὲν οὐδ' ἄνδρεσσιν ὁμὸν δέμας, ἄλλο δ' ἀπ' ἄλλων
συμμιγέες γενέων, κίον ἀθρόοι, ἠύτε μῆλα
ἐκ σταθμῶν ἅλις εἶσιν ὀπηδεύοντα νομῆι.   675
τοίους καὶ προτέρους ἐξ ἰλύος ἐβλάστησεν
χθὼν αὐτὴ μικτοῖσιν ἀρηρεμένους μελέεσσιν,
οὔπω διψαλέῳ μάλ' ὑπ' ἠέρι πιληθεῖσα
οὐδέ πω ἀζαλέοιο βολαῖς τόσον ἠελίοιο
ἰκμάδας αἰνυμένου· τὰ δ' ἐπὶ στίχας ἤγαγεν αἰών   680
συγκρίνας. τὼς οἵγε φυὴν ἀίδηλοι ἔποντο,
ἥρωας δ' ἕλε θάμβος ἀπείριτον. αἶψα δ' ἕκαστος,
Κίρκης εἴς τε φυὴν εἴς τ' ὄμματα παπταίνοντες,
ῥεῖα κασιγνήτην φάσαν ἔμμεναι Αἰήταο.
Ἡ δ' ὅτε δὴ νυχίων ἀπὸ δείματα πέμψεν ὀνείρων,   685
αὐτίκ' ἔπειτ' ἄψορρον ἀπέστιχε, τοὺς δ' ἅμ' ἔπεσθαι
χειρὶ καταρρέξασα δολοφροσύνῃσιν ἄνωγεν.
ἔνθ' ἤτοι πληθὺς μὲν ἐφετμαῖς Αἰσονίδαο
μίμνον ἀπηλεγέως, ὁ δ' ἐρύσσατο Κολχίδα κούρην·

674 (ἠύτε)–675 Et^G s.v. ὀπηδεύω, et μῆλα ὀπ. νομ. Et^M s.v. ὀπαδός
675–96 de his vss. ultimis litt. denae vel pauciores exstant in Pap. Columbia
Invent. 437, saec. p.C.n. tertii (C. W. Keyes, *Amer. Journ. Philol.* 50.
263–5); v. etiam ad 724–44

---

668 πορφύρουσαν LAPE: -σα G: -σα(ι) ex -σαν S   673 ὁμὸν LAPE:
ὅλον SG   ad ἄλλο cf. 898, ii. 1240   ἀπ' v.l. L², S: ἐπ' L¹AG (sic) PE
674 γενέων Fr: μελέων libri (ex 677); cf. Emped. 31 B 61. 2 sq. (βουγενῆ
ἀνδρόπρῳρα—μεμαιγμένα τῇ μὲν ἀπ' ἀνδρῶν κτλ.), Lucr. 5. 880 *ex alieni-
genis membris compacta*   676 προτέρους v.l. L², SG: -ρης L¹APE;
nota positionem verbi καί   677 ἀρηρεμένους v.l. L², GPE: -νη L¹AS
680 αἰνυμένου Wilamowitz (p. 253): -μένη libri   685 πέμψεν LAPE:
πέμψαν SG; exspect. πέμψατ'   689 μίμνον PE: -νεν LASG; cf. i.
239, 969 sq., Il. 2. 278, 15. 305

ἄμφω δ' ἐσπέσθην αὐτὴν ὁδόν, ἔστ' ἀφίκοντο　　690
Κίρκης ἐς μέγαρον. τοὺς δ' ἐν λιπαροῖσι κέλευεν
ἧγε θρόνοις ἕζεσθαι, ἀμηχανέουσα κιόντων·
τὼ δ' ἄνεῳ καὶ ἄναυδοι ἐφ' ἑστίῃ ἀίξαντε
ἵζανον, ᾗ τε δίκη λυγροῖς ἱκέτῃσι τέτυκται,
ἡ μὲν ἐπ' ἀμφοτέραις θεμένη χείρεσσι μέτωπα,　　695
αὐτὰρ ὁ κωπῆεν μέγα φάσγανον ἐν χθονὶ πήξας
ᾧπέρ τ' Αἰήταο πάιν κτάνεν· οὐδέ ποτ' ὄσσε
ἰθὺς ἐνὶ βλεφάροισιν ἀνέσχεθον. αὐτίκα δ' ἔγνω
Κίρκη φύξιον οἶτον ἀλιτροσύνας τε φόνοιο.
τῶ καὶ ὀπιζομένη Ζηνὸς θέμιν Ἱκεσίοιο,　　700
ὃς μέγα μὲν κοτέει, μέγα δ' ἀνδροφόνοισιν ἀρήγει,
ῥέζε θυηπολίην οἵῃ τ' ἀπολυμαίνονται
νηλειτεῖς ἱκέται, ὅτ' ἐφέστιοι ἀντιόωσιν.
πρῶτα μὲν ἀτρέπτοιο λυτήριον ἧγε φόνοιο
τειναμένη καθύπερθε συὸς τέκος, ἧς ἔτι μαζοὶ　　705
πλήμυρον λοχίης ἐκ νηδύος, αἵματι χεῖρας
τέγγεν, ἐπιτμήγουσα δέρην· αὖτις δὲ καὶ ἄλλοις
μείλισσεν χύτλοισι Καθάρσιον ἀγκαλέουσα
Ζῆνα παλαμναίων τιμήορον ἱκεσίῃσι.
καὶ τὰ μὲν ἀθρόα πάντα δόμων ἐκ λύματ' ἔνεικαν　　710

690 ἐσπέσθην SG: ἐπ- L (sic) APE　　693 ἀίξαντε]ς (ut vid.) pap
694-723 triginta hi versus scripti sunt post 724-53 (= triginta versus) ab
L¹, sed signa quaedam addidit et in margine verba multa L² quibus rectus
ordo indicatur, monetque L² lectorem ταῦτα σκοπεῖν ἀκριβῶς, μηδὲν τῷ
γραφεῖ μεμφόμενον (et alio loco: μὴ δρᾷς κατὰ τοῦ γραφέως ποιεῖσθαι), διὰ
τὸ κἀκεῖνον οὕτως εὑρηκέναι καὶ τῷ σφάλματι δι' ἄγνοιαν μὴ προσσχεῖν
695 ἀμφοτέραις LASG: ἀκρο- PE　　700 θέμιν LAPE: χόλον SG (ex 577,
585)　　703 νηλειτεῖς Fr, secutus Hoelzlinium (νηλιτεῖς) et (ad formam)
G-EL app.: νηλειεῖς SGPE: νηληεῖς LA; cf. sch Od. 19. 498 et Etᴹ s.v.
704 ἀτρέπτοιο Platt (cl. Aesch. Eumen. 238); sed cf. ἀτροπίη 387, 1047, de
ἐντρέπεσθαι, 'sine verecundia'　　709 lectio dubia　　παλαμναίων LASPE
schᴸ(?): -ναῖον G, cum gl. τὸν ἀπὸ (leg. αὐτο-) χειρὶ φονεύσαντας τιμω-
ρούμενον, cf. etiam Etᴹ s.vv. παλάμη et παλαμναῖος, ps.-Aristot. De mundo
401ᵃ 23　　ἱκεσίῃσι L²SG: -ίων L¹APE schᴾ; ad dat. cf. Pind. Ol. 9. 84
710 λύματ' LAPE: δείματ(α) SG (ex 685)

ΑΡΓΟΝΑΥΤΙΚΩΝ Δ

νηιάδες πρόπολοι, ταί οἱ πόρσυνον ἔκαστα·
ἡ δ' εἴσω πελανούς μείλικτρά τε νηφαλίῃσιν
καῖεν ἐπ' εὐχωλῇσι παρέστιος, ὄφρα χόλοιο
σμερδαλέας παύσειεν Ἐρινύας ἠδὲ καὶ αὐτός
εὐμειδής τε πέλοιτο καὶ ἤπιος ἀμφοτέροισιν,   715
εἴτ' οὖν ὀθνείῳ μεμιασμένοι αἵματι χεῖρας
εἴτε καὶ ἐμφύλῳ προσκηδέες ἀντιόωεν.
    Αὐτὰρ ἐπεὶ μάλα πάντα πονήσατο, δὴ τότ' ἔπειτα
εἷσεν ἐπὶ ξεστοῖσιν ἀναστήσασα θρόνοισιν,
καὶ δ' αὐτὴ πέλας ἷζεν ἐνωπαδίς. αἶψα δὲ μύθῳ   720
χρειὼ ναυτιλίην τε διακριδὸν ἐξερέεινεν,
ἠδ' ὁπόθεν μετὰ γαῖαν ἐὴν καὶ δώματ' ἰόντες
αὕτως ἱδρύθησαν ἐφέστιοι· ἦ γὰρ ὀνείρων
μνῆστις ἀεικελίη δῦνεν φρένας ὁρμαίνουσαν,
ἵετο δ' αὖ κούρης ἐμφύλιον ἴδμεναι ὀμφήν   725
αὐτίχ' ὅπως ἐνόησεν ἀπ' οὔδεος ὄσσε βαλοῦσαν·
πᾶσα γὰρ Ἡελίου γενεὴ ἀρίδηλος ἰδέσθαι
ἦεν, ἐπεὶ βλεφάρων ἀποτηλόθι μαρμαρυγῇσιν
οἷόν τε χρυσέην ἀντώπιον ἵεσαν αἴγλην.
    ἡ δ' ἄρα τῇ τὰ ἕκαστα διειρομένη κατέλεξεν,   730
Κολχίδα γῆρυν ἱεῖσα, βαρύφρονος Αἰήταο
κούρη μειλιχίως· ἠμὲν στόλον ἠδὲ κελεύθους
ἡρώων, ὅσα τ' ἀμφὶ θοοῖς ἐμόγησαν ἀέθλοις·

724-44 de his vss. ineuntibus litt. 3-16 exstant in Pap. Columbia 437;
v. ad 675

712 μείλικτρα LAPE: μελίκρατα SG (ex *gl. ad νηφ., cf. Photium s.v.
νηφ.)   717 ἐμφύλῳ Brunck: ἐμφυλίῳ libri (ex 725 ?)   ἀντιόωεν Wilamo-
witz (p. 253): -ωσιν libri (ex 703)   720 μύθῳ LAPE: -θοις SG
723 ἱδρύθησαν, v. ad iii. 1269   724 ὁρμαίνουσαν SG: -σα LAPE,
itemque ὁρμαίνουσα (sic) in nota ad vs. 723 adscripta L (v. Merkelii ed.)
726 fort. vel λαβοῦσαν, cl. i. 535, vel ἐπ' οὔδεος, etenim quo illa visum
direxerat, ibi in domus obscurioris solo apparuit tamquam auri quidam
nitor (siquidem vss. 727-9 ita sunt accipiendi, cll. 172 sq., 177 sq.,
1145 sq.)

ΑΠΟΛΛΩΝΙΟΥ ΡΟΔΙΟΥ

ὥς τε κασιγνήτης πολυκηδέος ἤλιτε βουλαῖς·
ὣς τ' ἀπονόσφιν ἄλυξεν ὑπέρβια δείματα πατρός 735
σὺν παισὶ Φρίξοιο. φόνον δ' ἀλέεινεν ἐνισπεῖν
Ἀψύρτου, τὴν δ' οὔτι νόῳ λάθεν· ἀλλὰ καὶ ἔμπης
μυρομένην ἐλέαιρεν, ἔπος δ' ἐπὶ τοῖον ἔειπεν·
" Σχετλίη, ἦ ῥα κακὸν καὶ ἀεικέα μήσαο νόστον.
ἔλπομαι οὐκ ἐπὶ δήν σε βαρὺν χόλον Αἰήταο 740
ἐκφυγέειν, τάχα δ' εἶσι καὶ Ἑλλάδος ἤθεα γαίης
τεισόμενος φόνον υἷος, ὅτ' ἄσχετα ἔργα τέλεσσας.
ἀλλ' ἐπεὶ οὖν ἱκέτις καὶ ὁμόγνιος ἔπλευ ἐμεῖο,
ἄλλο μὲν οὔτι κακὸν μητίσομαι ἐνθάδ' ἰούσῃ·
ἔρχεο δ' ἐκ μεγάρων, ξείνῳ συνοπηδὸς ἐοῦσα 745
ὅντινα τοῦτον ἄιστον ἀνεύραο πατρὸς ἄνευθεν,
μηδέ με γουνάσσηαι ἐφέστιος· οὐ γὰρ ἔγωγε
αἰνήσω βουλάς τε σέθεν καὶ ἀεικέα φύξιν."
Ὣς φάτο· τὴν δ' ἀμέγαρτον ἄχος λάβεν, ἀμφὶ δὲ πέπλον
ὀφθαλμοῖσι βαλοῦσα γόον χέεν, ὄφρα μιν ἥρως 750
χειρὸς ἐπισχόμενος μεγάρων ἐξῆγε θύραζε
δείματι παλλομένην, λεῖπον δ' ἀπὸ δώματα Κίρκης.
Οὐδ' ἄλοχον Κρονίδαο Διὸς λάθεν, ἀλλά οἱ Ἶρις
πέφραδεν, εὖτ' ἐνόησεν ἀπὸ μεγάροιο κίοντας·
αὐτὴ γάρ μιν ἄνωγε δοκευέμεν ὁππότε νῆα 755
στείχοιεν. τὸ καὶ αὖτις ἐποτρύνουσ' ἀγόρευεν·
" Ἶρι φίλη, νῦν, εἴ ποτ' ἐμὰς ἐτέλεσσας ἐφετμάς,
εἰ δ' ἄγε λαιψηρῇσι μετοιχομένη πτερύγεσσιν
δεῦρο Θέτιν μοι ἄνωχθι μολεῖν ἁλὸς ἐξανιοῦσαν,
κείνης γὰρ χρειώ με κιχάνεται. αὐτὰρ ἔπειτα 760

736 παισὶ pap ASGPE: -σὶν L   737 fort. νόος, cl. Od. 4. 493
738 τοῖον SG: τοῖσιν LAPE   741 ἤθεα LAPE: ἔσχατα SG (ex °v.l. ad
742)   742 τισόμενος pap libri   744 sq. fort. (744) ἰούσῃ et (745)
ἰοῦσα   746 ἀνεύραο Koechly, cl. Od. 6. 277: ἀνείραο L²AG (sic):
δείραο L¹SPE; non huc facere videntur quae ad 1103 annotabuntur
747 γουνάσσηαι SG: -νάσσῃ(ι) LAPE   749 πέπλον LAPE: -λους SG
757 νῦν εἴ ποτ' susp. propter numeros

200

ἐλθέμεν εἰς ἀκτὰς ὅθι τ' ἄκμονες Ἡφαίστοιο
χάλκειοι στιβαρῆσιν ἀράσσονται τυπίδεσσιν,
εἰπὲ δὲ κοιμῆσαι φύσας πυρός, εἰσόκεν Ἀργώ
τάσγε παρεξελάσησιν. ἀτὰρ καὶ ἐς Αἴολον ἐλθεῖν,
Αἴολον ὅς τ' ἀνέμοις αἰθρηγενέεσσιν ἀνάσσει·   765
καὶ δὲ τῷ εἰπέμεναι τὸν ἐμὸν νόον, ὥς κεν ἀήτας
πάντας ἀπολλήξειεν ὑπ' ἠοῖ, μηδέ τις αὔρη
τρηχύνοι πέλαγος, ζεφύρου γε μὲν οὖρος ἀήτω,
ὄφρ' οἵγ' Ἀλκινόου Φαιηκίδα νῆσον ἵκωνται."
  Ὣς ἔφατ'. αὐτίκα δ' Ἶρις ἀπ' Οὐλύμποιο θοροῦσα   770
τέμνε, τανυσσαμένη κοῦφα πτερά· δῦ δ' ἐνὶ πόντῳ
Αἰγαίῳ, τόθι πέρ τε δόμοι Νηρῆος ἔασιν,
πρώτην δ' εἰσαφίκανε Θέτιν καὶ ἐπέφραδε μῦθον
Ἥρης ἐννεσίῃς ὦρσέν τέ μιν εἰς ἓ νέεσθαι·
δεύτερα δ' εἰς Ἥφαιστον ἐβήσατο, παῦσε δὲ τόνγε   775
ῥίμφα σιδηρείων τυπίδων, ἔσχοντο δ' αὐτμῆς
αἰθαλέοι πρηστῆρες· ἀτὰρ τρίτον εἰσαφίκανεν
Αἴολον Ἱππότεω παῖδα κλυτόν. ὄφρα δὲ καὶ τῷ
ἀγγελίην φαμένη θοὰ γούνατα παῦεν ὁδοῖο,
τόφρα Θέτις, Νηρῆα κασιγνήτας τε λιποῦσα,   780
ἐξ ἁλὸς Οὐλυμπόνδε θεὰν μετεκίαθεν Ἥρην.
ἡ δέ μιν ἆσσον ἑοῖο παρεῖσέ τε φαῖνέ τε μῦθον·
  " Κέκλυθι νῦν, Θέτι δῖα, τά τοι ἐπιέλδομ' ἐνισπεῖν.
οἶσθα μὲν ὅσσον ἐμῇσιν ἐνὶ φρεσὶ τίεται ἥρως
Αἰσονίδης ἠδ' ἄλλοι ἀοσσητῆρες ἀέθλου,   785

777 (— πρ.) Et^{GM} s.v. δειμαλέος

761 ἐλθέμεν Rzach (p. 137, cll. iii. 622, iv. 438): ἐλθεῖν libri   767 ἠοῖ
Fr: ἠέρι libri (ex αἰθρ. 765?); cf. (ad aurorae tempus et tunc ortum
Zephyrum) 841, 857, 885 sq., et 819–21; (ad ipsa verba) in multis libris
traditum ὑπ' ἠοῖ Il. 8. 530, 18. 277, 303, in quibusdam Od. 17. 25; (ad
numeros) i. 516*, ii. 1209, iv. 608, al. . . . 779 παῦεν Platt (35. 74): παῦσεν
libri (ex 775)   785 ἠδ' ASPE: οἱ δ'. LG; cf. iii. 58 (ubi οἱ δ' G solus)

†τοίη τέ σφ' ἐσάωσα† διὰ Πλαγκτὰς περόωντας
πέτρας, ἔνθα πυρὸς δειναὶ βρομέουσι θύελλαι,
κύματά τε σκληρῇσι περιβλύει σπιλάδεσσιν,
†νῦν δὲ παρὰ Σκύλλης σκόπελον μέγαν ἠδὲ Χάριβδιν
δεινὸν ἐρευγομένην δέχεται ὁδός. ἀλλά σε γὰρ δή   790
ἐξέτι νηπυτίης αὐτὴ τρέφον, ἠδ' ἀγάπησα
ἔξοχον ἀλλάων αἵ τ' εἰν ἁλὶ ναιετάουσιν,
οὕνεκεν. οὐκ ἔτλης εὐνῇ Διὸς ἱεμένοιο
λέξασθαι (κείνῳ γὰρ ἀεὶ τάδε ἔργα μέμηλεν,
ἠὲ σὺν ἀθανάταις ἠὲ θνητῇσιν ἰαύειν),   795
ἀλλ' ἐμέ γ' αἰδομένη καὶ ἐνὶ φρεσὶ δειμαίνουσα
ἠλεύω· ὁ δ' ἔπειτα πελώριον ὅρκον ὄμοσσε,
μήποτέ σ' ἀθανάτοιο θεοῦ καλέεσθαι ἄκοιτιν.
ἔμπης δ' οὐ μεθίεσκεν ὀπιπτεύων ἀέκουσαν,
εἰσότε οἱ πρέσβειρα Θέμις κατέλεξεν ἅπαντα,   800
ὡς δή τοι πέπρωται ἀμείνονα πατρὸς ἑοῖο
παῖδα τεκεῖν· τῶ καί σε λιλαιόμενος μεθέηκεν
δείματι, μή τις ἑοῦ ἀντάξιος ἄλλος ἀνάσσοι
ἀθανάτων, ἀλλ' αἰὲν ἑὸν κράτος εἰρύοιτο.
αὐτὰρ ἐγὼ τὸν ἄριστον ἐπιχθονίων πόσιν εἶναι   805
δῶκά τοι, ὄφρα γάμου θυμηδέος ἀντιάσειας
τέκνα τε φιτύσαιο· θεοὺς δ' εἰς δαῖτα κάλεσσα
πάντας ὁμῶς, αὐτὴ δὲ σέλας χείρεσσιν ἀνέσχον
νυμφίδιον, κείνης ἀγανόφρονος εἵνεκα τιμῆς.

800 Et^G, et (πρ. Θ. solum) Et^M, s.v. πρ.

786 οἴη LAPE: οἴως SG   κέ (σφ') A. H. Hart (Diss. Berlin 1863,
25 sqq.), haud recte   e.gr. lac. talis fere σφ' ἐσάωσα ⟨διὰ τραφερήν
τε καὶ ὑγρήν νῦν (v. ad 789) δ' ἄρα τῇ μὲν τούσγε⟩ διὰ κτλ.   788 περι-
βλύει v.l. L², APE: -βρύει L¹: -κλύει SG   789 e.gr. τῇ δὲ   fort. ἠὲ
Χάρ., cll. 825-7   796 ἐμέ γ' Wilamowitz (p. 253): ἐμέ τ' LASG: ἐμὲ
PE   799 ὀπ., v. ad ii. 406   800 ἅπαντα LAPE Et^G: ἕκαστα
SG (ex 730); cf. Il. 9. 591, Od. 23. 309   806 ἀντιάσειας LASG:
-σηαι PE (ex 747 ?)   809 κείνης susp.; e.gr. πεύκης, et ad τιμῆς cf. 1143

ἀλλ' ἄγε καί τινά τοι νημερτέα μῦθον ἐνίψω.　　　　　810
εὖτ' ἂν ἐς Ἠλύσιον πεδίον τεὸς υἱὸς ἵκηται,
ὃν δὴ νῦν Χείρωνος ἐν ἤθεσι Κενταύροιο
νηιάδες κομέουσι τεοῦ λίπτοντα γάλακτος,
χρειώ μιν κούρης πόσιν ἔμμεναι Αἰήταο
Μηδείης· σὺ δ' ἄρηγε νυῷ ἑκυρή περ ἐοῦσα,　　　　　815
ἠδ' αὐτῷ Πηλῆι. τί τοι χόλος ἐστήρικται;
ἀάσθη, καὶ γάρ τε θεοὺς ἐπινίσσεται ἄτη.
ναὶ μὲν ἐφημοσύνῃσιν ἐμαῖς Ἥφαιστον ὀίω
λωφήσειν πρήσσοντα πυρὸς μένος, Ἱπποτάδην δέ
Αἴολον ὠκείας ἀνέμων ἄικας ἐρύξειν　　　　　820
νόσφιν ἐυσταθέος ζεφύρου, τείως κεν ἵκωνται
Φαιήκων λιμένας. σὺ δ' ἀκηδέα μήδεο νόστον·
δεῖμα δέ τοι πέτραι καὶ ὑπέρβια κύματ' ἔασιν
μοῦνον, ἅ κεν †τρέψαιο κασιγνήτῃσι σὺν ἄλλαις·
μηδὲ σύγ' ἠὲ Χάρυβδιν ἀμηχανέοντας ἐάσῃς　　　　　825
ἐσβαλέειν, μὴ πάντας ἀναβρόξασα φέρῃσιν,
ἠὲ παρὰ Σκύλλης στυγερὸν κευθμῶνα νέεσθαι
(Σκύλλης Αὐσονίης ὀλοόφρονος, ἣν τέκε Φόρκῳ
νυκτιπόλος Ἑκάτη, τήν τε κλείουσι Κράταιιν),
μή πως σμερδαλέῃσιν ἐπαΐξασα γένυσσιν　　　　　830
λεκτοὺς ἡρώων δηλήσεται· ἀλλ' ἔχε νῆα
κεῖσ' ὅθι περ τυτθή γε παραίβασις ἔσσετ' ὀλέθρου."

813 (λίπ. —) EtM s.v. λίπτω　　　820 (ὠκ. ἀν. ἀ.) EtM, et ἄικὰς solum (?)
EtΟ, s.v. ἄικὰς (sic)

810 νημερτέα L¹APE: θυμηδέα L²SG (ex 806)　　　819 πρήσσοντα
(πρήσσον- GPE) libri (cum gl. φυσῶντα G: gl. καίοντα P), cf. 1537: πρήθον-
Brunck utroque loco, fort. rectius　　　824 e.gr. σκέψαιο, cl. Il. 16. 361,
cum sch A　　　826 ἀναβρόξασα SG: -βρώξασα LAPE; v. G. Marxer,
Diss. Zürich 1935, 9-11　　　828 φόρκῳ et in textu (sic) et in scholii
lemmate L, et -κω SGPE: -κυς (et 829 -λος τ' ἑκάτη) et in textu et in
scholii lemmate A: -κιν Wellauer, cl. 1598; v. etiam ad i. 401

Ὣς φάτο· τὴν δὲ Θέτις τοίῳ προσελέξατο μύθῳ·

" Εἰ μὲν δὴ μαλεροῖο πυρὸς μένος ἠδὲ θύελλαι

ζαχρηεῖς λήξουσιν ἐτήτυμον, ἤ τ' ἂν ἔγωγε   835

θαρσαλέη φαίην καὶ κύματος ἀντιόωντος

νῆα σαωσέμεναι, ζεφύρου λίγα κινυμένοιο.

ἀλλ' ὥρη δολιχήν τε καὶ ἄσπετον οἶμον ὁδεύειν,

ὄφρα κασιγνήτας μετ' ἐλεύσομαι αἵ μοι ἀρωγοί

ἔσσονται, καὶ νηὸς ὅθι πρυμνῆσι' ἀνῆπται,   840

ὥς κεν ὑπηῷοι μνησαίατο ναυτίλλεσθαι."

Ἦ, καὶ ἀναΐξασα κατ' αἰθέρος ἔμπεσε δίναις

κυανέου πόντοιο, κάλει δ' ἐπαμυνέμεν ἄλλας

αὐτοκασιγνήτας Νηρηίδας· αἱ δ' ἀίουσαι

ἤντεον ἀλλήλῃσι, Θέτις δ' ἀγόρευεν ἐφετμάς   845

Ἥρης, αἶψα δ' ἴαλλε μετ' Αὐσονίην ἅλα πάσας.

αὐτὴ δ' ὠκυτέρη ἀμαρύγματος ἠὲ βολάων

ἠελίου ὅτ' ἄνεισι περαίης ὑψόθι γαίης,

σεῦατ' ἴμεν λαιψηρὰ δι' ὕδατος, ἔστ' ἀφίκανεν

ἀκτὴν Αἰαίην Τυρσηνίδος ἠπείροιο.   850

τοὺς δ' εὗρεν παρὰ νηὶ σόλῳ ῥιπῇσί τ' ὀιστῶν

τερπομένους· στῆ δ' ἆσσον, ὀρεξαμένη χερὸς ἄκρης,

Αἰακίδεω Πηλῆος, ὁ γάρ ῥά οἱ ἦεν ἀκοίτης·

οὐδέ τις εἰσιδέειν δύνατ' ἀμφαδόν, ἀλλ' ἄρα τῷγε

οἴῳ ἐν ὀφθαλμοῖσιν ἐείσατο, φώνησέν τε·   855

" Μηκέτι νῦν ἀκταῖς Τυρσηνίσιν ἧσθε μένοντες,

834 ἠδὲ PE: ἡ . . ἐ (cum ras.) L: ἠὲ ASG   841 ναυτίλλεσθαι (vel ναυτίλασθαι) Fr (cll. i. 236, 1080, Od. 14. 246): νόστον ἐλέσθαι libri (ex 381): fort. utrumque par. duplex haec ὅπως ἑωθινοὶ τῆς ἐπανόδου (= νόστου) μνήμην ποιήσωνται· ὅπως αὐτοὺς ἕωθεν ποιήσω ἀποπλεῦσαι (= ναυτίλασθαι?) ἐκ τῆς γῆς τῶν Τυρσηνῶν (cf. 850, 856 sq.) schL; cf. etiam falsum νόστον ἐλ. 901(?), et falsum νοστ. ii. 352   845 fort. ἤντεον αὖτ' ἄλλῃσι, θεῆς (cf. 241 sq.) δ' ἀγόρευον κτλ., sim.   852-951 om. L¹, add. L² in scheda inserta; v. etiam ad 952   852 στῆ Fr: ἢ libri: ἴε Schneider; cf. Il. 1. 197 sq. (unde etiam reliqua fere petiit Ap. 852-5), 23. 97, iv. 1313 sq.   χερὸς PE: χειρὸς L²AG (sic): utrumque(?) S   854 ἀμφαδὸν Facius (cl. 1316): ἔμπεδον libri

ΑΡΓΟΝΑΥΤΙΚΩΝ Δ

ἠῶθεν δὲ θοῆς πρυμνήσια λύετε νηός,
Ἥρῃ πειθόμενοι, ἐπαρηγόνι· τῆς γὰρ ἐφετμῆς
πασσυδίῃ κοῦραι Νηρηίδες ἀντιόωσι
νῆα διὲκ πέτρας αἵ τε Πλαγκταὶ καλέονται   860
ρυσόμεναι· κείνη γὰρ ἐναίσιμος ὔμμι κέλευθος.
ἀλλὰ σὺ μή τῳ ἐμὸν δείξῃς δέμας, εὖτ' ἂν ἴδηαι
ἀντομένην σὺν τῇσι, νόῳ δ' ἔχε, μή με χολώσῃς
πλεῖον ἔτ' ἢ τὸ πάροιθεν ἀπηλεγέως ἐχόλωσας."
Ἦ, καὶ ἔπειτ' ἀίδηλος ἐδύσατο βένθεα πόντου·   865
τὸν δ' ἄχος αἰνὸν ἔτυψεν, ἐπεὶ πάρος οὐ μετιοῦσαν
ἔδρακεν ἐξότε πρῶτα λίπεν θάλαμόν τε καὶ εὐνήν,
χωσαμένη Ἀχιλῆος ἀγανοῦ νηπιάχοντος.
ἡ μὲν γὰρ βροτέας αἰεὶ περὶ σάρκας ἔδαιεν
νύκτα διὰ μέσσην φλογμῷ πυρός, ἤματα δ' αὖτε   870
ἀμβροσίῃ χρίεσκε τέρεν δέμας, ὄφρα πέλοιτο
ἀθάνατος καί οἱ στυγερὸν χροῒ γῆρας ἀλάλκοι·
αὐτὰρ ὅγ' ἐξ εὐνῆς ἀναπάλμενος εἰσενόησεν
παῖδα φίλον σπαίροντα διὰ φλογός, ἧκε δ' ἀυτήν
σμερδαλέην ἐσιδών, μέγα νήπιος· ἡ δ' ἀίουσα,   875
τὸν μὲν ἄρ' ἁρπάγδην χαμάδις βάλε κεκληγῶτα,
αὐτὴ δὲ, πνοιῇ ἰκέλη δέμας, ἠύτ' ὄνειρος,
βῆ ῥ' ἴμεν ἐκ μεγάροιο θοῶς καὶ ἐσήλατο πόντον
χωσαμένη· μετὰ δ' οὔ τι παλίσσυτος ἵκετ' ὀπίσσω.
τῷ μιν ἀμηχανίη δῆσεν φρένας· ἀλλὰ καὶ ἔμπης   880
πᾶσαν ἐφημοσύνην Θέτιδος μετέειπεν ἑταίροις.
οἱ δ' ἄρα μεσσηγὺς λῆξαν καὶ ἔπαυσαν ἀέθλους
ἐσσυμένως, δόρπον τε χαμεύνας τ' ἀμφεπένοντο,

859 πασσ., v. ad i. 323   861 ρυσόμεναι SG, et par. φυλάξουσαι schᴸ:
-σέμεναι APE schᴾ: utrumque (o supra ε scr.) L²   866 οὐ μετιοῦσαν
Fr (cll. iii. 249, iv. 450, 459, al.): οὐκέτ' ἰοῦσαν libri: οὔπστ' l. praefert
Lloyd-Jones; iuxta πάρος poni·non poterat ἔτι   873 ὅγ' SPE (cf.
i. 721, 1234, ii. 1100, al.): ὅτ' L²AG: ὁ Wellauer (v. ad i. 553)   ἀνα-
πάλμενος LASPE: ἀνεσπ- G: ἀνεπ- Wellauer, cl. ii. 825   880 μιν
L² (sic) ASG: μὲν PE   δῆσεν L²A: δῆσε SGPE

τῆς ἔνι δαισάμενοι νύκτ' ἄεσαν ὡς τὸ πάροιθεν.

Ἦμος δ' ἄκρον ἔβαλλε φαεσφόρος οὐρανὸν ἠώς,   885
δὴ τότε λαιψηροῖο κατηλυσίη ζεφύροιο
βαῖνον ἐπὶ κληῖδας ἀπὸ χθονός· ἐκ δὲ βυθοῖο
εὐναίας εἷλκον περιγηθέες ἄλλα τε πάντα
ἄρμενα μηρύοντο κατὰ χρέος, ὕψι δὲ λαῖφος
εἴρυσσαν τανύσαντες ἐν ἱμάντεσσι κεραίης.   890
νῆα δ' εὐκραὴς ἄνεμος φέρεν· αἶψα δὲ νῆσον
καλὴν Ἀνθεμόεσσαν ἐσέδρακον, ἔνθα λίγειαι
Σειρῆνες σίνοντ' Ἀχελωΐδες ἡδείῃσι
θέλγουσαι μολπῇσιν ὅτις παρὰ πεῖσμα βάλοιτο.
τὰς μὲν ἄρ' εὐειδὴς Ἀχελωΐῳ εὐνηθεῖσα   895
γείνατο Τερψιχόρη, Μουσέων μία, καί ποτε Δηοῦς
θυγατέρ' ἰφθίμην, ἀδμῆτ' ἔτι, πορσαίνεσκον
ἄμμιγα μελπόμεναι· τότε δ' ἄλλο μὲν οἰωνοῖσιν
ἄλλο δὲ παρθενικῆς ἐναλίγκιαι ἔσκον ἰδέσθαι,
αἰεὶ δ' εὐόρμου δεδοκημέναι ἐκ περιωπῆς   900
ἦ θαμὰ δὴ πολέων μελιηδέα νόστον ἕλοντο,
τηκεδόνι φθινύθουσαι. ἀπηλεγέως δ' ἄρα καὶ τοῖς
ἵεσαν ἐκ στομάτων ὄπα λείριον· οἱ δ' ἀπὸ νηός
ἤδη πείσματ' ἔμελλον ἐπ' ἠιόνεσσι βαλέσθαι,
εἰ μὴ ἄρ' Οἰάγροιο πάις Θρηίκιος Ὀρφεύς,   905
Βιστονίην ἐνὶ χερσὶν ἑαῖς φόρμιγγα τανύσσας,
κραιπνὸν ἐυτροχάλοιο μέλος κανάχησεν ἀοιδῆς,
ὄφρ' ἄμυδις κλονέοντος ἐπιβρομέωνται ἀκουαί

886 (κατ. —) Et^GM s.v. κατ.   897 Et^M s.v. πορσύνω

———

890 εἴρυσσαν G: εἴρυσαν L²ASPE (cf. ad 237)   897 πορσαίνεσκον
L²ASG, Et^M disertim: πορσύν- PE, lemma scholii^L   901 scribendum
sive ἦ ῥ' ἀπὸ δὴ (cl. 1040), sim., sive pro ἕλοντο (par. ἥρπασαν sch^L,
ἀφείλοντο sch^P) ἀπηύρων (cl. 916), sim. (ἑλ. ex 381 -ηδέα ν. ἑλ.? v. etiam
ad 841)

ΑΡΓΟΝΑΥΤΙΚΩΝ Δ

κρεγμῷ· παρθενίην δ' ἐνοπὴν ἐβιήσατο φόρμιγξ,
νῆα δ' ὁμοῦ ζέφυρός τε καὶ ἠχῆεν φέρε κῦμα   910
πρυμνόθεν ὀρνύμενον, ταὶ δ' ἄκριτον ἴεσαν αὐδήν.
ἀλλὰ καὶ ὣς Τελέοντος ἐὺς πάις οἷος ἑταίρων
προφθάμενος ξεστοῖο κατὰ ζυγοῦ ἔνθορε πόντῳ
Βούτης, Σειρήνων λιγυρῇ ὀπὶ θυμὸν ἰανθείς,
νῆχε δὲ πορφυρέοιο δι' οἴδματος, ὄφρ' ἐπιβαίη,   915
σχέτλιος· ἦ τέ οἱ αἶψα καταυτόθι νόστον ἀπηύρων,
ἀλλά μιν οἰκτείρασα θεὰ Ἔρυκος μεδέουσα
Κύπρις ἔτ' ἐν δίναις ἀνερέψατο καί ῥ' ἐσάωσεν
πρόφρων ἀντομένη, Λιλυβηίδα ναιέμεν ἄκρην.
οἱ δ' ἄχεϊ σχόμενοι τὰς μὲν λίπον, ἄλλα δ' ὄπαζον   920
κύντερα μιξοδίῃσιν ἁλὸς ῥαιστήρια νηῶν.
τῇ μὲν γὰρ Σκύλλης λισσὴ προυφαίνετο πέτρη,
τῇ δ' ἄμοτον βοάασκεν ἀναβλύζουσα Χάρυβδις·
ἄλλοθι δὲ Πλαγκταὶ μεγάλῳ ὑπὸ κύματι πέτραι
ῥόχθεον· ἧχι πάροιθεν ἀπέπτυεν αἰθομένη φλόξ   925
ἄκρων ἐκ σκοπέλων πυριθαλπέος ὑψόθι πέτρης,
καπνῷ δ' ἀχλυόεις αἰθὴρ πέλεν οὐδέ κεν αὐγάς
ἔδρακες ἠελίοιο· τότ' αὖ, λήξαντος ἀπ' ἔργων
Ἡφαίστου, θερμὴν ἔτι κήκιε πόντος ἀυτμήν.
ἔνθα σφιν κοῦραι Νηρηίδες ἄλλοθεν ἄλλαι   930
ἤντεον, ἡ δ' ὄπιθε πτέρυγος θίγε πηδαλίοιο
δῖα Θέτις, Πλαγκτῇσιν ἐνὶ σπιλάδεσσιν ἔρυσθαι.

ὡς δ' ὁπόταν δελφῖνες ὑπὲξ ἁλὸς εὐδιόωντες
909 Et⁰, et (κρ. solum) Etᴹ, s.v. κρεγμῷ   924 (μέγ.)–925 (ῥό.) Et⁰,
et 924 (ὑπό)–925 (ῥό.) Etᴹ, s.v. ῥόχθεον

909 παρθενίην L² (sic) ASG Et: -νικὴν PE (ex 899); ita etiam iii. 682
παρθενίη 'virginalis', contra -νική 'virgo' 17 locis, et unus locus (i. 791)
incertus   916 ἦ κέ Schaefer (Melet. Crit. 127) et Castiglioni; v. ad
i. 253   918 ἀνερέψατο L²ASG (v. ad i. 214): ἀνερύσατο PE   920 ἄλλα
SGPE: ἄλλο L²A   925 fort. ἀνέπτυεν (sicut ii. 570 intrans. cum ὑψ.
et genet.)   931 ὄπιθε ASG: -θεν L²PE   932 ἔρυσθαι Fr (cll. 938 et
i. 401): ἐρύσσαι L²ASG: (πλαγκτῇσι δ' et) ἔρυσαν (scil. Nereides) PE (ex
coni.); idem mendum ii. 1282

σπερχομένην ἀγεληδὸν ἑλίσσωνται περὶ νῆα,
ἄλλοτε μὲν προπάροιθεν ὁρώμενοι ἄλλοτ' ὄπισθεν   935
ἄλλοτε παρβολάδην, ναύτῃσι δὲ χάρμα τέτυκται—
ὡς αἱ ὑπεκπροθέουσαι ἐπήτριμοι εἰλίσσοντο
Ἀργῴῃ περὶ νηΐ· Θέτις δ' ἴθυνε κέλευθον.

καὶ ῥ' ὅτε δὴ Πλαγκτῇσιν ἐνιχρίμψεσθαι ἔμελλον,
αὐτίκ' ἀνασχόμεναι λευκοῖς ἐπὶ γούνασι πέζας,   940
ὑψοῦ ἐπ' αὐτάων σπιλάδων καὶ κύματος ἀγῆς
ῥώοντ' ἔνθα καὶ ἔνθα διασταδὸν ἀλλήλῃσιν.

τὴν δὲ παρηορίην κόπτεν ῥόος· ἀμφὶ δὲ κῦμα
λάβρον ἀειρόμενον πέτραις ἐπικαχλάζεσκεν,
αἵ θ' ὁτὲ μὲν κρημνοῖς ἐναλίγκιαι ἠέρι κῦρον,   945
ἄλλοτε δὲ βρύχιαι νεάτῳ ὑπὸ κεύθεϊ πόντου
ἠρήρεινθ', ὅθι πολλὸν ὑπείρεχεν ἄγριον οἶδμα.

αἱ δ', ὥστ' ἠμαθόεντος ἐπισχεδὸν αἰγιαλοῖο
παρθενικαί, δίχα κόλπον ἐπ' ἰξύας εἰλίξασαι,
σφαίρῃ ἀθύρουσιν περιηγέϊ· τῇ μὲν ἔπειτα†   950
ἄλλη ὑπ' ἐξ ἄλλης δέχεται καὶ ἐς ἠέρα πέμπει
ὕψι μεταχρονίην, ἡ δ' οὔ ποτε πίλναται οὔδει—

952 Et^M s.v. πιλνῶ

938 κέλευθον L²ASG: κελεύθους PE, cf. Qu. Smyrn. 13. 62 Θ. δ' l.
κέλευθα (van Krevelen)   939 ἐνιχρίμψεσθαι L²AS: -μψασθαι G:
-μπτεσθαι PE   fort. ἔμελλον, cl. νηΐ 938   943 ἢ (δὲ) et (παρηορί)η et
(ῥόο)ν, sed supra illa scr. τὴν et ην et s, S (= archet.?): τὴν et -ην et
(ῥόο)ν, sed supra (ῥόο)ν scr. s, L²: τὴν et -ην et ῥόον AG: τὴν et -ην et ῥόος
PE   κόπτεν L²APE: -τε SG   945 αἵ θ' Merkel (propter 948): αἱ δ'
libri   946 κεύθεϊ Fr (cl. Opp. Hal. 4. 607): πυθμένι LASPE: κευθμῶνι G
(ex πυθμένι et supra scr. °v.l. κευθει, cl. iii. 1290?)   947 ἠρήρεινθ' ὅθι
PE: -ρειντο δὲ L²ASG, unde traditio quaedam de A orta -ρειν, τὸ δὲ: gl.
ἠρήρεινττο· ἐπλησίαζον, ἡδράζοντο (-ζον L) sch^{LP}; cf. ii. 320, iii. 1398; textus
dubius   οἶδμα cett.: κῦμα, et supra scr. γράφεται οἶδμα, G   948 fort.
ἐπισχερὼ (i. 330, 528, iv. 451 c. gen., al.), cl. Il. 18. 68 (v. ad 955)
950 ἢ L²ASG: τὴν PE: αἱ Flor.   ἔπειτα falso (sicut ii. 1044) ex aliis locis
(e.gr. 718, 760) repetitum, nihil enim antea factum est   952–75 hi vss.
in L¹ praemature post 851 in aversa scheda scripti (v. ad 852), postea a L²
deleti sunt et suo loco iterati; prior tamen eorum scriptura (L¹) potest
legi

ὡς αἱ νῆα θέουσαν ἀμοιβαδὶς ἄλλοθεν ἄλλη
πέμπε διηερίην ἐπὶ κύμασιν, αἰὲν ἄπωθεν
πετράων· περὶ δέ σφιν ἐρευγόμενον ζέεν ὕδωρ.   955
τὰς δὲ καὶ αὐτὸς ἄναξ κορυφῆς ἔπι λισσάδος ἄκρης
ὀρθός, ἐπὶ στελεῆ τυπίδος βαρὺν ὦμον ἐρείσας,
Ἥφαιστος θηεῖτο, καὶ αἰγλήεντος ὕπερθεν
οὐρανοῦ ἐστηυῖα Διὸς δάμαρ, ἀμφὶ δ' Ἀθήνη
βάλλε χέρας, τοῖόν μιν ἔχεν δέος εἰσορόωσαν.   960
ὅσση δ' εἰαρινοῦ μηκύνεται ἤματος αἶσα,
τοσσάτιον μογέεσκον ἐπὶ χρόνον ὀχλίζουσαι
νῆα διὲκ πέτρας πολυηχέας. οἱ δ' ἀνέμοιο
αὖτις ἐπαυρόμενοι προτέρω θέον· ὦκα δ' ἄμειβον
Θρινακίης λειμῶνα, βοῶν τροφὸν Ἠελίοιο.   965
ἔνθ' αἱ μὲν κατὰ βένθος ἀλίγκιαι αἰθυίῃσιν
δῦνον, ἐπεί ῥ' ἀλόχοιο Διὸς πόρσυνον ἐφετμάς·
τοὺς δ' ἄμυδις βληχή τε δι' ἠέρος ἵκετο μήλων
μυκηθμός τε βοῶν αὐτοσχεδὸν οὔατ' ἔβαλλεν.
καὶ τὰ μὲν ἑρσήεντα κατὰ δρία ποιμαίνεσκεν   970
ὁπλοτέρη Φαέθουσα θυγατρῶν Ἠελίοιο,
ἀργύρεον χαῖον παλάμῃ ἔνι πηχύνουσα·
Λαμπετίη δ' ἐπὶ βουσὶν ὀρειχάλκοιο φαεινοῦ
πάλλεν ὁπηδεύουσα καλαύροπα. τὰς δὲ καὶ αὐτοί
βοσκομένας ποταμοῖο παρ' ὕδασιν εἰσορόωντο   975
ἂμ πεδίον καὶ ἕλος λειμώνιον· οὐδέ τις ἦεν
κυανέη μετὰ τῇσι δέμας, πᾶσαι δὲ γάλακτι
εἰδόμεναι χρυσέοισι κεράασι κυδιάασκον.
καὶ μὲν τὰς παράμειβον ἐπ' ἤματι· νυκτὶ δ' ἰούσῃ
πεῖρον ἁλὸς μέγα λαῖτμα κεχαρμένοι, ὄφρα καὶ αὖτις   980

972 Et^{GM} s.v. χαῖον

---

955 ζέεν Facius (anno 1772, cl. Herodoto 7. 188. 2): θέεν libri (ex 953);
cf. Il. 18. 66   961 fort. ὄσσῳ   967 πόρσυναν dubitanter Platt
(34. 141)   974 αὐτάς Lloyd-Jones   978 κεράασι S (et coni. Gerhard,
p. 157): κεράεσσι LAGPE   979 μὲν τὰς LAPE: τὰς μὲν SG

ἠὼς ἠριγενὴς φέγγος βάλε νισσομένοισιν.

Ἔστι δέ τις πορθμοῖο παροιτέρη Ἰονίοιο
ἀμφιλαφὴς πίειρα Κεραυνίη εἰν ἁλὶ νῆσος,
ᾗ ὕπο δὴ κεῖσθαι δρέπανον φάτις (ἵλατε Μοῦσαι,
οὐκ ἐθέλων ἐνέπω προτέρων ἔπος) ᾧ ἀπὸ πατρός   985
μήδεα νηλειῶς ἔταμε Κρόνος (οἱ δέ ἑ Δηοῦς
κλείουσι χθονίης καλαμητόμον ἔμμεναι ἄρπην·
Δηὼ γὰρ κείνη ἐνὶ δή ποτε νάσσατο γαίῃ,
Τιτῆνας δ' ἔδαε στάχυν ὄμπνιον ἀμήσασθαι,
Μάκριδα φιλαμένη)· Δρεπάνη τόθεν ἐκλήισται   990
οὔνομα Φαιήκων ἱερὴ τροφός· ὣς δὲ καὶ αὐτοί
αἵματος Οὐρανίοιο γένος Φαίηκες ἔασιν.
τοὺς Ἀργὼ πολέεσσιν ἐνισχομένη καμάτοισιν
Θρινακίης αὔρης ἵκετ' ἐξ ἁλός· οἱ δ' ἀγανῇσιν
Ἀλκίνοος λαοί τε θυηπολίῃσιν ἰόντας   995
δειδέχατ' ἀσπασίως, ἐπὶ δέ σφισι καγχαλάασκε
πᾶσα πόλις· φαίης κεν ἑοῖς περὶ παισὶ γάνυσθαι.
καὶ δ' αὐτοὶ ἥρωες ἀνὰ πληθὺν κεχάροντο
τῷ ἴκελοι οἷόν τε μεσαιτάτῃ ἐμβεβαῶτες
Αἱμονίῃ. μέλλον δὲ βοῇ ἔπι θωρήξεσθαι·   1000
ὧδε μάλ' ἀγχίμολον στρατὸς ἄσπετος ἐξεφαάνθη
Κόλχων, οἳ Πόντοιο κατὰ στόμα καὶ διὰ πέτρας
Κυανέας μαστῆρες ἀριστήων ἐπέρησαν,
Μήδειαν δ' ἔξαιτον ἑοῦ ἐς πατρὸς ἄγεσθαι
ἵεντ' ἀπροφάτως, ἠὲ στονόεσσαν ἀυτήν   1005
νωμήσειν χαλεπῇσιν ὁμόκλεον ἀτροπίῃσιν
αὖθί τε καὶ μετέπειτα σὺν Αἰήταο †κελεύθῳ·
ἀλλά σφεας κατέρυκεν ἐπειγομένους πολέμοιο

985 ἔπος LAPE: λόγος SG (ex Arato 637 ?)   989 ἔδαε SG: -εν LAPE
990 fort. ἐκλήιστο, cll. schᴾ 983 et 267 sq.   997 περὶ SG (cf. ii. 873, iii.
638): ἐπὶ LAPE (cf. 996, al.); cf. ad 1089   999 ἴκελοι LAPE: -ον SG
1000 ἐπι Mich. M. F. Oswald (*The prepositions in Ap. Rh.*, Notre Dame,
Indiana, 1904, p. 135): ἐνὶ libri   θωρήξεσθαι L¹APE: -ξασθαι L²SG
1002 sq. cf. i. 2 sq.   1007 κελευσμῷ Herwerden

κρείων Άλκίνοος, λελίητο γὰρ ἀμφοτέροισιν
δηιοτῆτος ἄνευθεν ὑπέρβια νείκεα λῦσαι.　　　　　　　1010
Κούρη δ' οὐλομένῳ ὑπὸ δείματι πολλὰ μὲν αὐτούς
Αἰσονίδεω ἑτάρους μειλίσσετο, πολλὰ δὲ χερσίν
Ἀρήτης γούνων ἀλόχου θίγεν Ἀλκινόοιο·
" Γουνοῦμαι, βασίλεια· σὺ δ' ἵλαθι, μηδέ με Κόλχοις
ἐκδώῃς ᾧ πατρὶ κομιζέμεν, εἴ νυ καὶ αὐτή　　　　　　1015
ἀνθρώπων γενεῆς μία φέρβεαι, οἷσιν ἐς ἄτην
ὠκύτατος κούφῃσι θέει νόος ἀμπλακίῃσιν,
ὡς ἐμοὶ ἐκ πυκιναὶ ἔπεσον φρένες, οὐ μὲν ἕκητι
μαργοσύνης. ἴστω ἱερὸν φάος Ἠελίοιο,
ἴστω νυκτιπόλου Περσηίδος ὄργια κούρης·　　　　　　1020
μὴ μὲν ἐγὼν ἐθέλουσα σὺν ἀνδράσιν ἀλλοδαποῖσιν
κεῖθεν ἀφωρμήθην, στυγερὸν δέ με τάρβος ἔπεισεν
τῆσδε φυγῆς μνήσασθαι, ὅτ' ἤλιτον· οὐδέ τις ἄλλη
μῆτις ἔην· ἔτι μοι μίτρη μένει ὡς ἐνὶ πατρός
δώμασιν ἄχραντος καὶ ἀκήρατος. ἀλλ' ἐλέαιρε　　　　1025
πότνα τεόν τε πόσιν μειλίσσεο· σοὶ δ' ὀπάσειαν
ἀθάνατοι βίοτόν τε τελεσφόρον ἀγλαΐην τε
καὶ παῖδας καὶ κῦδος ἀπορθήτοιο πόληος."
Τοῖα μὲν Ἀρήτην γουνάζετο δάκρυ χέουσα·
τοῖα δ' ἀριστήων ἐπαμοιβαδὶς ἄνδρα ἕκαστον·　　　　1030
" Ὑμείων πέρι δή, μέγα φέρτατοι, ἀμφί τ' ἀέθλοις
νῦν ἐγὼ ὑμετέροισιν ἀτύζομαι· ἧς ἰότητι

1015 ἐκδώῃς Seaton: -δώ(ι)ῃς libri; v. ad 91　　1017 κούφῃσι SPE:
-φαισι L²AG: -φοισι L¹ (sic)　　1019 ἴστω SG: ἴστω δ' LAPE　　1023 τῆσδε
SG: τῆσγε LAPE　　1026 τε LAPE: δὲ SG　　1030 ἐπαμοιβαδὶς
PE (ex coni. ?): ἔτ' ἀμ- A: ἀμ- L¹: ἐν' ἀμ- L²SG; cf. Il. 6. 339 ἐπαμείβεται
ἄνδρας, et v. ad i. 380　　1031 ὑμείων Fr: ὑμέων, ὦ libri, sed ἡ περὶ καὶ
ἀμφὶ ἐκ παραλλήλου schᴾ, neque legit ὦ περὶ paraphrastaᴸᴾ, quippe qui
iungat ὑμ. cum πέρι et μέγα cum ἀτύζομαι· ὦ igitur ex more ad explicandum
φέρτατοι olim vulgo supra lineam add. erat, cf. par. ὦ φέρτατοι schᴬ; v. ad 1383
1032 νῦν ἐγὼ Fr: οὕνεκεν libri (vel ex *gl. ἕνεκεν ad πέρι vel ἀμφὶ 1031,
cl. par. ἕνεκα schᴸᴾ, vel ex *v.l. ad 1034): par. ἐγὼ schᴸ, αὐτή schᴾ; cf. 360
(ἐγὼ—ἰότ.), 1036

ταύρους τ' ἐζεύξασθε καὶ ἐκ θέρος οὐλοὸν ἀνδρῶν
κείρατε γηγενέων, ἧς εἵνεκεν Αἱμονίηνδε
χρύσεον αὐτίκα κῶας ἀνάξετε νοστήσαντες.　　1035
ἠδ' ἐγὼ ἢ πάτρην τε καὶ οὓς ὤλεσσα τοκῆας,
ἢ δόμον, ἢ σύμπασαν ἐυφροσύνην βιότοιο,
ὔμμι δὲ καὶ πάτρην καὶ δώματα ναιέμεν αὖτις
ἤνυσα, καὶ γλυκεροῖσιν ἔτ' εἰσόψεσθε τοκῆας
ὄμμασιν· αὐτὰρ ἐμοὶ ἀπὸ δὴ βαρὺς εἵλετο δαίμων　　1040
ἀγλαΐας, στυγερὴ δὲ σὺν ὀθνείοις ἀλάλημαι.
δείσατε συνθεσίας τε καὶ ὅρκια, δείσατ' Ἐρινύν
ἱκεσίην νέμεσίν τε θεῶν. εἰς χεῖρας ἰοῦσα
Αἰήτεω, λώβῃ πολυπήμονι δῃωθῆναι,
οὐ νηούς, οὐ πύργον ἐπίρροθον, οὐκ ἀλεωρήν　　1045
ἄλλην, οἰόθι δὲ προτιβάλλομαι ὑμέας αὐτούς·
σχέτλιοι ἀτροπίης καὶ ἀνηλέες, οὐδ' ἐνὶ θυμῷ
αἰδεῖσθε ξείνης μ' ἐπὶ γούνασι χεῖρας ἀνάσσης
δερκόμενοι τείνουσαν ἀμήχανον· ἀλλά κε πᾶσιν,
κῶας ἑλεῖν μεμαῶτες, ἐμείξατε δούρατα Κόλχοις　　1050
αὐτῷ τ' Αἰήτῃ ὑπερήνορι, νῦν δὲ λάθεσθε
ἠνορέης, ὅτε μοῦνοι ἀποτμηγέντες ἔασιν."
Ὣς φάτο λισσομένη· τῶν δ' ὅντινα γουνάζοιτο,
ὅς μιν θαρσύνεσκεν, ἐρητύων ἀχέουσαν,
σεῖον δ' ἐγχείας εὐήκεας ἐν παλάμῃσιν　　1055
φάσγανά τ' ἐκ κολεῶν, οὐδὲ σχήσεσθαι ἀρωγῆς
ἔννεπον, εἴ κε δίκης ἀλιτήμονος ἀντιάσειεν.
στρευγομένης δ' ἀν' ὅμιλον ἐπήλυθεν εὐνήτειρα

1058 Et^Q, et nihil nisi στρευγομένη· στρεφομένη Et^M, s.v. στρεύγεσθαι

1034 κείρατε SG: κείρετε LAPE: par. ἐξεθερίσατε sch^L.　　1043 εἰς
LA: ἐς SGPE　　ἰοῦσα (et punctum ante εἰς) Fr: ἰοῦσαν libri (propter
νέμ.): ἰούσης Wilamowitz (p. 203 n. 2)　　1048 γούνασι v.l. L², ASG:
-νατα L¹PE　　1049 interrogationis signa post ἀμ., et 1052 post ἔασιν,
Platt　　1051 λάθεσθε LASG: μάθεσθε PE　　1057 κε LAPE: τε S: γε
G　　ἀντιάσειε(ν) v.l. L², SG: -σειαν (-σεια A) L¹APE　　1058 στρευ-

νὺξ ἔργων ἄνδρεσσι, κατευκήλησε δὲ πᾶσαν
γαῖαν ὁμῶς. τὴν δ' οὔτι μίνυνθά περ εὔνασεν ὕπνος,　　　1060
ἀλλά οἱ ἐν στέρνοις ἀχέων εἰλίσσετο θυμός,
οἷον ὅτε κλωστῆρα γυνὴ ταλαεργὸς ἑλίσσει
ἐννυχίη, τῇ δ' ἀμφὶ κινύρεται ὀρφανὰ τέκνα,
χηροσύνῃ πόσιος· σταλάει δ' ἐπὶ δάκρυ παρειάς
μνωομένης οἵη μιν ἐπισμυγερὴ λάβεν αἶσα—　　　1065
ὣς τῆς ἱκμαίνοντο παρηίδες, ἐν δέ οἱ ἦτορ
ὀξείῃς εἰλεῖτο πεπαρμένον ἀμφ' ὀδύνῃσι.

Τὼ δ' ἔντοσθε δόμοιο κατὰ πτόλιν, ὡς τὸ πάροιθεν,
κρείων Ἀλκίνοος πολυπότνιά τ' Ἀλκινόοιο
Ἀρήτη ἄλοχος κούρης πέρι μητιάασκον　　　1070
οἷσιν ἐνὶ λεχέεσσι διὰ κνέφας· οἷα δ' ἀκοίτην
κουρίδιον θαλεροῖσι δάμαρ προσπτύσσετο μύθοις·
" Ναὶ φίλος, εἰ δ' ἄγε μοι πολυκηδέα ῥύεο Κόλχων
παρθενικήν, Μινύῃσι φέρων χάριν· ἐγγύθι Ἄργος
ἡμετέρης νήσοιο καὶ ἀνέρες Αἱμονιῆες,　　　1075
Αἰήτης δ' οὔτ' ἄρ ναίει σχεδόν, οὐδέ τι ἴδμεν
Αἰήτην ἀλλ' οἷον ἀκούομεν. ἥδε δὲ κούρη
αἰνοπαθὴς κατά μοι νόον ἔκλασεν ἀντιόωσα·
μή μιν ἄναξ Κόλχοισι πόροις ἐς πατρὸς ἄγεσθαι.
ἀάσθη, ὅτε πρῶτα βοῶν θελκτήρια δῶκεν　　　1080
φάρμακά οἱ· σχεδόθεν δὲ κακῷ κακόν (οἷά τε πολλά
ῥέζομεν ἀμπλακίῃσιν) ἀκειομένη, ὑπάλυξε
πατρὸς ὑπερφιάλοιο βαρὺν χόλον. αὐτὰρ Ἰήσων,
ὡς ἀίω, μεγάλοισιν ἐνίσχεται ἐξ ἔθεν ὅρκοις

γομένης Wifstrand: -νοις LAGPE schᴸᴾ (propter ἄνδρεσσι): -νη Etᴳᴹ:
-νων S (ex coni.): gl. στρεφομένη (leg. vel -νη vel -νης) Etᴳᴹ, et gl.
ἢ καὶ προσδιατρίβουσιν (leg. -τριβούσης) schᴸᴾ　　　1064 ἐπὶ Schneider:
ὑπό libri　　　1065 μνωομένης (-νη G) v.l. L², SG: μυρομένης L¹APE,
fort. rectius　　　1068 fort. ᾗ τὸ (vel ἔνθα) πάρ. (cll. Il. 1. 610 sq.,
al., iii. 577), et ὡς τὸ π. ex 884, al.　　　1072 κουρίδιον LAPE; -ριδίη SG,
fort. recte　　　1074 μινύαισι libri, v. ad iii. 578　　　(ἐγγύθι) δ' libri: del.
Fr　　　1076 οὐδέ LAPE: οὔ τέ SG　　　1082 ἀμπλακίησιν libri (cf. 1017):
v.l. ἀτροπίῃσιν schᴸᴾ (ex 1047?); cf. ad ii. 246

κουριδίην θήσεσθαι ἐνὶ μεγάροισιν ἄκοιτιν·   1085
τῷ φίλε μήτ' οὖν αὐτὸς ἑκὼν ἐπίορκον ὀμόσσαι
θείης Αἰσονίδην, μήτ' ἄσχετα σεῖο ἕκητι
παῖδα πατὴρ θυμῷ κεκοτηότι δηλήσαιτο.
λίην γὰρ δύσζηλοι ἑαῖς ἐπὶ παισὶ τοκῆες·
οἷα μὲν Ἀντιόπην εὐώπιδα μήσατο Νυκτεύς,   1090
οἷα δὲ καὶ Δανάη πόντῳ ἔνι πήματ' ἀνέτλη
πατρὸς ἀτασθαλίῃσι· νέον γε μὲν οὐδ' ἀποτηλοῦ
ὑβριστὴς Ἔχετος γλήναις ἔνι χάλκεα κέντρα
πῆξε θυγατρὸς ἑῆς, στονόεντι δὲ κάρφεται οἴτῳ,
ὀρφναίῃ ἐνὶ χαλκὸν ἀλετρεύουσα καλιῇ."   1095
Ὣς ἔφατ' ἀντομένη· τοῦ δὲ φρένες ἰαίνοντο
ἧς ἀλόχου μύθοισιν, ἔπος δ' ἐπὶ τοῖον ἔειπεν·
" Ἀρήτη, καί κεν σὺν τεύχεσιν ἐξελάσαιμι
Κόλχους, ἡρώεσσι φέρων χάριν, εἵνεκα κούρης,
ἀλλὰ Διὸς δείδοικα δίκην ἰθεῖαν ἀτίσσαι·   1100
οὐδὲ μὲν Αἰήτην ἀθεριζέμεν, ὡς ἀγορεύεις,
λώιον, οὐ γάρ τις βασιλεύτερος Αἰήταο,
καί κ' ἐθέλων ἕκαθέν περ ἐφ' Ἑλλάδι νεῖκος ἄροιτο.
τῷ μ' ἐπέοικε δίκην ἥτις μετὰ πᾶσιν ἀρίστη

1095 Et^{GM} s.v. ἀλετρεύουσα

1086 αὐτὸς Brunck: αὐτὸν libri   1087 θείης Platt (33. 39); v. ad 91
1089 λίην LAPE: αἰὲν G: αἰεὶ S   ἐπὶ LAPE: περὶ SG; cf. ad 997
1099 post hunc vs. scripsit L¹ 1125–49 (= vss. 25), quos sequitur ordo
eorum qui prius omissi erant 1100–24 (= vss. 25), deficiente tamen pagina
post 1115. Deinde L² delevit 1125–49, proximam schedam sustulit
eiusque loco inseruit novam, in qua ipse scripsit 1116–75 (= vss. 60),
iteratis suo loco iis 25 versibus qui ab L¹ praemature inserti erant 1125–49.
In scheda autem ab L² excisa sine dubio L¹ scripserat prius 1116–24, et
deinde 1150 ceteraque usque ad Κόλχοι κτλ. (1175), ad solitum binarum
paginarum numerum versuum, qui numerus in hac codicis parte est 82–
84. De quo numero 47–49 vss. eiecisse constat correctorem L²; cf. ad
1428–1559   1103 ἑλλάδι LASG: -δα PE; cf. e.gr. i. 1025   ἄροιτο
PE: ἄγοιτο LASG; cf. 420 et Theogn. 90, nam ex i. 467 apparet Apollonio
eiusdem verbi formas fuisse ἀείρεσθαι et ἀρέσθαι (cf. Il. 20. 247)

ἔσσεται ἀνθρώποισι δικαζέμεν. οὐδέ σε κεύσω·   1105
παρθενικὴν μὲν ἐοῦσαν, ἐῷ ἀπὸ πατρὶ κομίσσαι
ἰθυνέω· λέκτρον δὲ σὺν ἀνέρι πορσαίνουσαν,
οὔ μιν ἑοῦ πόσιος νοσφίσσομαι, οὐδὲ γενέθλην
εἴ τιν' ὑπὸ σπλάγχνοισι φέρει δήοισιν ὀπάσσω."

    Ὣς ἄρ' ἔφη· καὶ τὸν μὲν ἐπισχεδὸν εὔνασεν ὕπνος,   1110
ἡ δ' ἔπος ἐν θυμῷ πυκινὸν βάλετ'· αὐτίκα δ' ὦρτο
ἐκ λεχέων ἀνὰ δῶμα, συνήιξαν δὲ γυναῖκες
ἀμφίπολοι δέσποιναν ἑὴν μέτα ποιπνύουσαι.
σῖγα δ' ἑὸν κήρυκα καλεσσαμένη προσέειπεν
ᾗσιν ἐπιφροσύνῃσιν ἐποτρυνέουσα μιγῆναι   1115
Αἰσονίδην κούρῃ· μηδ' Ἀλκίνοον βασιλῆα
λίσσεσθαι, τὸ γὰρ αὐτὸς †ἰὼν Κόλχοισι δικάσσει·
παρθενικὴν μὲν ἐοῦσαν, ἑοῦ ποτὶ δώματα πατρός
ἐκδώσειν· λέκτρον δὲ σὺν ἀνέρι πορσαίνουσαν,
οὐκέτι κουριδίης μιν ἀποτμήξειν φιλότητος.   1120

    Ὣς ἄρ' ἔφη· τὸν δ' αἶψα πόδες φέρον ἐκ μεγάροιο,
ὥς κεν Ἰήσονι μῦθον ἐναίσιμον ἀγγείλειεν
Ἀρήτης βουλάς τε θεουδέος Ἀλκινόοιο.
τοὺς δ' εὗρεν παρὰ νηὶ σὺν ἔντεσιν ἐγρήσσοντας
Ὑλλικῷ ἐν λιμένι σχεδὸν ἄστεος, ἐκ δ' ἄρα πᾶσαν   1125
πέφραδεν ἀγγελίην· γήθησε δὲ θυμὸς ἑκάστου
ἡρώων, μάλα γάρ σφιν ἑαδότα μῦθον ἔειπεν.

    Αὐτίκα δὲ κρητῆρα κερασσάμενοι μακάρεσσιν
ᾗ θέμις, εὐαγέως τ' ἐπιβώμια μῆλ' ἐρύσαντες,
αὐτονυχὶ κούρη θαλαμήιον ἔντυον εὐνήν   1130

1105 κεύσω p. corr. L, ASG: κεύθω a. corr. L, PE   1107 ἰθυνέω
Fr: -νω libri; cf. (ad fut. tempus) 1108 sq., 1117-20, et (ad formam)
ὀτρυνέω ii. 803, iv. 499, 1115   1114 προέπεμψεν Brunck (melius προ-
έηκεν), sed cf. 1121 et 435   1115 ἐπιφροσύνῃσιν L¹APE (cf. iii. 659):
ἐφημοσ- v.l. L², SG (cf. 818, al.)   (ἐφημ.) ἐποτρυνέοντα Brunck   1117 fort.
αἴδεσθαι   ἑκὼν Samuelsson, cll. i. 856, ii. 24, 56, al.   ἰὼν ἐν Κό. S solus
1125-49 bis exarati sunt in L, v. ad 1099   1129 τ' inser. Fr contra
libros

215

ἄντρῳ ἐν ἠγαθέῳ, τόθι δή ποτε Μάκρις ἔναιεν
κούρη Ἀρισταίοιο μελίφρονος, ὅς ῥα μελισσέων
ἔργα πολυκμήτοιό τ' ἀνεύρατο πῖαρ ἐλαίης·
κείνη δὴ πάμπρωτα Διὸς Νυσήιον υἷα
Εὐβοίης ἔντοσθεν Ἀβαντίδος ᾧ ἐνὶ κόλπῳ   1135
δέξατο καὶ μέλιτι ξηρὸν περὶ χεῖλος ἔδευσεν,
εὖτέ μιν Ἑρμείης φέρεν ἐκ πυρός· ἔδρακε δ' Ἥρη,
καί ἑ χολωσαμένη πάσης ἐξήλασε νήσου·
ἡ δ' ἄρα Φαιήκων ἱερῷ ἐνὶ τηλόθεν ἄντρῳ
νάσσατο, καὶ πόρεν ὄλβον ἀθέσφατον ἐνναέτῃσιν.   1140
ἔνθα τότ' ἐστόρεσαν λέκτρον μέγα· τοῖο δ' ὕπερθε
χρύσεον αἰγλῆεν κῶας βάλον, ὄφρα πέλοιτο
τιμήεις τε γάμος καὶ ἀοίδιμος· ἄνθεα δέ σφι
νύμφαι ἀμεργόμεναι λευκοῖς ἐνὶ ποικίλα κόλποις
ἐσφόρεον. πάσας δὲ πυρὸς ὣς ἄμφεπεν αἴγλη,   1145
τοῖον ἀπὸ χρυσέων θυσάνων ἀμαρύσσετο φέγγος·
δαῖε δ' ἐν ὀφθαλμοῖς γλυκερὸν πόθον, ἴσχε δ' ἑκάστην
αἰδὼς ἱεμένην περ ὅμως ἐπὶ χεῖρα βαλέσθαι.
αἱ μέν τ' Αἰγαίου ποταμοῦ καλέοντο θύγατρες,
αἱ δ' ὄρεος κορυφὰς Μελιτηίου ἀμφενέμοντο,   1150
αἱ δ' ἔσαν ἐκ πεδίων ἀλσηίδες· ὦρσε γὰρ αὐτή
Ἥρη Ζηνὸς ἄκοιτις, Ἰήσονα κυδαίνουσα.
κεῖνο καὶ εἰσέτι νῦν ἱερὸν κληίζεται Ἄντρον
Μηδείης, ὅθι τούσγε σὺν ἀλλήλοισιν ἔμειξαν,
τεινάμεναι ἑανοὺς εὐώδεας· οἱ δ' ἐνὶ χερσί   1155
δούρατα νωμήσαντες ἀρήια, μὴ πρὶν ἐς ἀλκήν
δυσμενέων ἀίδηλος ἐπιβρίσειεν ὅμιλος,
κράατα δ' εὐφύλλοις ἐστεμμένοι ἀκρεμόνεσσιν,
ἐμμελέως Ὀρφῆος ὑπαὶ λίγα φορμίζοντος

1132 περίφρονος L priore (v. ad 1099) loco   1137 ἑρμείης libri omnes
(sed -ας ii. 1145, iv. 121, -αν iii. 588); cf. ad iii. 252 (de θεῆς)   1147 γλυ-
κερὸν πόθον LASG: -ρὸς πόθος PE   1156 fort. νωμώοντες   1157 αἴδηλος
SG: ἀρί- LAPE

νυμφιδίαις ὑμέναιον ἐπὶ προμολῇσιν ἄειδον.　　　　1160
οὐ μὲν ἐν Ἀλκινόοιο γάμον μενέαινε τελέσσαι
ἥρως Αἰσονίδης, μεγάροις δ᾽ ἐνὶ πατρὸς ἑοῖο
νοστήσας ἐς Ἰωλκὸν ὑπότροπος, ὣς δὲ καὶ αὐτή
Μήδεια φρονέεσκε· τότ᾽ αὖ χρεὼ ἦγε μιγῆναι.
ἀλλὰ γὰρ οὔποτε φῦλα δυηπαθέων ἀνθρώπων　　　　1165
τερπωλῆς ἐπέβημεν ὅλῳ ποδί, σὺν δέ τις αἰεί
πικρὴ παρμέμβλωκεν ἐυφροσύνῃσιν ἀνίη·
τῶ καὶ τούς, γλυκερῇ περ ἰαινομένους φιλότητι,
δεῖμ᾽ ἔχεν εἰ τελέοιτο διάκρισις Ἀλκινόοιο.　　　　1169

Ἠὼς δ᾽ ἀμβροσίοισιν ἀνερχομένη φαέεσσιν　　　　1170
λῦε κελαινὴν νύκτα δι᾽ ἠέρος, αἱ δ᾽ ἐγέλασσαν
ἠιόνες νήσοιο καὶ ἑρσήεσσαι ἄπωθεν
ἀτραπιτοὶ πεδίων, ἐν δὲ θρόος ἔσκεν ἀγυιαῖς·
κίνυντ᾽ ἐνναέται μὲν ἀνὰ πτόλιν, οἱ δ᾽ ἀποτηλοῦ
Κόλχοι Μακριδίης ἐπὶ πείρασι χερνήσοιο·　　　　1175
αὐτίκα δ᾽ Ἀλκίνοος μετεβήσετο συνθεσίῃσιν
ὃν νόον ἐξερέων κούρης ὕπερ, ἐν δ᾽ ὅγε χειρί
σκῆπτρον ἔχεν χρυσοῖο δικασπόλον, ᾧ ὕπο πολλοί
ἰθείας ἀνὰ ἄστυ διεκρίνοντο θέμιστας·
τῶ δὲ καὶ ἑξείης πολεμήια τεύχεα δύντες　　　　1180
Φαιήκων οἱ ἄριστοι ὁμιλαδὸν ἐστιχόωντο.　　　　1181

ἥρωας δὲ γυναῖκες ἀολλέες ἔκτοθι πύργων　　　　1182
βαῖνον ἐποψόμεναι· σὺν δ᾽ ἀνέρες ἀγροιῶται
ἤντεον εἰσαΐοντες, ἐπεὶ νημερτέα βάξιν
Ἥρη ἐπιπροέηκεν. ἄγεν δ᾽ ὁ μὲν ἔκκριτον ἄλλων　　　　1185
ἀρνειὸν μήλων, ὁ δ᾽ ἀεργηλὴν ἔτι πόρτιν,

1161 μενέαινε LASG: -ήηνε PE; cf. φρον. 1164　　　1169 post hunc vs.
(potius quam post vs. 1160) inserendi esse videntur vss. 1182-1200, omissi
olim propter Ἀλκινόοιο 1169 et 1200, deinde illuc delati　　　1170 φα-
ρέεσσιν S solus (unde hoc pro v.l. in schᶠˡᵒʳ·)　　　1176 μετεβήσετο LAGPE:
-σατο S; cf. ad 458　　　1178 ἔχεν LPE: ἔχε ASG　　　πολλοί libri: λαοί
Flor. (ex coni.); cf. ad utrumque ii. 1027　　　1182-1200 v. ad 1169;
fort. quaedam interciderunt inter 1181 et 1201

ἄλλοι δ' ἀμφιφορῆας ἐπισχεδὸν ἵστασαν οἴνου
κίρνασθαι, θυέων δ' ἀπο τηλόθι κῆκιε λιγνύς·
αἱ δὲ πολυκμήτους ἑανοὺς φέρον, οἷα γυναῖκες,
μείλιά τε χρυσοῖο καὶ ἀλλοίην ἐπὶ τοῖσιν   1190
ἀγλαΐην, οἵην τε νεόζυγες ἐντύνονται.
θάμβευν δ' εἰσορόωσαι ἀριπρεπέων ἡρώων
εἴδεα καὶ μορφάς, ἐν δέ σφισιν Οἰάγροιο
υἱὸν ὑπαὶ φόρμιγγος ἐυκρέκτου καὶ ἀοιδῆς
ταρφέα σιγαλόεντι πέδον κροτέοντα πεδίλῳ·   1195
νύμφαι δ' ἄμμιγα πᾶσαι, ὅτε μνήσαιντο γάμοιο,
ἱμερόενθ' ὑμέναιον ἀνήπυον. ἄλλοτε δ' αὖτε
οἰόθεν οἷαι ἄειδον ἑλισσόμεναι περὶ κύκλον,
Ἥρη, σεῖο ἕκητι· σὺ γὰρ καὶ ἐπὶ φρεσὶ θῆκας
Ἀρήτῃ πυκινὸν φάσθαι ἔπος Ἀλκινόοιο.   1200

αὐτὰρ ὅγ', ὡς τὰ πρῶτα δίκης ἀνὰ πείρατ' ἔειπεν   1201
ἰθείης, ἤδη δὲ γάμου τέλος ἐκλήιστο,
ἔμπεδον ὣς ἀλέγυνε διαμπερές, οὐδέ ἑ τάρβος
οὐλοὸν οὐδὲ βαρεῖαι ὑπήλυθον Αἰήταο
μήνιες· ἀρρήκτοισι δ' ἐνιζεύξας ἔχεν ὅρκοις.   1205
τῶ καὶ ὅτ' ἠλεμάτως Κόλχοι μάθον ἀντιόωντες,
καί σφεας ἠὲ θέμιστας ἑὰς εἴρυσθαι ἄνωγεν
ἢ λιμένων γαίης τ' ἀπὸ τηλόθι νῆας ἐέργειν,
δὴ τότε μιν, βασιλῆος ἑοῦ τρομέοντες ἐνιπάς,

1198 non huc facere videntur quae Etᴹᴹᴹ s.v. ἀλάλημαι ex Herodiano
(ii. 388. 21 L) affert verba ἀληλάμενοι περὶ κύκλον, auctoris nomine non
addito   1206 (ὅτ' —) Etᴳ, et ἠλ. solum Etᴹ, s.v. ἠλέματος

1188 ἀποτηλόθι libri, sed cf. i. 437   1193 ἐν LAPE: σὺν SG
1195 πέδον GPE: -δῳ LA (propter πεδίλῳ): -δην S   1196 μνήσαιτο
(scil. Orpheus) Brunck, sed cantabant ceteri quoque viri (1160)
1200 ἀρήτη(ι) SG: -της LAPE   ἀλκ(ινό)οιο (medio verbo eraso) L
1203 ἑ LAPE: τι SG   1204 ὑπήλυθον Castiglioni: ἐπ- libri
1208 ἀπὸ τηλ. separavit Brunck (cf. ad 1188)   1209 μιν SG: δὴ
LAPE   et τρομέοντες et -τας archet., scil. -τες SPE : -τας AG: litt. ας
in ras. L; iunge μιν (h.e. Alcinoum) μειλ. (Platt)

ΑΡΓΟΝΑΥΤΙΚΩΝ Δ

δέχθαι μειλίξαντο συνήμονας. αὖθι δὲ νήσῳ   1210
δὴν μάλα Φαιήκεσσι μετ᾽ ἀνδράσι ναιετάασκον,
εἰσότε Βακχιάδαι γενεὴν Ἐφύρηθεν ἐόντες
ἀνέρες ἐννάσσαντο μετὰ χρόνον, οἱ δὲ περαίην
νῆσον ἔβαν· κεῖθεν δὲ Κεραύνια μέλλον Ἀμάντων
οὔρεα Νεσταίους τε καὶ Ὤρικον εἰσαφικέσθαι.   1215
ἀλλὰ τὰ μὲν στείχοντος ἄδην αἰῶνος ἐτύχθη·
Μοιράων δ᾽ ἔτι κεῖθι θύη ἐπέτεια δέχονται
καὶ Νυμφέων Νομίοιο καθ᾽ ἱερὸν Ἀπόλλωνος
βωμοὶ τοὺς Μήδεια καθείσατο. πολλὰ δ᾽ ἰοῦσιν
Ἀλκίνοος Μινύαις ξεινήια, πολλὰ δ᾽ ὄπασσεν   1220
Ἀρήτη, μετὰ δ᾽ αὖτε δυώδεκα δῶκεν ἔπεσθαι
Μηδείῃ δμωὰς Φαιηκίδας ἐκ μεγάροιο.
Ἤματι δ᾽ ἑβδομάτῳ Δρεπάνην λίπον· ἤλυθε δ᾽ οὖρος
ἀκραὴς ἠῶθεν ὑπεύδιος, οἱ δ᾽ ἀνέμοιο
πνοιῇ ἐπειγόμενοι προτέρω θέον. . ἀλλὰ γὰρ οὔπω   1225
αἴσιμον ἦν ἐπιβῆναι Ἀχαιίδος ἡρώεσσιν,
ὄφρ᾽ ἔτι καὶ Λιβύης ἐπὶ πείρασιν ὀτλήσειαν·
ἤδη μὲν †ποτὶ κόλπον ἐπώνυμον Ἀμβρακιήων,
ἤδη Κουρήτων ἔλιπον χθόνα πεπταμένοισιν
λαίφεσι καὶ †στεινὰς αὐταῖς σὺν Ἐχινάσι νήσους   1230
ἑξείης, Πέλοπος δὲ νέον κατεφαίνετο γαῖα·
καὶ τότ᾽ ἀναρπάγδην ὀλοὴ βορέαο θύελλα
μεσσηγὺς πέλαγόσδε Λιβυστικὸν ἐννέα πάσας
νύκτας ὁμῶς καὶ τόσσα φέρ᾽ ἤματα, μέχρις ἵκοντο

1214 (κεῖθεν)–1215 Et⁰ s.v. Ἀμαντες   1228 Et⁰ᴹ s.v. Ἀμβρακία

1214 ἀμάντων Et⁰: ἀβάντων libri; cf. Callim. fg. 12 et notam Pfeifferi
1217 κεῖθι Fr: κεῖσε libri; v. ad i. 955   1219 καθείσατο S: καθίσσατο
LAGPE; cf. 119 et i. 967   1224 ὑπεύδιος SG: ὑπὲκ διὸς LAPE (quod
foret ‘φυγὼν Δία’); cf. i. 520 sq., 584, iv. 1731   1228 ποτὶ libri Et (ex
•v.l. ad ἐπὶ 1227?): ποθι Merkel (cl. iii. 225, quod valde differt); e.gr.
στόμα κόλπου -νύμου Ἀμπρ- Brunck   1229 κουρήτων SG: κουρῆτιν
PE: κουρῖτιν LA   1230 στεινὰς APE: στεινὰς . . L: στενὰς SG; e.gr.
-σιν Ἀστερίην τ᾽

219

προπρὸ μάλ' ἔνδοθι Σύρτιν, ἵν' οὐκέτι νόστος ὀπίσσω   1235
νηυσὶ πέλει, ὅτε τόνδε βιῷατο κόλπον ἱκέσθαι·
πάντη γὰρ τέναγος, πάντη μνιόεντα βυθοῖο
τάρφεα, κωφὴ δέ σφιν ἐπιβλύει ὕδατος ἄχνη·
ἠερίη δ' ἄμαθος παρακέκλιται, οὐδέ τι εἰσι
ἑρπετὸν οὐδὲ ποτητὸν ἀείρεται. ἔνθ' ἄρα τούσγε   1240
πλημυρίς (καὶ γάρ τ' ἀναχάζεται ἠπείροιο
ἢ θαμὰ δὴ τόδε χεῦμα, καὶ ἂψ ἐπερεύγεται ἀκτάς
λάβρον ἐποιχόμενον) μυχάτῃ ἐνέωσε †τάχιστα
ἠιόνι, τρόπιος δὲ μάλ' ὕδασι παῦρον ἔλειπτο.
οἱ δ' ἀπὸ νηὸς ὄρουσαν, ἄχος δ' ἕλεν εἰσορόωντας   1245
ἠέρα καὶ μεγάλης νῶτα χθονὸς ἠέρι ἶσα
τηλοῦ ὑπερτείνοντα διηνεκές· οὐδέ τιν' ἀρδμόν,
οὐ πάτον, οὐκ ἀπάνευθε κατηυγάσσαντο βοτήρων
αὔλιον, εὐκήλῳ δὲ κατείχετο πάντα γαλήνῃ.
ἄλλος δ' αὖτ' ἄλλον τετιημένος ἐξερέεινεν·   1250
" Τίς χθὼν εὔχεται ἥδε; πόθι ξυνέωσαν ἄελλαι
ἡμέας; αἴθ' ἔτλημεν, ἀφειδέες οὐλομένοιο
δείματος, αὐτὰ κέλευθα διαμπερὲς ὁρμηθῆναι
πετράων· ἤ τ' ἂν καὶ ὑπὲρ Διὸς αἶσαν ἰοῦσιν
βέλτερον ἦν μέγα δή τι μενοινώοντας ὀλέσθαι.   1255
νῦν δὲ τί κεν ῥέξαιμεν, ἐρυκόμενοι ἀνέμοισιν
αὖθι μένειν τυτθόν περ ἐπὶ χρόνον; οἷον ἐρήμη
πέζα διωλυγίης ἀναπέπταται ἠπείροιο."
Ὣς ἄρ' ἔφη· μετὰ δ' αὐτὸς ἀμηχανίῃ κακότητος

1235 ἵν' ASG (cum gl. ὅπου G): ἔνθ' PE : v.l. ἵν' scr. supra στ' L : ὅθ' vel
ὅτ' recc. quidam   1236 τόνδε Fr : τόνγε libri   1238 κωφὴ libri
sch : κούφη Valckenaer (ad Ammon. 134), perperam   1239 εἰσι Fr :
κεῖσε libri (cf. ad 1246); v. ad i. 955   1242 fort. τόθι   1243 -σε
τάχιστα LAPE : -σεν ἄγεσθαι SG ; e.gr. -σ' ἄγχιστα   1244 fort. μεθ'
ὕδασι   1246 δ' (ἴσα) libri (ad hiatum vitandum): δ' del. Buttmann
(Lexil. 1. 122)   1248 κατηυγάσσαντο v.l. L², S : καταυγ- L¹AGPE
1248/9 βοτήρων αὐλίον LASG : βοτῆρα αὐλίου PE   1255 μενοινώοντας
SPE : -νόωντας G : -νόωντας LA   1259 fort. ἀμηχανέων κακότητι, cll.
ii. 410, iii. 423

ἰθυντὴρ Ἀγκαῖος ἀκηχεμένοις ἀγόρευσεν·   1260
" Ὠλόμεθ' αἰνότατον δῆθεν μόρον οὐδ' ὑπάλυξις
ἔστ' ἄτης, πάρα δ' ἄμμι τὰ κύντατα πημανθῆναι
τῇδ' ὑπ' ἐρημαίῃ πεπτηότας, εἰ καὶ ἆται
χερσόθεν ἀμπνεύσειαν· ἐπεὶ τεναγώδεα λεύσσω
τῆλε περισκοπέων ἅλα πάντοθεν, ἤλιθα δ' ὕδωρ   1265
ξαινόμενον πολιῆσιν ἐπιτροχάει ψαμάθοισι·
καί κεν ἐπισμυγερῶς διὰ δὴ πάλαι ἥδε κεάσθη
νηῦς ἱερὴ χέρσου πολλὸν πρόσω, ἀλλά μιν αὐτή
πλημυρὶς ἐκ πόντοιο μεταχρονίην ἐκόμισσεν.
νῦν δ' ἡ μὲν πελαγόσδε μετέσσυται, οἰόθι δ' ἅλμη   1270
ἄπλοος εἰλεῖται, γαίης ὕπερ ὅσσον ἔχουσα.
τούνεκ' ἐγὼ πᾶσαν μὲν ἀπ' ἐλπίδα φημὶ κεκόφθαι
ναυτιλίης νόστου τε· δαημοσύνην δέ τις ἄλλος
φαίνοι ἑήν, πάρα γάρ οἱ ἐπ' οἰήκεσσι θαάσσειν
μαιομένῳ κομιδῆς· ἀλλ' οὐ μάλα νόστιμον ἦμαρ   1275
Ζεὺς ἐθέλει καμάτοισιν ἐφ' ἡμετέροισι τελέσσαι."
Ὣς φάτο δακρυόεις, σὺν δ' ἔννεπον ἀσχαλόωντι
ὅσσοι ἔσαν νηῶν δεδαημένοι. ἐν δ' ἄρα πᾶσιν
παχνώθη κραδίη, χύτο δὲ χλόος ἀμφὶ παρειάς.
οἷον δ' ἀψύχοισιν ἐοικότες εἰδώλοισιν   1280
ἀνέρες εἰλίσσονται ἀνὰ πτόλιν, ἢ πολέμοιο
ἢ λοιμοῖο τέλος ποτιδέγμενοι ἠέ τιν' ὄμβρον
ἄσπετον, ὅς τε βοῶν κατὰ μυρίος ἔκλυσεν ἔργα,
ὁππότ' ἂν αὐτόματα ξόανα ῥέῃ ἱδρώοντα
αἵματι καὶ μυκαὶ σηκοῖς ἔνι φαντάζωνται,   1285
ἠὲ καὶ ἠέλιος μέσῳ ἤματι νύκτ' ἐπάγῃσιν

1260 ἀκηχεμένοις nostri omnes (sic): -νος Paris. 2845   1263 ὑπ' libri:
ἐπ' Schneider; cf. ad iii. 321   καὶ Koechly (p. 13): κεν (in ras. L²) libri
1269 μετ., v. ad ii. 300   1273 τε SG: δὲ LPE: om. A   1274 φαίνοι
ἑήν Madvig: φαίνοιεν LASG: φήνειεν PE   1277 ἀσχαλόωντι LAPE:
-τες PE   1283 μυρίος Fr, cl. ii. 1120: μυρία (μυρί' PE) libri   1284 ὁπ-
πότ' ἂν Wilamowitz (p. 253, cl. 1355): ἢ ὅταν libri

οὐρανόθεν, τὰ δὲ λαμπρὰ δι' ἠέρος ἄστρα φαείνῃ—
ὣς τότ' ἀριστῆες δολιχοῦ πρόπαρ αἰγιαλοῖο
ἤλυον ἑρπύζοντες. ἐπήλυθε δ' αὐτίκ' ἐρεμνή
ἕσπερος· οἱ δ' ἐλεεινὰ χεροῖν σφέας ἀμφιβαλόντες   1290
δακρυόειν ἀγάπαζον, ἵν' ἄνδιχα δῆθεν ἕκαστος
θυμὸν ἀποφθίσειαν ἐνὶ ψαμάθοισι πεσόντες.
βὰν δ' ἴμεν ἄλλυδις ἄλλος, ἑκαστέρω αὐλιν ἑλέσθαι·
ἐν δὲ κάρη πέπλοισι καλυψάμενοι σφετέροισιν,
ἄκμηνοι καὶ ἄπαστοι ἐκείατο νύκτ' ἔπι πᾶσαν   1295
καὶ φάος, οἰκτίστῳ θανάτῳ ἔπι. νόσφι δὲ κοῦραι
ἀθρόαι Αἰήταο παρεστενάχοντο θυγατρί·
ὡς δ' ὅτ' ἐρημαῖοι, πεπτηότες ἔκτοθι πέτρης
χηραμοῦ, ἀπτῆνες λιγέα κλάζουσι νεοσσοί,
ἢ ὅτε καλὰ νάοντος ἐπ' ὀφρύσι Πακτωλοῖο   1300
κύκνοι †κινήσουσιν ἑὸν μέλος, ἀμφὶ δὲ λειμών
ἑρσήεις βρέμεται ποταμοῖό τε καλὰ ῥέεθρα—
ὣς αἱ, ἐπὶ ξανθὰς θέμεναι κονίῃσιν ἐθείρας,
παννύχιαι ἐλεεινὸν ἰήλεμον ὠδύροντο.

Καί νύ κεν αὐτοῦ πάντες ἀπὸ ζωῆς ἐλίασθεν   1305
νώνυμνοι καὶ ἄφαντοι ἐπιχθονίοισι δαῆναι
ἡρώων οἱ ἄριστοι ἀνηνύστῳ ἐπ' ἀέθλῳ,
ἀλλά σφεας ἐλέηραν ἀμηχανίῃ μινύθοντας
ἡρῶσσαι Λιβύης τιμήοροι, αἵ ποτ' Ἀθήνην,

1309 (— τιμ.) Et^G s.v. ἡρωσσαι   τιμ. Et^M s.v.

_____

1287 φαείνῃ Brunck: -νοι LA: -νει SGPE   1289 ἤλυον Brunck:
ἤλυθον libri; cf. Il. 24. 12   1291 δακρυόειν libri omnes; v. ad ii. 404
1291/2 ἕκαστος et ἀποφθίσειαν LA: -τος et -σειεν PE: -τοι et -σειαν
SG   1300/02 καλὰ ν. et καλὰ ῥ. de eodem fluvio susp. (R. Burn)
1301 κινήσουσιν LAPE: -σωσιν SG; e.gr. κ. καινίσσωσι νέον μ., vel
κύκνοις κινήσησι μόρος μ. (cll. Eurip. El. 302, al.), vel κύκνοι κωκύουσιν (cf.
1299 -ουσι) ἑὸν μόρον (cll. Aesch. Agam. 1313 sq.)   1308 ἐλέηραν, et
supra scr. .αι. et .ο., fere archet., scil. ἐλέηραν L: ἐλέειραν A: ἐλέαιρον SG:
ἐλαίηρον PE; 1422 ἐλέαιρον omnes   1309 (et 1323, 1358) ἡρῶσσαι L:
-ῶ- nos, secuti Pfeifferum (Callim. vol. i, p. 500 ad 37. 1)

ἦμος ὅτ' ἐκ πατρὸς κεφαλῆς θόρε παμφαίνουσα,　　　1310
ἀντόμεναι Τρίτωνος ἐφ' ὕδασι χυτλώσαντο.
ἔνδιον ἦμαρ ἔην, περὶ δ' ὀξύταται θέρον αὐγαί
ἠελίου Λιβύην· αἱ δὲ σχεδὸν Αἰσονίδαο
ἔσταν, ἔλον δ' ἀπὸ χερσὶ καρήατος ἠρέμα πέπλον.
αὐτὰρ ὅγ' εἰς ἑτέρωσε παλιμπετὲς ὄμματ' ἔνεικεν,　　1315
δαίμονας αἰδεσθείς· αὐτὸν δέ μιν ἀμφαδὸν οἷον
μειλιχίοις ἐπέεσσιν ἀτυζόμενον προσέειπον·
" Κάμμορε, τίπτ' ἐπὶ τόσσον ἀμηχανίῃ βεβόλησαι;
ἴδμεν ἐποιχομένους χρύσεον δέρος, ἴδμεν ἕκαστα
ὑμετέρων καμάτων ὅσ' ἐπὶ χθονὸς ὅσσα τ' ἐφ' ὑγρήν　1320
πλαζόμενοι κατὰ πόντον ὑπέρβια ἔργα κάμεσθε·
οἰοπόλοι δ' εἰμὲν χθόνιαι θεαὶ αὐδήεσσαι,.
ἡρῶσσαι Λιβύης τιμήοροι ἠδὲ θύγατρες.
ἀλλ' ἄνα, μηδ' ἔτι τοῖον ὀιζύων ἀκάχησο,
ἄνστησον δ' ἑτάρους· εὖτ' ἄν δέ τοι Ἀμφιτρίτη　　1325
ἅρμα Ποσειδάωνος ἐύτροχον αὐτίκα λύσῃ,
δή ῥα τότε σφετέρῃ ἀπὸ μητέρι τίνετ' ἀμοιβήν
ὧν ἔκαμεν δηρὸν κατὰ νηδύος ὔμμε φέρουσα,
καί κεν ἔτ' ἠγαθέην ἐς Ἀχαιίδα νοστήσαιτε."
ʼΩς ἄρ' ἔφαν, καὶ ἄφαντοι, ἵν' ἔσταθεν, ἔνθ' ἄρα ταίγε　1330
φθογγῇ ὁμοῦ ἐγένοντο παρασχεδόν. αὐτὰρ Ἰήσων
παπτήνας ἀν' ἄρ' ἕζετ' ἐπὶ χθονός, ὧδέ τ' ἔειπεν·
" Ἵλατ' ἐρημονόμοι κυδραὶ θεαί. ἀμφὶ δὲ νόστῳ
οὔτι μάλ' ἀντικρὺ νοέω φάτιν· ἦ μὲν ἑταίρους
εἰς ἓν ἀγειράμενος μυθήσομαι, εἴ νύ τι τέκμωρ　　　1335
δήωμεν κομιδῆς· πολέων δέ τε μῆτις ἀρείων."
ʼΗ, καὶ ἀναΐξας ἑτάρους ἐπὶ μακρὸν ἀύτει
αὐσταλέος κονίῃσι, λέων ὣς ὅς ῥά τ' ἀν' ὕλην

1312 ὀξύταται S (ex coni.): -ταται LAG (quod praefert Platt): -τάτως PE　　1316 αὐταὶ Brunck; fort. ἄντην　　1318 ἐπὶ Spitzner (Observ. ad Qu. Smyrn. 252): ἔτι (τίπτε τι PE) libri　　1333 κυδναὶ A solus　1336 δή(ι)ωμεν LSG: δηίομεν APE: δήοιμεν Brunck　　ἀρείων LAPE: ἀρίστη SG

σύννομον ἦν μεθέπων ὠρύεται· αἱ δὲ βαρείῃ
φθογγῇ ὑπο βρομέουσιν ἀν' οὔρεα τηλόθι βῆσσαι, 1340
δείματι δ' ἄγραυλοί τε βόες μέγα πεφρίκασιν
βουπελάται τε βοῶν. τοῖς δ' οὔ νύ τι γῆρυς ἐτύχθη
ῥιγεδανὴ ἑτάροιο, φίλοις ἐπικεκλομένοιο·
ἀγχοῦ δ' ἠγερέθοντο, κατηφέες. αὐτὰρ ὁ τούσγε
ἀχνυμένους ὅρμοιο πέλας μίγα θηλυτέρῃσιν 1345
ἱδρύσας, μυθεῖτο πιφαυσκόμενος τὰ ἕκαστα·
" Κλῦτε φίλοι· τρεῖς γάρ μοι ἀνιάζοντι θεάων,
στέρφεσιν αἰγείοις ἐζωσμέναι ἐξ ὑπάτοιο
αὐχένος ἀμφί τε νῶτα καὶ ἰξύας, ἠΰτε κοῦραι,
ἔσταν ὑπὲρ κεφαλῆς μάλ' ἐπισχεδόν, ἂν δ' ἐκάλυψαν 1350
πέπλον ἐρυσσάμεναι κούφῃ χερί· καί μ' ἐκέλοντο
αὐτόν τ' ἔγρεσθαι ἀνά θ' ὑμέας ὄρσαι ἰόντα·
μητέρι δὲ σφετέρῃ μενοεικέα τεῖσαι ἀμοιβὴν
ὧν ἔκαμεν δηρὸν κατὰ νηδύος ἄμμε φέρουσα,
ὁππότε κεν λύσησιν ἐΰτροχον Ἀμφιτρίτη 1355
ἅρμα Ποσειδάωνος· ἐγὼ δ' οὐ πάγχυ νοῆσαι
τῆσδε θεοπροπίης ἴσχω πέρι. φάν γε μὲν εἶναι
ἡρῶσσαι Λιβύης τιμήοροι ἠδὲ θύγατρες·
καὶ δ' ὁπόσ' αὐτοὶ πρόσθεν ἐπὶ χθονὸς ἠδ' ὅσ' ἐφ' ὑγρῆς
ἔτλημεν, τὰ ἕκαστα διδόμεναι εὐχετόωντο. 1360
οὐδ' ἔτι τάσδ' ἀνὰ χῶρον ἐσέδρακον, ἀλλά τις ἀχλύς
ἠὲ νέφος μεσσηγὺ φαεινομένας ἐκάλυψεν."
Ὣς ἔφαθ'· οἱ δ' ἄρα πάντες ἐθάμβεον εἰσαΐοντες.
1348 Etᴳ s.v. στέρφος

1339 βαρείῃ spernebat Brunck, recepit Wellauer: βαρεία VASG: βαρεῖαι
in ras. L, PE: βαθεῖαι Brunck; cf. hy. Aphrod. 159, al.   1340 ὑπο
(separatim) Fr, et βρομέουσιν Castiglioni (ἐπιβρομ-, Byz.-Neugriech. Jbb. 2,
1921, 34 n.): ὑποτρομ- libri (ex δείματι 1341); cf. 1302, Qu. Smyrn. 4. 240
sq., 7. 257-60   1343 φίλοις APE: -λους SG: utrumque (supra -οις scr.
ν) L; cf. iii. 85   1347 fort. θέαιναι   1349 ἰξύας LA: -ύος SPE
κοῦραι obscurum   1355 κεν LAPE: δὴ SG   1359 ὑγρῆς SG: -ρὴν
LAPE (ex 1320?)   1361 ἀλλά πη ἀχλὺς D

ἔνθα τὸ μήκιστον τεράων Μινύῃσιν ἐτύχθη.

ἐξ ἁλὸς ἠπειρόνδε πελώριος ἄνθορεν ἵππος   1365
ἀμφιλαφὴς χρυσέῃσι μετήορος αὐχένα χαίταις·
ῥίμφα δὲ σεισάμενος γυίων ἄπο νήχυτον ἅλμην
ὦρτο θέειν πνοιῇ ἴκελος πόδας. αἶψα δὲ Πηλεύς
γηθήσας ἑτάροισιν ὁμηγερέεσσι μετηύδα·

"Ἅρματα μὲν δή φημι Ποσειδάωνος ἔγωγε   1370
ἤδη νῦν ἀλόχοιο φίλης ὑπὸ χερσὶ λελύσθαι·
μητέρα δ' οὐκ ἄλλην προτιόσσομαι ἠέ περ αὐτήν
νῆα πέλειν· ἦ γάρ, κατὰ νηδύος αἰὲν ἔχουσα
νωλεμές, ἀργαλέοισιν ὀιζύει καμάτοισιν.
ἀλλά μιν ἀστεμφεῖ τε βίῃ καὶ ἀτειρέσιν ὤμοις   1375
ὑψόθεν ἀνθέμενοι ψαμαθώδεος ἔνδοθι γαίης
οἴσομεν ᾗ προτέρωσε ταχὺς πόδας ἤλασεν ἵππος·
οὐ γὰρ ὅγε ξηρὴν ὑποδύσεται, ἴχνια δ' ἡμῖν
σημανέειν τιν' ἔολπα μυχὸν καθύπερθε θαλάσσης."

Ὣς ηὔδα· πάντεσσι δ' ἐπήβολος ἥνδανε μῆτις.   1380
Μουσάων ὅδε μῦθος, ἐγὼ δ' ὑπακουὸς ἀείδω
Πιερίδων, καὶ τήνδε πανατρεκὲς ἔκλυον ὀμφήν,
ὑμέας, ὦ πέρι δὴ μέγα φέρτατοι υἷες ἀνάκτων,
ᾗ βίῃ, ᾗ ἀρετῇ Λιβύης ἀνὰ θῖνας ἐρήμους
νῆα μεταχρονίην ὅσα τ' ἔνδοθι νηὸς ἄγεσθε   1385
ἀνθεμένους ὤμοισι φέρειν δυοκαίδεκα πάντα
ἤμαθ' ὁμοῦ νύκτας τε. δύην γε μὲν τῆ καὶ ὀιζύν
τίς κ' ἐνέποι τὴν κεῖνοι ἀνέπλησαν μογέοντες;

1364 μινύῃσιν L²AG: -νύαισιν L¹SPE; v. ad iii. 578   1365 ἄνθορεν SG:
ἐν- PE: ἐκ- LA; cf. iii. 556 et v. Faerber, p. 15   1373 ᾗ SPE: ἦ LAG
1373/4 αἰὲν ἔχουσα / ἡμέας SG (ἡμ. ex *gl. ad explicandum ἔχ.): ἄμμε
φέρουσα (ex 1328, 1354)/ νωλεμὲς PE: ἄμμε φέρουσα / ἡμέας LA; cf. ἐν γαστρὶ
ἔχει (sine obiecto) et homericum νωλεμὲς αἰεί   1380 cf. ii. 1068   1383 cf.
ad 1031; hic quoque scribi possit ὑμείων πέρι (ἔκλυον)   1384 ᾗ (ἀρετῇ)
libri omnes (sic): ᾗ τ' Brunck 'ob meliorem sonum'   1385 ἄγεσθαι
libri   1388 ἀνέπλησαν LAGPE (cf. 15, et 342, 365, Oppiani Hal.
1. 707 sq.): ἀνέτλησαν S (cf. ii. 179, iv. 1091, Od. 3. 103 sq. ὀιζύος ἦν—
ἀνέτλημεν, Qu. Smyrn. 9. 103 [van Krevelen 1949. 147] ἀνέτλημεν μογέοντες)

ἔμπεδον ἀθανάτων ἔσαν αἵματος, οἷον ὑπέσταν
ἔργον ἀναγκαίῃ βεβιημένοι. αὐτὰρ ἐπιπρό   1390
τῆλε μάλ' ἀσπασίως Τριτωνίδος ὕδασι λίμνης
ὡς φέρον, ὡς εἰσβάντες ἀπὸ στιβαρῶν θέσαν ὤμων.
   Λυσσαλέοις δῆπειτ' ἴκελοι κυσὶν ἀίσσοντες
πίδακα μαστεύεσκον, ἐπὶ ξηρῇ γὰρ ἔκειτο
δίψα δυηπαθίῃ τε καὶ ἄλγεσιν. οὐδ' ἐμάτησαν   1395
πλαζόμενοι· ἷξον δ' ἱερὸν πέδον, ᾧ ἔνι Λάδων
εἰσέτι που χθιζὸν παγχρύσεα ῥύετο μῆλα
χώρῳ ἐν Ἄτλαντος, χθόνιος ὄφις, ἀμφὶ δὲ νύμφαι
Ἑσπερίδες ποίπνυον ἐφίμερον ἀείδουσαι·
τῆμος δ' ἤδη κεῖνος ὑφ' Ἡρακλῆι δαϊχθείς   1400
μήλειον βέβλητο ποτὶ στύπος, οἰόθι δ' ἄκρῃ
οὐρῇ ἔτι σκαίρεσκεν, ἀπὸ κρατὸς δὲ κελαινήν
ἄχρις ἐπ' ἄκνηστιν κεῖτ' ἄπνοος· ἐν δὲ λιπόντων
ὕδρης Λερναίης χόλον αἵματι πικρὸν οἰστῶν,
μυῖαι πυθομένοισιν ἐφ' ἕλκεσι τερσαίνοντο.   1405
ἀγχοῦ δ' Ἑσπερίδες, κεφαλαῖς ἔπι †χεῖρας ἔχουσαι
ἀργυφέας ξανθῇσι, λίγ' ἔστενον. οἱ δ' ἐπέλασσαν

1394 Et^G s.v. μαστεύω

1390 vs. difficilis, nam parum nobis laudis parimus si quod opus aggredimur necessitate coacti an ἀναγκαῖον? βεβιημένοι LASG: βεβολημένοι PE (cf. ii. 409, iv. 1318, al.), cf. etiam 1569 βεβαρημένοι de eadem re; 'suam (cf. 1375, 1384) vim adhibentes (cf. iii. 1249)'?   1391 ὕδασι LASG: οἴδμασι PE (cf. ad 608): ἔνδοθι D (ex 1376)   1392 fort. hic vs. ante 1391 ponendus est   ὡς (εἰσβ.) p. corr. L, SG: om. a. corr. L, APE   1394 ἔτειρε, sim. Brunck, fort. ἔκαιε (cll. 1418, i. 1245), vel ἐπεὶ ξ. παρ-(vel προσ-)έκειτο, cl. Eurip. Alc. 1039   1400 τῆμος δ' ἤδη κεῖνος e.gr. Fr: δὴ τότε γ' ἤδη κεῖνος SG   δὴ τότε δὴ τῆμος LAPE   1401 μήλειον Steph.: μείλιον (ει in ras.) L, ASG (sic): μήλινον PE   1402 σπαίρεσκεν Brunck, fort. recte (cf. 874, sed σκαί- Qu. Smyrn. 8. 321)   1403 ἐν Seaton: ἐκ libri; cf. i. 515   1406 ὑπὸ Schneider (cll. iii. 1160 iv. 695), at χεῖρας ἀργ. non Apollonianum; e.gr. ἔπι φάρε' ἔχ. ἀργύφεα, cll. iii. 834 sq., iv. 44 sq., 1294, Od. 8. 84 sq, Hes. Op. 198, Eurip. Suppl. 286 sq., denique Od. 5. 230   1407 λίγ' ἔστενον LAPE: λίγα στ- SG

ΑΡΓΟΝΑΥΤΙΚΩΝ Δ

ἄφνω ὁμοῦ· ταὶ δ' αἶψα κόνις καὶ γαῖα, κιόντων
ἐσσυμένως, ἐγένοντο κατ' αὐτόθι. νώσατο δ' Ὀρφεύς
θεῖα τέρα, τὼς δέ σφε παρηγορέεσκε λιτῇσιν·   1410
" Δαίμονες ὦ καλαὶ καὶ εὔφρονες, ἵλατ' ἄνασσαι,
εἴτ' οὖν οὐρανίαις ἐναρίθμιοί ἐστε θεῇσιν
εἴτε καταχθονίαις, εἴτ' οἰοπόλοι καλέεσθε
†νύμφαι· ἴτ' ὦ† νύμφαι, ἱερὸν γένος Ὠκεανοῖο,
δείξατ' ἐελδομένοισιν ἐνωπαδὶς ἄμμι φανεῖσαι   1415
ἤ τινα πετραίην χύσιν ὕδατος ἤ τινα γαίης
ἱερὸν ἐκβλύοντα θεαὶ ῥόον, ᾧ ἀπὸ δίψαν
αἰθομένην ἄμοτον λωφήσομεν. εἰ δέ κεν αὖτις
δή ποτ' Ἀχαιίδα γαῖαν ἱκώμεθα ναυτιλίῃσιν,
δὴ τότε μυρία δῶρα μετὰ πρώτῃσι θεάων   1420
λοιβάς τ' εἰλαπίνας τε παρέξομεν εὐμενέοντες."
Ὣς φάτο λισσόμενος ἀδινῇ ὀπί, ταὶ δ' ἐλέαιρον
ἐγγύθεν ἀχνυμένους· καὶ δὴ χθονὸς ἐξανέτειλαν
ποίην πάμπρωτον, ποίης γε μὲν ὑψόθι μακροὶ
βλάστεον ὄρπηκες, μετὰ δ' ἔρνεα τηλεθάοντα   1425
πολλὸν ὑπὲρ γαίης ὀρθοσταδὸν ἠέξοντο·
Ἑσπέρη αἴγειρος, πτελέη δ' Ἐρυθηὶς ἔγεντο,
Αἴγλη δ' ἰτείης ἱερὸν στύπος. ἐκ δέ νυ κείνων
δενδρέων, οἷαι ἔσαν, τοῖαι πάλιν ἔμπεδον αὔτως
ἐξέφανεν, θάμβος περιώσιον. ἔκφατο δ' Αἴγλη   1430

1409 (νώ. —) Et^{OM} s.v. νώ. (= Herodian. ii. 337. 7 L)

1410 τὼς δέ σφε Platt (35. 84): τὰς δέ σφι libri; cf. σφι pro σφε ad ii. 1086,
et ὥδ' ἀγόρευεν iii. 567   1414 e.gr. εἴτε ποτῶν νύμφαι, ἰ. γ. Ὠ.   1418 κεν
SG: καὶ LAPE   1422 ἐλέηραν Brunck (cl. 1308)   1423 fort. γενόθεν
1425 τηλεθάοντα LAG: -θόωντα S: -θέοντα PE   1428-1559 hoc loco
unam duarum paginarum schedam sustulit L² novamque inseruit sua
manu inscriptam, in qua leguntur 1428–1559 (= vss. 132). Cum autem
L¹ inscribere solitus sit binis paginis versus 84, constat correctorem L²
addidisse vss. fere 48, omissos ab L¹ in ea scheda quae excisa est ab L²;
cf. ad 1099   1429 fort. τ. πέδου ἔμπαλιν

μειλιχίοις ἐπέεσσιν ἀμειβομένη χατέοντας·

" Ἦ ἄρα δὴ μέγα πάμπαν ἐφ' ὑμετέροισιν ὄνειαρ
δεῦρ' ἔμολεν καμάτοισιν ὁ κύντατος, ὅστις ἀπούρας
φρουρὸν ὄφιν ζωῆς, παγχρύσεα μῆλα θεάων
οἴχετ' ἀειράμενος, στυγερὸν δ' ἄχος ἄμμι λέλειπται.   1435
ἤλυθε γὰρ χθιζός τις ἀνὴρ ὀλοώτατος ὕβριν
καὶ δέμας, ὄσσε δέ οἱ βλοσυρῷ ὑπ' ἔλαμπε μετώπῳ,
νηλής· ἀμφὶ δὲ δέρμα πελωρίου ἔστο λέοντος
ὠμόν, ἀδέψητον· στιβαρὸν δ' ἔχεν ὄζον ἐλαίης
τόξα τε, τοῖσι πέλωρ τόδ' ἀπέφθισεν ἰοβολήσας.   1440
ἤλυθεν οὖν καὶ κεῖνος, ἅ τε χθόνα πεζὸς ὁδεύων,
δίψῃ καρχαλέος· παίφασσε δὲ τόνδ' ἀνὰ χῶρον,
ὕδωρ ἐξερέων. τὸ μὲν οὔ ποθι μέλλεν ἰδέσθαι·
τῇδε δέ τις πέτρη Τριτωνίδος ἐγγύθι λίμνης·
τὴν ὅγ' (ἐπιφρασθείς, ἢ καὶ θεοῦ ἐννεσίῃσι)   1445
λὰξ ποδὶ τύψεν ἔνερθε, τὸ δ' ἀθρόον ἔβλυσεν ὕδωρ·
αὐτὰρ ὅγ', ἄμφω χεῖρε πέδῳ καὶ στέρνον ἐρείσας,
ῥωγάδος ἐκ πέτρης πίεν ἄσπετον, ὄφρα βαθεῖαν
νηδύν, φορβάδι ἶσος ἐπιπροπεσών, ἐκορέσθη."

Ὣς φάτο· τοὶ δ' ἀσπαστὸν ἵνα σφίσι πέφραδεν Αἴγλη   1450
πίδακα, τῇ θέον αἶψα κεχαρμένοι, ὄφρ' ἐπέκυρσαν.
ὡς δ' ὁπότε στεινὴν περὶ χηραμὸν εἰλίσσονται
γειομόροι μύρμηκες ὁμιλαδόν, ἢ ὅτε μυῖαι
ἀμφ' ὀλίγην μέλιτος γλυκεροῦ λίβα πεπτηυῖαι
ἄπλητον μεμάασιν ἐπήτριμοι—ὣς τότ' ἀολλεῖς   1455

1453 et 1455 (— ἐπ.) Et° s.v. ἐπήτριμοι

1435 ἀειράμενος APE: -ρόμενος SG: utrumque (supra a scr. o) L²
1441 ἤλυθεν A (per errorem quidem, sed rectius): ἤλυθε δ' ceteri   κᾳκεῖ-
νος (L²) vel κᾳκ- (PE) vel κακ- (ASG) libri; v. ad i. 83   1444 τῇδε δέ
Fr: ἧδε δέ L²ASG: ἦν δ' ἄρα PE; praeibat Hoelzlin, qui scribebat ἧδε 'pro
τῇδε'   1450 τοὶ PE: τοῖς L²ASG   1453 γειομόροι APE schLP:
-στόμοι SG Et: utrumque (supra μόροι scr. τόμοι) L²   ἢ ὅτε PE: ἠύτε
L²ASG Et

πετραίη Μινύαι περὶ πίδακι δινεύεσκον.
καί πού τις διεροῖς ἐπὶ χείλεσιν εἶπεν ἰανθείς·
" Ὦ πόποι, ἦ καὶ νόσφιν ἐὼν ἐσάωσεν ἑταίρους
Ἡρακλέης δίψῃ κεκμηότας. ἀλλά μιν εἴ πως
δήοιμεν στείχοντα δι' ἠπείροιο κιόντες."   1460
Ἦ· καὶ ἀγειρομένων οἵ τ' ἄρμενοι ἐς τόδε ἔργον,
ἔκριθεν ἄλλυδις ἄλλος ἐπαΐξας ἐρεείνειν·
ἴχνια γὰρ νυχίοισιν ἐπηλίνδητ' ἀνέμοισιν
κινυμένης ἀμάθου. Βορέαο μὲν ὡρμήθησαν
υἷε δύω πτερύγεσσι πεποιθότε, ποσσὶ δὲ κούφοις   1465
Εὔφημος πίσυνος, Λυγκεύς γε μὲν ὀξέα τηλοῦ
ὄσσε βαλεῖν, πέμπτος δὲ μετὰ σφίσιν ἔσσυτο Κάνθος.
τὸν μὲν ἄρ' αἶσα θεῶν κείνην ὁδὸν ἠνορέη τε
ὦρσεν, ἵν' Ἡρακλῆος ἀπηλεγέως πεπύθοιτο
Εἰλατίδην Πολύφημον ὅπῃ λίπε, μέμβλετο γάρ οἱ   1470
οὗ ἕθεν ἀμφ' ἑτάροιο μεταλλῆσαι τὰ ἕκαστα.
ἀλλ' ὁ μὲν οὖν, Μυσοῖσιν ἐπικλεὲς ἄστυ πολίσσας,
γνωστοῦ κηδοσύνῃσιν ἔβη διζήμενος Ἀργώ
τῆλε δι' ἠπείροιο, τέως ἐξίκετο γαῖαν
ἀγχιάλων Χαλύβων· τόθι μιν καὶ μοῖρ' ἐδάμασσεν,   1475
καί οἱ ὑπὸ βλωθρὴν ἀχερωίδα σῆμα τέτυκται
τυτθὸν ἁλὸς προπάροιθεν. ἀτὰρ τότε γ' Ἡρακλῆα
μοῦνος ἀπειρεσίης τηλοῦ χθονὸς εἴσατο Λυγκεύς

1470 Εἰλατίδην Πολ. Etᴼ s.v.

1460 δήοιμεν L²APE schᴸᴾ: δήωμεν SG   fort. κιχόντες, cl. 1482
1461 ἀγειρομένων Fr: ἀμειβο- libri; cf. Il. 23. 287 ἄγερθεν (scil. de multi-
tudine viri quinque ad certamen parati)   1464 fort. κινυμένη ἀμαθος
1465 πεποιθότε (ex corr. ?) S, PE: -τες L²AG   1468 exspect. εὐνοίη τε,
sim.   1473 γνωστοῦ (scil. Canthi) Fr: νόστου libri; Polyphemus cum
occisus est, aberat a Larisa ter tantum quantum cum e Mysia profectus
est, itaque 'procul per continentem' iter faciebat pedibus vir non
'ardenti reditus studio', sed 'amici amore' commotus navem petebat
1474 (τέως) δ' libri: del. Fr, cll. 821, 1617   1475 fort. ἀγχίαλον   1478 μοῦ-
νος Castiglioni: -νον libri

τὼς ἰδέειν, ὧς τίς τε νέης ἐνὶ ἤματι μήνην
ἢ ἴδεν ἢ ἐδόκησεν ἐπαχλύουσαν ἰδέσθαι·   1480
ἐς δ' ἑτάρους ἀνιὼν μυθήσατο μή μιν ἔτ' ἄλλον
μαστῆρα στείχοντα κιχησέμεν. ὡς δὲ καὶ αὐτοί
ἤλυθον Εὔφημός τε πόδας ταχὺς υἱέ τε δοιώ
Θρηικίου Βορέω, μεταμώνια μοχθήσαντες·
Κάνθε, σὲ δ' οὐλόμεναι Λιβύῃ ἔνι Κῆρες ἕλοντο.   1485
πώεσι φερβομένοισι συνήντεες, εἵπετο δ' ἀνήρ
αὐλίτης· ὅ σ' ἑῶν μήλων πέρι, τόφρ' ἑτάροισι
δευομένοις κομίσειας, ἀλεξόμενος κατέπεφνε
λᾶι βαλών· ἐπεὶ οὐ μὲν ἀφαυρότερός γ' ἐτέτυκτο,
υἱωνὸς Φοίβοιο Λυκωρείοιο Κάφαυρος   1490
κούρης τ' αἰδοίης Ἀκακαλλίδος, ἥν ποτε Μίνως
ἐς Λιβύην ἀπένασσε θεοῦ βαρὺ κῦμα φέρουσαν,
θυγατέρα σφετέρην· ἡ δ' ἀγλαὸν υἱέα Φοίβῳ
τίκτεν, ὃν Ἀμφίθεμιν Γαράμαντά τε κικλήσκουσιν·
Ἀμφίθεμις δ' ἄρ' ἔπειτα μίγη Τριτωνίδι νύμφῃ·   1495
ἡ δ' ἄρα οἱ Νασάμωνα τέκε κρατερόν τε Κάφαυρον,
ὃς τότε Κάνθον ἔπεφνεν ἐπὶ ῥήνεσσιν ἑοῖσιν.
οὐδ' ὅγ' ἀριστήων χαλεπὰς ἠλεύατο χεῖρας,
ὡς μάθον οἷον ἔρεξε. νέκυν δ' ἀνάειραν ὀπίσσω
†πυθόμενοι Μινύαι, γαίῃ δ' ἐνὶ ταρχύσαντο   1500
μυρόμενοι· τὰ δὲ μῆλα μετὰ σφέας οἵγ' ἐκόμισσαν.

1486 (εἴπ.)–1487 (πέρι) et 1490 Et^G s.v. Λυκώρεια

1479 νέης Fr: νέῳ libri; cf. primo mense Verg. Aen. 6. 453; tunc enim
totus non nunquam apparet orbis lunae pallidissimus per crepusculum
1482 ὡς PE: οἱ L²ASG   1484 μοχθήσαντες AS: –τε L²GPE   1487 αὐλί-
της Et^G (et coni. Merkel): αὐλείτης L²ASG: αὐλήτης PE   ὅ σ'
Brunck: ὅς libri   τόφρ' L²APE: ὄφρ' SG; cf. iii. 807   1489 μὲν PE:
μιν L²ASG; cf. ad ii. 8   1490 κάφαυλος Et, et a pastore Cephalione
Hyg. 14. 48   1500 πυθόμενοι L²ASG (ex *sch ad 1499 ?): πευθόμενοι
PE: πυθόμενον Wifstrand (cf. 1530, haud recte); e.gr. κουρότεροι
1501 τὰ δὲ Hoelzlin: δὲ τὰ libri   οἵγ', 'nonnulli', sicut i. 986 τοίγε?

Ἔνθα καὶ Ἀμπυκίδην αὐτῷ ἐνὶ ἤματι Μόψον
νηλειὴς ἕλε πότμος, ἀδευκέα δ᾽ οὐ φύγεν αἶσαν
μαντοσύναις· οὐ γάρ τις ἀποτροπίη θανάτοιο.
κεῖτο γὰρ ἐν ψαμάθοισι, μεσημβρινὸν ἦμαρ ἀλύσκων,　　　1505
δεινὸς ὄφις, νωθὴς μὲν ἑκὼν ἀέκοντα χαλέψαι,
οὐδ᾽ ἂν ὑποτρέσσαντος ἐνωπαδὶς ἀίξειεν·
ἀλλ᾽ ᾧ κεν τὰ πρῶτα μελάγχιμον ἰὸν ἐνείη
ζωόντων ὅσα γαῖα φερέσβιος ἔμπνοα βόσκει,
οὐδ᾽ ὁπόσον πήχυιον ἐς Ἄιδα γίγνεται οἶμος,　　　1510
οὐδ᾽ εἰ Παιήων (εἴ μοι θέμις ἀμφαδὸν εἰπεῖν)
φαρμάσσοι, ὅτε μοῦνον ἐνιχρίμψῃσιν ὀδοῦσιν.
εὖτε γὰρ ἰσόθεος Λιβύην ὑπερέπτατο Περσεὺς
Εὐρυμέδων (καὶ γὰρ τὸ κάλεσκέ μιν οὔνομα μήτηρ)
Γοργόνος ἀρτίτομον κεφαλὴν βασιλῆι κομίζων,　　　1515
ὅσσαι κυανέου στάγες αἵματος οὖδας ἵκοντο,
αἱ πᾶσαι κείνων ὀφίων γένος ἐβλάστησαν.
τῷ δ᾽ ἄκρην ἐπ᾽ ἄκανθαν ἐνεστηρίξατο Μόψος
λαιὸν ἐπιπροφέρων ταρσὸν ποδός· αὐτὰρ ὁ μέσσην
κερκίδα καὶ μυῶνα πέριξ ὀδύνῃσιν ἑλιχθεὶς　　　1520
σάρκα δακὼν ἐχάραξεν. ἀτὰρ Μήδεια καὶ ἄλλαι
ἔτρεσαν ἀμφίπολοι· ὁ δὲ φοίνιον ἕλκος ἄφασσεν
θαρσαλέως, ἕνεκ᾽ οὔ μιν ὑπέρβιον ἄλγος ἔτειρεν,
σχέτλιος· ἦ τέ οἱ ἤδη ὑπὸ χροῒ δύετο κῶμα
λυσιμελές, πολλὴ δὲ κατ᾽ ὀφθαλμῶν χέετ᾽ ἀχλύς.　　　1525
αὐτίκα δὲ κλίνας δαπέδῳ βεβαρηότα γυῖα
ψύχετ᾽ ἀμηχανίῃ· ἕταροι δέ μιν ἀμφαγέροντο
ἥρως τ᾽ Αἰσονίδης, ἀδινῇ περιθαμβέες ἄτῃ.

1505 γὰρ ἐν Fr, cl. ii. 818: δ᾽ ἐπὶ libri: δ᾽ ἐνὶ Wifstrand, cl. Nic.
Ther. 262 (sed δ᾽ videtur esse delendum, cf. e. gr. 1486); vel κεῖτ᾽ ἐνδὺς,
cl. voce ἀμμοδύτης　1508 ἀλλ᾽ ᾧ κεν Merkel: ἀλλά κεν ᾧ libri　1519 fort.
λαιοῦ, cl. Il. 11. 377　1523 ἕνεκ᾽ libri: ἐπεὶ v.l. schᴸᴾ; v. Pfeifferum
ad Callim. fg. 1. 3–5　ἄλγος Brunck: ἕλκος libri (ex 1522); vel ἕλκος hic
(cll. Il. 16. 510 sq.), et 1522 οἶδος (cll. Nic. Ther. 235–8)　1525 χέετ᾽
Lᴵ²ASG: κέχυτ᾽ PE (ex Il. 5. 696, al. ?)

οὐδὲ μὲν οὐδ' ἐπὶ τυτθὸν ἀποφθίμενός περ ἔμελλε
κεῖσθαι ὑπ' ἠελίῳ· πύθεσκε γὰρ ἔνδοθι σάρκας   1530
ἰὸς ἄφαρ, μυδόωσα δ' ἀπὸ χροὸς ἔρρεε λάχνη.
αἶψα δὲ χαλκείῃσι βαθὺν τάφον ἐξελάχαινον
ἐσσυμένως μακέλῃσιν· ἐμοιρήσαντο δὲ χαίτας
αὐτοὶ ὁμῶς κουραί τε, νέκυν ἐλεεινὰ παθόντα
μυρόμενοι· τρὶς δ' ἀμφὶ σὺν ἔντεσι δινηθέντες   1535
εὖ κτερέων ἴσχοντα, χυτὴν ἐπὶ γαῖαν ἔθεντο.
Ἀλλ' ὅτε δή ῥ' ἐπὶ νηὸς ἔβαν, πρήσσοντος ἀήτεω
ἂμ πέλαγος νοτίοιο, πόρους τ' ἀπετεκμαίροντο
λίμνης ἐκπρομολεῖν Τριτωνίδος, οὔ τινα μῆτιν
δὴν ἔχον, ἀφραδέως δὲ πανημέριοι φορέοντο.   1540
ὡς δὲ δράκων σκολιὴν εἱλιγμένος ἔρχεται οἶμον,
εὖτέ μιν ὀξύτατον θάλπει σέλας ἠελίοιο,
ῥοίζῳ δ' ἔνθα καὶ ἔνθα κάρη στρέφει, ἐν δέ οἱ ὄσσε
σπινθαρύγεσσι πυρὸς ἐναλίγκια μαιμώοντι
λάμπεται, ὄφρα μυχόνδε διὰ ῥωχμοῖο δύηται—   1545
ὣς Ἀργώ, λίμνης στόμα ναύπορον ἐξερέουσα,
ἀμφεπόλει δηναιὸν ἐπὶ χρόνον. αὐτίκα δ' Ὀρφεὺς
κέκλετ' Ἀπόλλωνος τρίποδα μέγαν ἔκτοθι νηὸς
δαίμοσιν ἐγγενέταις νόστῳ ἔπι μείλια θέσθαι.
καὶ τοὶ μὲν Φοίβου κτέρας ἵδρυον ἐν χθονὶ βάντες·   1550

1531 (μυθ. —) Et^M s.v. μυδᾶν

1529 fort. ἀποφθίμενον περίμμνον (vel -μειναν)   1531 λάχνη
nostri Et (ex -λάχ- 1532?), cf. Nonn. 4. 363?: (ἔρρεε)ν ἄχνη D,
cf. Eurip. Medea 1200 sq., Soph. Trach. 701 sq., Antig. 1008, al.,?
1537 πρήσσοντος L²AS: πρήσσο- PE: πρόσο- G: πρήθο- Brunck; v. ad
819   1538 πόρους L²ASG: -ρον PE; cf. 1556   ἀπετεκ- L²APE:
ἀποτεκ- SG   —μαίροντο PE: -μήραντο L²ASG   1544 μαιμώοντι L²SPE:
-μόωντι A: -μώωντι G   1547 αὐτίκα obscurum, ut persaepe; hic
exspect. ὕστατα, sim.   1549 -σιν ἐγγενέταις L²ASG: -σι γηγε- PE (ex
1034, al.,?); cf. 1561, ii. 1273

232

τοῖσιν δ' αἰζηῷ ἐναλίγκιος ἀντεβόλησε
Τρίτων εὐρυβίης· γαίης δ' ἀνὰ βῶλον ἀείρας
ξείνι' ἀριστήεσσι προΐσχετο, φώνησέν τε·
" Δέχθε φίλοι, ἐπεὶ οὐ περιώσιον ἐγγυαλίξαι
ἐνθάδε νῦν πάρ' ἐμοὶ ξεινήιον ἀντομένοισιν.   1555
εἰ δέ τι τῆσδε πόρους μαίεσθ' ἁλός, οἷά τε πολλά
ἄνθρωποι χατέουσιν ἐπ' ἀλλοδαπῇ περόωντες,
ἐξερέω· δὴ γάρ με πατὴρ ἐπίστορα πόντου
θῆκε Ποσειδάων τοῦδ' ἔμμεναι, αὐτὰρ ἀνάσσω
παρραλίης, εἰ δή τιν' ἀκούετε νόσφιν ἐόντες   1560
Εὐρύπυλον Λιβύῃ θηροτρόφῳ ἐγγεγαῶτα."
῝Ως ηὔδα· πρόφρων δ' ὑπόσχεθε βώλακι χεῖρας
Εὔφημος, καὶ τοῖα παραβλήδην προσέειπεν·
" Ἀπίδα καὶ πέλαγος Μινώιον εἴ νύ που ἥρως
ἐξεδάης, νημερτὲς ἀνειρομένοισιν ἔνισπε.   1565
δεῦρο γὰρ οὐκ ἐθέλοντες ἱκάνομεν, ἀλλὰ βορείαις
χρίμψαντες γαίης ἐνὶ πείρασι τῆσδε θυέλλαις,
νῆα μεταχρονίην ἐκομίσσαμεν ἐς τόδε λίμνης
χεῦμα δι' ἠπείρου, βεβαρημένοι· οὐδέ τι ἴδμεν
πῇ πλόος ἐξανάγει Πελοπηίδα γαῖαν ἱκέσθαι."   1570
῝Ως ἄρ' ἔφη· ὁ δὲ χεῖρα τανύσσατο, δεῖξε δ' ἄπωθεν
φωνήσας πόντον τε καὶ ἀγχιβαθὲς στόμα λίμνης·
" Κείνη μὲν πόντοιο διήλυσις, ἔνθα μάλιστα
βένθος ἀκίνητον μελανεῖ, ἑκάτερθε δὲ λευκαί

1561 θηροτρόφῳ libri: μηλοτρ- v.l. schP, idemque lemma et par. schL; cf.
sch p. 321. 3 Wendel: τὴν Λιβύην πολύθηρον εἶπε, et Varro Atac. fg. 12
Morel feta feris Libye   1562 ὑπόσχεθε Mooney: ὑπερέ- libri; cf. iii.
120, iv. 169   χεῖρα Platt, cl. Pind. Py. 4. 37   1564 ἀπίδα cum v.l.
ἀπίδα archet., scil. ἀπίδα LAGPE, et v.l. S: ἀπίδα S, et v.l. schL: τὸ δὲ
ἀπθίδα σημαίνει τὴν ἀπίδα schP; cf. 1570, 1577, 263   1565 ἐνίσπες
Merkel; v. ad i. 487   1566 βορείαις SG: βαρ- LAPE; cf. 1232, et for-
mam βορέης Callim. Del. 281   1567 ἐνὶ LAPE: ἐπὶ SG; cf. G-EL
s.v. ἐγχρ.   τῆσδε SPE: ταῖσδε VAG: a. corr. ταῖσδε (?) et p. corr.
τοῖσδε(?) L   1570 ἐξανάγει D: ἐξανάγει PE: ἐξανέχει LASG (ex 1578?);
cf. 1576, et Herod. 4. 179 ἀπορέοντι (scil. Ἰήσονι) τὴν ἐξαγωγήν de eadem re

ῥηγμῖνες φρίσσουσι διαυγέες· ἡ δὲ μεσηγύ 1575
ῥηγμίνων στεινὴ τελέθει ὁδὸς ἐκτὸς ἐλάσσαι·
κεῖνο δ' ὑπηέριον θείην Πελοπηίδα γαῖαν
εἰσανέχει πέλαγος Κρήτης ὕπερ. ἀλλ' ἐπὶ χειρός
δεξιτερῆς, λίμνηθεν ὅτ' εἰς ἁλὸς οἶδμα βάλητε,
τόφρ' αὐτὴν παρὰ χέρσον ἐεργμένοι ἰθύνεσθε 1580
ἔστ' ἂν ἄνω τείνῃσι· περιρρήδην δ' ἑτέρωσε
κλινομένης χέρσοιο, τότε πλόος ὕμμιν ἀπήμων
ἀγκῶνος τετάνυσται ἄπο προύχοντος ἰοῦσιν.
ἀλλ' ἴτε γηθόσυνοι, καμάτοιο δὲ μή τις ἀνίη
γιγνέσθω, νεότητι κεκασμένα γυῖα μογῆσαι." 1585
  Ἴσκεν εὐφρονέων· οἱ δ' αἶψ' ἐπὶ νηὸς ἔβησαν,
λίμνης ἐκπρομολεῖν λελιημένοι εἰρεσίῃσιν,
καὶ δὴ ἐπιπρονέοντο μεμαότες· αὐτὰρ ὁ τείως
Τρίτων, ἀνθέμενος τρίποδα μέγαν, εἴσατο λίμνην
εἰσβαίνειν· μετὰ δ' οὔ τις ἐσέδρακεν οἶον ἄφαντος 1590
αὐτῷ σὺν τρίποδι σχεδὸν ἔπλετο. τοῖσι δ' ἰάνθη
θυμὸς ὃ δὴ μακάρων τις ἐναίσιμος ἀντεβόλησεν,
καί ῥά οἱ Αἰσονίδην μήλων ὅ τι φέρτατον ἄλλων
ἤνωγον ῥέξαι καὶ ἐπευφημῆσαι ἑλόντα.
αἶψα δ' ὅγ' ἐσσυμένως ἐκρίνατο, καί μιν ἀείρας 1595
σφάξε κατὰ πρύμνης, ἐπὶ δ' ἔννεπεν εὐχωλῇσιν·
  " Δαῖμον ὅτις λίμνης ἐπὶ πείρασι τῇσδε φαάνθης,

1589 quod Et^M s.v. εἴδω citat (εἴδω τὸ πηδῶ·) εἴσατο γὰρ λίμνην huc
non facit

1582–1652 inter 1719 et 1720 trai. G   1583 τετάνυσται ἰθὺς ἀπὸ libri:
ἰθὺς del. Brunck: τέταται ἰθὺς ἀπὸ Merkel (sed v. Platt 35. 84 de elisione);
fort. -σται ἄπο πρόσω ἰθὺς ἰοῦσιν, sim. (ἰθὺς om. per haplographiam,
deinde προύχ. ex 1626, tertium ἰθὺς denuo insertum)   1594 ἐπευ-
φημῆσαι SGPE: -φήμησαν LA; an -φημεῖν ἀνελόντα (cll. ἀνελόντες Od. 3.
453, ἀείρας 1595)?   1596 fort. σφάζε, cl. 1601 ἅμα

εἴτε σέγε Τρίτων᾽, ἅλιον τέρας, εἴτε σε Φόρκυν
ἢ Νηρῆα θύγατρες ἐπικλείουσ᾽ ἁλοσύδναι,
ἵλαθι καὶ νόστοιο τέλος θυμηδὲς ὄπαζε." 1600
*Ἡ ῥ᾽, ἅμα δ᾽ εὐχωλῇσιν ἐς ὕδατα λαιμοτομήσας
ἧκε κατὰ πρύμνης. ὁ δὲ βένθεος ἐξεφαάνθη
τοῖος ἐὼν οἷός περ ἐτήτυμος ἦεν ἰδέσθαι·
ὡς δ᾽ ὅτ᾽ ἀνὴρ θοὸν ἵππον ἐς εὐρέα κύκλον ἀγῶνος
στέλλῃ ὀρεξάμενος λασίης εὐπειθέα χαίτης, 1605
εἶθαρ ἐπιτροχάων, ὁ δ᾽ ἐπ᾽ αὐχένι γαῦρος ἀερθεὶς
ἕσπεται, ἀργινόεντα δ᾽ ἐπὶ στομάτεσσι χαλινὰ
ἀμφὶς ὀδακτάζοντι παραβλήδην κροτέονται—
ὣς ὅγ᾽ ἐπισχόμενος γλαφυρῆς ὁλκήιον Ἀργοῦς
ἦγ᾽ ἅλαδε προτέρωσε. δέμας δέ οἱ ἐξ ὑπάτοιο 1610
κράατος ἀμφί τε νῶτα καὶ ἰξύας ἔστ᾽ ἐπὶ νηδύν
ἀντικρὺ μακάρεσσι φυὴν ἔκπαγλον ἔικτο,
αὐτὰρ ὑπαὶ λαγόνων δίκραιρά οἱ ἔνθα καὶ ἔνθα
κήτεος ὁλκαίη μηκύνετο· κόπτε δ᾽ ἀκάνθαις
ἄκρον ὕδωρ, αἵ τε σκολιοῖς ἐπὶ νειόθι κέντροις 1615
μήνης ὡς κεράεσσιν ἐειδόμεναι διχόωντο·
τόφρα δ᾽ ἄγεν, τείως μιν ἐπιπροέηκε θαλάσσῃ
νισσομένην, δῦ δ᾽ αἶψα μέσον βυθόν· οἱ δ᾽ ὁμάδησαν
ἥρωες, τέρας αἰνὸν ἐν ὀφθαλμοῖσιν ἰδόντες.

Ἔνθα μὲν Ἀργῷός τε λιμὴν καὶ σήματα νηός 1620
ἠδὲ Ποσειδάωνος ἰδὲ Τρίτωνος ἔασιν

1598 σέγε nescio quis : σύγε SG : σε LAPE   1601 ῥ᾽ ἅμα δ᾽ LAPE : ῥα καὶ
SG   ὕδατα LASG : οἴδματα PE ; v. ad 608   1604 ἐς LASG : ἐπ᾽ PE ;
cf. ἅλαδε 1610   1606 fort. ἐπιτροχάων 'sicut equus per fauces in arenam
amplam deducitur, ut deinde currat expeditus, ita navis per angustias in
mare apertum'   1607 ἐπὶ LAPE : ἐνὶ SG   1609 exspect. γλαφυρὴν
ὁλκήίου Ἀργώ, cl. 751, 1605   1614 ὁλκαίη libri : lectionis ἁλκ- vestigia
in sch, et fort. huc facit Etᵍ s.v. ἁλκαία ; cf. etiam Nic. Ther. 123 cum
v.l.   1615 ἐπινειόθι nostri : seorsum Brunck, Wellauer   1616 ὡς
susp.   1618 νεισομένην LAPE : νισσο- S : νισσο- G, quae variatio
constanter occurrit ; fort. θευσομένην   μέσον SG : μέγαν LAPE   1619 ἐν
SG : ἐπ᾽ L(?)VAPE   1621 ἰδὲ S : ἠδὲ cett.

235

βωμοί, ἐπεὶ κεῖν' ἦμαρ ἐπέσχεθον· αὐτὰρ ἐς ἠῶ
λαίφεσι πεπταμένοις, αὐτὴν ἐπὶ δεξί' ἔχοντες
γαῖαν ἐρημαίην, πνοιῇ ζεφύροιο θέεσκον.
ἦρι δ' ἔπειτ' ἀγκῶνά θ' ὁμοῦ μυχάτην τε θάλασσαν   1625
κεκλιμένην ἀγκῶνος ὕπερ προύχοντος ἴδοντο.
αὐτίκα δὲ ζέφυρος μὲν ἐλώφεεν, ἤλυθε δ' αὔρη
πρυμνήταο νότου, χήραντο δὲ θυμὸν ἰωῇ.
ἦμος δ' ἠέλιος μὲν ἔδυ, ἀνὰ δ' ἤλυθεν ἀστήρ
αὔλιος, ὅς τ' ἀνέπαυσεν ὀιζυροὺς ἀροτῆρας,   1630
δὴ τότ' ἔπειτ', ἀνέμοιο κελαινῇ νυκτὶ λιπόντος,
ἱστία λυσάμενοι περιμήκεά τε κλίναντες
ἱστόν, ἐυξέστῃσιν ἐπερρώοντ' ἐλάτῃσιν
παννύχιοι καὶ ἐπ' ἦμαρ, ἐπ' ἤματι δ' αὖτις ἰοῦσαν
νύχθ' ἑτέρην· ὑπέδεκτο δ' ἀπόπροθι παιπαλόεσσα   1635
Κάρπαθος. ἔνθεν δ' οἵγε περαιώσεσθαι ἔμελλον
Κρήτην, ἥ·τ' ἄλλων †ὑπερέπλετο εἰν ἁλὶ νήσων·
τοὺς δὲ Τάλως χάλκειος, ἀπὸ στιβαροῦ σκοπέλοιο
ῥηγνύμενος πέτρας, εἶργε χθονὶ πείσματ' ἀνάψαι
Δικταίην ὅρμοιο κατερχομένους ἐπιωγήν.   1640
τὸν μέν, χαλκείης μελιηγενέων ἀνθρώπων
ῥίζης λοιπὸν ἐόντα μετ' ἀνδράσιν ἡμιθέοισιν,
Εὐρώπῃ Κρονίδης νήσου πόρεν ἔμμεναι οὖρον,
τρὶς περὶ χαλκείοις Κρήτην ποσὶ δινεύοντα·
ἀλλ' ἤτοι τὸ μὲν ἄλλο δέμας καὶ γυῖα τέτυκτο   1645
χάλκεος ἠδ' ἄρρηκτος, ὑπαὶ δέ οἱ ἔσκε τένοντος
σύριγξ αἱματόεσσα κατὰ σφυρόν· ἀμφ' ἄρα τήνγε

1628 πρυμνήταο SG: ἀργέσταο LAPE (ex Il. 11. 306, 21. 334 ?, cf. etiam ii. 961, 993)   supra κεχάρο(ντο) scr. χη et a (i.e. χήραντο) fere archet., scil. κεχάροντο SG: χήραντο PE: χ(ή)ραντο L¹: κε add. et eraso ή inseruit a (κεχάραντο) L²: κεχάρηντο A   1634 ἰοῦσαν PE: ἰοῦσι(ν) LASG (ex 1583) 1637 fort. ὑποκέκλιται (ἔπλετο ex 1591), cl. Od. 4. 608; ii. 418   1638 fort. στιβαρὰς, cll. 1677, iii. 1057, 1372, al. ; v. ad ii. 598   1644 fort. χα. ποσὶν ἤματι διν. cum gl. Κρήτην, sim., cl. τρὶς ἑκάστης ἡμέρας Apollod. 1. 140 (περὶ, scil. νῆσον, cf. 1643, sicut περὶ sine substantivo i. 1059)   1647 ἀμφ' ἄρα Fr: αὐτὰρ ὁ libri (ex 1344, al.): par.—σύριγγα εἶχεν ὑμὴν περι-

λεπτὸς ὑμὴν ζωῆς ἔχε πείρατα καὶ θανάτοιο.
οἱ δέ, δύη μάλα περ δεδμημένοι, αἶψ' ἀπὸ χέρσου
νῆα περιδδείσαντες ἀνακρούεσκον ἐρετμοῖς.　　　　　　1650
καί νύ κ' ἐπισμυγερῶς Κρήτης ἑκὰς ἠέρθησαν
ἀμφότερον δίψῃ τε καὶ ἄλγεσι μοχθίζοντες,
εἰ μή σφιν Μήδεια λιαζομένοις ἀγόρευσεν·
" Κέκλυτέ μευ, μούνη γὰρ ὀίομαι ὔμμι δαμάσσειν
ἄνδρα τὸν ὅστις ὅδ' ἐστί, καὶ εἰ παγχάλκεον ἴσχει　　　1655
ὃν δέμας, ὁππότε μή οἱ ἐπ' ἀκάματος πέλοι αἰών.
ἀλλ' ἔχετ' αὐτοῦ νῆα θελήμονες ἐκτὸς ἐρωῆς
πετράων, εἵως κεν ἐμοὶ εἴξειε δαμῆναι."
'Ως ἄρ' ἔφη· καὶ τοὶ μὲν ὑπὲκ βελέων ἐρύοντο
νῆ' ἐπ' ἐρετμοῖσιν, δεδοκημένοι ἥντινα ῥέξει　　　　　1660
μῆτιν ἀνωίστως· ἡ δὲ πτύχα πορφυρέοιο
προσχομένη πέπλοιο παρειάων ἑκάτερθεν
βήσατ' ἐπ' ἰκριόφιν, χειρὸς δέ ἑ χειρὶ μεμαρπὼς
Αἰσονίδης ἐκόμιζε διὰ κληῖδας ἰοῦσαν.
ἔνθα δ' ἀοιδῇσιν μειλίσσετο θέλγε τε Κῆρας,　　　　1665
θυμοβόρους, Ἀίδαο θοὰς κύνας, αἳ †περὶ πᾶσαν†
†ἠέρα δινεύουσαι ἐπὶ ζωοῖσιν †ἄγονται.
τὰς γουναζομένη τρὶς μὲν παρακέκλετ' ἀοιδαῖς,
τρὶς δὲ λιταῖς· θεμένη δὲ κακὸν νόον, ἐχθοδοποῖσιν
ὄμμασι χαλκείοιο Τάλω ἐμέγηρεν ὀπωπάς·　　　　1670
λευγαλέον δ' ἐπὶ οἷ πρῖεν χόλον, ἐκ δ' ἀίδηλα

1671 (— χόλος) Et^{GM} s.v. πρῖε

εχομένην—ἧς ῥαγείσης εἵμαρτο αὐτῷ ἁλῶναι schᴸᴾ: αὐτὰρ ὁ τῆσγε Brunck:
αὐτὰρ ὁ τῇ γε Platt　　　1653 λιαζομένοις LAPE: λιλαιο- SG (ex 256)
1659 ἐρύοντο SG: ἐρύσαντο LAPE; 'sustinebant', v. Platt (35. 77) ad
ii. 557, Wifstrand ad ii. 1282　　　1664 κληῖδας Brunck: -δος libri
1665 θέλγε SG: μέλπε LAPE　　τε Wellauer: δὲ libri　　　1666 ad πᾶσαν
gl. γῆν S; e.gr. αἴπερ ἐπ' αἶαν　　　1667 ad ἠέρα gl. σκοτασμὸν S　ἄγονται
schᴸᴾ quoque, passivum esse ratus　　　e.gr. ἠέρι (cll. Il. 19. 87 sq.) et ἕπον-
ται, vel ἕλλερα (v. Pfeifferum ad Callim. fg. 283) et ἄγουσι　　　1668 παρα-
κέκλετ' LA: παρεκ- SGPE　　　1669 ἐχθοδοποῖσιν SPE: -δαποῖσιν LAG
1671 λευγαλέον et χόλον libri (cf. iii. 1170, Opp. Cyneg. 4. 139, quam-

᾿. . . . προΐαλλεν, ἐπιζάφελον κοτέουσα.

Ζεῦ πάτερ, ἦ μέγα δή μοι ἐνὶ φρεσὶ θάμβος ἄηται,
εἰ δὴ μὴ νούσοισι τυπῇσί τε μοῦνον ὄλεθρος
ἀντιάει, καὶ δή τις ἀπόπροθεν ἄμμε χαλέπτει,   1675
ὡς ὅγε, χάλκειός περ ἐών, ὑπόειξε δαμῆναι
Μηδείης βρίμῃ πολυφαρμάκου· ἂν δὲ βαρείας
ὀχλίζων λάιγγας ἐρυκέμεν ὅρμον ἱκέσθαι,
πετραίῳ στόνυχι χρίμψε σφυρόν, ἐκ δέ οἱ ἰχώρ
τηκομένῳ ἴκελος μολίβῳ ῥέεν. οὐδ᾽ ἔτι δηρόν   1680
εἱστήκει προβλῆτος ἐπεμβεβαὼς σκοπέλοιο·
ἀλλ᾽ ὡς τίς τ᾽ ἐν ὄρεσσι πελωρίη ὑψόθι πεύκη,
τήν τε θοοῖς πελέκεσσιν ἔθ᾽ ἡμιπλῆγα λιπόντες
ὑλοτόμοι δρυμοῖο κατήλυθον, ἡ δ᾽ ὑπὸ νυκτί
ῥιπῇσιν μὲν πρῶτα τινάσσεται, ὕστερον αὖτε   1685
πρυμνόθεν ἐξαγεῖσα κατήριπεν—ὡς ὅγε ποσσίν
ἀκαμάτοις τείως μὲν ἐπισταδὸν ἠωρεῖτο,
ὕστερον αὖτ᾽ ἀμενηνὸς ἀπείρονι κάππεσε δούπῳ.

Κεῖνο μὲν οὖν Κρήτῃ ἐνὶ δὴ κνέφας ηὐλίζοντο
ἥρωες· μετὰ δ᾽ οἵγε νέον φαέθουσαν ἐς ἠῶ   1690
ἱρὸν Ἀθηναίης Μινωίδος ἱδρύσαντο,
ὕδωρ τ᾽ εἰσαφύσαντο, καὶ εἰσέβαν, ὥς κεν ἐρετμοῖς
παμπρώτιστα βάλοιεν ὑπὲρ Σαλμωνίδος ἄκρης.

1672 Et^G, et δείκ. προ. Et^M, s.v. δείκ. (= Herod. ii. 353. 22, cf. etiam
ii. 489. 33 L)   1677 (— πολ.) Et^M s.v. βρίμη   1678-9 (σφ.) Et^G s.v.
ὀχλίζω   1679 (— σφ.) Et^M s.v. στόνυξ

quam illa sunt de ira irrita, ?): -λδος et χόλος Et, cum explic. ἐνταῦθα
ἀντὶ τοῦ λάβε (cf. Antip. Thessal., Anthol. Pal. 9. 77. 1-2 ?)   1673 ἐνὶ
φρ. θάμβος SG : θάμβος ἐνὶ φρ. LAPE   1674 μοῦνον nostri : λυγρὸς D,
male   1675 χαλέπτει LASG : -τοι PE   1679 χρίμψε libri : τρίψε
Et, utroque loco   σφυρόν LAPE Et : σχεδὸν SG   1680 οὐδ᾽ ἔτι Brunck :
οὐδέ τι libri   1683 τήν LAPE : ἦν SG   1685 πρῶτα LAPE :
πρώτιστα SG (ex 1693 ?)   1686 ἐξαγεῖσα G (ex coni.) : ἐξεαγ- LASPE ;
cf. Wackernagel, Kl. Schr. 1184; lectio dubia   1689 ἐνὶ Wellauer :
ἔνι libri

αὐτίκα δὲ Κρηταῖον ὑπὲρ μέγα λαῖτμα θέοντας
νὺξ ἐφόβει τήνπερ τε κατουλάδα κικλήσκουσιν   1695
νύκτ' ὀλοήν· οὐκ ἄστρα διίσχανεν, οὐκ ἀμαρυγαί
μήνης, οὐρανόθεν δὲ μέλαν χάος, ἠδέ τις ἄλλη
ὠρώρει σκοτίη μυχάτων ἀνιοῦσα βερέθρων·
αὐτοὶ δ' εἴτ' Ἀίδῃ εἴθ' ὕδασιν ἐμφορέοντο
ἠείδειν οὐδ' ὅσσον, ἐπέτρεψαν δὲ θαλάσσῃ   1700
νόστον, ἀμηχανέοντες ὅπῃ φέροι. αὐτὰρ Ἰήσων
χεῖρας ἀνασχόμενος μεγάλῃ ὀπὶ Φοῖβον ἀύτει,
ῥύσασθαι καλέων, κατὰ δ' ἔρρεεν ἀσχαλόωντι
δάκρυα· πολλὰ δὲ Πυθοῖ ὑπέσχετο, πολλὰ δ' Ἀμύκλαις,
πολλὰ δ' ἐς Ὀρτυγίην ἀπερείσια δῶρα κομίσσειν.   1705
Λητοΐδη, τύνη δὲ κατ' οὐρανοῦ ἵκεο πέτρας
ῥίμφα Μελαντείους ἀριήκοος, αἵ τ' ἐνὶ πόντῳ
ἧνται· δοιάων δὲ μιῆς ἐφύπερθεν ὀρούσας,
δεξιτερῇ χρύσειον ἀνέσχεθες ὑψόθι τόξον,
μαρμαρέην δ' ἀπέλαμψε βιὸς πέρι πάντοθεν αἴγλην·   1710
τοῖσι δέ τις Σποράδων βαιὴ ἀνὰ τόφρ' ἐφαάνθη
νῆσος ἰδεῖν, ὀλίγης Ἱππουρίδος ἀγχόθι νήσου·
ἔνθ' εὐνὰς ἐβάλοντο καὶ ἔσχεθον. αὐτίκα δ' ἠώς
φέγγεν ἀνερχομένη, τοὶ δ' ἀγλαὸν Ἀπόλλωνι
ἄλσει ἐνὶ σκιερῷ τέμενος σκιόεντά τε βωμόν   1715

1695 Et^{GM} s.v. κατουλάς   1706 (ἵκεο)–1707 (ἀρι.) Et^M, et΄1707–1708
Et^G, s.v. ἀριήκοος

1696 οὐκ (ἀμ.) LAPE: οὐδ' SG   1697 ἠδέ Fr: ἠέ libri; cf. Pacuv. 412
Klotz (tenebrae conduplicantur), Ovid. Metam. 11. 521 (caecaque nox
premitur tenebris biemisque suisque) et 550 (duplicataque noctis imago
est)   1699 fort. ἐμφορέοιντο vel -οιτναι   1700 ᾔδειν S solus; cf.
ii. 822   1707 μελαντείους Et^{GM}: -τίους libri; cf. etiam Callim. fg. 19
cum nota Pfeifferi   1709 ἀνέσχεθες LAPE: -θεν SG   1711 ἀνὰ a.
corr. L: ἀπό p. corr. L, ceteri; cf. 1717 sq.   1712 ἀγχόθι SG (sic): ἀντία
LAPE   1715 σκιόεντά susp.; θυόεντά anonymus quidam in Epbem.
Jenens. 1814 p. 269, parum aptum ad ea quae sequuntur

ποίεον, Αἰγλήτην μὲν ἐυσκόπου εἵνεκεν αἴγλης
Φοῖβον κεκλόμενοι, Ἀνάφην δέ τε λισσάδα νῆσον
ἴσκον, ὃ δὴ Φοῖβός μιν ἀτυζομένοις ἀνέφηνεν.
ῥέζον δ' οἷά κεν ἄνδρες ἐρημαίῃ ἐνὶ ῥέζειν
ἀκτῇ ἐφοπλίσσειαν· ὃ δή σφεας ὁππότε δαλοῖς   1720
ὕδωρ αἰθομένοισιν ἐπιλλείβοντας ἴδοντο
Μηδείης δμωαὶ Φαιηκίδες, οὐκέτ' ἔπειτα
ἰσχέμεν ἐν στήθεσσι γέλω σθένος, οἷα θαμειάς
αἰὲν ἐν Ἀλκινόοιο βοοκτασίας ὁρόωσαι·
τὰς δ' αἰσχροῖς ἥρωες ἐπιστοβέεσκον ἔπεσσιν   1725
χλεύῃ γηθόσυνοι· γλυκερὴ δ' ἀνεδαίετο μέσσῳ
κερτομίη καὶ νεῖκος ἐπεσβόλον. ἐκ δέ νυ κείνης
μολπῆς ἡρώων νήσῳ ἔνι τοῖα γυναῖκες
ἀνδράσι δηριόωνται, ὅτ' Ἀπόλλωνα θυηλαῖς
Αἰγλήτην Ἀνάφης τιμήορον ἱλάσκωνται.   1730
   Ἀλλ' ὅτε δὴ καὶ κεῖθεν ὑπεύδια πείσματ' ἔλυσαν,
μνήσατ' ἔπειτ' Εὔφημος ὀνείρατος ἐννυχίοιο,
ἁζόμενος Μαίης υἷα κλυτόν. εἴσατο γάρ οἱ
δαιμονίη βῶλαξ ἐπιμάστιος ᾧ ἐν ἀγοστῷ
ἄρδεσθαι λευκῇσιν ὑπαὶ λιβάδεσσι γάλακτος,   1735
ἐκ δὲ γυνὴ βώλοιο πέλειν ὀλίγης περ ἐούσης
παρθενικῇ ἰκέλη· μίχθη δέ οἱ ἐν φιλότητι
ἄσχετον ἱμερθείς· ὀλοφύρατο δ' ἠύτε κούρην
ζευξάμενος, τὴν αὐτὸς ἑῷ ἀτίταλλε γάλακτι·

1718 μιν Vat. Gr. 36: μὲν nostri   fort. ἀνάφηνεν   1719 οἷά κεν
SG: δσ(σ)α περ LAPE; cf. ii. 688 remque ipsam: pro hostiarum
feminibus comburi fustes, aquam infundi pro vino   1723 ἰσχέμεν
Rzach (p. 137, cl. ii. 390): ἴσχειν libri   ἐν ASG: ἐνὶ LPE   γέλω
SG: γέλωι L: γέλων APE   1725 ἐπιστ- a. corr. L, SG: ἐπεσσ- p. corr.
L, APE; cf. ad iii. 687   -στοβέεσκον p. corr. L, SG: -στονέ-(?) a. corr.
L: -στομέ- VAPE   1726 μέσσω(ι) supra scr. L², SG: τοῖσιν L¹APE;
cf. Il. 4. 444   1730 ἱλάσκωνται LA: -σκονται SGPE   1731 κάκεῖθεν
libri, v. ad i. 83   1735 ὑπαὶ LASG: ὑπὸ PE   1738 ὀλοφύρατο
SG: -ρετο LAPE   κούρην, 'filiam', cf. 1742   1739 τὴν SGPE:
τὴν δ' LA; fort. τήν ῥ'

ἡ δέ ἑ μειλιχίοισι παρηγορέεσκεν ἔπεσσιν·   1740
" Τρίτωνος γένος εἰμί, τεῶν τροφὸς ὦ φίλε παίδων,·
οὐ κούρη, Τρίτων γὰρ ἐμοὶ Λιβύη τε τοκῆες.
ἀλλά με Νηρῆος παρακάτθεο παρθενικῇσιν
ἂμ πέλαγος ναίειν Ἀνάφης σχεδόν· εἶμι δ'.ἐς αὐγάς
ἠελίου μετόπισθε τεοῖς νεπόδεσσιν ἑτοίμη."   1745
Τῶν ἄρ' ἐπὶ μνῆστιν κραδίη βάλεν, ἔκ τ' ὀνόμηνεν
Αἰσονίδη· ὁ δ' ἔπειτα, θεοπροπίας Ἑκάτοιο
θυμῷ πεμπάζων, ἀνενείκατο φώνησέν τε·
" Ὦ πέπον, ἢ μέγα δή σε καὶ ἀγλαὸν ἔμμορε κῦδος.
βώλακα γὰρ τεύξουσι θεοὶ πόντονδε βαλόντι   1750
νῆσον, ἵν' ὁπλότεροι παίδων σέθεν ἐννάσσονται
παῖδες, ἐπεὶ Τρίτων ξεινήιον ἐγγυάλιξεν
τήνδε τοι ἠπείροιο Λιβυστίδος· οὔ νύ τις ἄλλος
ἀθανάτων ἢ κεῖνος, ὅ μιν πόρεν ἀντιβολήσας."
Ὡς ἔφατ'· οὐδ' ἁλίωσεν ὑπόκρισιν Αἰσονίδαο   1755
Εὔφημος, βῶλον δὲ θεοπροπίῃσιν ἰανθεὶς
ἧκεν ὑποβρυχίην. τῆς δ' ἔκτοθι νῆσος ἀέρθη
Καλλίστη, παίδων ἱερὴ τροφὸς Εὐφήμοιο·
οἳ πρὶν μέν ποτε δὴ Σιντηίδα Λῆμνον ἔναιον,
Λήμνου τ' ἐξελαθέντες ὑπ' ἀνδράσι Τυρσηνοῖσιν   1760
Σπάρτην εἰσαφίκανον ἐφέστιοι· ἐκ δὲ λιπόντας
Σπάρτην Αὐτεσίωνος ἐὺς πάις ἤγαγε Θήρας
Καλλίστην ἐπὶ νῆσον, ἀμείψατο δ' οὔνομα Θήρα
ἐκ σέθεν. ἀλλὰ τὰ μὲν μετόπιν γένετ' Εὐφήμοιο·

1740 παρηγορέεσκ' ἐπέεσσιν editores quidam; at cf. 1725, al.
1743 παρακάτθεο Flor. et denuo Pierson: -θετο libri   1746 τῶν Merkel:
τῷ δ' libri, sed δ' a m. sec. in ras. L   κραδίη SG (qui raro utuntur iota
subscripto): -ίη LAPE; cf. Opp. Hal. 3. 503 (Brunck)   1749 πέπον
SG: πόποι LAPE (ex 1458); cf. i. 1337   1753 οὖ νύ LAPE: οὐδέ SG;
cf. 1776   1759 Σιντηίδα Brunck (cl. i. 608): -τιάδα (-τ . .άδα cum ras.
L) libri   1762 Θήρας ASG: θήρ(α)ς eraso a L: θήρης PE   1763 vs.
om. SG   Θήρα (vocat. masc.) Fr: θήρης libri; v. ad 1764   1764 ἐκ
σέθεν Wendel, cl. schᴸ: ἐξ ἔθεν libri (sed ἔθεν reflexivum est, et verbi
subiectum est insula): par. ἀπὸ σοῦ, ὦ υἱὲ Αὐτεσίωνος Θήρα schᴸ b

κεῖθεν δ' ἀπτερέως διὰ μυρίον οἶδμα ταμόντες   1765
Αἰγίνης ἀκτῆσιν ἐπέσχεθον. αἶψα δὲ τοίγε
ὑδρείης πέρι δῆριν ἀμεμφέα δηρίσαντο,
ὅς κεν ἀφυσσάμενος φθαίη μετὰ νῆάδ' ἱκέσθαι·
ἄμφω γὰρ χρειώ τε καὶ ἄσπετος οὖρος ἔπειγεν.

ἔνθ' ἔτι νῦν, πλήθοντας ἐπωμαδὸν ἀμφιφορῆας   1770
ἀνθέμενοι, κούφοισιν ἄφαρ κατ' ἀγῶνα πόδεσσιν
κοῦροι Μυρμιδόνων νίκης πέρι δηριόωνται.

Ἴλατ' ἀριστῆες, μακάρων γένος, αἵδε δ' ἀοιδαί
εἰς ἔτος ἐξ ἔτεος γλυκερώτεραι εἶεν ἀείδειν
ἀνθρώποις· ἤδη γὰρ ἐπὶ κλυτὰ πείραθ' ἱκάνω   1775
ὑμετέρων καμάτων, ἐπεὶ οὔ νύ τις ὔμμιν ἄεθλος
αὖτις ἀπ' Αἰγίνηθεν ἀνερχομένοισιν ἐτύχθη,
οὐδ' ἀνέμων ἐριωλαὶ ἐνέσταθεν, ἀλλὰ ἕκηλοι
γαῖαν Κεκροπίην παρά τ' Αὐλίδα μετρήσαντες
Εὐβοίης ἔντοσθεν Ὀπούντιά τ' ἄστεα Λοκρῶν,   1780
ἀσπασίως ἀκτὰς Παγασηίδας εἰσαπέβητε.

1765 Et^G s.v. πτερέως   1770–2 horum vs. paraphr. exstat in Et^{OM}
s.v. Ἀμφιφορίτης   1780 (Ὀπ. —) Et^{OM} s.v. Ὀπούς

1765 ταμόντες Maas (cl. Soph. fg. 271. 5 sq. Pearson): λιπόντες libri
(ex 1761; κεῖθεν λιπόντες non Graecum esse videtur): θαλάσσης Et
1766 ἀκτῆσιν L²S: -τίσιν G: -ταῖσιν L¹APE   1767 δηρίσαντο LAPE:
-ριόωντο SG (ex 1772 ?)   1771 ἀνθέμενοι Brunck: ἐν- libri: par. κατὰ
τῶν ὤμων ἀναλαβόντες Et; cf. 1376, 1589   1773 ἀριστῆες Fr: -τήων
libri; μάκαρες apud Apollonium semper (17ies) dei sunt, at Argonautae
non dei erant sed deorum proles (e.gr. iii. 402 θεῶν γένος, ii. 1223
μακάρων σχεδὸν αἵματος ἐκγεγαῶτες), neque aliter turba illa poterat vocari
γένος (v. ad i. 548)   1775 ἀνθρώποις ἤδη SG: -ποισι δὴ LA:
-ποισιν δὴ PE   1776 νύ LAPE: γε SG; cf. 1753   1778 οὐδ' Platt
(33. 23): οὔτ' L: οὔτ' cett.   ἐνέσταθεν LA: ἀν- SG (sic) PE et par.
(ἐκινήθησαν καὶ ἔπνευσαν) sch^L 1779 γαῖαν LAPE: γαίην SG (sic)
1782 ? plura quam quae in libris traduntur affert sch^{L}a, qui ver-
suum 1776 (ἐπεὶ —) sqq. paraphrasin, ad verbum accuratam, concludit
sic: εἰς τοὺς λιμένας τῶν Παγασῶν εἰσήλθετε, ὅθεν καὶ ἀπεπλεύσατε ἀπιόντες
ἐπὶ Σκυθίαν (h.e. Κολχίδα, cf. sch i. 305 Σκυθίαν L: Κολχίδα P) διὰ τὸ

χρυσοῦν δέρος (cf. etiam sch^Lf: εἰς τοὺς αἰγιαλοὺς τῶν Παγασῶν εἰσήλθετε, ὅθεν καὶ τὴν ἀρχὴν ἀπεπλεύσατε, et sch^P ultimum: ὅθεν οὖν ἀνήχθησαν τὴν ἀρχὴν οἱ ἥρωες εἰς Σκυθίαν ἐπὶ τὸ δέρος ἀποπλεύσαντες, ἐκεῖσε ὥσπερ διά τινος κύκλου κατήχθησαν ἐπανελθόντες). Itaque aut erat olim vs. aliquis ulterior (1782), qui deinde omissus est per rubricatoris neglegentiam (v. ad i. 1363), aut scholiasta sua sponte exornavit sensum ultimi hexametri 1781 (cum ἀσπασίως κτλ. comparant Maas ii. 728, et amicus quidam Od. 23. 296, 'finem Odysseae' [v. sch^Od]).

INDEX

(Uncis includuntur numeri locorum eorum quibus ipsum nomen non apparet.)

q.v. = quod vide.

245

INDEX

253

INDEX

259

INDEX

265

INDEX

Χαλκιόπη (cont.)
647,) 667(-741), 688, 718, 727, 903, 1156; iv. (θύγατρες 10,) 32, (κασιγνήτη 734).

(b) Χαλκιόπης παῖδες, sim., v. Φρίξος (c).

Χαλκωδόνον ὄρος: i. 50.

Χάλυβες, natio: i. 1323; ii. 375, 1001(-8); iv. 1475.

(Χαρικλώ): παράκοιτις i. 557.

Χάριτες θεαί: iv. 425.

Χάρυβδις: iv. 789, 825, 923.

Χείρων: i. 33, 554 Φιλλυρίδης; ii. 510, 1240 (aetion bicorporis naturae); iv. 812 Κένταυρος.

Χέρνησος (paeninsula Thracia): i. 925.

Χυτὸς Λιμήν: i. 987, 990.

Ὠγυγίη Θήβη: iii. 1178.

Ὠκεανίς:
(a) Εὐρυνόμη i. 504.
(b) Φιλύρη ii. 1239.
(c) (Ὠκεανοῦ filia Εἰδυῖα iii. 244).
(d) (νύμφαι ἱερὸν γένος Ὠκεανοῖο iv. 1414).

Ὠκεανός, fluvius: i. 506; iii. 244, 957, 1230; iv. 282, 632, 638, 1414.

Ὠλένιος Λέρνος: i. 202.

Ὠρείθυια: i. 212 Ἐρεχθηίς.

Ὠρείτης, vir Bebrycius: ii. 110.

Ὤρικος, urbs: iv. 1215.

Ὠρίων, caeli signum: i. 1202; iii. 745.

(Ὦτος: v. Ἀλωιάδαι).

267

Printed in the USA/Agawam, MA
September 25, 2017

659242.001